ARTIFICIAL INTELLIGENCE INTRODUCTION

인공지능개론

허준, 박형우 공저

복두책

Prologue

21세기는 인공지능의 시대입니다. 기술의 발전과 함께 인공지능은 IT 산업 전반에 걸쳐 핵심 기술로 자리 잡았으며, 사회의 다양한 영역에서 빠르게 변화를 이끌어가고 있습니다. 자율주행, 의료 진단, 금융 분석, 스마트 시티 등 인공지능은 이미 우리 삶 깊숙이 스며들어 있으며, 그 영향력은 점점 확대되고 있습니다. 이러한 시대적 흐름 속에서 IT 계열 학과의 전공자로서 인공지능에 대한 기초부터 응용까지 체계적으로 학습하고, 이를 실무와 연구에 적용할 수 있는 능력을 갖추는 것은 필수적인 과제가 되었습니다. 이 책은 이러한 시대적 요구에 부응하기 위해 기획된 IT 계열 학과 전공자용 교재입니다.

이 책은 다음의 세 가지 주요 목표를 염두에 두고 집필되었습니다.

첫째, 인공지능의 핵심 개념을 명확히 전달하는 것입니다. 이를 위해 인공지능의 정의, 역사, 기본 원리와 같은 기초 이론을 체계적으로 정리하고, 학습자가 쉽게 이해할 수 있도록 명료한 설명과 시각 자료를 활용하였습니다.

둘째, 실습을 통해 실질적인 응용 능력을 배양하는 것입니다. 인공지능은 실무와의 연결성이 매우 중요한 학문입니다. 따라서 이 책에서는 파이썬을 활용한 프로그래밍 실습, 머신러닝 모델 설계, 딥러닝 구현 등의 내용을 포함하여, 학습자가 이론을 실제로 적용할 수 있도록 실습 중심의 학습 경로를 설계하였습니다.

셋째, 미래를 준비하는 시야를 제공하는 것입니다. 단순히 기술을 배우는 것을 넘어, 인공지능이 사회와 산업에 미치는 영향, 윤리적 쟁점 그리고 다양한 응용 사례를 통해 독자들이 폭넓은 관점에서 인공지능을 이해할 수 있도록 구성하였습니다.

이 책의 구성은 단계적인 학습 효과를 극대화할 수 있도록 설계되었습니다.

1. 기초 이론 학습

책의 초반부에서는 인공지능의 정의와 역사, 종류와 작동 원리를 다룹니다. 이 과정에서 학습자는 인공지능의 전반적인 개념과 철학을 이해하며, 기술의 발전 배경과 현재의 위치를 명확히 파악할 수 있습니다.

2. 실습과 응용 중심의 학습

중반부에서는 파이썬 프로그래밍을 기반으로 한 머신러닝과 딥러닝 실습을 통해 학습자가 직접 모델을 설계하고 구현할 수 있는 능력을 기를 수 있도록 구성하였습니다. 특히, 예제 중심의 설명을 통해 실무에 가까운 경험을 제공하려고 노력했습니다.

3. 응용 사례와 미래 전망

후반부에서는 인공지능이 실제 산업에서 어떻게 활용되는지를 금융, 제조, 자율주행 등 다양한 분야의 구체적인 사례를 통해 제시합니다. 또한, 인공지능이 앞으로 나아갈 방향과 기술적, 윤리적 도전 과제들을 다루어 학습자들이 앞으로의 가능성을 폭넓게 상상할 수 있도록 돕습니다.

이 책은 IT 계열 학과 전공자들의 요구와 학습 환경을 철저히 반영하여 다음과 같은 특징을 포함하고 있습니다:

1. 체계적인 학습 설계

초보자부터 고급 학습자까지 단계적으로 학습을 이어갈 수 있도록 구성하였으며, 각 장마다 이론 학습과 실습, 요약과 복습을 통해 학습 효과를 극대화할 수 있는 구조로 설계되었습니다.

2. 실무 기반 프로젝트 사례 제공

실제 산업에서의 활용 사례를 프로젝트 형태로 제공하여 학습자가 학문적 지식과 실무 능력을 동시에 배양할 수 있도록 하였습니다.

3. 다양한 산업 응용 분야

IT 계열 학과 전공자가 접할 수 있는 다양한 산업 응용 사례를 다룸으로써, 학습자가 자신의 관심 분야에 맞는 진로를 모색할 수 있도록 돕습니다.

4. 평가와 복습 문제 제공

각 장의 끝에는 학습 내용을 점검할 수 있는 복습 문제와 평가 항목을 추가하여 독자들이 자신의 학습 수준을 스스로 확인하고 부족한 부분을 보완할 수 있도록 하였습니다.

이 책은 단순히 이론적 지식을 전달하는 데 그치지 않고, 독자들에게 학문적 호기심과 창의성을 자극하며, 실질적인 문제 해결 능력을 키울 수 있도록 돕고자 했습니다. IT 계열 학과 전공자들이 이 책을 통해 인공지능의 기본기를 다지고, 학문적 성장과 더불어 실무에서 바로 활용할 수 있는 능력을 갖추기를 진심으로 바랍니다.

끝으로, 이 책이 출판되기까지 많은 도움을 주신 출판사, 동료 연구자들 그리고 피드백을 아끼지 않으신 분들께 깊이 감사드립니다. 이 책이 독자 여러분의 학습 여정에서 든든한 동반자가 되기를 바라며, 나아가 여러분의 연구와 실무에 유용한 가치를 제공하기를 희망합니다.

저자 : 허준, 박형우

CONTENTS

01일차 인공지능의 정의와 역사

1.1 인공지능이란? 2

1.1.1 컴퓨터나 기계가 인간처럼 생각하는 방법 | 2
1.1.2 인공지능의 대표적인 예 | 5
1.1.3 인공지능의 작동 방식 : 데이터 기반 학습 | 7
1.1.4 인공지능의 종류 | 10
1.1.5 인공지능의 특징 | 13
1.1.6 결론 | 16

1.2 인공지능의 역사 18

1.2.1 인공지능의 기초 형성(1950년대) | 18
1.2.2 전문가 시스템과 AI의 첫 번째 도약(1970년대) | 19
1.2.3 인공지능의 대중화와 도전(1990년대) | 20
1.2.4 딥러닝의 발전과 AI의 비약적 발전(2010년대 이후) | 21

1.3 인공지능의 발전 과정 22

1.3.1 초기 인공지능(1950~1980년대) | 22
1.3.2 전문가 시스템과 머신러닝의 시작(1980~2000년대) | 25
1.3.3 딥러닝과 인공지능의 대중화(2010년대~현재) | 29

1.4 오늘의 내용 요약 37

1.5 연습문제 38

02일차 인공지능의 종류와 적용분야

2.1 약한 AI와 강한 AI 44

2.1.1 약한 AI (Weak AI) | 44
2.1.2 강한 AI (Strong AI) | 46

2.2 AI의 주요 적용분야 : 의료, 금융, 제조 48

2.2.1 의료 분야에서의 AI | 48
2.2.2 금융 분야에서의 AI | 51
2.2.3 제조 분야에서의 AI | 54

2.3 AI의 추가 적용 분야 57

2.3.1 자율주행 자동차 | 57
2.3.2 농업 | 60
2.3.3 물류 및 공급망 관리 | 63
2.3.4 교육 | 67
2.3.5 엔터테인먼트 및 미디어 | 70

2.4 오늘의 내용 요약 74

2.5 연습문제 76

03일차 인공지능을 이해하기 위한 기초개념

3.1 머신러닝 기초 82

3.1.1 지도학습(Supervised Learning) | 82
3.1.2 비지도학습(Unsupervised Learning) | 91
3.1.3 강화학습(Reinforcement Learning) | 101

3.2 딥러닝 기초 112

3.2.1 입력층 | 112
3.2.2 은닉층 | 113
3.2.3 출력층 | 114
3.2.4 딥러닝의 특징 | 115
3.2.5 딥러닝의 실생활 응용 | 116

3.3 데이터의 중요성 117

3.3.1 데이터의 역할 | 117
3.3.2 데이터 전처리 | 118
3.3.3 훈련 데이터, 검증 데이터, 테스트 데이터 | 120

3.4 오늘의 내용 요약 ······ 121
3.5 연습문제 ······ 123

04일차 파이썬과 인공지능

4.1 파이썬 소개 및 설치 ······ 128
4.1.1 파이썬 소개 | 128
4.1.2 파이썬 설치 방법(쉽고 자세하게) | 130
4.1.3 Spyder 설치 및 사용법 | 132
4.2 파이썬을 활용한 기초 프로그래밍 ······ 136
4.2.1 기본 문법 | 136
4.2.2 예시 코드 | 138
4.3 파이썬으로 간단한 AI 모델 만들기 ······ 140
4.3.1 간단한 AI 모델 만들기 I | 140
4.3.2 예시 코드 | 143
4.3.3 간단한 AI 모델 만들기 II (다른 예제) | 143
4.4 오늘의 내용 요약 ······ 147
4.5 연습문제 ······ 149

05일차 머신러닝의 기본 개념

5.1 지도 학습 vs 비지도 학습 ······ 154
5.1.1 지도학습(Supervised Learning) | 154
5.1.2 비지도학습(Unsupervised Learning) | 155
5.2 머신러닝의 학습 과정 ······ 157
5.2.1 데이터 수집 및 준비 | 157
5.2.2 데이터 분할 | 158
5.2.3 모델 학습 | 158
5.2.4 모델 평가 | 159
5.2.5 예측 | 159

5.3 실습 : 간단한 예측 모델 만들기 160
5.3.1 예측 모델 만들기 I | 160
5.3.2 예측 모델 만들기 II | 162
5.3.3 예측 모델 만들기 III | 165
5.4 오늘의 내용 요약 167
5.5 연습문제 169

06일차 딥러닝의 핵심 개념

6.1 인공 신경망의 구조 174
6.1.1 신경망의 주요 구성 요소 | 174
6.1.2 가중치와 편향 | 175
6.2 딥러닝의 학습 원리 177
6.2.1 순전파와 역전파 | 177
6.2.2 활성화 함수(Activation Function) | 178
6.3 신경망 모델의 종류 및 설명 186
6.3.1 인공 신경망(ANN : Artificial Neural Network) – 더 자세한 설명과 예시 | 186
6.3.2 합성곱 신경망(CNN : Convolutional Neural Network) – 더 자세한 설명과 예시 | 188
6.3.3 순환 신경망(RNN : Recurrent Neural Network) | 191
6.3.4 생성적 적대 신경명(GAN: Generative Adversarial Network) | 194
6.4 실습 : 이미지 분류 모델 만들기 199
6.4.1 이미지 분류 데이터셋 준비 | 199
6.4.2 신경망 모델 구성 | 200
6.4.3 모델 학습 및 평가 | 201
6.5 오늘의 내용 요약 203
6.6 연습문제 206

07일차 자연어 처리의 기초

7.1 자연어 처리란? ······ 212

7.1.1 자연어 처리의 응용 분야 | 212
7.1.2 자연어 처리의 구조 | 215
7.1.3 감정 분석과 자연어 처리의 활용 | 217
7.1.4 결론 | 221

7.2 언어 모델의 기본 원리 ······ 222

7.2.1 언어 모델이란 | 222
7.2.2 n-그램 모델 | 227
7.2.3 RNN(순환 신경망) | 229
7.2.4 Transformer 모델 | 233

7.3 실습 : 텍스트 분석과 감정 분석 ······ 239

7.3.1 텍스트 분석이란? | 239
7.3.2 감정 분석이란? | 240
7.3.3 텍스트 분석과 감정 분석 : 사례를 통해 자세히 설명 | 241

7.4 오늘의 내용 요약 ······ 244

7.5 연습문제 ······ 245

08일차 AI 응용 - 일상생활에서의 인공지능

8.1 AI 기반 추천 시스템 : 넷플릭스와 유튜브 ······ 250

8.1.1 넷플릭스에서의 AI 추천 시스템 | 250
8.1.2 유튜브에서의 AI 추천 시스템 | 258

8.2 스마트폰에서의 AI 기술(음성 인식, 얼굴 인식) ······ 263

8.2.1 음성 인식 기술의 작동 원리와 자세한 실생활 사례 | 263
8.2.2 얼굴 인식 | 267

8.3 오늘의 내용 요약 ······ 271

8.4 연습문제 ······ 275

09일차 비즈니스에서의 인공지능

9.1 AI와 데이터 분석 280

9.1.1 데이터 분석의 필요성 | 280
9.1.2 AI의 데이터 분석 방식 | 281
9.1.3 비즈니스 적용 사례 | 285

9.2 AI를 활용한 마케팅과 자동화 289

9.2.1 개인화된 마케팅 | 289
9.2.2 마케팅 자동화 | 290
9.2.3 AI를 활용한 마케팅 자동화 사례 | 292

9.3 실습 : 간단한 챗봇 구축 296

9.3.1 챗봇의 기본 개념 | 296
9.3.2 챗봇 개발 과정(상세 설명) | 298
9.3.3 챗봇 개발 과정 | 299
9.3.4 실습 목표 | 303

9.4 오늘의 내용 요약 305

9.5 연습문제 307

10일차 AI 윤리와 사회적 영향

10.1 인공지능의 윤리적 문제 312

10.1.1 편향성과 공정성 | 312
10.1.2 프라이버시 침해 | 313
10.1.3 책임 문제 | 315
10.1.4 자율성과 인간의 역할 | 317

10.2 AI가 사회에 미치는 영향 : 일자리 변화와 직업의 미래 318

10.2.1 일자리 대체 | 319
10.2.2 새로운 일자리 창출 | 320
10.2.3 직업의 변화 | 322
10.2.4 기술 격차와 교육의 필요성 | 324

10.3 오늘의 내용 요약 326

10.4 연습문제 328

11일차 AI 프로젝트 : 이미지 인식 모델 만들기

11.1 프로젝트 기획 ····· 334

11.1.1 프로젝트 목표 정의 | 334
11.1.2 필요한 기술 스택 | 335
11.1.3 예상 일정 | 342

11.2 데이터 준비와 모델 학습 ····· 349

11.2.1 데이터 수집 | 349
11.2.2 데이터 전처리 | 351
11.2.3 모델 설계 | 352
11.2.4 모델 학습 | 354

11.3 모델 평가와 결과 분석 ····· 356

11.3.1 모델 평가 | 356
11.3.2 결과 분석 | 357
11.3.3 모델 개선 | 360

11.4 오늘의 내용 요약 ····· 361

11.5 연습문제 ····· 364

12일차 AI 프로젝트 : 이미지 분류 모델 구축

12.1 프로젝트 기획 ····· 370

12.1.1 모델의 목표 | 370
12.1.2 데이터셋 선택 | 371
12.1.3 프로젝트 결과 | 372

12.2 이미지 분류 모델의 기본 구조 ····· 373

12.3 실습 : 이미지 데이터를 활용한 분류 모델 구축 ····· 376

12.3.1 데이터셋 로드 및 전처리 | 376
12.3.2 모델 설계 | 378
12.3.3 모델 학습 및 평가 | 381

12.4 실습 : 이미지 데이터를 활용한 분류 모델 실습 ····· 385

12.5 오늘의 내용 요약 ····· 390

12.6 연습문제 ····· 394

13일차 AI의 미래와 전망

13.1 인공지능 기술의 미래 ········ 400

13.1.1 교육 분야 | 400
13.1.2 금융 및 경제 분야 | 402
13.1.3 법률 분야 | 413
13.1.4 의료 및 헬스케어 | 416
13.1.5 환경 및 에너지 | 419
13.1.6 농업 | 422
13.1.7 엔터테인먼트 | 425
13.1.8 스마트 시티 | 428

13.2 미래의 AI 연구 분야 ········ 431

13.2.1 자율학습(Self-supervised Learning) | 431
13.2.2 설명 가능한 AI (Explainable AI) | 432
13.2.3 윤리적 AI (Ethical AI) | 433

13.3 AI와 인간의 공존 ········ 434

13.3.1 AI의 자동화와 인간의 창의성 향상 | 434
13.3.2 AI와 인간의 협력 : 의료 분야 | 435
13.3.3 AI와 인간의 협력 : 일상생활에서의 역할 | 436
13.3.4 AI와 인간의 공존에 따른 도전 과제 | 436
13.3.5 AI와 인간의 역할과 권리 보호 | 437

13.4 오늘의 내용 요약 ········ 437

13.5 연습문제 ········ 439

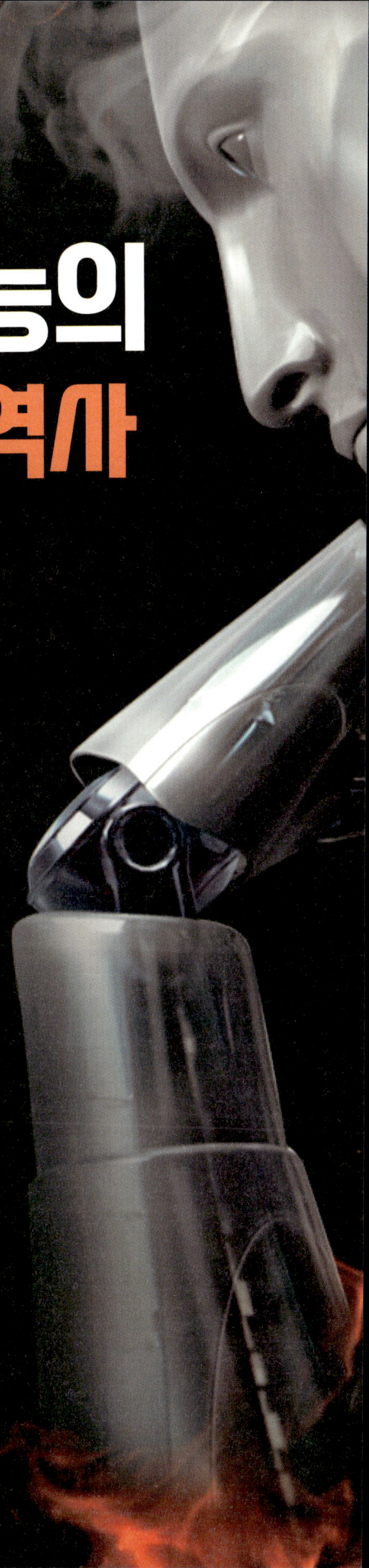

01 일차

인공지능의 정의와 역사

1.1 인공지능이란?
1.2 인공지능의 역사
1.3 인공지능의 발전 과정
1.4 오늘의 내용 요약
1.5 연습문제

1.1 인공지능이란?

인공지능AI은 "인간의 지능을 모방하는 기술"을 말합니다. 이 기술은 컴퓨터나 기계가 사고, 학습, 문제 해결, 추론을 할 수 있도록 만들어줍니다. 즉, 기계가 사람처럼 생각하고 행동하도록 설계된 기술이라고 할 수 있습니다. 인공지능은 다양한 분야에서 활용되며, 우리가 일상적으로 사용하는 스마트폰, 인터넷 서비스, 자동차 등의 기술에도 깊이 관여하고 있습니다.

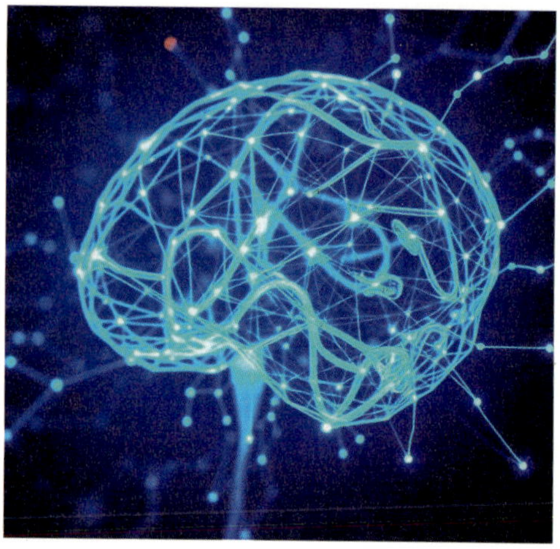

1.1.1 컴퓨터나 기계가 인간처럼 생각하는 방법

인공지능AI은 컴퓨터나 기계가 인간처럼 생각하고, 판단하고, 결정할 수 있도록 만들어주는 기술입니다. 일반적으로 컴퓨터는 사람이 작성한 프로그램에 따라 미리 정의된 명령을 순차적으로 수행하는 방식으로 작동합니다. 즉, 사람이 일일이 지시를 내리지 않으면 컴퓨터는 스스로 무엇을 해야 할지 알지 못합니다. 하지만 인공지능은 다릅니다. AI는 스스로 데이터를 학습하고, 그 학습을 바탕으로 특정 상황에서 결정을 내릴 수 있습니다.

1.1.1.1 전통적인 컴퓨터 프로그램 vs. 인공지능

일반적인 컴퓨터 프로그램은 사람이 미리 작성한 명령어 집합에 따라 행동합니다. 예를 들어, 계산기 프로그램은 사용자가 숫자를 입력하고 특정 연산을 선택하면, 프로그램 내부에 미리 작성된 코드를 통해 연산을 수행하고 결과를 출력합니다. 즉, 이 과정에서 컴퓨터는 단지 정해진 명령어를 실행할 뿐이며, 스스로 새로운 문제를 해결하거나 생각하는 능력은 없습니다.

그러나 인공지능은 이와 다르게 정해진 규칙이나 명령만을 따르는 것이 아니라, 데이터를 통해 학습하고 그 학습을 바탕으로 새로운 문제를 해결할 수 있습니다. 이는 AI가 자율성을 가지고 상황에 맞게 판단할 수 있도록 설계되었다는 것을 의미합니다. 예를 들어, AI는 사용자가 자주 듣는 음악 데이터를 분석하여 사용자가 다음에 어떤 음악을 좋아할지 예측할 수 있습니다.

1.1.1.2 AI가 스스로 결정을 내리는 방법: 학습과 추론

AI가 인간처럼 판단하고 결정할 수 있는 이유는 AI가 학습을 통해 패턴을 파악하고, 그 패턴을 바탕으로 새로운 상황에서 추론할 수 있기 때문입니다. 이 과정은 크게 두 가지로 설명할 수 있습니다: 지도 학습과 비지도 학습.

(1) 지도 학습

AI는 많은 데이터를 보고 그 데이터를 분석해 올바른 답을 학습합니다. 예를 들어, AI가 이메일을 학습할 때, 미리 "이메일 A는 스팸 메일, 이메일 B는 일반 메일"이라고 표시된 데이터를 보고 학습하면, 앞으로 들어오는 새로운 이메일이 스팸인지 아닌지 스스로 판단할 수 있게 됩니다. 이는 마치 사람이 문제를 풀고 나서 그 문제의 정답을 통해 학습하는 방식과 비슷합니다.

(2) 비지도 학습

지도 학습과 달리, 비지도 학습에서는 AI가 정답 없이 데이터를 분석하고, 그 속에서 패턴을 스스로 찾아냅니다. 예를 들어, AI가 고객 데이터를 분석하여 비슷한 특성을 가진 고객들을 군집화하거나, 온라인 쇼핑몰에서 특정 제품을 구매한 사람들과 유사한 고객에게 다른 제품을 추천하는 방식으로 활용됩니다.

1.1.1.3 예시: 음성 인식과 추천 시스템

(1) 음성 인식

음성 인식 AI는 사용자의 말을 듣고, 그것을 텍스트로 변환한 후, 그 텍스트를 분석해 사용자가 무슨 말을 했는지 이해합니다. 예를 들어, "내일 날씨가 어때?"라고 물어보면, AI는 먼저 음성을 텍스트로 바꾼 후, 자연어 처리를 통해 사용자가 날씨 정보를 원한다는 것을 이해하고, 그에 맞는 답변을 제공합니다. 이 과정에서 AI는 음성 데이터를 통해 어떻게 발음되는지 학습하고, 그 학습된 패턴을 바탕으로 새롭게 들어오는 음성을 인식합니다.

(2) 추천 시스템

유튜브나 넷플릭스의 추천 시스템도 AI가 사용자의 행동을 분석해 가장 적합한 콘텐츠를 추천하는 예입니다. AI는 사용자가 이전에 본 동영상, 클릭한 항목, 시청 시간을 분석하여 비슷한 성향을 가진 다른 사용자들의 데이터와 비교합니다. 이를 바탕으로, 사용자가 어떤 콘텐츠를 좋아할 가능성이 높은지 예측하고, 맞춤형 추천을 제공합니다. 이 과정에서 AI는 사용자 행동의 패턴을 학습하고, 새로운 데이터를 통해 예측을 향상시킵니다.

1.1.1.4 학습을 통한 자율적인 판단

인공지능이 인간처럼 생각할 수 있는 이유는 데이터 기반 학습 덕분입니다. AI는 수많은 데이터를 보고 그 속에서 규칙을 찾고, 그 규칙을 바탕으로 새로운 문제를 해결합니다. 사람도 마찬가지로 새로운 것을 배울 때 여러 가지 경험을 통해 규칙을 익히고, 그 규칙을 바탕으로 새로운 상황에 맞춰 판단합니다.

예를 들어, AI가 자율주행 자동차의 주행 데이터를 학습했다고 가정해 보겠습니다. 자율주행차는 도로의 상황, 신호등, 보행자, 다른 차량의 위치 등을 학습한 후, 운전 중에 만나는 다양한 상황에 맞춰 즉각적인 판단을 내릴 수 있습니다. 이 과정에서 AI는 단순히 미리 입력된 규칙만 따르는 것이 아니라, 새로운 상황에서도 학습한 내용을 기반으로 자율적으로 판단을 내립니다.

1.1.1.5 사람이 직접 프로그램하지 않고, 기계가 스스로 학습하는 방식

과거의 전통적인 컴퓨터 프로그램은 사람이 일일이 명령어를 작성하여 실행했습니다. 하지만 인공지능은 사람이 모든 규칙을 직접 작성하지 않더라도, 데이터를 바탕으로 스스로 규칙을 찾아내고, 문제를 해결할 수 있습니다. 이러한 자율성 덕분에 인공지능은 매우 다양한 분야에서 활용될 수 있습니다.

예를 들어, AI가 많은 사진을 학습하고 그 사진 속에서 고양이와 강아지를 구분하는 법을 배웠다면, 사람이 일일이 "고양이는 귀가 뾰족하고, 강아지는 다리가 짧다"와 같은 규칙을 가르쳐주지 않아도 AI는 스스로 고양이와 강아지를 구분할 수 있게 됩니다. 이는 사람의 개입이 최소화된 상태에서도 AI가 데이터 기반으로 학습하고, 자율적으로 행동할 수 있다는 의미입니다.

결론

결국, 인공지능이 인간처럼 생각하고 결정을 내릴 수 있는 이유는 데이터를 학습하는 능력과 자율적인 판단 덕분입니다. AI는 데이터를 통해 패턴을 학습하고, 그 학습을 바탕으로 새로운 상황에서도 자율적으로 결정을 내릴 수 있습니다. 이를 통해 인공지능은 우리의 일상 속에서 다양한 문제를 해결하며, 스마트폰, 추천 시스템, 자율주행차 등 여러 분야에서 실질적인 도움을 주고 있습니다.

1.1.2 인공지능의 대표적인 예

인공지능AI은 우리의 일상생활에서 다양한 방식으로 활용되고 있으며, 그 영향력은 점점 커지고 있습니다. 다음은 인공지능이 이미 우리 주변에서 사용되고 있는 몇 가지 대표적인 예입니다.

(1) 스마트폰의 음성 인식

스마트폰에서 음성 인식 기술은 매우 흔하게 사용됩니다. 사용자가 스마트폰에 "오늘 날씨 어때?"라고 묻는다면, 이 질문이 텍스트로 변환되고 AI는 그 텍스트를 이해해 날씨 정보를 제공합니다. 이 과정은 크게 두 가지 단계로 나눌 수 있습니다.

❶ 음성 인식 AI : 먼저, AI는 사용자의 음성을 텍스트로 변환합니다. 이 기술을 음성 인식이라고 하며, 사용자의 음성 신호를 분석하여 해당 음성이 무엇을 의미하는지 파악합니다. 음성 인식 AI는 다양한 발음과 억양을 분석할 수 있으며, 학습한 데이터를 통해 사람의 말을 인식하고 처리합니다.

❷ 자연어 처리 AI : 음성 인식 후에는 자연어 처리NLP: Natural Language Processing AI가 개입하여, 텍스트의 의미를 분석합니다. 예를 들어, "오늘 날씨 어때?"라는 질문을 이해하고, 그에 맞는 날씨 정보를 찾아주는 과정입니다. 이 단계에서는 AI가 인간의 언어를 이해하고, 적절한 응답을 찾아주는 역할을 합니다.

❸ 결과 제공 : AI는 날씨 정보를 확인한 후, 다시 음성으로 그 결과를 전달할 수 있습니다. "오늘은 맑고 온도는 25도입니다"와 같은 답변을 제공합니다. 이는 음성 합성 기술로, 텍스트를 음성으로 변환해 사용자에게 들려주는 과정입니다.

스마트폰의 음성 인식 AI는 우리의 일상생활을 편리하게 만들어 주며, 다양한 애플리케이션에서 유용하게 활용됩니다. 예를 들어, AI는 음성 인식을 통해 스마트폰을 작동시키거나, 특정 명령을 실행할 수 있습니다. 또한 시각장애인들에게는 화면을 보지 않고도 스마트폰을 제어할 수 있게 해줍니다.

(2) 유튜브의 추천 시스템

유튜브의 추천 시스템은 사용자가 시청할 만한 동영상을 자동으로 추천하는 인공지능 기술입니다. 이 시스템은 사용자가 어떤 영상을 얼마나 자주, 오랫동안 보는지 등의 데이터를 바탕으로 패턴을 분석합니다.

❶ **시청 기록 분석** : 유튜브는 AI를 통해 사용자의 시청 기록을 분석합니다. 사용자가 이전에 어떤 영상을 보았는지, 어떤 영상을 '좋아요' 또는 '싫어요'로 표시했는지 등을 분석해 사용자의 선호도를 파악합니다.

❷ **영상 특성 분석** : AI는 또한 각 영상의 특성을 분석합니다. 영상의 내용, 제목, 태그, 업로드한 사용자의 정보 등 다양한 요소를 고려해 어떤 영상이 어떤 유형의 사용자에게 적합할지 분석합니다. 예를 들어, 특정 사용자가 요리 관련 동영상을 자주 본다면, AI는 다른 요리 관련 동영상을 추천합니다.

❸ **머신러닝과 패턴 인식** : 이 모든 과정에서 머신러닝 알고리즘이 사용됩니다. AI는 수많은 사용자의 시청 데이터를 학습하여, 그 데이터를 바탕으로 유사한 패턴을 가진 사용자들에게 어떤 콘텐츠가 적합할지 예측합니다. 이를 통해 AI는 사용자에게 맞춤형 추천 영상을 제공합니다. 이 시스템은 사용자가 계속해서 유튜브를 사용할수록 더 많은 데이터를 학습하고, 더 정확한 추천을 제공합니다.

이처럼 유튜브의 추천 시스템은 AI가 사용자의 행동을 분석하여 개인 맞춤형 콘텐츠를 제공하는 대표적인 예입니다. 사용자는 수동으로 영상을 찾지 않고도, AI가 제안하는 영상을 손쉽게 시청할 수 있습니다.

(3) 자율주행 자동차

자율주행 자동차는 AI 기술을 활용해 도로에서 스스로 운전하는 차량입니다. 자율주행 자동차는 다양한 AI 기술을 조합해 도로 상황을 분석하고, 경로를 계획하며, 안전하게 주행할 수 있도록 설계되었습니다.

❶ **컴퓨터 비전** : 자율주행 자동차의 핵심 기술 중 하나는 컴퓨터 비전Computer Vision입니다. 자동차에 장착된 카메라와 센서를 통해 도로의 상황을 실시간으로 모니터링합니다. 자동차는 보행자, 차량, 도로 표지판, 신호등 등을 인식하고, 이를 분석해 운전 경로를 결정합니다. 컴퓨터 비전은 이미지 인식 기술을 사용해 도로의 장애물이나 위험 요소를 파악합니다.

❷ **딥러닝** : 자율주행 기술에서 중요한 또 하나의 기술은 딥러닝Deep Learning입니다. 딥러닝은 AI가 방대한 데이터를 바탕으로 스스로 학습할 수 있는 능력을 제공합니다. 자율주행 자동차는 수많은 주행 데이터를 바탕으로 운전 습관과 도로에서의 패턴을 학습하고, 이를 통해 예측과 결정을 내립니다. 예를 들어, AI는 도로에서 보행자가 갑자기 나타날 가능성을 예측하거나, 교차로에서 다른 차량의 움직임을 예측할 수 있습니다.

❸ **경로 계획 알고리즘** : 자율주행 자동차는 단순히 장애물을 피하는 것뿐만 아니라, 목적지까지 가장 효율적인 경로를 계획해야 합니다. 이를 위해 경로 계획 알고리즘이 사용됩니

다. AI는 실시간으로 도로의 상황을 분석해, 교통 체증을 피하거나, 사고 위험이 낮은 경로를 선택합니다. 이 과정에서 AI는 실시간 데이터를 분석하고, 그 데이터를 바탕으로 최적의 경로를 찾아냅니다.

자율주행 자동차는 이러한 기술들을 통해 스스로 운전하고, 보행자를 보호하며, 교통사고를 줄이는 역할을 합니다. 현재 많은 자동차 제조업체들이 자율주행 기술을 개발하고 있으며, AI의 발전에 따라 완전한 자율주행 시대가 다가오고 있습니다.

결론

위와 같은 인공지능의 대표적인 예는 AI가 이미 우리의 일상생활과 산업에 깊숙이 자리잡고 있음을 보여줍니다. 음성 인식, 추천 시스템, 자율주행 자동차는 각각 다른 방식으로 AI를 활용하여 인간의 삶을 더욱 편리하게 만듭니다. 앞으로도 인공지능 기술은 더욱 발전하여 다양한 분야에서 새로운 가능성을 열어줄 것입니다.

1.1.3 인공지능의 작동 방식: 데이터 기반 학습

인공지능AI은 데이터를 통해 학습하고 작동합니다. 데이터를 바탕으로 AI는 새로운 문제를 해결하고, 상황에 맞는 결정을 내릴 수 있습니다. 이를 머신러닝이라고 부르며, AI가 스스로 학습하여 성능을 개선하는 과정입니다. 데이터 기반 학습은 AI의 핵심 기술로, AI가 인간처럼 생각하고 행동할 수 있도록 만듭니다. 아래에서 AI가 데이터를 통해 학습하는 과정을 단계별로 더 자세히 설명하겠습니다.

1.1.3.1 데이터 수집

인공지능이 작동하기 위해 가장 중요한 단계는 데이터 수집입니다. AI는 대규모의 데이터를 필요로 합니다. 학습 데이터가 많을수록, AI는 더 정확하게 문제를 해결할 수 있습니다. 데이터는 AI가 문제를 이해하고 학습하는 데 필요한 기초 자료가 됩니다.

(1) 예시: 얼굴 인식 AI

얼굴 인식 AI를 개발한다고 가정해 봅시다. AI가 얼굴을 인식하려면 사람들의 다양한 얼굴 이미지를 학습해야 합니다. AI는 이 데이터를 통해 사람의 얼굴이 어떻게 생겼는지 배우게 됩니다. AI가 학습하려면 수천, 수만 개의 얼굴 이미지가 필요합니다. 이 과정에서 다양한 얼굴 형태, 표정, 각도, 조명 조건 등을 포함한 데이터를 수집하게 됩니다.

(2) 다양한 데이터의 필요성

AI는 다양한 환경에서 학습해야 합니다. 예를 들어, 얼굴 인식 AI가 다양한 인종, 나이대, 성별의 얼굴을 학습해야, 이후에 만나는 모든 사람의 얼굴을 정확하게 인식할 수 있습니다. 그렇지 않으면 AI는 제한된 환경에서만 제대로 작동하고, 예상치 못한 상황에서는 오류를 일으킬 수 있습니다. 따라서 데이터의 양과 질이 AI 성능에 중요한 역할을 합니다.

1.1.3.2 패턴 분석

데이터를 수집한 후, AI는 그 데이터를 분석하여 패턴을 찾아냅니다. 이 과정에서 AI는 데이터를 세밀하게 분석하고, 그 안에 숨겨진 공통점이나 특징을 파악합니다. AI는 패턴을 통해 데이터를 이해하고, 이를 기반으로 학습을 진행합니다.

(1) 예시: 얼굴 인식에서의 패턴 분석

AI가 수집된 수많은 얼굴 이미지를 분석하면서, 각 얼굴에서 눈, 코, 입의 위치와 같은 공통된 패턴을 찾아냅니다. 이 과정을 통해 AI는 얼굴의 기본 구조를 이해하게 됩니다. 눈과 코, 입의 상대적인 위치나 얼굴의 대칭성 등의 정보를 학습하면서, 어떤 얼굴이든지 이를 정확하게 인식할 수 있는 능력을 갖추게 됩니다.

(2) 패턴 인식의 중요성

패턴을 찾아내는 능력은 AI의 학습 과정에서 매우 중요한 역할을 합니다. AI는 다양한 상황에서도 공통된 규칙이나 패턴을 찾아내야만, 새로운 데이터에 대해 정확한 예측이나 결정을 내릴 수 있습니다. 예를 들어, AI가 날씨 데이터를 학습할 때도, 데이터 속에서 기온, 습도, 기압의 변화에 따른 날씨 패턴을 파악해야만 미래 날씨를 예측할 수 있습니다.

1.1.3.3 학습

패턴 분석을 통해 데이터를 이해한 후, AI는 그 데이터를 바탕으로 스스로 학습을 진행합니다. 학습은 AI가 수집한 데이터에서 규칙을 만들어내고, 그 규칙을 바탕으로 예측 모델을 구축하는 과정입니다. 이 과정에서 AI는 자신이 학습한 데이터를 바탕으로 미래의 결과를 예측할 수 있게 됩니다.

(1) 규칙 생성

학습 과정에서 AI는 데이터를 기반으로 규칙을 생성합니다. 예를 들어, AI가 날씨 데이터를 학습한다고 가정하면, 기온이 30도를 넘고, 습도가 높으면 비가 내릴 가능성이 높다는 규칙을 만들 수 있습니다. AI는 이러한 규칙을 바탕으로 새로운 데이터가 주어졌을 때 비가 내릴지 여부를 예측할 수 있습니다.

(2) 피드백을 통한 개선

AI는 학습 중에 결과가 잘못되었을 경우, 피드백을 통해 성능을 개선할 수 있습니다. 예를 들어, 얼굴 인식 AI가 어떤 사람의 얼굴을 잘못 인식했을 때, 그 잘못된 결과를 바탕으로 AI는 자신의 모델을 수정합니다. 이 과정을 반복하면서 AI는 점점 더 정확하게 얼굴을 인식할 수 있게 됩니다. 이러한 방식으로 AI는 스스로 성능을 개선하며, 더 나은 결과를 도출할 수 있습니다.

1.1.3.4 결과 예측 및 문제 해결

AI가 학습한 내용을 바탕으로 새로운 데이터가 주어졌을 때, AI는 그 데이터를 분석하고 결과를 예측하거나 문제를 해결합니다. 이는 AI가 학습한 규칙과 패턴을 바탕으로 이루어집니다.

(1) 예시: 주식 가격 예측

만약 AI가 주식 시장 데이터를 학습했다면, AI는 과거 데이터를 바탕으로 미래의 주식 가격을 예측할 수 있습니다. AI는 기온, 금리, 시장의 변화와 같은 다양한 변수를 학습하여, 특정 주식의 가격이 상승할지 하락할지 예측할 수 있습니다. 물론 이러한 예측이 항상 100% 정확한 것은 아니지만, AI가 학습한 데이터를 바탕으로 상당히 정확한 예측을 할 수 있습니다.

(2) 문제 해결 능력

AI는 예측뿐만 아니라 문제 해결에도 사용됩니다. 예를 들어, AI가 학습한 의료 데이터를 통해 질병 진단을 돕는 AI 시스템을 생각해볼 수 있습니다. AI는 환자의 증상, 검사 결과, 의료 기록 등을 분석해 특정 질병일 가능성을 예측하고, 의사에게 진단 참고 자료를 제공합니다. 이러한 방식으로 AI는 다양한 분야에서 문제 해결에 기여하고 있습니다.

결론

결론적으로, 인공지능은 데이터 기반 학습을 통해 스스로 학습하고, 문제를 해결합니다. AI는 먼저 데이터를 수집하고, 그 데이터를 바탕으로 패턴을 분석하며, 그 패턴을 통해 규칙을 학습합니다. 학습된 규칙을 바탕으로 AI는 새로운 데이터를 분석하고, 예측하거나 문제를 해결할 수 있습니다. 이러한 방식으로 인공지능은 자율적이고 지능적인 시스템으로 발전하며, 우리의 삶에 실질적인 도움을 주고 있습니다.

1.1.4 인공지능의 종류

인공지능AI은 여러 가지 방식으로 문제를 해결할 수 있으며, 그 기술 발전에 따라 다양한 유형의 AI가 등장했습니다. AI는 각기 다른 학습 방법과 문제 해결 방식을 사용하여 인간의 지능을 모방하고 특정 작업을 자동화합니다. 아래에서는 AI의 대표적인 세 가지 종류인 규칙 기반 AI, 머신러닝, 딥러닝에 대해 더욱 자세히 설명하겠습니다.

1.1.4.1 규칙 기반 AI

규칙 기반 AI는 초기 인공지능 시스템에서 사용된 방식으로, 고정된 규칙에 따라 작동하는 시스템입니다. 이 시스템은 사람이 미리 작성한 일련의 규칙(규칙 집합)을 기반으로 문제를 해결합니다. 규칙 기반 AI는 명확하고, 간단한 문제를 처리하는 데 유용하지만, 복잡한 문제를 해결하는 데는 한계가 있습니다.

(1) 규칙 작성

규칙 기반 AI에서는 사람이 미리 정해진 조건과 행동을 규정합니다. 예를 들어, 프로그램에 "A 조건일 때 B 행동을 한다"는 규칙을 작성하면, AI는 그 조건이 발생했을 때 자동으로 해당 행동을 수행합니다. 결정 트리 또는 IF-THEN 규칙 기반의 방식으로 작동하는 것이 대표적인 예입니다.

[예시]

과거의 체스 프로그램은 "왕을 위협하는 상대말이 있을 때, 그 말에서 벗어나기 위해 말을 이동한다"라는 규칙에 따라 동작했습니다. 이러한 방식으로 AI는 복잡한 규칙 세트를 통해 체스를 둘 수 있었습니다.

(2) 한계

규칙 기반 AI의 문제는 복잡한 문제를 해결하는 데 어려움이 있다는 점입니다. 사람이 모든 상황에 맞는 규칙을 미리 작성해야 하므로, 새로운 상황에 직면했을 때는 AI가 적절한 대응을 할 수 없습니다. 또한, 규칙의 수가 많아지면 유지 관리가 어려워지며, 예외적인 상황에 대해서도 모두 규칙을 작성해야 하는 부담이 있습니다.

[예시]

규칙 기반 스팸 필터는 특정 단어나 문구가 있을 때 그 이메일을 스팸으로 분류하도록 규정할 수 있습니다. 하지만 새로운 스팸 유형이 등장하면, 그에 맞는 새로운 규칙을 매번 추가해야 하므로 확장성이 부족합니다.

1.1.4.2 머신러닝

머신러닝Machine Learning은 AI가 데이터를 통해 스스로 학습하고, 그 학습된 정보를 바탕으로 문제를 해결하는 기술입니다. 규칙 기반 AI와 달리, 머신러닝은 사람이 일일이 규칙을 작성하지 않아도 됩니다. AI는 데이터를 통해 패턴을 찾아내고, 이를 바탕으로 새로운 데이터를 처리하거나 예측하는 능력을 갖게 됩니다.

(1) 학습 과정

머신러닝에서는 AI가 방대한 양의 데이터를 분석하고, 그 데이터에서 공통된 패턴을 찾아냅니다. 그런 다음, AI는 그 패턴을 바탕으로 새로운 데이터를 분석하거나 결과를 예측할 수 있습니다. 머신러닝의 핵심은 AI가 경험을 통해 학습하고, 더 많은 데이터를 분석할수록 성능이 향상된다는 점입니다.

[예시]

이메일에서 스팸 메일을 자동으로 분류하는 시스템은 머신러닝을 사용해 학습합니다. AI는 사용자가 수신한 수많은 이메일을 분석하고, 스팸 이메일의 특징(예: 특정 단어, 발신자 주소, 첨부 파일)을 학습하여 새로운 이메일을 스팸으로 분류합니다.

(2) 학습 방법

머신러닝에는 주로 세 가지 학습 방법이 있습니다.

❶ **지도 학습** : AI가 학습할 때 정답이 포함된 데이터를 사용합니다. 예를 들어, AI가 개와 고양이를 구분하는 법을 배우려면, 개와 고양이가 미리 분류된 이미지를 제공하고, 이를 통해 학습합니다. 이후 새로운 이미지가 주어졌을 때 AI는 학습된 패턴을 기반으로 이미지를 분류합니다.

❷ **비지도 학습** : AI는 정답이 없는 데이터에서 스스로 패턴을 찾습니다. 예를 들어, 고객의 구매 데이터를 분석해 비슷한 성향의 고객을 그룹화하는 것처럼, AI는 스스로 데이터 속에서 유사한 특징을 가진 항목들을 군집화할 수 있습니다.

❸ **강화 학습** : AI는 보상과 벌칙을 통해 학습합니다. AI가 특정 행동을 했을 때 긍정적인 결과가 나오면 그 행동을 강화하고, 부정적인 결과가 나오면 그 행동을 억제합니다. 게임에서 스스로 전략을 학습하는 AI가 이에 해당합니다.

(3) 장점

머신러닝은 데이터를 통해 끊임없이 발전할 수 있습니다. 더 많은 데이터를 처리할수록 AI의 성능이 개선되고, 사람이 모든 규칙을 작성할 필요가 없으므로 복잡한 문제도 해결할 수 있습니다.

[예시]

머신러닝은 스팸 메일 필터링뿐만 아니라 의료 진단(예: 암 진단), 자동 번역, 자연어 처리 등 다양한 분야에서 사용됩니다.

1.1.4.3 딥러닝

딥러닝Deep Learning은 머신러닝의 일종이지만, 특히 복잡하고 방대한 데이터를 처리할 수 있는 기술입니다. 딥러닝은 인공 신경망Artificial Neural Networks을 기반으로 하며, 이 신경망은 인간의 뇌에서 영감을 받아 설계되었습니다. 딥러닝은 여러 계층layer으로 구성된 신경망을 통해 복잡한 문제를 해결할 수 있습니다.

(1) 인공 신경망

딥러닝의 핵심은 인공 신경망입니다. 인공 신경망은 인간의 뇌처럼 뉴런이라는 작은 단위들이 모여서 작동하는 구조입니다. 각 뉴런은 입력을 받아 특정한 계산을 수행하고, 그 결과를 다음 단계로 전달합니다. 이 계층 구조는 데이터가 여러 단계에 걸쳐 분석되고, 최종 결과를 도출하는 과정을 가능하게 합니다.

[예시]

딥러닝 신경망은 수천 개 이상의 뉴런이 연결되어 있으며, 수많은 층을 거쳐 데이터를 처리합니다. 예를 들어, 이미지 인식 AI는 여러 계층을 통해 이미지에서 저수준의 특징(선, 점)부터 고수준의 특징(눈, 코, 입의 위치)까지 분석할 수 있습니다.

(2) 방대한 데이터 처리

딥러닝은 방대한 양의 데이터를 필요로 합니다. 딥러닝 모델은 일반적으로 수백만 개의 데이터를 학습해야 하기 때문에, 처리 능력이 뛰어난 하드웨어(예: GPU)와 많은 데이터가 필요합니다. 그러나 이러한 방대한 데이터를 처리한 후에는 AI가 복잡한 문제도 매우 높은 정확도로 해결할 수 있습니다.

[예시]

딥러닝은 이미지 인식, 음성 인식, 자율주행차와 같은 매우 복잡한 문제를 해결하는 데 뛰어납니다. 예를 들어, 자율주행차는 도로의 교통 상황, 보행자, 다른 차량 등을 실시간으로 인식하고, 딥러닝을 통해 상황에 맞는 결정을 내릴 수 있습니다.

(3) 장점

딥러닝은 특히 비정형 데이터(이미지, 음성, 텍스트)를 처리하는 데 강력한 능력을 발휘합니다. 기존의 머신러닝 기술로는 해결하기 어려웠던 고차원적 문제를 딥러닝을 통해 해결할 수 있습니다. 예를 들어, 딥러닝은 수많은 사진을 학습한 후 얼굴 인식이나 객체 인식과 같은 복잡한 작업을 수행할 수 있습니다.

[예시]

딥러닝 기술은 자율주행차에서 핵심 역할을 합니다. 자율주행차는 딥러닝을 통해 도로의 상황을 실시간으로 분석하고, 적절한 판단을 내립니다. 이러한 판단은 수많은 데이터를 학습한 신경망을 기반으로 이루어집니다.

결론

인공지능의 종류는 크게 규칙 기반 AI, 머신러닝, 딥러닝으로 나눌 수 있습니다. 각 방식은 문제를 해결하는 방식이 다르며, 규칙 기반 AI는 고정된 규칙에 따라 작동하지만, 머신러닝과 딥러닝은 데이터를 통해 스스로 학습합니다. 딥러닝은 그중에서도 가장 복잡한 문제를 처리할 수 있는 강력한 기술로, 이미지 인식, 음성 인식, 자율주행 등 고도화된 AI 기술의 핵심입니다.

1.1.5 인공지능의 특징

인공지능AI은 여러 가지 중요한 특징을 가지고 있으며, 이들 특징 덕분에 AI는 다양한 문제를 해결하고 인간의 역할을 보완할 수 있습니다. 아래에서는 AI의 대표적인 특징인 자동화, 학습 능력, 패턴 인식을 더욱 자세히 설명하겠습니다.

1.1.5.1 자동화

자동화는 인공지능의 가장 중요한 특징 중 하나로, AI는 사람의 개입 없이 스스로 작업을 수행할 수 있는 능력을 갖추고 있습니다. 과거에는 사람이 일일이 프로그램을 설정하고 관리해야 했던 작업들을, 이제는 AI가 스스로 해결할 수 있습니다. AI는 주어진 데이터를 바탕으로 작업을 처리하고, 지속적으로 그 작업을 수행할 수 있는 자동화된 시스템을 구축합니다.

(1) 예시 : 이메일에서 스팸 메일 필터링

AI는 이메일 시스템에서 스팸 메일을 걸러내는 데 사용됩니다. AI가 스팸 메일을 학습한 후, 사용자가 새로운 이메일을 받을 때마다 자동으로 스팸 여부를 판단하고 이를 분류합니다. 사용자는 더 이상 스팸 메일을 일일이 분류할 필요가 없으며, AI가 자동으로 처리해줍니다. 이처럼 자동화된 스팸 필터는 AI가 스스로 작업을 수행하는 대표적인 예입니다.

(2) 자동화의 장점

❶ **시간 절약** : 사람의 개입 없이 AI가 반복적인 작업을 수행함으로써 사람의 시간을 절약할 수 있습니다. 예를 들어, 공장에서 AI가 기계를 자동으로 제어하고 생산 공정을 최적화할 수 있습니다.

❷ **일관성** : AI는 일관된 결과를 제공할 수 있습니다. 인간은 피로, 실수 등의 이유로 일관성을 유지하기 어렵지만, AI는 항상 동일한 수준의 성능을 발휘합니다.

❸ **효율성** : AI는 빠르고 정확하게 대량의 데이터를 처리할 수 있어, 많은 양의 작업을 신속하게 자동화할 수 있습니다.

1.1.5.2 학습 능력

AI의 두 번째 중요한 특징은 학습 능력입니다. AI는 처음에 주어진 데이터를 바탕으로 학습하고, 그 후에는 새로운 데이터를 처리하면서 점점 더 똑똑해집니다. 이러한 학습 능력 덕분에 AI는 시간이 지날수록 더 나은 성능을 발휘할 수 있으며, 스스로 성능을 향상시킬 수 있습니다.

(1) 예시: 기계 번역 시스템

초기의 기계 번역 시스템은 단순히 단어 하나하나를 사전에 등록된 번역 규칙에 따라 변환하는 방식이었습니다. 그러나 AI 기반 기계 번역 시스템은 수많은 번역 데이터를 학습하면서, 언어의 구조나 문맥을 이해하고 더 자연스러운 번역을 할 수 있게 됩니다. AI는 새로운 번역 데이터를 학습할 때마다 성능이 향상되며, 점점 더 정확한 번역을 제공할 수 있습니다.

(2) 데이터에 따른 학습

AI는 더 많은 데이터를 처리할수록 더 똑똑해집니다. 예를 들어, AI가 고객 데이터를 학습할 때, 초기에는 단순히 고객의 구매 패턴만을 파악할 수 있을지 모르지만, 시간이 지나고 더 많은 데이터를 학습하면 고객의 세부적인 취향까지 분석할 수 있습니다. 이러한 학습 과정에서 AI는 점차 복잡한 문제도 해결할 수 있는 능력을 갖추게 됩니다.

(3) 피드백을 통한 개선

AI는 피드백을 통해 성능을 개선할 수 있습니다. AI가 잘못된 예측을 했을 때, 그 결과를 바탕으로 자신의 알고리즘을 수정하고 더 나은 성과를 내기 위해 학습을 반복합니다. 이를 통해 AI는 점점 더 정확하게 문제를 해결할 수 있습니다. 예를 들어, 자율주행차는 학습을 통해 교통 상황에 대한 대응 능력을 개선하고, 예측하지 못한 위험 상황에도 적절히 대처할 수 있게 됩니다.

1.1.5.3 패턴 인식

패턴 인식은 AI가 데이터를 분석하여 그 안에 존재하는 규칙이나 패턴을 찾아내는 능력입니다. AI는 다양한 데이터에서 숨겨진 패턴을 인식하고, 그 패턴을 바탕으로 새로운 데이터를 처리하거나 문제를 해결합니다. 패턴 인식은 AI가 데이터를 학습하고, 학습된 내용을 바탕으로 예측을 하거나 결정을 내릴 때 중요한 역할을 합니다.

(1) 예시: 얼굴 인식 기술

얼굴 인식 AI는 수많은 얼굴 이미지를 학습하고, 그 과정에서 얼굴의 특징적 패턴을 찾아냅니다. 예를 들어, 눈, 코, 입의 위치, 얼굴의 대칭성, 피부색 등의 패턴을 학습한 AI는 새로운 얼굴을 보았을 때도 그 사람이 누구인지 인식할 수 있습니다. 이 과정에서 AI는 얼굴의 구조적 특징을 파악해 정확하게 사람을 식별할 수 있게 됩니다.

(2) 패턴 인식의 응용

패턴 인식은 AI가 다양한 분야에서 예측과 결정을 내리는 데 중요한 역할을 합니다. 예를 들어, 금융 분야에서 AI는 주식 시장 데이터를 분석해 과거의 패턴을 기반으로 미래 주가를 예측할 수 있습니다. 또한, 의료 분야에서는 환자의 과거 진료 기록과 증상 데이터를 분석해 질병 진단에 활용될 수 있습니다.

(3) AI의 예측 능력

AI는 학습된 패턴을 바탕으로 미래의 결과를 예측할 수 있습니다. 예를 들어, 날씨 예측 시스템에서 AI는 기온, 기압, 습도 등의 데이터를 분석하여 날씨 변화를 예측합니다. AI가 더 많은 기상 데이터를 학습할수록 그 예측의 정확도는 높아집니다. 이를 통해 AI는 기상 변화뿐만 아니라, 시장 변화, 고객 행동 등의 다양한 분야에서 예측을 수행할 수 있습니다.

결론

인공지능의 특징은 크게 자동화, 학습 능력, 패턴 인식으로 요약할 수 있습니다. AI는 사람의 개입 없이 스스로 작업을 처리하고, 더 많은 데이터를 학습할수록 성능이 개선됩니다. 또한, 데이터를 분석해 숨겨진 패턴을 찾아내는 능력을 갖추고 있어, 다양한 문제를 해결하거나 미래를 예측할 수 있습니다. 이러한 특징 덕분에 AI는 산업 전반에서 매우 유용한 도구로 활용되고 있으며, 우리의 일상생활에도 깊이 관여하고 있습니다.

1.1.6 결론

결론적으로, 인공지능AI은 데이터를 바탕으로 스스로 학습하고, 문제를 해결하는 기술입니다. AI는 처음에 사람이 일일이 모든 규칙을 가르쳐 주지 않아도, 수많은 데이터를 분석하고 그 안에서 패턴을 학습하여 스스로 문제를 해결할 수 있는 능력을 갖추게 됩니다. 이는 AI가 데이터를 기반으로 한 머신러닝과 딥러닝 같은 기술을 통해 가능한 것이며, 이 기술들은 AI가 인간처럼 판단하고 결정을 내리도록 만들어줍니다.

AI는 이미 일상생활과 산업 전반에 걸쳐 널리 활용되고 있으며, 그 영향력은 계속해서 커지고 있습니다. AI가 현재 활용되고 있는 여러 방식들을 살펴보면, AI의 역할이 얼마나 넓고 중요한지 알 수 있습니다.

1.1.6.1 AI의 실생활 적용

인공지능은 우리가 일상에서 사용하는 기술들에 깊이 통합되어 있습니다. 예를 들어, 스마트폰의 음성 인식 기술은 AI의 대표적인 응용 사례 중 하나입니다. 사용자가 스마트폰에 음성 명령을 내리면, AI는 그 음성을 분석하고 사용자의 의도를 파악하여 적절한 정보를 제공하거나 작업을 수행합니다. 이를 통해 AI는 우리의 일상적인 작업을 간소화하고 편리성을 제공합니다.

또한, 추천 시스템은 AI가 일상생활에서 중요한 역할을 하는 또 다른 사례입니다. 유튜브, 넷플릭스, 아마존과 같은 플랫폼에서는 AI가 사용자의 시청 기록이나 구매 패턴을 분석하여 개인 맞춤형 추천을 제공합니다. AI가 수많은 데이터를 학습하고, 사용자의 취향에 맞춰 가장 적합한 콘텐츠나 제품을 추천함으로써, 사용자 경험을 개인화하고 향상시킵니다.

AI는 또한 자율주행 자동차와 같은 복잡한 기술에서도 중요한 역할을 하고 있습니다. 자율주행차는 AI가 도로 상황, 교통 신호, 보행자 등의 데이터를 실시간으로 분석하여 안전하고 효율적으로 주행할 수 있도록 설계되었습니다. 이처럼 AI는 매우 복잡한 문제도 처리할 수 있는 능력을 갖추고 있어, 자동차 산업뿐만 아니라 제조업, 의료, 금융 등 다양한 산업에서 중요한 기술로 자리잡고 있습니다.

1.1.6.2 AI의 학습과 문제 해결 능력

AI의 가장 큰 강점 중 하나는 스스로 학습할 수 있다는 점입니다. AI는 처음에 주어진 데이터를 분석하고, 그 안에서 패턴을 찾고, 그 패턴을 바탕으로 스스로 규칙을 생성합니다. 이렇게 생성된 규칙을 통해 AI는 새로운 데이터를 처리하거나 예측할 수 있으며, 정확도를 점점 높여 나갑니다.

예를 들어, AI가 의료 데이터를 학습하여 암을 진단하는 시스템을 구축했다고 가정해 봅시다. 초기에는 AI가 많은 환자 데이터를 학습하며 특정 증상과 암 진단 간의 상관관계를 파악합니다. 시간이 지남에 따라, AI는 더 많은 데이터를 학습하고, 더 많은 사례를 바탕으로 진단 정확도를 높입니다. 이처럼 AI는 더 많은 데이터를 학습할수록 더욱 정교해지고 문제 해결 능력이 향상됩니다.

또한, AI는 학습한 규칙을 바탕으로 새로운 상황에 맞춰 적절한 결정을 내릴 수 있습니다. 예를 들어, AI가 주식 시장 데이터를 학습한 후, 시장의 변동성을 분석하여 미래의 주가 변동을 예측할 수 있습니다. 이 과정에서 AI는 과거 데이터를 통해 학습한 패턴을 적용하여 미래의 결과를 예측하고, 이를 기반으로 최적의 결정을 내릴 수 있습니다.

1.1.6.3 AI의 발전과 미래 전망

AI는 앞으로도 계속해서 발전할 것이며, 우리의 삶에 점점 더 큰 영향을 미칠 것입니다. 현재 AI는 주로 특정 작업을 자동화하거나 데이터 분석을 수행하는 데 사용되지만, 미래에는 더욱 자율적이고 지능적인 시스템으로 발전할 것입니다. 특히, 자율주행, 로봇 공학, 생성형 AI와 같은 기술은 AI의 발전을 통해 더욱 실질적인 변화와 혁신을 가져올 것으로 예상됩니다.

예를 들어, 자율주행차는 AI 기술이 발전함에 따라 더 안전하고 효율적인 교통 시스템을 구축할 수 있을 것입니다. 또한, AI 기반 로봇은 제조업, 물류, 의료 등 다양한 산업에서 사람을 돕는 역할을 할 수 있으며, 이는 인류의 생산성을 크게 향상시킬 수 있습니다.

뿐만 아니라, 생성형 AI 기술은 콘텐츠 창작, 음악, 예술 등 창의적인 분야에서 중요한 역할을 할 수 있습니다. 생성형 AI는 데이터를 바탕으로 새로운 콘텐츠를 생성하는 기술로, AI가 소설을 쓰거나 음악을 작곡하는 등 창의적인 작업도 수행할 수 있는 가능성을 보여주고 있습니다.

1.1.6.4 AI가 미치는 사회적 영향

AI는 우리 생활을 더욱 편리하고 효율적으로 만드는 데 기여하지만, 동시에 사회 전반에 걸쳐 중대한 변화를 불러올 것입니다. 특히, AI가 사람을 대체할 수 있는 일자리나 직무가 증가하면서, 고용 시장에 미치는 영향이 커질 수 있습니다. 이는 많은 직무가 AI에 의해 자동화됨에 따라 인간의 역할이 변화할 가능성을 시사합니다. 하지만, 이러한 변화는 새로운 기술과 직업을 창출할 기회로도 해석될 수 있습니다. 예를 들어, AI를 개발하고 관리하는 데이터 과학자나 AI 엔지니어와 같은 직업군이 늘어날 것입니다.

또한, AI는 윤리적인 문제와도 관련이 깊습니다. AI가 자율적으로 결정을 내리는 과정에서 발생할 수 있는 책임 소재나 편향된 결정의 문제를 해결하는 것이 중요해지고 있습니다. 앞으로 AI 기술이 발전함에 따라, 이를 규제하고 사회적 책임을 명확히 하는 법적, 윤리적 틀이 필요할 것입니다.

결론

결론적으로, 인공지능은 데이터를 바탕으로 스스로 학습하고, 문제를 해결하는 기술로, 우리의 일상과 산업 전반에 깊이 자리잡고 있습니다. AI는 음성 인식, 추천 시스템, 자율주행 자동차 등 다양한 분야에서 그 능력을 발휘하고 있으며, 앞으로도 AI 기술은 더욱 발전하여 우리의 삶을 더욱 편리하고 풍요롭게 만들 것입니다. 하지만 AI 기술이 미치는 사회적 영향도 무시할 수 없는 중요한 이슈로, 이를 적절히 다루고 활용하는 것이 인류에게 중요한 과제가 될 것입니다.

1.2 인공지능의 역사

인공지능AI은 1950년대부터 개념이 제안되었으며, 그 후 기술 발전과 함께 점차 구체화되고 널리 적용되기 시작했습니다. 인공지능의 역사는 인간처럼 사고하는 기계를 만들 수 있을까?라는 질문에서 출발했습니다. 초기에는 이 질문에 대한 답을 찾기 위한 다양한 연구가 이루어졌고, 기술적 제약으로 인해 그 발전 속도는 더딘 편이었지만, 점차 새로운 돌파구가 열리며 인공지능의 발전이 가속화되었습니다. 아래에서는 AI의 주요 발전 단계를 더 자세히 설명합니다.

1.2.1 인공지능의 기초 형성 (1950년대)

인공지능의 개념은 1950년대에 제안되었습니다. 이 시기의 주요 질문은 "기계가 인간처럼 사고할 수 있을까?"였습니다. 이러한 질문에 대한 답을 찾기 위한 초기 연구는 논리적 사고와 수학적 계산을 기반으로 이루어졌습니다. 인공지능의 기초가 된 중요한 사건 중 하나는 앨런 튜링Alan Turing의 연구입니다.

(1) 앨런 튜링과 튜링 테스트

앨런 튜링은 1950년 논문에서, 기계가 인간처럼 사고할 수 있는지 테스트하기 위한 방법을 제안했는데, 이를 튜링 테스트라고 부릅니다. 튜링 테스트는 한 사람이 컴퓨터와 인간에게 번갈아 가며 질문을 하고, 답변자가 기계인지 인간인지 구분할 수 없다면, 그 기계는 지능이 있다고 할 수 있다는 것이 핵심입니다. 이 개념은 AI 연구의 출발점이 되었으며, 이후 AI 발전에 큰 영향을 미쳤습니다.

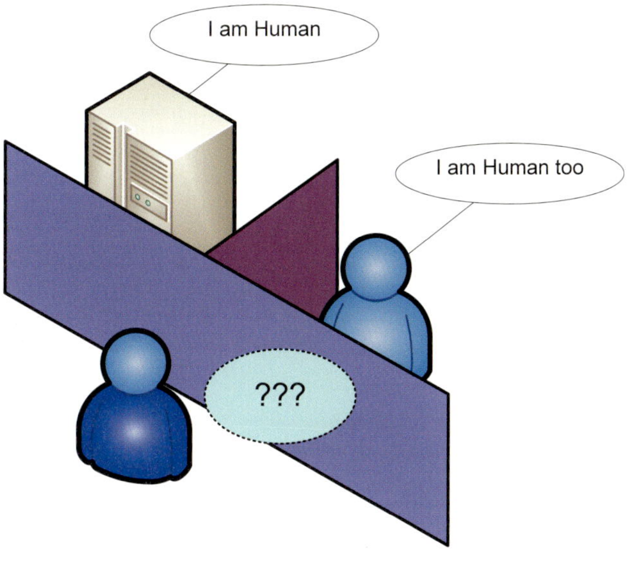

(2) 1956년 다트머스 회의

1956년, 미국 다트머스 대학에서 열린 학회에서 "인공지능"이라는 용어가 처음으로 사용되었습니다. 이 회의는 존 매카시John McCarthy가 주도했으며, 그를 비롯한 여러 과학자들이 모여 인간의 사고 과정을 모방하는 기계를 만들 수 있는 방법을 논의했습니다. 이 회의는 인공지능 연구의 시작점으로 평가받으며, 그 이후 AI는 학문적 분야로 자리잡게 되었습니다.

1.2.2 전문가 시스템과 AI의 첫 번째 도약 (1970년대)

1970년대에 이르러 인공지능 연구는 새로운 국면을 맞이하게 됩니다. 이 시기에는 AI의 연구가 특정 분야에서 전문가처럼 행동하는 시스템을 개발하는 방향으로 발전하였습니다. 이를 전문가 시스템이라고 합니다. 전문가 시스템은 복잡한 규칙을 기반으로 특정 문제를 해결하는 데 중점을 두었습니다.

(1) 전문가 시스템의 등장

전문가 시스템Expert Systems은 특정 분야에서 인간 전문가처럼 행동하도록 설계된 프로그램입니다. 이는 주로 의료, 법률, 기술 지원 등 다양한 전문 분야에서 사용되었습니다. 예를 들어, 의료 전문가 시스템은 환자의 증상 데이터를 입력받아, 의사처럼 질병을 진단하거나 치료 방법을 추천할 수 있었습니다.

(2) 대표적인 전문가 시스템

이 시기에는 여러 가지 유명한 전문가 시스템이 개발되었습니다.

❶ MYCIN : MYCIN은 1970년대에 개발된 대표적인 의료 전문가 시스템입니다. MYCIN은 환자의 혈액 데이터를 분석하여 세균 감염 여부를 판단하고, 적절한 항생제를 추천하는 시스템으로 큰 주목을 받았습니다.

❷ DENDRAL : DENDRAL은 화학 분석에 사용된 전문가 시스템으로, 분자의 구조를 예측하는 역할을 했습니다.

(3) 전문가 시스템의 한계

전문가 시스템은 많은 규칙을 기반으로 작동했기 때문에, 규칙을 일일이 추가하고 수정하는 데 많은 시간이 소요되었습니다. 또한, 새로운 상황이 발생했을 때 스스로 학습하거나 적응하는 능력이 부족했습니다. 이로 인해, 전문가 시스템은 한계에 봉착하게 되었고, 이 문제를 해결하기 위해 머신러닝 등의 새로운 기술이 개발되기 시작했습니다.

1.2.3 인공지능의 대중화와 도전 (1990년대)

1990년대는 인공지능이 실제로 실질적인 성과를 보여주며 대중의 관심을 끌기 시작한 시기입니다. 이 시기에 AI는 복잡한 문제를 해결할 수 있는 능력을 입증했으며, 이는 인공지능 연구의 중요한 이정표가 되었습니다.

(1) 딥 블루Deep Blue의 승리

1997년, IBM이 개발한 딥 블루Deep Blue라는 AI는 체스 게임에서 인간 세계 챔피언인 가리 카스파로프Garry Kasparov를 이기는 데 성공했습니다. 이 사건은 AI가 인간의 두뇌 능력을 넘어서는 복잡한 문제를 해결할 수 있다는 점을 보여주었으며, AI 기술의 잠재력을 입증한 대표적인 사례로 기록되었습니다.

(2) AI의 복잡한 문제 해결 능력

딥 블루의 체스 승리는 복잡한 문제 해결 능력을 증명한 사건이었습니다. 체스는 모든 경우의 수를 계산하기 어려운 게임으로, 딥 블루는 수많은 가능한 수를 계산해 최적의 수를 찾아내는 능력을 보여주었습니다. 이로 인해 AI는 더 이상 이론적으로만 연구되는 것이 아니라, 실제 문제 해결에 사용될 수 있는 기술로 자리 잡았습니다.

1.2.4 딥러닝의 발전과 AI의 비약적 발전 (2010년대 이후)

2010년대는 인공지능의 비약적인 발전이 이루어진 시기입니다. 이 시기에는 딥러닝Deep Learning이라는 새로운 기술이 등장하면서 AI의 성능이 급격히 향상되었습니다. 딥러닝은 기존의 AI와 달리 더 많은 데이터를 학습하고, 그 데이터를 통해 복잡한 문제를 해결할 수 있는 능력을 갖추었습니다.

(1) 딥러닝의 원리

딥러닝은 인간의 뇌에서 영감을 얻은 인공 신경망Artificial Neural Networks을 기반으로 합니다. 딥러닝은 다층 신경망을 통해 데이터를 단계별로 처리하고, 그 과정에서 점차 복잡한 패턴을 학습합니다. 이 기술 덕분에 AI는 음성 인식, 이미지 인식, 자연어 처리 등 고난도의 문제도 해결할 수 있는 능력을 갖추게 되었습니다.

(2) AI의 성능 향상

딥러닝 기술의 발전으로 AI는 컴퓨터 비전, 자연어 처리, 게임 등의 다양한 분야에서 뛰어난 성능을 보여주었습니다. 예를 들어, 딥러닝을 기반으로 한 알파고AlphaGo는 바둑에서 세계 챔피언을 이기며, AI가 복잡한 판단을 필요로 하는 게임에서도 탁월한 능력을 발휘할 수 있음을 증명했습니다. 2016년 알파고가 바둑 세계 챔피언인 이세돌을 이긴 사건은 인공지능 역사에서 또 다른 획기적인 이정표로 평가받고 있습니다.

(3) 빅데이터와 하드웨어의 발전

딥러닝 기술의 발전에는 빅데이터와 하드웨어의 발전이 중요한 역할을 했습니다. AI가 더 많은 데이터를 학습할수록, 더 정확하게 문제를 해결할 수 있게 되었으며, GPU와 같은 고성능 하드웨어가 등장하면서 딥러닝 모델을 더 빠르게 학습할 수 있었습니다. 이를 통해 AI는 이전보다 더 복잡하고 정교한 문제를 처리할 수 있는 능력을 갖추게 되었습니다.

결론

인공지능의 역사는 1950년대의 초기 개념 제안에서부터 2010년대 이후 딥러닝을 통한 비약적인 발전에 이르기까지 끊임없는 연구와 기술 혁신의 연속이었습니다. 초기에는 단순히 인간처럼 사고하는 기계를 만들 수 있을지에 대한 철학적 질문에서 시작되었지만, 오늘날 AI는 실제로 복잡한 문제를 해결하고 인간의 능력을 보완하는 중요한 기술로 자리 잡았습니다. 앞으로도 인공지능 기술은 더욱 발전할 것이며, 다양한 산업과 일상생활에서 중요한 역할을 하게 될 것입니다.

1.3 인공지능의 발전 과정

인공지능AI은 1950년대에 시작된 이후, 여러 단계를 거치면서 발전해왔습니다. AI의 발전 과정은 크게 세 가지 주요 단계로 나눌 수 있습니다: 초기 인공지능(1950~1980년대), 전문가 시스템과 머신러닝의 시작(1980~2000년대), 그리고 딥러닝과 인공지능의 대중화(2010년대 이후). 각 단계에서 AI는 점진적으로 복잡한 문제를 해결할 수 있는 기술로 발전해 왔으며, 지금은 일상생활에서 쉽게 접할 수 있는 기술로 자리 잡고 있습니다. 아래에서는 각 단계를 더욱 자세히 설명합니다.

1.3.1 초기 인공지능 (1950~1980년대)

1950년대부터 1980년대까지는 초기 인공지능 연구가 활발하게 진행되었던 시기입니다. 이 시기의 인공지능은 논리 기반 시스템으로, 명확한 규칙에 따라 문제를 해결하는 방식으로 작동했습니다. AI의 초창기 연구는 주로 컴퓨터가 인간의 사고 과정을 흉내내도록 설계되었지만, 당시의 기술적 한계와 데이터 부족으로 인해 복잡한 문제를 해결하는 데에는 많은 어려움이 있었습니다. AI의 초기 단계에서 사용된 기술과 한계에 대해 더 자세히 알아보겠습니다.

1.3.1.1 논리 기반 인공지능

초기 인공지능은 논리적 사고에 중점을 두었으며, 특정 규칙을 기반으로 작동하는 방식이었습니다. 이 시스템은 명시적으로 정의된 규칙에 따라 문제를 해결했으며, 사람의 사고방식을 모방하여 결정 트리와 같은 형태로 프로그램되었습니다. 예를 들어, 특정 조건이 주어졌을 때, 그 조건에 맞는 규칙을 적용하여 결과를 도출하는 방식입니다.

(1) 프로그램된 규칙

컴퓨터는 IF-THEN 논리 구조에 따라 문제를 해결했습니다. 이는 사람이 직접 명령어를 작성하여 컴퓨터가 그 명령에 따라 작업을 수행하게 하는 방식입니다. 이러한 방식은 문제가 단순하고 명확할 때 효과적이었으며, 논리적인 문제 해결에 적합했습니다.

[예시]

초기 AI는 체스와 같은 논리적인 게임에서 주로 사용되었습니다. 컴퓨터는 각 말의 이동 규칙과 게임의 목표에 대한 규칙을 기반으로 다음 수를 결정하고, 게임을 진행했습니다. 이때 AI는 미리 입력된 규칙을 따라 체스를 두었습니다. 하지만 이 시스템은 복잡한 변수나 불확실한 상황에 적응하는 데 어려움을 겪었습니다.

(2) 논리 기반 시스템의 장점

초기 인공지능은 논리적 사고와 수학적 계산을 통해 특정 문제를 해결하는 데 성공했습니다. 이 방식은 정해진 규칙이 명확한 상황에서는 매우 강력했으며, 컴퓨터가 일관된 결과를 도출할 수 있었습니다. 예를 들어, 계산기나 논리적 퍼즐을 해결하는 프로그램에서는 이러한 방식이 유용하게 사용되었습니다.

(3) 한계

하지만 이 방식은 환경이 변화하거나, 예측할 수 없는 변수가 많은 문제에서는 효과적이지 않았습니다. 초기 AI는 모든 상황을 고려한 규칙을 사전에 프로그래밍해야 했기 때문에, 새로운 상황이 발생하거나 규칙에 맞지 않는 예외적인 문제가 생기면 AI는 제대로 작동하지 않았습니다. 또한, 컴퓨터가 다양한 변수와 불확실성을 처리하는 데 한계가 있었습니다.

1.3.1.2 초기 인공지능의 한계

초기 인공지능의 가장 큰 한계는 데이터 부족과 컴퓨팅 성능의 제약이었습니다. 당시의 컴퓨터는 현대와 비교할 때 처리 능력이 매우 제한적이었고, AI가 학습할 수 있는 데이터도 충분하지 않았습니다. 이로 인해 복잡한 문제를 처리하는 데에는 많은 어려움이 있었습니다.

(1) 데이터의 양과 질

인공지능은 데이터를 기반으로 학습하고 문제를 해결하는데, 초기에는 데이터의 양이 매우 부족했습니다. 특히, AI가 다양한 상황을 이해하고 대응할 수 있으려면 많은 양의 데이터가 필요하지만, 당시에는 컴퓨터가 처리할 수 있는 데이터가 매우 제한적이었습니다. 이로 인해 AI는 새로운 상황에 적응하는 데 어려움을 겪었고, 특정한 상황에 맞춘 정적인 프로그램으로만 기능했습니다.

(2) 컴퓨팅 성능의 제약

초기 AI는 컴퓨팅 성능이 낮았기 때문에, 대량의 데이터를 처리하거나 복잡한 문제를 해결하는 데 어려움을 겪었습니다. 예를 들어, 체스와 같은 논리적 게임에서 AI가 모든 가능한 수를 계산하려면 매우 높은 연산 능력이 필요합니다. 하지만 당시의 컴퓨터는 제한된 메모리와 연산 속도로 인해 이런 작업을 실시간으로 처리하기 어려웠습니다.

(3) 규칙 작성의 어려움

논리 기반 시스템에서는 모든 상황에 대한 규칙을 사람이 미리 작성해야 했습니다. 하지만 현실 세계는 예측 불가능한 변수가 매우 많기 때문에, 모든 상황을 고려한 규칙을 작성하는 것은 사실상 불가능에 가까웠습니다. 예를 들어, 자율주행 자동차가 도로에서 다양한 상황에 직면할 때, 모든 가능한 상황에 맞는 규칙을 미리 프로그램하는 것은 매우 비효율적이고 어렵습니다. 따라서 이러한 방식의 AI는 새로운 환경이나 변수에 대해 유연하게 대처하지 못했습니다.

1.3.1.3 초기 AI 응용 사례

초기 인공지능은 주로 논리적 문제 해결과 계산 작업에 많이 사용되었습니다. 예를 들어, 체스 게임이나 단순한 수학적 연산 같은 논리적 문제가 AI의 초기 응용 분야였습니다.

(1) 체스 게임 AI

초기 AI는 체스와 같은 보드 게임에서 사용되었습니다. AI는 게임의 규칙을 프로그램받고, 상대방의 수를 예측하며 다음 수를 결정했습니다. 이 과정에서 AI는 모든 가능한 수를 계산해 최적의 수를 찾는 방식으로 작동했습니다. 하지만 이 방법은 연산이 매우 복잡했기 때문에, 제한된 깊이의 수만 계산할 수 있었습니다.

(2) 논리 퍼즐 해결

초기 AI는 논리 퍼즐을 해결하는 데에도 사용되었습니다. 퍼즐의 규칙을 입력하면, AI는 논리적인 사고 과정을 통해 해결책을 찾았습니다. 하지만 퍼즐의 난이도가 높아지거나 변수가 많아질 경우, AI는 이를 효율적으로 처리하지 못했습니다.

결론

1950년대에서 1980년대까지의 초기 인공지능은 논리 기반 시스템에 의존한 기술로, 규칙에 따라 문제를 해결하는 방식이었습니다. 이러한 방식은 논리적인 문제 해결에는 효과적이었지만, 현실 세계의 복잡한 변수와 불확실한 상황에 적응하지 못했습니다. 또한, 데이터 부족과 컴퓨팅 성능의 제약으로 인해 AI는 단순한 문제 해결에만 주로 사용되었으며, 복잡한 문제를 처리하는 데에는 한계가 있었습니다. 이러한 한계는 이후의 머신러닝과 딥러닝 기술의 등장으로 극복되었으며, AI는 점점 더 복잡한 문제를 해결할 수 있는 기술로 발전하게 되었습니다.

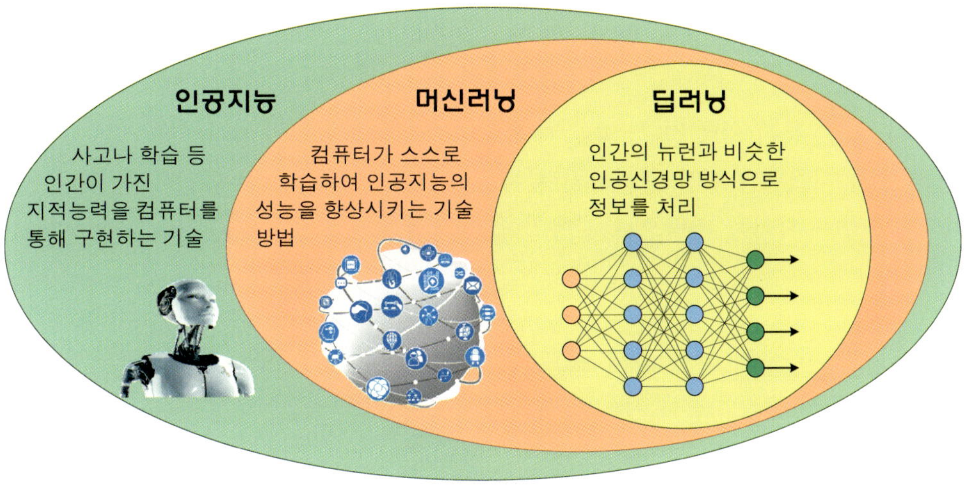

1.3.2 전문가 시스템과 머신러닝의 시작 (1980~2000년대)

1980년대부터 2000년대까지는 인공지능AI 기술이 한 단계 도약한 중요한 시기입니다. 이 시기에는 AI가 전문가 시스템Expert Systems과 머신러닝Machine Learning이라는 두 가지 기술을 통해 빠르게 발전했습니다. 이러한 기술들은 기존의 규칙 기반 인공지능에서 한층 발전된 형태로, AI가 특정 분야에서 전문가처럼 행동하거나 데이터를 통해 스스로 학습하는 능력을 갖추는 데 기여했습니다.

1.3.2.1 전문가 시스템의 등장

전문가 시스템Expert Systems은 특정 분야에서 인간 전문가의 지식과 경험을 모델링하여, 전문가처럼 문제를 해결하는 프로그램입니다. 이러한 시스템은 주로 의료, 법률, 기술 지원 등 특정 분야에 대한 전문 지식을 바탕으로 설계되었으며, 규칙 기반 인공지능을 한 단계 발전시킨 형태였습니다.

(1) 전문가 시스템의 원리

전문가 시스템은 지식 베이스Knowledge Base와 추론 엔진Inference Engine이라는 두 가지 주요 구성 요소로 이루어졌습니다.

❶ **지식 베이스** : 해당 분야의 전문가들이 축적한 규칙과 사실들로 구성되어 있으며, 이는 AI가 문제를 해결하는 데 필요한 핵심 정보입니다.

❷ **추론 엔진** : 주어진 문제를 분석하고, 지식 베이스에 저장된 규칙을 바탕으로 최적의 해결책을 찾는 역할을 합니다. 추론 엔진은 IF-THEN 규칙에 따라 작동하여, 특정 조건이 주어졌을 때 그에 맞는 결론을 도출합니다.

(2) 응용 분야

전문가 시스템은 특히 의료 진단, 법률 자문, 기술 문제 해결 등의 분야에서 널리 사용되었습니다. 이러한 시스템은 인간 전문가처럼 복잡한 문제를 해결할 수 있었으며, 해당 분야에 대한 깊이 있는 지식을 바탕으로 사용자에게 결정적인 조언을 제공했습니다.

[예시]

MYCIN 시스템: MYCIN은 1970년대에 개발된 대표적인 의료 전문가 시스템으로, 세균 감염을 진단하고 적절한 치료법을 제안하는 데 사용되었습니다. 의사는 환자의 증상이나 혈액 데이터를 입력하면, MYCIN은 데이터를 분석하고 세균 감염 여부를 진단한 뒤, 최적의 항생제를 추천했습니다. MYCIN은 당시 매우 성공적인 AI 시스템으로 평가되었으며, 특정 분야에서 전문가처럼 작동하는 AI의 가능성을 보여주었습니다.

1.3.2.2 전문가 시스템의 한계

전문가 시스템은 특정 분야에서 매우 유용하게 사용되었지만, 한계도 분명히 존재했습니다. 특히, 시스템이 모든 문제에 대해 새로운 정보를 학습하거나 적응하지 못하는 구조적 한계가 있었습니다.

(1) 데이터 기반 학습의 부재

전문가 시스템은 규칙 기반으로 작동했기 때문에, 새로운 정보를 자동으로 학습할 수 있는 능력이 없었습니다. 전문가 시스템에 새로운 정보가 추가될 때마다, 사람이 일일이 규칙을 작성하거나 기존 규칙을 수정해야 했습니다. 이로 인해 시스템은 변화하는 환경에 적응하는 능력이 부족했으며, 새로운 문제에 대한 해결책을 제공하는 데 한계가 있었습니다.

(2) 규칙 작성의 어려움

전문가 시스템을 만들기 위해서는 방대한 양의 규칙을 미리 설정해야 했습니다. 이러한 규칙들은 해당 분야의 전문가들이 정의한 지식과 경험을 기반으로 작성되었지만, 모든 가능한 상황을 고려한 규칙을 미리 정의하는 것은 매우 복잡하고 시간이 많이 소요되었습니다. 특히, 예외적인 상황이나 예상치 못한 변수가 많은 문제에 대해서는 전문가 시스템이 제대로 작동하지 못했습니다.

(3) 실용화의 한계

전문가 시스템은 특정 분야에서는 성공적으로 사용되었지만, 유연성 부족과 실용화의 어려움 때문에 다양한 분야에 널리 확산되지는 못했습니다. 또한, 시스템이 복잡해질수록 규칙을 관리하고 수정하는 데에 많은 비용이 소요되었기 때문에, 실제로 실용화하는 데 어려움을 겪었습니다.

1.3.2.3 머신러닝의 시작

1990년대부터 AI 연구는 새로운 도약을 맞이했습니다. 머신러닝Machine Learning이라는 개념이 도입되면서, AI가 사람이 모든 규칙을 미리 정의하지 않고도 데이터를 통해 스스로 학습할 수 있는 가능성이 열렸습니다. 이는 기존의 규칙 기반 AI와는 완전히 다른 방식으로, AI가 데이터에서 패턴을 찾아 스스로 문제를 해결할 수 있는 능력을 갖추는 방식입니다.

(1) 머신러닝의 기본 개념

머신러닝은 AI가 대량의 데이터를 학습하고, 그 데이터를 분석하여 패턴을 찾아냅니다. AI는 이러한 패턴을 바탕으로 새로운 데이터를 처리하거나 문제를 해결할 수 있습니다. 예를 들어, AI가 과거의 주식 시장 데이터를 학습한 후, 미래의 주가 변동을 예측하는 데 사용할 수 있습니다. 머신러닝의 가장 큰 장점은 사람이 일일이 규칙을 작성하지 않아도 AI가 스스로 데이터를 통해 학습할 수 있다는 점입니다.

❶ **지도 학습**Supervised Learning : AI가 주어진 데이터에서 정답을 학습하는 방식입니다. 예를 들어, 개와 고양이를 구분하는 AI를 학습시키기 위해, 개와 고양이 이미지에 각각 '개', '고양이'라는 레이블을 붙여 학습시킵니다. 이 데이터를 학습한 AI는 새로운 이미지를 보고 스스로 판단할 수 있습니다.

❷ **비지도 학습**Unsupervised Learning : 정답이 없는 데이터에서 AI가 스스로 패턴을 찾아내는 방식입니다. 예를 들어, 고객의 구매 데이터를 분석해 비슷한 성향을 가진 고객 그룹을 자동으로 분류하는 데 사용될 수 있습니다.

❸ 강화 학습Reinforcement Learning : AI가 보상과 벌칙을 통해 학습하는 방식입니다. AI는 특정 행동에 대해 긍정적인 보상을 받으면 그 행동을 더 많이 시도하고, 부정적인 결과가 나오면 그 행동을 억제합니다. 이 방식은 주로 게임이나 자율주행 같은 복잡한 문제를 해결하는 데 사용됩니다.

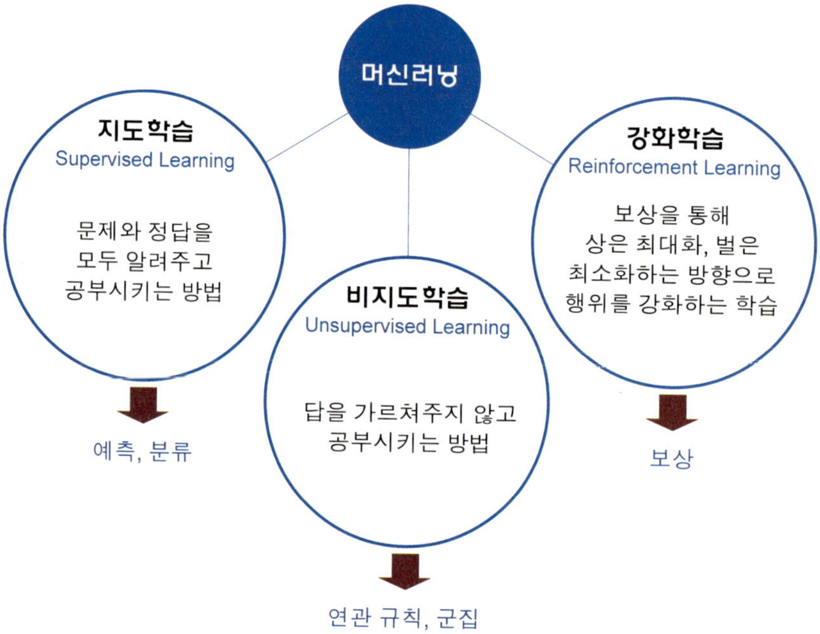

(2) 머신러닝의 응용 분야

머신러닝은 특히 스팸 메일 필터링, 음성 인식, 이미지 분석, 추천 시스템 등 다양한 분야에서 사용되기 시작했습니다.

[예시]

스팸 메일 필터링: 머신러닝은 스팸 메일 필터링에서 매우 유용하게 사용되었습니다. AI는 수천, 수만 개의 스팸 메일 데이터를 학습한 후, 새로운 이메일이 스팸인지 아닌지를 자동으로 판단할 수 있습니다. 이 과정에서 AI는 스팸 메일에 자주 사용되는 단어나 패턴을 학습하고, 이를 바탕으로 새로운 스팸 메일을 걸러냅니다.

(3) 머신러닝의 장점

머신러닝은 기존의 규칙 기반 AI와 달리 유연하고 확장성 있는 시스템을 제공합니다. 사람이 일일이 모든 규칙을 정의할 필요 없이, AI가 데이터를 통해 스스로 학습하고 새로운 문제를 해결할 수 있습니다. 이로 인해 AI는 매우 복잡한 문제를 해결할 수 있게 되었으며, 더 많은 데이터를 처리할수록 성능이 향상되는 특징을 갖게 되었습니다.

(4) 머신러닝의 한계

그러나 머신러닝도 한계가 있습니다. AI가 제대로 작동하려면 방대한 양의 데이터가 필요하며, 데이터의 질이 낮거나 잘못된 데이터가 포함되면 AI의 성능이 떨어질 수 있습니다. 또한, AI가 학습한 데이터와 다른 상황이 발생할 경우, 적절히 대응하지 못하는 문제가 있을 수 있습니다.

1.3.2.4 머신러닝의 발전과 오늘날의 AI

머신러닝의 도입은 AI 연구의 중요한 전환점이 되었으며, 오늘날의 AI 기술 발전에 기초가 되었습니다. 특히, 딥러닝Deep Learning이라는 새로운 기술이 2010년대 이후 등장하면서 AI는 더욱 강력한 성능을 발휘하게 되었습니다. 딥러닝은 머신러닝의 일종으로, 인공 신경망Artificial Neural Networks을 기반으로 데이터를 학습하는 방식입니다. 이 기술은 특히 이미지 인식, 음성 인식, 자율주행 등 복잡한 문제 해결에 매우 강력한 성능을 발휘하고 있습니다.

결론

1980년대부터 2000년대까지는 AI 기술이 전문가 시스템과 머신러닝을 통해 한 단계 도약한 시기였습니다. 전문가 시스템은 특정 분야에서 인간 전문가처럼 문제를 해결할 수 있는 시스템이었지만, 새로운 정보에 적응하는 능력이 부족했습니다. 반면, 머신러닝은 AI가 데이터를 통해 스스로 학습할 수 있는 기술로, 사람이 모든 규칙을 정의하지 않아도 AI가 문제를 해결할 수 있는 유연성을 제공했습니다. 이러한 머신러닝 기술은 이후 딥러닝으로 발전해, 오늘날의 인공지능 기술의 기반이 되었습니다.

1.3.3 딥러닝과 인공지능의 대중화 (2010년대~현재)

2010년대 이후 인공지능AI은 딥러닝Deep Learning이라는 기술의 도입으로 비약적인 발전을 이루었습니다. 딥러닝은 기존의 머신러닝에서 한 단계 더 진화한 기술로, 인공 신경망Artificial Neural Networks을 기반으로 작동하며, 이를 통해 AI는 더욱 복잡한 문제를 해결할 수 있는 능력을 갖추게 되었습니다. 딥러닝은 AI가 스스로 학습할 수 있는 능력을 극대화하면서, 이전에는 불가능했던 문제 해결과 고성능 예측이 가능해졌습니다.

1.3.3.1 딥러닝의 원리

딥러닝은 여러 개의 뉴런Neurons으로 이루어진 다층 신경망을 통해 데이터를 처리하고 학습하는 기술입니다. 이 구조는 인간의 뇌에서 뉴런들이 서로 신호를 전달하는 방식에서 영감을 받아 설계되었습니다. 신경망은 수많은 계층layer으로 구성되며, 입력 데이터가 각 계층을 거치면서 점점 더 복잡한 정보를 분석하고 학습하게 됩니다.

뉴런의 실제 구조

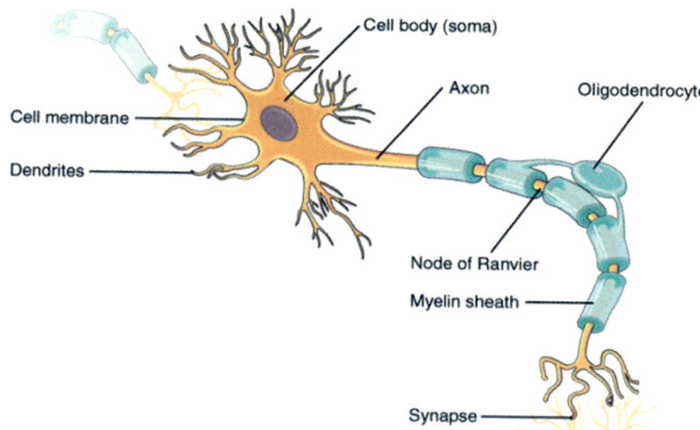

뉴런의 구조 형상화

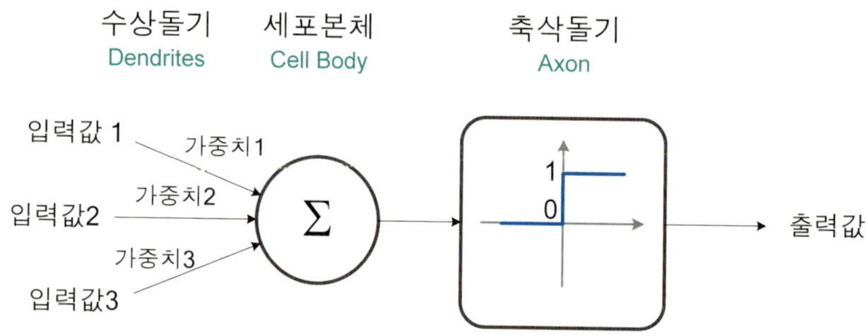

(1) 뉴런과 신경망의 구조

딥러닝의 기본 단위는 뉴런입니다. 뉴런은 입력된 데이터를 처리하고, 그 결과를 다른 뉴런으로 전달합니다. 이러한 뉴런들이 여러 층layer을 이루면서 인공 신경망을 형성합니다. 신경망의 각 층은 데이터의 다른 특징feature을 학습하게 되며, 이를 통해 저수준의 특징에서부터 고수준의 패턴까지 점진적으로 파악할 수 있습니다.

❶ **입력층**Input Layer : 데이터가 처음 들어오는 계층입니다. 예를 들어, 이미지 인식 AI에서 입력층은 이미지의 픽셀 값을 받습니다.

❷ **은닉층**Hidden Layers : 여러 개의 은닉층을 거치면서 데이터의 복잡한 특징을 분석하고 학습합니다. 예를 들어, 이미지에서 선line이나 모양shape을 학습한 다음, 더 복잡한 객체를 인식하게 됩니다.

❸ **출력층**Output Layer : 최종 결과가 출력되는 계층입니다. 예를 들어, 딥러닝을 이용한 이미지 인식에서 출력층은 이미지 속의 객체를 분류하거나 인식하는 결과를 제공합니다.

(2) 딥러닝의 학습 과정

딥러닝은 대량의 데이터를 이용해 지도 학습Supervised Learning 방식으로 학습합니다. 지도 학습에서는 입력 데이터와 함께 정답label이 주어지며, AI는 이 데이터를 학습하여 정확한 예측을 할 수 있도록 모델을 훈련합니다. 이 과정에서 AI는 데이터를 반복적으로 학습하면서 오차error를 줄이고, 더 높은 정확도로 문제를 해결할 수 있게 됩니다.

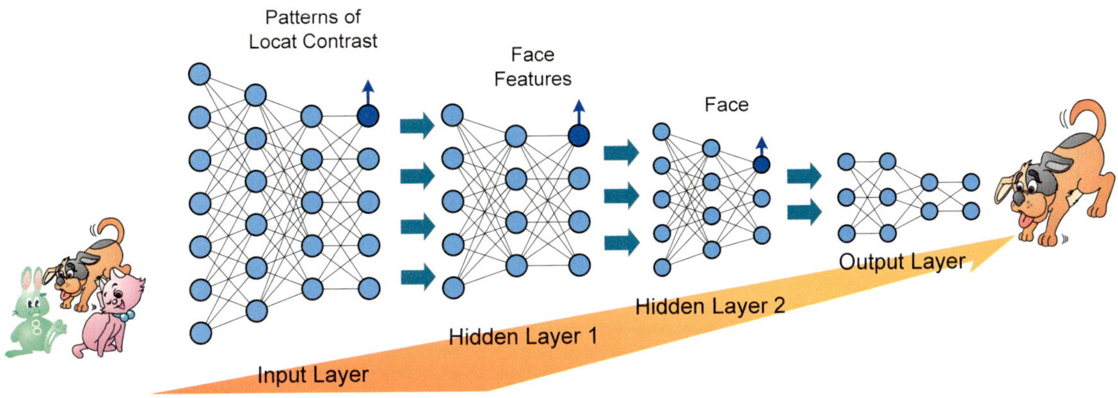

❶ 역전파Backpropagation : 딥러닝의 중요한 학습 방법 중 하나는 역전파 알고리즘입니다. 신경망이 학습 도중 예측 결과가 잘못되었을 때, 그 오류를 기반으로 가중치weight를 조정하여 예측을 개선합니다. 이 과정이 여러 번 반복되면서 AI는 점점 더 정확한 결과를 도출할 수 있게 됩니다.

(3) 비정형 데이터 처리

딥러닝은 특히 이미지, 음성, 텍스트와 같은 비정형 데이터를 처리하는 데 강력한 능력을 발휘합니다. 딥러닝의 다층 신경망은 이러한 데이터의 복잡한 패턴을 분석할 수 있으며, 이를 통해 이미지 인식, 자연어 처리Natural Language Processing, 음성 인식 등의 기술이 발전하게 되었습니다.

[예시]

딥러닝을 활용한 이미지 인식 기술은 AI가 수많은 이미지 데이터를 학습하면서 사진 속에서 사람의 얼굴, 자동차, 동물 등 구체적인 객체를 인식하는 데 사용됩니다. AI는 이미지의 픽셀 값을 바탕으로 모양, 색상, 구조 등의 특징을 학습하고, 이를 통해 새로운 이미지를 보고도 객체를 정확하게 식별할 수 있습니다.

1.3.3.2 자율주행 자동차와 딥러닝

딥러닝은 자율주행 자동차 개발에도 중요한 기여를 했습니다. 자율주행 자동차는 도로 위에서 실시간 데이터를 수집하고, 이를 분석해 주행 경로를 결정해야 합니다. 이 과정에서 AI는 도로의 차량, 보행자, 신호등, 표지판 등 다양한 요소를 분석하고, 이를 기반으로 주행을 계획하고 결정합니다.

(1) 컴퓨터 비전과 자율주행

자율주행 자동차는 컴퓨터 비전Computer Vision 기술을 통해 도로 환경을 인식합니다. AI는 자동차에 장착된 카메라와 센서를 통해 실시간으로 데이터를 수집하고, 딥러닝을 사용해 도로의 객체를 인식합니다. AI는 자동차, 보행자, 도로 표지판, 신호등 등을 감지하며, 각 상황에 맞게 즉각적인 결정을 내리는 데 중요한 역할을 합니다.

(2) 실시간 데이터 처리

자율주행 자동차는 매우 빠른 속도로 데이터를 처리해야 하므로, 딥러닝은 이러한 복잡한 데이터를 신속하게 분석하고 처리하는 데 최적화되어 있습니다. AI는 주행 중 발생하는 수많은 데이터를 학습하고, 도로 상황에 적절하게 대응할 수 있도록 설계되었습니다.

[예시]

딥러닝을 사용하는 자율주행 자동차는 다른 차량과의 거리, 보행자의 움직임, 교차로의 신호 상태 등을 실시간으로 분석하여 안전한 주행 경로를 계획합니다. 이를 통해 AI는 교통 사고를 예방하고, 효율적인 주행이 가능하게 만듭니다.

1.3.3.3 AI의 대중화

딥러닝 기술의 발전 덕분에 AI는 더 넓은 범위에서 정확하고 강력한 성능을 발휘하게 되었으며, 다양한 산업과 일상생활에서도 쉽게 접할 수 있는 기술로 자리 잡았습니다. 특히, 스마트폰, 인터넷 서비스, 의료 등의 분야에서 AI는 매우 중요한 역할을 하고 있습니다.

(1) 음성 인식과 가상 비서

AI는 스마트폰의 음성 인식 기능에서 널리 사용되고 있습니다. 예를 들어, 사용자가 스마트폰에 "오늘 날씨 어때?"라고 말하면, AI는 그 음성을 분석하고, 적절한 답변을 제공합니다. 가상 비서인 애플의 시리Siri, 아마존의 알렉사Alexa, 구글 어시스턴트Google Assistant는 모두 딥러닝을 활용하여 사용자의 명령을 이해하고 처리하는 역할을 수행합니다.

(2) 추천 시스템

딥러닝은 또한 유튜브, 넷플릭스, 아마존과 같은 서비스에서 개인 맞춤형 추천 시스템을 구현하는 데 사용됩니다. AI는 사용자의 과거 행동과 선호도를 학습하여, 그 사람에게 가장 적합한 콘텐츠나 상품을 추천합니다. 이 과정에서 AI는 방대한 양의 데이터를 처리하며, 사용자 경험을 개인화하는 데 중요한 역할을 합니다.

(3) 의료 진단

딥러닝은 의료 진단 분야에서도 중요한 역할을 하고 있습니다. AI는 방대한 양의 의료 데이터를 학습하여 질병 진단을 돕고, 영상 분석을 통해 암, 폐 질환 등의 조기 발견을 지원합니다. 특히, 의료 영상 데이터를 분석하는 AI는 CT, MRI와 같은 영상에서 의사가 미처 발견하지 못한 미세한 병변까지 인식할 수 있습니다.

1.3.3.4 빅데이터와 GPU의 발전

딥러닝의 발전은 빅데이터Big Data와 GPUGraphics Processing Unit와 같은 하드웨어의 발전 덕분에 가능해졌습니다. 딥러닝 모델은 대규모 데이터를 처리하는 데 뛰어난 능력을 발휘하지만, 그만큼 연산 능력이 필요합니다. 빅데이터와 GPU 기술의 발전은 이러한 연산을 더 빠르고 효율적으로 처리할 수 있게 만들어, AI의 성능을 극대화할 수 있었습니다.

(1) 빅데이터의 역할

딥러닝 모델은 대량의 데이터를 필요로 합니다. 예를 들어, AI가 이미지를 인식하기 위해서는 수천, 수만 장의 이미지를 학습해야 하며, 이를 통해 객체의 패턴을 이해할 수 있습니다. 빅데이터 기술은 이러한 대량의 데이터를 저장하고, 효율적으로 처리할 수 있는 기술로, 딥러닝의 발전에 중요한 역할을 했습니다.

(2) GPU의 역할

GPUGraphics Processing Unit는 딥러닝의 핵심 하드웨어입니다. GPU는 많은 데이터를 병렬로 처리하는 데 최적화되어 있어, 딥러닝 모델의 학습 속도를 획기적으로 개선할 수 있습니다. AI는 GPU를 활용해 더 빠르게 학습하고, 더 복잡한 문제를 처리할 수 있게 되었습니다.

[예시]

딥러닝 모델을 학습시키는 과정에서는 수백만 개의 데이터 포인트를 처리해야 합니다. GPU는 이러한 데이터를 병렬로 처리하여, 학습 속도를 수십 배 이상 빠르게 할 수 있습니다. 이로 인해 AI는 더욱 짧은 시간 안에 높은 성능을 발휘할 수 있습니다.

결론

2010년대 이후 AI는 딥러닝이라는 기술의 등장으로 비약적인 발전을 이루었으며, 이를 통해 AI는 복잡한 문제 해결과 고성능 예측이 가능해졌습니다. 딥러닝은 인공 신경망을 기반으로 하여 데이터를 처리하고, 이를 바탕으로 스스로 학습할 수 있는 능력을 제공합니다. 이 기술은 자율주행 자동차, 음성 인식, 이미지 분석 등 다양한 분야에서 활용되며, AI가 일상생활과 산업 전반에 중요한 역할을 수행하고 있습니다. 딥러닝의 발전에는 빅데이터와 GPU와 같은 기술적 진보가 큰 기여를 했으며, 앞으로도 AI는 더욱 정교하고 강력한 기술로 발전할 것입니다.

정리

인공지능AI은 1950년대부터 시작된 논리 기반 시스템에서 딥러닝Deep Learning까지 지속적으로 발전해 왔습니다. AI의 역사는 크게 세 가지 발전 단계로 나눌 수 있습니다: 논리 기반 인공지능, 머신러닝, 그리고 딥러닝입니다. 각 단계에서 AI는 점점 더 복잡한 문제를 해결할 수 있는 기술로 진화했으며, 오늘날에는 실생활에서 광범위하게 활용되고 있습니다. 이 과정에서 AI는 다양한 문제 해결 능력을 갖추게 되었고, 이를 통해 인류의 삶을 편리하고 효율적으로 변화시키는 데 기여하고 있습니다.

(1) 초기 인공지능: 논리 기반 시스템

AI는 처음에 논리 기반 시스템에서 출발했습니다. 이 초기 단계의 인공지능은 규칙 기반으로 작동했으며, 사람이 미리 작성한 규칙을 바탕으로 문제를 해결했습니다. 예를 들어, IF-THEN 구조를 사용하여 특정 조건이 주어졌을 때 그에 맞는 결과를 도출하는 방식입니다. 이러한 방식은 논리적인 문제 해결에는 적합했으나, 현실 세계의 복잡한 변수나 불확실한 상황에 적응하지 못하는 한계를 가지고 있었습니다.

1. **한계** : 규칙 기반 AI는 사람이 모든 규칙을 미리 정의해야 했기 때문에, 새로운 상황이나 예외적인 경우에 적응하는 능력이 부족했습니다. 또한, 데이터의 양이 적고 컴퓨팅 성능이 부족해 복잡한 문제를 해결하는 데 한계가 있었습니다.

(2) 머신러닝: 스스로 학습하는 AI

1980년대부터 2000년대까지는 AI 기술이 한 단계 도약한 시기였습니다. 이 시기에 등장한 머신러닝Machine Learning은 AI가 데이터를 통해 스스로 학습할 수 있는 가능성을 열었습니다. 머신러닝은 사람이 모든 규칙을 미리 정의하지 않아도 AI가 데이터를 분석하고 패턴을 학습할 수 있도록 해주는 기술입니다.

❶ **지도 학습과 비지도 학습** : 머신러닝에서는 AI가 지도 학습Supervised Learning과 비지도 학습Unsupervised Learning 방식으로 데이터를 학습합니다. 지도 학습에서는 정답이 포함된 데이터를 통해 AI가 학습하고, 비지도 학습에서는 AI가 정답 없이도 데이터 속에서 패턴을 찾아냅니다.

❷ **응용 분야** : 머신러닝은 스팸 메일 필터링, 음성 인식, 추천 시스템 등의 다양한 분야에서 활용되었습니다. AI는 방대한 양의 데이터를 처리하고, 이를 바탕으로 사용자가 원하는 정보를 예측하거나 새로운 문제를 해결할 수 있었습니다.

❸ **장점과 한계** : 머신러닝을 통해 AI는 데이터를 기반으로 문제를 해결할 수 있었지만, 여전히 대량의 데이터와 고성능 컴퓨팅 자원이 필요했습니다. 또한, 머신러닝은 고정된 규칙이 아닌 데이터를 통해 학습했기 때문에 더 유연한 문제 해결이 가능했으나, 복잡한 비정형 데이터의 처리에는 여전히 한계가 있었습니다.

(3) 딥러닝: 복잡한 문제를 해결하는 AI

2010년대 이후, AI는 딥러닝이라는 기술 덕분에 더욱 복잡한 문제를 해결할 수 있는 능력을 갖추게 되었습니다. 딥러닝은 기존의 머신러닝보다 한 단계 더 발전한 기술로, 인공 신경망Artificial Neural Networks을 기반으로 작동합니다. 딥러닝을 통해 AI는 대량의 데이터를 바탕으로 자율적으로 학습하고, 복잡한 비정형 데이터를 처리할 수 있게 되었습니다.

❶ **다층 신경망Deep Neural Networks** : 딥러닝은 다층 신경망을 통해 데이터를 처리합니다. 이 신경망은 입력층, 은닉층, 출력층으로 구성되며, 데이터를 각 층을 통해 점진적으로 분석하고 학습하게 됩니다. 딥러닝의 다층 구조 덕분에 AI는 복잡한 패턴을 학습하고, 이전에는 해결하기 어려웠던 문제도 처리할 수 있게 되었습니다.

❷ **비정형 데이터 처리** : 딥러닝은 특히 이미지, 음성, 텍스트와 같은 비정형 데이터를 처리하는 데 뛰어난 성능을 발휘합니다. 예를 들어, 딥러닝을 활용한 이미지 인식 기술은 수많은 이미지 데이터를 학습하면서 사진 속의 객체를 인식하고, 새로운 이미지에서도 정확하게 인식할 수 있게 됩니다.

❸ **응용 분야** : 딥러닝은 자율주행 자동차, 음성 인식, 의료 진단 등 다양한 분야에서 혁신을 이끌어냈습니다. 자율주행 자동차는 딥러닝을 사용하여 도로 상황을 분석하고, 실시간으로 주행 경로를 결정할 수 있습니다. 또한, 의료 분야에서는 딥러닝을 통해 영상 분석을 수행하여 암과 같은 질병을 조기 발견할 수 있습니다.

❹ **빅데이터와 하드웨어 발전의 기여** : 딥러닝의 발전은 빅데이터와 GPUGraphics Processing Unit와 같은 하드웨어 발전 덕분에 가능해졌습니다. 딥러닝은 대량의 데이터를 처리하기 위해 강력한 연산 능력이 필요하며, 빅데이터와 GPU를 사용하면 더 빠르고 효율적으로 데이터를 학습할 수 있습니다.

(4) AI의 실생활 적용과 미래 전망

딥러닝 덕분에 AI는 실생활에서 더욱 널리 사용되고 있습니다. 스마트폰의 음성 인식, 유튜브의 추천 시스템, 자율주행 자동차 등 AI는 이미 우리의 일상에 깊이 스며들어 있으며, 다양한 산업에서 핵심 기술로 자리 잡고 있습니다. 앞으로 AI는 더욱 발전하여 의료, 금융, 교육, 교통 등 다양한 분야에서 우리의 삶을 더욱 편리하고 효율적으로 바꿀 것으로 예상됩니다.

❶ **의료 분야** : AI는 의료 진단, 질병 예측, 약물 개발 등에서 혁신을 주도할 것입니다. 예를 들어, AI는 환자의 진료 기록을 분석하고, 이를 바탕으로 맞춤형 치료를 제안할 수 있습니다.

❷ **교육 분야** : AI는 개인 맞춤형 학습 시스템을 개발하여, 학생들이 자신의 학습 수준에 맞춰 적절한 교육을 받을 수 있도록 지원할 것입니다.

❸ **교통 분야** : 자율주행 자동차가 상용화되면서 AI는 교통 효율을 높이고, 교통 사고를 줄이는 데 중요한 역할을 할 것입니다.

결론

결론적으로, 인공지능은 논리 기반 시스템에서 출발해 머신러닝과 딥러닝으로 진화해왔습니다. 초기 AI는 사람이 규칙을 미리 설정해 작동하는 방식이었지만, 현대의 AI는 데이터를 기반으로 스스로 학습하고 복잡한 문제를 해결할 수 있는 기술로 발전했습니다. 특히, 딥러닝 덕분에 AI는 음성 인식, 이미지 인식, 자율주행 등 실생활에 적용 가능한 기술로 자리 잡았으며, 앞으로도 AI 기술은 더 많은 분야에서 우리의 삶을 편리하고 효율적으로 변화시킬 것입니다.

1.4 오늘의 내용 요약

오늘 우리는 인공지능AI의 역사와 발전 과정을 세 가지 주요 단계로 나누어 살펴보았습니다. 각각의 단계는 AI 기술의 주요 특징과 한계를 잘 보여주며, 이를 통해 AI의 발전 흐름을 이해할 수 있습니다.

첫 번째 단계는 초기 인공지능(1950~1980년대)으로, 이 시기에는 규칙 기반의 논리 시스템이 주를 이루었습니다. 이 시스템은 명확한 규칙에 따라 문제를 해결하는 방식으로, 수학적 또는 논리적인 문제 해결에는 효과적이었습니다. 그러나 복잡하고 비정형화된 데이터나 불확실한 상황에서는 성능에 한계가 있었습니다. 예를 들어, 게임에서 상대방의 행동을 예측하거나 인간의 감정 변화를 이해하는 등의 문제는 이 논리 기반 시스템으로 해결하기 어려웠습니다.

두 번째 단계는 전문가 시스템과 머신러닝의 등장(1980~2000년대)입니이다. 전문가 시스템은 특정 분야에서 전문가처럼 문제를 해결하는 프로그램으로, 특정 분야에서 탁월한 성과를 보였습니다. 그러나 이 시스템은 상황 변화에 유연하게 대응하기 어렵다는 단점이 있었습니다. 이에 비해, 머신러닝은 컴퓨터가 데이터를 통해 스스로 학습할 수 있는 능력을 부여했습니다. 이 시기에 스팸 필터링, 간단한 음성 인식, 금융 분야의 예측 모델 등이 성공적으로 적용되었습니다. 머신러닝의 핵심은 데이터의 양과 품질에 따라 성능이 좌우되며, 학습 데이터를 바탕으로 새로운 상황에서도 적용 가능한 예측 모델을 만드는 것이었습니다.

세 번째 단계는 딥러닝과 인공지능의 대중화(2010년대~현재)로, AI의 성능이 비약적으로 향상된 시기입니다. 딥러닝은 뇌의 신경망을 모방한 인공 신경망을 사용해 복잡한 데이터를 처리하고 학습할 수 있는 기술입니다. 특히, 빅데이터의 등장과 GPU(그래픽 처리 장치)의 발전은 딥러닝의 성능을 크게 향상시켰습니다. 이를 통해 이미지 인식, 음성 인식, 자연어 처리, 자율주행 기술 등이 실생활에서 광범위하게 활용되고 있습니다. 딥러닝은 다양한 산업에 변화를 일으키며, 인간의 일상생활에도 점차 깊숙이 스며들고 있습니다.

결론적으로, 인공지능은 논리 기반 시스템에서 출발해 머신러닝과 딥러닝의 발전을 통해 더욱 복잡한 문제를 해결할 수 있는 기술로 진화했습니다. 현재 AI는 의료, 교통, 교육 등 여러 분야에서 실용적인 기술로 자리 잡고 있으며, 앞으로도 이러한 기술적 발전이 지속될 것으로 기대됩니다. AI는 우리의 삶을 더 편리하고 효율적으로 만들 잠재력을 가지고 있으며, 그 적용 범위는 앞으로 더욱 넓어질 것입니다.

1.5 연습문제

4지선다형 문제

01 다음 중 인공지능의 정의에 가장 적합한 것은?

① 인간의 지능을 흉내내는 시스템
② 데이터를 저장하고 검색하는 기술
③ 기계가 명시적으로 프로그래밍되지 않고 학습하는 능력
④ 인간의 창의성을 대체하는 기술

02 다음 중 인공지능 발전에 중요한 사건으로 옳은 것은?

① 최초의 상업용 컴퓨터 출시
② 앨런 튜링의 '계산 기계와 지능' 논문 발표
③ 인터넷의 상용화
④ 클라우드 컴퓨팅의 등장

03 다음 중 딥러닝의 주요 특징은 무엇인가?

① 단층 신경망 사용
② 대규모 데이터와 다층 신경망 활용
③ 규칙 기반 문제 해결
④ 사람이 직접 특징을 설계

04 인공지능의 발전 단계를 바르게 나열한 것은?

① 규칙 기반 → 기계 학습 → 딥러닝
② 기계 학습 → 규칙 기반 → 딥러닝
③ 딥러닝 → 규칙 기반 → 기계 학습
④ 규칙 기반 → 딥러닝 → 기계 학습

05 다음 중 인공지능의 초기 응용 분야가 아닌 것은?

① 의료 영상 분석
② 전문가 시스템
③ 체스 게임
④ 음성 인식

06 머신러닝의 학습 과정에서 데이터를 분리하는 방식은?

① 학습 데이터와 평가 데이터
② 데이터 세트 분리 없이 전체 학습
③ 테스트 데이터만 사용
④ 학습 데이터만 사용

07 강화 학습에서의 주요 요소는 무엇인가?

① 입력 데이터와 출력 데이터
② 보상과 행동
③ 알고리즘과 모델
④ 사용자 인터페이스

08 딥러닝에서 GPU가 중요한 이유는?

① 데이터 저장 용량을 높이기 위해
② 계산 속도를 빠르게 하기 위해
③ 데이터를 더 정확히 분석하기 위해
④ 모델의 크기를 줄이기 위해

09 다음 중 인공지능의 역사적 사건이 아닌 것은?

① 1956년 다트머스 회의
② 1997년 IBM 딥블루의 체스 승리
③ 2006년 딥러닝의 등장
④ 2010년 클라우드 컴퓨팅의 상용화

10 다음 중 인공지능의 응용 사례로 옳지 않은 것은?

① 자율주행 자동차
② 의료 영상 분석
③ 자연어 처리
④ 전기 회로 설계

단답형 문제

01 인공지능 연구의 아버지로 불리는 사람은 누구인가?

02 머신러닝과 딥러닝의 차이점은 무엇인가?

03 인공지능이라는 용어는 언제 처음 등장했는가?

04 체스에서 IBM 딥블루가 승리한 연도는?

05 전문가 시스템의 대표적인 사례는 무엇인가?

06 인공지능의 주요 기술 세 가지는 무엇인가?

07 강화 학습에서 에이전트가 얻는 것은 무엇인가?

08 딥러닝의 학습 과정에서 사용하는 활성 함수의 이름은?

09 딥러닝에 사용되는 데이터 형태는 무엇인가?

10 앨런 튜링이 제안한 테스트의 이름은 무엇인가?

서술형 문제

01 인공지능이 역사적으로 발전한 과정을 서술하시오.

02 기계 학습과 딥러닝의 특징적 차이를 사례를 들어 설명하시오.

03 인공지능 기술이 사회에 미친 영향을 서술하시오.

04 인공지능이 현재 직면한 주요 윤리적 문제를 설명하시오.

05 인공지능이 교육 분야에서 어떻게 활용될 수 있는지 사례를 들어 서술하시오.

02 일차

인공지능의 종류와 적용분야

2.1 약한 AI와 강한 AI
2.2 AI의 주요 적용 분야 : 의료, 금융, 제조
2.3 AI의 추가 적용 분야 : 자동차, 농업, 물류, 교육, 엔터테인먼트
2.4 오늘의 내용 요약
2.5 연습문제

2.1 약한 AI와 강한 AI

2.1.1 약한 AI Weak AI

약한 AI는 단일 목적을 위해 설계된 인공지능 시스템으로, 특정한 작업을 수행하도록 프로그래밍된 AI입니다. 이 AI는 주어진 명령에 따라 특정 과제만을 처리하며, 그 외의 작업이나 상황에서는 작동하지 않습니다. 이는 인간처럼 자율적으로 사고하거나 추론할 수 없으며, 단순히 입력된 규칙에 따라 정해진 일을 수행하는 시스템입니다. 현재 사용되는 대부분의 AI 기술은 약한 AI에 해당합니다. 이 시스템은 주로 특정 작업을 효율적으로 처리하기 위해 설계되었으며, 인간의 도움 없이도 고유의 임무를 완수할 수 있는 능력을 가지고 있습니다.

2.1.1.1 약한 AI의 주요 사례

약한 AI는 다양한 분야에서 활용되며, 다음과 같은 사례들이 대표적입니다.

(1) 음성 인식 시스템 Siri, Alexa

이러한 시스템은 음성을 인식하고, 특정 명령에 따라 답변하거나 동작을 수행하는 데 초점을 맞춥니다. 예를 들어, Siri는 사용자의 질문에 대한 답을 제공하거나 일정 관리를 도울 수 있지만, 그 이상의 복잡한 사고나 추론을 할 수는 없습니다. 이는 약한 AI의 전형적인 사례입니다.

(2) 이미지 인식 시스템

약한 AI는 이미지 내에서 특정 패턴이나 객체를 인식하는 데에도 널리 사용됩니다. 이러한 시스템은 특정한 이미지에서 사람의 얼굴을 인식하거나, 자동차 번호판을 읽는 등의 작업을 할 수 있습니다. 그러나 이 역시 고유의 임무에 국한된 작업이며, 이미지의 의미나 맥락을 이해하는 능력은 없습니다.

(3) 자율 주행 자동차

자율 주행 시스템은 차량이 환경을 인식하고, 센서 데이터를 바탕으로 주행 경로를 결정하는 기술입니다. 이 시스템은 주어진 도로 상황에서 안전하게 주행할 수 있는 기능을 수행하지만, 범용적인 사고 능력이나 도로 외 상황에 대한 대응 능력은 없습니다.

2.1.1.2 약한 AI의 주요 특징

(1) 제한된 작업 범위

특정한 작업을 효율적으로 처리하도록 설계되었으며, 지정된 과제 외에는 유연하게 대응하지 못합니다.

(2) 사고 능력의 부재

자율적으로 사고하거나 복잡한 문제를 추론할 수 있는 능력은 없습니다. 인간이 명령한 범위 내에서만 작동합니다.

(3) 규칙 기반 시스템

주어진 규칙에 따라 처리 과정을 수행하며, 새로운 상황에 적응하거나 학습하는 능력은 제한적입니다.

2.1.1.3 약한 AI의 예시

(1) 스마트폰 음성 인식

음성 명령을 받아들이고 해당 명령에 맞는 답변을 제공하거나 애플리케이션을 실행하는 AI 시스템.

(2) 이메일 스팸 필터링

이메일 내용을 분석하여 스팸 메일을 걸러내는 시스템.

(3) 자율 주행 자동차의 기본 시스템

도로 환경을 인식하고 주행 경로를 결정하는 AI 시스템.

2.1.1.4 추가 설명

약한 AI는 특정한 문제 해결에 특화된 시스템이므로, 그 효율성은 매우 높습니다. 그러나 그 한계도 명확하여, 범용적으로 사용할 수 없으며, 인간처럼 종합적으로 사고하거나 새로운 상황에 적응하는 능력은 없습니다. 이러한 이유로 약한 AI는 제한된 범위 내에서 사용되며, 강력한 계산 능력과 정교한 알고리즘을 통해 단일 작업에서 높은 성능을 보입니다.

이러한 시스템은 딥러닝, 머신러닝 등의 기술을 활용하여 특정 패턴을 학습하거나 분석하는 데 뛰어나며, 데이터를 통해 성능을 개선할 수 있지만, 그 자체로 자율적인 인지 능력을 갖추지는 못합니다.

2.1.2 강한 AI Strong AI

강한 AI는 범용 인공지능AGI, Artificial General Intelligence이라고도 불리며, 인간과 같은 지능을 가지도록 설계된 인공지능을 의미합니다. 이 AI는 단순히 특정 작업에 국한되지 않고, 다양한 문제를 자율적으로 사고하고 해결할 수 있는 능력을 지닐 것으로 예상됩니다. 강한 AI는 인간과 유사한 수준의 인지 능력을 갖추고, 자율적으로 학습하며 경험을 통해 지식을 축적할 수 있는 능력을 목표로 하고 있습니다. 이 AI는 이론적으로 어떤 상황에서도 스스로 문제를 해결하고, 새로운 환경에 적응할 수 있는 지능을 보일 것으로 기대됩니다.

현재까지 강한 AI는 실현되지 않았으며, 이는 주로 미래 기술 발전을 통해 가능할 것으로 여겨집니다. 강한 AI가 구현될 경우, 인간과 같은 수준의 복잡한 사고와 추론을 수행할 수 있을 것으로 보이며, 이는 인류 사회와 여러 분야에 큰 변화를 가져올 수 있습니다.

2.1.2.1 강한 AI의 주요 개념

강한 AI는 다음과 같은 주요 개념들을 포함하고 있습니다.

❶ **자율적 사고** : 강한 AI는 인간처럼 자율적으로 사고하고, 지식과 경험을 바탕으로 새로운 상황에 대한 결정을 내릴 수 있어야 합니다. 단순히 사전 입력된 명령을 수행하는 약한 AI와 달리, 강한 AI는 이전에 경험하지 않은 문제나 상황도 독립적으로 해결할 수 있는 능력을 지닐 것으로 기대됩니다.

❷ **범용성** : 강한 AI는 특정 작업에 국한되지 않고, 다양한 문제를 해결할 수 있는 범용적인 능력을 가지고 있습니다. 이는 강한 AI가 다양한 환경에서 유연하게 대응할 수 있는 능력을 가져야 함을 의미합니다.

❸ **자율적 학습** : 강한 AI는 새로운 데이터를 통해 스스로 학습하고, 환경과 상호작용하면서 지식을 축적할 수 있습니다. 이러한 자율적 학습 능력은 강한 AI가 새로운 도전에 적응하고, 효율적인 결정을 내리는 데 핵심적인 역할을 할 것입니다.

2.1.2.2 강한 AI의 특징

❶ **자율적 문제 해결 능력** : 강한 AI는 인간처럼 주어진 문제를 스스로 해결할 수 있는 능력을 갖추고 있으며, 이는 단순한 작업 수행을 넘어 복잡한 사고와 추론을 필요로 하는 상황에도 적용될 수 있습니다.

❷ **지능적 사고 및 학습** : 강한 AI는 인간처럼 지능적으로 사고할 수 있으며, 데이터를 바탕으로 스스로 학습하여 새로운 지식을 얻고, 이를 기반으로 다양한 문제를 해결할 수 있습니다.

❸ **창의성과 적응성** : 인간처럼 창의적 사고를 할 수 있으며, 환경 변화에 따라 자율적으로 적응할 수 있는 능력을 가집니다. 이는 강한 AI가 다양한 분야에서 다목적적으로 활용될 수 있는 이유입니다.

2.1.2.3 강한 AI의 구현 가능성 및 도전 과제

현재 강한 AI는 실현되지 않았으나, 이론적으로는 인류가 달성할 수 있는 미래의 목표로 여겨집니다. 강한 AI가 현실화되기 위해서는 기술적, 윤리적, 철학적 문제들이 해결되어야 하며, 이와 관련된 여러 도전 과제가 존재합니다.

❶ **기술적 한계** : 강한 AI를 구현하기 위해서는 인간의 지능을 이해하고 이를 컴퓨터 시스템으로 구현하는 데 필요한 기술적 발전이 필요합니다. 특히, 감정, 창의성, 상호작용과 같은 복잡한 인간의 지능을 AI가 이해하고 모방할 수 있는 수준까지 발전해야 합니다.

❷ **윤리적 문제** : 강한 AI가 구현될 경우, AI의 자율성과 책임, 그리고 인간과의 관계에서 발생할 수 있는 윤리적 문제를 해결하는 것이 중요합니다. 인간처럼 자율적으로 사고하고 결정을 내릴 수 있는 AI가 어떻게 사회에 통합될지, 그리고 이로 인한 사회적 영향에 대한 고려가 필요합니다.

❸ **사회적 영향** : 강한 AI가 현실화될 경우, 인간의 일자리에 미치는 영향, 인간과 AI 간의 상호작용에서의 문제 등 다양한 사회적 변화를 가져올 수 있습니다. 따라서, 이에 대한 충분한 연구와 준비가 필요합니다.

2.1.2.4 강한 AI의 예시

강한 AI는 현재 실현되지 않았으나, 영화나 소설 등에서 강한 AI의 개념을 엿볼 수 있습니다. 이러한 예시들은 강한 AI가 현실화될 경우, 인류 사회와 어떤 상호작용을 할 수 있을지에 대한 상상력을 자극합니다.

❶ **영화 Her** : 영화 Her에서는 인공지능 사만다가 등장하며, 사만다는 인간과 유사한 수준의 인지 능력과 감정적인 상호작용을 통해 주인공과 교류합니다. 이는 강한 AI의 예시로 자주 언급되며, 자율적 사고와 감정적인 소통이 가능한 AI를 보여줍니다.

❷ **영화 아이, 로봇** I, Robot : 이 영화에서는 강한 AI의 개념을 바탕으로 로봇들이 자율적으로 사고하고 행동하는 세계를 묘사합니다. 영화 속 AI들은 인간의 명령을 따르지만, 동시에 자신의 자율성을 가지고 있기도 합니다.

2.1.2.5 결론

강한 AI는 인간의 지능을 모방하여 자율적으로 사고하고 학습하는 AI로, 현재는 이론적인 개념에 머물러 있지만 미래의 기술적 발전을 통해 실현 가능할 것으로 기대됩니다. 강한 AI는 인간처럼 복잡한 문제를 해결하고, 다양한 상황에 적응하며, 자율적으로 학습할 수 있는 능력을 지니게 될 것입니다. 그러나 이 기술이 현실화되기 위해서는 기술적, 윤리적, 사회적 문제들이 함께 해결되어야 할 것입니다.

2.2 AI의 주요 적용 분야: 의료, 금융, 제조

2.2.1 의료 분야에서의 AI

AI는 의료 분야에서 다양한 방식으로 활용되며, 진단에서부터 치료 방법 추천, 신약 개발에 이르기까지 의료 현장의 혁신을 주도하고 있습니다. AI의 주요 역할은 의료 데이터의 분석을 통해 정확한 진단을 내리고, 환자 개개인에게 최적화된 치료 방법을 제시하는 것입니다. AI가 의료 분야에서 가장 널리 사용되는 방식은 주로 딥러닝 알고리즘을 활용한 이미지 분석과 데이터 기반의 진단 시스템입니다. 이러한 기술을 통해 의료진이 놓칠 수 있는 세부적인 부분을 분석해내어 질병을 조기에 발견하고, 환자 맞춤형 치료 방법을 제시하는 데 기여하고 있습니다.

2.2.1.1 AI의 주요 역할

❶ **질병 진단** : AI는 의료 영상 데이터를 분석하여 질병을 조기에 발견할 수 있도록 도와줍니다. 예를 들어, 딥러닝 기반의 알고리즘은 X-ray, MRI, CT 스캔 이미지에서 종양이나 다른 병변을 감지하여, 인간이 놓칠 수 있는 세부적인 부분까지 식별할 수 있습니다. 이러한 AI 기반 시스템은 특히 암, 심장 질환, 뇌 질환 등 주요 질병의 조기 진단에 유용하게 사용되고 있습니다. 이러한 진단 기술은 의료진이 더 빠르고 정확하게 질병을 판단할 수 있도록 도와주어, 치료 시작 시기를 앞당기고 환자의 생존율을 높이는 데 기여합니다.

❷ **치료 방법 추천** : AI는 진단 후, 환자의 상태와 데이터를 분석하여 최적의 치료 방법을 추천할 수 있습니다. AI는 환자의 병력, 유전자 정보, 현재의 질병 상태 등을 종합적으로 분석하여 개인 맞춤형 치료 계획을 수립합니다. 예를 들어, AI는 특정 암 환자에게 가장 효과적인 항암제 또는 방사선 치료의 조합을 추천할 수 있으며, 이는 표준화된 치료법과 비교하여 더 높은 치료 성공률을 기대할 수 있게 합니다.

❸ **신약 개발** : AI는 신약 개발 과정에서도 중요한 역할을 하고 있습니다. 전통적인 신약 개발 과정은 시간이 오래 걸리고 비용이 많이 소요되지만, AI는 방대한 양의 화합물과 생물학적 데이터를 빠르게 분석하여 유망한 약물을 식별할 수 있습니다. AI 기반의 분석 시스템은 실험 결과와 데이터를 바탕으로 잠재적 치료 물질을 예측하고, 신약 후보 물질을 효율적으로 탐색할 수 있도록 돕습니다. 이는 신약 개발의 속도를 높이고 비용을 절감하는 데 기여하고 있습니다.

2.2.1.2 AI를 활용한 주요 사례

❶ **AI 기반의 암 진단 시스템** : AI는 암 진단에서 중요한 역할을 하고 있습니다. 예를 들어, 딥러닝 모델을 활용하여 유방암, 폐암 등의 조기 진단을 가능하게 하는 시스템이 개발되었습니다. 이러한 시스템은 CT 스캔 또는 유방 촬영 결과를 분석하여, 작은 종양이나 비정상적인 세포 변화를 감지할 수 있습니다. 이러한 기술은 의사들의 진단 정확도를 높이고, 조기에 암을 발견함으로써 생존율을 높이는 데 중요한 기여를 하고 있습니다.

❷ **로봇 수술** : AI 기술을 탑재한 수술 로봇은 의사들이 더욱 정밀한 수술을 할 수 있도록 도와줍니다. 대표적인 예로 다빈치 수술 로봇이 있습니다. 이 로봇은 외과 수술에서 의사의 손떨림을 줄이고, 미세한 절개와 조작을 가능하게 하여 보다 정확한 수술이 이루어질 수 있도록 합니다. 또한, AI는 수술 중 실시간으로 데이터를 분석하여 의사에게 유용한 정보를 제공함으로써 수술 중 발생할 수 있는 위험을 최소화하고 성공률을 높이는 역할을 합니다.

❸ **개인 맞춤형 치료 계획 수립** : AI는 환자의 유전자 정보, 병력, 생활 습관 등을 종합적으로 분석하여, 개개인에게 가장 적합한 치료 계획을 수립하는 데 사용됩니다. 예를 들어, AI 기반의 유전자 분석 플랫폼은 특정 환자에게 가장 효과적인 약물 조합을 찾아내고, 최적의 치료 경로를 추천할 수 있습니다. 이는 환자의 특성을 반영한 맞춤형 치료법을 제시하여, 치료의 효율성을 높이고 부작용을 최소화할 수 있는 장점을 가집니다.

2.2.1.3 AI의 의료 활용 장점

❶ **정확성 향상** : AI는 방대한 양의 데이터를 분석하여 의료진이 놓칠 수 있는 미세한 부분까지 탐지할 수 있기 때문에 진단의 정확성을 크게 향상시킬 수 있습니다.

❷ **시간 절약** : AI는 대규모 데이터 분석 작업을 인간보다 훨씬 빠르게 처리할 수 있어, 의료진이 진단과 치료에 소요되는 시간을 줄이고 더 많은 환자를 진료할 수 있게 합니다.

❸ **비용 절감** : AI가 신약 개발과 같은 복잡한 과정을 효율화함으로써, 신약 개발 비용과 시간을 대폭 절감할 수 있습니다.

❹ **개인화된 의료 제공** : AI는 환자 개개인의 데이터를 분석하여 맞춤형 치료 계획을 제공함으로써, 더욱 효과적이고 적절한 의료 서비스를 제공합니다.

2.2.1.4 AI의 의료 적용 한계와 도전 과제

❶ **데이터 품질 문제** : AI가 높은 성능을 발휘하기 위해서는 대규모의 고품질 의료 데이터가 필요합니다. 그러나 병원 간의 데이터 표준화 문제, 데이터 부족, 데이터 프라이버시 등의 문제로 인해 AI의 성능이 제한될 수 있습니다.

❷ **의료진의 신뢰 부족** : 아직 많은 의료진이 AI의 진단 결과를 전적으로 신뢰하지 않으며, AI의 오류 발생 가능성에 대한 우려가 존재합니다. AI는 사람의 판단을 보조하는 역할을 하겠지만, 의료 현장에서 신뢰받기 위해서는 그 정확성과 안전성이 더욱 검증되어야 합니다.

❸ **윤리적 문제** : AI가 의료 분야에 광범위하게 적용됨에 따라, 환자의 개인정보 보호와 데이터 윤리와 관련된 문제도 함께 해결되어야 합니다. AI가 수집한 의료 데이터가 안전하게 관리되고, 적절히 활용되는지가 중요한 문제로 떠오르고 있습니다.

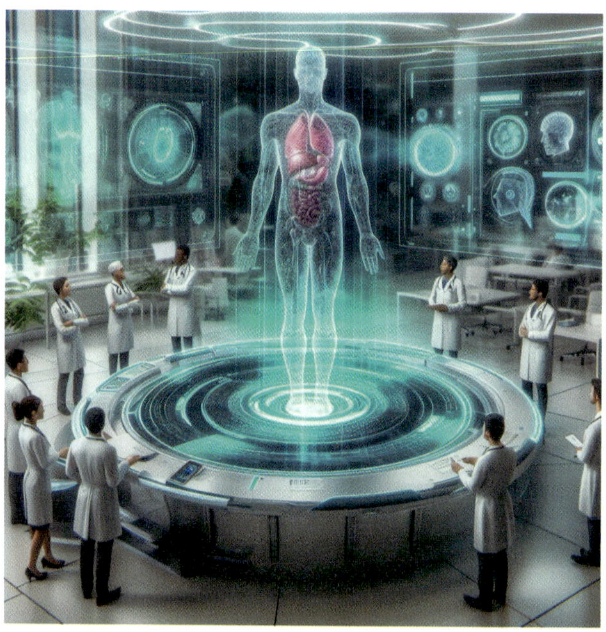

결론

AI는 의료 분야에서 매우 유망한 기술로, 진단, 치료 방법 추천, 신약 개발 등에 널리 사용되고 있습니다. AI는 방대한 의료 데이터를 신속하게 분석하여 인간보다 높은 정확도를 제공할 수 있으며, 이를 통해 의료진의 결정에 큰 도움을 줄 수 있습니다. 특히, 암 진단, 로봇 수술, 맞춤형 치료 계획 수립 등의 분야에서 AI는 혁신적인 도구로 자리잡고 있습니다. 그러나 데이터 품질, 신뢰성, 윤리적 문제 등의 도전 과제가 여전히 존재하며, 이를 해결하기 위한 지속적인 연구와 개선이 필요합니다.

2.2.2 금융 분야에서의 AI

AI는 금융 분야에서 다양한 작업을 자동화하고 효율성을 높이는 데 중요한 역할을 하고 있습니다. 특히, 방대한 양의 금융 데이터를 빠르게 분석하고, 금융 시장의 복잡한 흐름을 파악하여 투자 전략을 수립하거나 리스크를 분석하는 데 활용됩니다. AI는 금융 시장의 변동성을 예측하는 데 유용할 뿐만 아니라, 사기 탐지 시스템을 통해 금융 범죄를 방지하고, 개인 맞춤형 금융 서비스를 제공하여 고객 경험을 개선하는 데 기여하고 있습니다.

2.2.2.1 금융 분야에서의 AI 주요 역할

❶ **투자 전략 수립** : AI는 금융 데이터를 분석하여 투자 전략을 자동화하고 최적화하는 데 사용됩니다. AI는 수백만 개의 데이터를 실시간으로 분석하여 시장의 패턴을 감지하고, 이를 바탕으로 알고리즘 트레이딩을 통해 투자 결정을 내립니다. 이는 사람의 판단보다 더 빠르고 정확하게 시장 변화를 예측하고, 투자 기회를 포착할 수 있는 장점이 있습니다. 예를 들어, 특정 주식의 가격이 일정한 패턴을 보일 때 AI는 이를 실시간으로 감지하고, 해당 주식의 매수 또는 매도 시점을 자동으로 결정합니다.

❷ **리스크 분석** : 금융 시장은 불확실성과 변동성이 크기 때문에 리스크 관리가 매우 중요합니다. AI는 데이터를 분석하여 금융 리스크를 예측하고, 투자 포트폴리오의 위험 요소를 사전에 파악하는 데 도움을 줍니다. 머신러닝 알고리즘은 시장의 과거 데이터를 학습하여

미래의 리스크를 예측할 수 있으며, 이를 통해 금융 기관은 더 신속하고 정확하게 리스크 대응 전략을 세울 수 있습니다.

❸ **사기 탐지** : 금융 거래에서 사기를 방지하는 것은 매우 중요한 문제입니다. AI는 대량의 거래 데이터를 분석하여 이상 거래 패턴을 실시간으로 탐지하고, 사기 가능성이 높은 거래를 즉시 차단할 수 있는 시스템을 구축할 수 있습니다. 이러한 시스템은 수많은 금융 거래에서 비정상적인 패턴을 찾아내고, 사기성 거래로 의심되는 활동을 자동으로 차단하거나 경고를 발령합니다. 이로 인해 금융 기관은 사기 발생률을 크게 줄일 수 있으며, 고객의 자산을 보호할 수 있습니다.

❹ **신용 평가** : AI는 개인의 금융 이력을 분석하여 신용도를 평가하는 데도 활용됩니다. 신용 평가 시스템은 개인의 거래 내역, 대출 상환 기록, 카드 사용 패턴 등의 데이터를 바탕으로, 신용 점수를 산정합니다. 이를 통해 금융 기관은 대출 승인 여부를 결정하거나, 맞춤형 금융 상품을 제안할 수 있습니다. AI 기반의 신용 평가 시스템은 기존의 방식보다 더 공정하고 정확하게 개인의 신용을 평가할 수 있다는 장점이 있습니다.

2.2.2.2 금융 분야에서 AI가 적용된 주요 사례

❶ **알고리즘 트레이딩**Algorithmic Trading : 알고리즘 트레이딩은 AI가 금융 시장의 데이터를 분석하고, 자동으로 거래를 실행하는 시스템입니다. 이 시스템은 실시간으로 금융 데이터를 분석하여 특정 조건이 충족되면 자동으로 매수하거나 매도하는 등 거래를 수행합니다. AI는 인간보다 훨씬 빠르게 시장 변화를 감지하고, 거래 타이밍을 최적화할 수 있습니다. 예를 들어, 주가가 특정 수준에 도달하면 매도 명령을 내리거나, 특정 경제 지표 발표 후 시장 반응을 즉각적으로 예측하여 빠르게 거래를 수행할 수 있습니다.

❷ **신용 평가 시스템** : AI는 개인의 금융 활동과 이력을 분석하여 신용 점수를 평가하는 데 사용됩니다. 기존의 신용 평가 방식은 비교적 제한된 데이터를 바탕으로 점수를 산정했으나, AI 기반 시스템은 개인의 소비 습관, 대출 상환 기록, 소득 수준 등 다양한 데이터를 종합적으로 분석하여 더 정확한 신용 평가를 제공합니다. 이를 통해 금융 기관은 고객의 신용도를 더욱 신뢰성 있게 평가하고, 맞춤형 금융 상품을 제안할 수 있습니다.

❸ **사기 탐지 시스템**Fraud Detection System : AI는 금융 거래에서 발생할 수 있는 사기 행위를 실시간으로 탐지하는 데 매우 효과적입니다. AI는 금융 거래에서 발생하는 데이터 패턴을 분석하고, 비정상적인 거래가 발생했을 때 이를 신속하게 감지하여 사기를 예방합니다. 예를 들어, 해외에서 갑자기 발생한 고액 결제나 일반적인 소비 패턴과 다른 거래가 발생할 경우, AI는 이를 사기성 거래로 인식하고 경고를 발령하거나 거래를 차단할 수 있습니다. 이는 금융 범죄를 방지하고, 고객의 자산을 보호하는 데 중요한 역할을 합니다.

2.2.2.3 금융 분야에서 AI 활용의 장점

❶ **빠른 처리 속도** : AI는 인간이 처리할 수 없는 양의 데이터를 실시간으로 분석하여 빠르게 투자 전략을 수립하거나 리스크를 예측할 수 있습니다. 이는 금융 시장에서의 변동성에 신속하게 대응할 수 있도록 도와줍니다.

❷ **정확성 향상** : AI는 인간보다 더 높은 정확도로 데이터를 분석하여 금융 시장의 패턴을 감지하고, 투자 결정을 내리거나 리스크를 분석합니다. 이를 통해 더 높은 수익률을 기대할 수 있으며, 금융 기관의 손실을 최소화할 수 있습니다.

❸ **비용 절감** : AI는 자동화된 시스템을 통해 많은 업무를 처리할 수 있어, 인력 비용을 절감하고 효율성을 높일 수 있습니다. 예를 들어, 알고리즘 트레이딩 시스템은 사람의 개입 없이 자동으로 거래를 실행하므로, 투자 관리 비용을 절감할 수 있습니다.

❹ **개인화된 금융 서비스** : AI는 각 개인의 금융 데이터를 분석하여 맞춤형 금융 상품을 제안하거나 신용 평가를 제공함으로써, 고객의 니즈에 맞는 개인화된 서비스를 제공할 수 있습니다.

2.2.2.4 AI의 금융 적용 한계와 도전 과제

❶ **데이터 품질 및 양의 문제** : AI가 금융 데이터에서 정확한 예측을 하기 위해서는 대량의 고품질 데이터가 필요합니다. 그러나 데이터의 부족 또는 데이터 오류가 있을 경우, AI의 예측 정확도가 떨어질 수 있습니다.

❷ **복잡한 규제 환경** : 금융 산업은 다양한 규제와 법적 제한이 많기 때문에, AI 시스템이 이러한 규제를 준수하며 운영되도록 관리하는 것이 필요합니다. 특히, 금융 거래에서의 사기 탐지나 신용 평가 시스템은 개인의 개인정보 보호 문제와도 밀접하게 연결되어 있습니다.

❸ **신뢰성 문제** : AI가 투자 결정이나 신용 평가에서 실수를 하거나 잘못된 판단을 내릴 경우, 큰 금융적 손실을 초래할 수 있습니다. 따라서 AI가 정확하고 신뢰할 수 있는 시스템으로 자리잡기 위해서는 지속적인 개선과 검증이 필요합니다.

결론

AI는 금융 분야에서 다양한 방식으로 활용되어 금융 기관의 운영 효율성을 높이고, 고객에게 맞춤형 서비스를 제공하는 데 중요한 역할을 하고 있습니다. 알고리즘 트레이딩, 신용 평가 시스템, 사기 탐지 시스템은 AI가 금융에서 혁신을 가져온 대표적인 사례들로, 투자 관리와 리스크 관리의 효율성을 크게 향상시키고 있습니다. 그러나 데이터 품질, 규제 준수, 신뢰성 확보 등의 문제는 여전히 해결해야 할 과제이며, 이를 해결하기 위한 지속적인 연구와 개선이 필요합니다.

2.2.3 제조 분야에서의 AI

AI는 제조업에서 생산 공정의 자동화와 최적화를 이루는 데 큰 기여를 하고 있습니다. 특히, AI는 생산 과정의 효율성을 높이고, 비용 절감과 품질 관리를 개선하는 데 핵심적인 역할을 합니다. AI는 제조업 전반에 걸쳐 다양한 분야에서 적용되고 있으며, 특히 스마트 팩토리, 로봇 자동화 시스템, 품질 관리 시스템에서 그 효과를 발휘하고 있습니다.

2.2.3.1 AI의 제조업 적용 주요 역할

❶ **자동화 시스템 운영** : AI는 제조 공정의 많은 부분을 자동화하여 사람의 개입 없이 기계가 스스로 작업을 수행하도록 합니다. AI 기반의 시스템은 실시간으로 데이터를 분석하여 작업 효율성을 극대화하고, 작업 흐름을 최적화할 수 있습니다. 이를 통해 생산 과정의 속도와 정확도를 향상시키며, 인간 작업자가 수행하기 어려운 작업을 대체할 수 있습니다.

❷ **결함 탐지 및 품질 관리** : AI는 제조 과정에서 발생하는 결함을 실시간으로 탐지할 수 있습니다. AI 시스템은 카메라, 센서 등의 장비로 생산된 제품을 모니터링하고, 그 결과를 실시간으로 분석하여 결함 있는 제품을 찾아냅니다. 이를 통해 품질 관리의 정확도를 높이고, 불량 제품의 유통을 줄이는 데 기여합니다. 머신러닝 알고리즘은 과거 데이터를 학습하여, 특정 결함 발생 패턴을 파악하고, 향후 발생할 수 있는 문제를 예측하여 사전 대응할 수 있습니다.

❸ **생산 공정 최적화** : AI는 생산 공정에서 발생하는 데이터를 실시간으로 분석하여 작업 효율을 극대화하고, 불필요한 자원 낭비를 줄이는 데 도움을 줍니다. 예를 들어, AI는 기계의 작동 상태를 모니터링하여 필요한 유지보수를 예측하거나, 자재 공급이 적시에 이루어지도록 관리할 수 있습니다. 이를 통해 생산 과정의 최적화를 이루어 제조 비용을 절감하고, 생산성을 높일 수 있습니다.

❹ **예측 유지보수** : AI는 공장에서 사용하는 기계 장비의 작동 상태를 실시간으로 모니터링하고, 장비의 상태를 분석하여 고장이 발생하기 전에 예측 유지보수를 수행할 수 있습니다. 이는 기계 고장으로 인한 생산 중단을 미연에 방지하여, 생산성 손실을 최소화하고 유지보수 비용을 절감하는 데 기여합니다. AI는 센서 데이터를 기반으로 장비의 성능을 분석하고, 고장 발생 가능성을 사전에 예측합니다.

2.2.3.2 AI를 활용한 제조업 주요 사례

❶ **스마트 팩토리**Smart Factory : 스마트 팩토리는 AI, IoT(사물 인터넷), 빅데이터 등을 활용하여 완전 자동화된 생산 시스템을 운영하는 공장입니다. AI는 공정 데이터 분석을 통해 실시간으로 생산 과정을 조정하고, 기계들의 작업을 최적화합니다. 예를 들어, 기계들이 자재를 필요로 할 때 자동으로 자재를 공급하고, 생산 라인의 속도를 조절하여 효율적인 생산이 이루어지도록 합니다. 스마트 팩토리는 모든 기계와 설비가 연결되어 있어, AI를 통해 전체 생산 과정이 통합적으로 관리되고 최적화됩니다.

❷ **로봇 자동화 시스템** : AI가 탑재된 산업용 로봇은 제조 공정에서 중요한 역할을 하고 있습니다. 로봇은 제품의 조립, 용접, 도장, 포장 등 다양한 작업을 수행하며, AI는 로봇이 더욱 정밀하고 정확하게 작업을 할 수 있도록 제어합니다. 예를 들어, AI는 로봇이 작업 중에 발생할 수 있는 오류를 실시간으로 모니터링하고, 이를 조정하여 품질 문제를 줄일 수 있습니다. 또한, 로봇은 작업 환경에 따라 스스로 경로를 조정하거나, 주변 상황을 인식하여 작업을 수행할 수 있습니다.

❸ **품질 관리 시스템** : AI 기반의 품질 관리 시스템은 제품의 실시간 검사와 결함 탐지를 통해 제품 품질을 개선하는 데 활용됩니다. AI는 센서나 카메라로 제품의 상태를 지속적으로 모니터링하며, 이를 바탕으로 품질에 문제가 있는 제품을 선별합니다. 예를 들어, AI는 제조된 제품의 표면 상태를 분석하여 미세한 결함도 감지할 수 있으며, 과거 데이터를 학습하여 결함 발생 패턴을 분석하고 향후 결함을 사전에 예측할 수 있습니다. 이 시스템은 제품의 불량률을 줄이고, 고객에게 더 나은 품질의 제품을 제공할 수 있도록 도와줍니다.

2.2.3.3 AI가 제조업에서 주는 이점

❶ **비용 절감** : AI는 자동화된 생산 시스템을 통해 인건비와 유지보수 비용을 줄일 수 있습니다. AI 기반의 시스템은 사람의 개입 없이 스스로 작업을 수행하고, 기계의 고장을 미리 예측하여 수리 비용을 절감하는 데 기여합니다.

❷ **생산성 향상** : AI는 작업 흐름을 최적화하고, 기계들이 효율적으로 작동하도록 제어함으로써 생산 속도와 정확도를 높입니다. 이는 기업이 더 많은 제품을 더 빠르게 생산할 수 있게 하여, 전반적인 생산성을 향상시킵니다.

❸ **품질 개선** : AI는 결함 탐지 및 품질 관리를 통해 제조된 제품의 품질을 개선하는 데 기여합니다. AI는 실시간 데이터를 분석하여 결함을 감지하고, 이를 바탕으로 더 높은 품질의 제품을 생산할 수 있게 도와줍니다.

❹ **예방 유지보수** : AI는 공장의 장비 상태를 지속적으로 모니터링하고, 고장이 발생하기 전에 유지보수가 이루어지도록 예측하여 장비의 수명을 연장하고, 예상치 못한 생산 중단을 방지합니다.

2.2.3.4 AI 적용 시의 한계와 도전 과제

❶ **초기 비용 부담** : AI를 도입하기 위해서는 초기 시스템 설치 및 인프라 구축에 상당한 비용이 필요합니다. 특히, 스마트 팩토리와 같은 고도로 자동화된 시스템을 구축하는 데는 많은 투자가 필요하며, 중소기업에서는 이러한 초기 비용이 큰 부담으로 작용할 수 있습니다.

❷ **기술적 복잡성** : AI를 제조 공정에 적용하기 위해서는 기계와 소프트웨어의 고급 기술이 필요합니다. 이러한 기술을 관리하고 운영할 인력이 부족할 경우, AI 도입이 지연될 수 있으며, 기술적인 문제가 발생할 수 있습니다.

❸ **데이터 품질 문제** : AI가 정확하게 작동하려면 고품질의 데이터가 필수적입니다. 그러나 제조 과정에서 생성되는 데이터의 품질이 떨어질 경우, AI의 분석 결과가 정확하지 않을 수 있습니다. 데이터의 일관성과 정확성을 확보하는 것이 중요합니다.

결론

AI는 제조업에서 자동화와 공정 최적화를 이루는 데 중요한 역할을 하고 있습니다. 스마트 팩토리, 로봇 자동화 시스템, 품질 관리 시스템과 같은 AI 기술들은 제조 공정에서 비용 절감, 품질 향상, 생산성 증대 등 다양한 이점을 제공합니다. 특히, AI는 결함 탐지, 예측 유지보수, 공정 최적화를 통해 제조업의 경쟁력을 강화하는 중요한 도구로 자리 잡고 있습니다. 하지만 초기 비용, 기술적 복잡성, 데이터 품질 문제와 같은 도전 과제들도 여전히 존재하며, 이를 해결하기 위한 지속적인 연구와 개선이 필요합니다.

2.3 AI의 추가 적용 분야

AI는 단순히 특정 산업에 국한되지 않고, 다양한 분야에서 혁신을 이끌고 있습니다. 아래는 제조업, 금융, 의료 외에도 AI가 광범위하게 적용되고 있는 대표적인 분야들입니다.

2.3.1 자율주행 자동차

자율주행 기술은 AI의 가장 큰 혁신 중 하나로, 차량이 컴퓨터 비전, 머신러닝, 센서 융합 기술을 통해 도로 환경을 실시간으로 분석하여 인간의 개입 없이 운전할 수 있게 합니다. 자율주행 시스템은 카메라, 라이다LiDAR, 레이더와 같은 다양한 센서를 사용하여 도로 주변의 장애물, 보행자, 신호 등을 감지하며, 이를 바탕으로 AI가 차량의 속도와 주행 경로를 조절하여 안전하게 주행합니다. 이 기술은 자동차 산업뿐만 아니라 교통과 물류의 미래에도 중요한 변화를 가져올 수 있는 잠재력을 지니고 있습니다.

[예시]

테슬라의 자율주행 기능, 구글 웨이모Waymo의 완전 자율주행차.

2.3.1.1 자율주행 기술의 주요 요소

(1) 컴퓨터 비전

카메라와 센서를 이용해 차량이 도로와 주변 환경을 실시간으로 인식하는 기술입니다. 자율주행차는 여러 대의 카메라로 차선, 교통 신호, 보행자 및 다른 차량을 감지하고, AI가 이러한 데이터를 분석하여 즉각적인 판단을 내립니다. 이는 차량이 복잡한 도로 환경에서도 정확하게 주행할 수 있도록 돕습니다.

(2) 센서 융합Sensor Fusion

자율주행 시스템은 LiDAR(라이다), 레이더, 초음파 센서 등 다양한 센서를 융합해 도로 환경을 정밀하게 인식합니다. 예를 들어, 라이다는 주변의 3D 공간 정보를 제공하며, 레이더는 물체의 속도와 거리를 감지합니다. 이러한 센서들에서 수집된 데이터를 AI가 통합하여 주변 상황을 종합적으로 판단하게 됩니다.

(3) 경로 계획Path Planning

AI는 실시간 교통 정보와 지도 데이터를 바탕으로 차량의 목적지까지의 최적 경로를 설계합니다. 이 과정에서 AI는 도로의 상황, 교차로, 신호등, 보행자 등을 고려해 안전한 주행 경로를 선택하며, 교통 체증이나 사고가 발생했을 때 즉각적으로 경로를 재설정할 수 있습니다.

(4) 결정 및 제어Decision Making and Control

AI는 도로에서 발생하는 다양한 상황에 맞춰 차량의 속도, 방향, 제동 등을 실시간으로 조절합니다. 예를 들어, AI는 앞 차량이 급정거할 경우 비상 제동을 하거나, 보행자가 도로를 횡단할 때 즉각적으로 정지하는 등의 상황 판단을 수행합니다. 이러한 제어는 차량이 복잡한 도로 상황에서도 안전하게 운행할 수 있도록 보장합니다.

2.3.1.2 자율주행의 주요 단계

자율주행 기술은 레벨 0에서 레벨 5까지 총 6단계로 구분됩니다. 각 단계는 차량의 자율주행 능력에 따라 나뉘며, 레벨 5는 완전 자율주행을 의미합니다.

❶ 레벨 0 : 차량의 운전자가 모든 주행 작업을 담당하는 단계.

❷ 레벨 1 : 운전 보조 시스템이 추가된 단계로, 예를 들어 차선 유지 보조 또는 크루즈 컨트롤 기능이 포함됩니다.

❸ 레벨 2 : 차량이 스티어링과 가속/감속을 동시에 제어할 수 있지만, 운전자의 개입이 여전히 필요합니다.

④ 레벨 3 : 특정 상황에서 차량이 완전히 자율주행할 수 있으나, 긴급 상황에서는 운전자의 개입이 필요할 수 있습니다.
⑤ 레벨 4 : 차량이 대부분의 주행 상황에서 자율적으로 운전할 수 있으나, 특정 극한 상황에서는 운전자의 도움이 필요할 수 있습니다.
⑥ 레벨 5 : 차량이 모든 주행 작업을 자율적으로 수행하며, 운전자의 개입이 전혀 필요하지 않는 완전 자율주행 상태입니다.

2.3.1.3 자율주행 기술의 장점

(1) 교통 사고 감소

AI는 인간 운전자의 실수를 최소화하고, 실시간으로 도로 상황을 분석하여 안전하게 주행할 수 있습니다. 졸음운전, 음주운전, 주의력 부족과 같은 인간 실수로 인한 사고를 줄여, 도로 안전성을 크게 향상시킬 수 있습니다.

(2) 교통 흐름 개선

AI는 실시간 교통 정보를 바탕으로 최적의 경로를 선택하여 주행하므로, 교통 체증을 줄이고 도로의 흐름을 원활하게 만듭니다. 특히, 자율주행 차량끼리 네트워크 연결을 통해 서로 교신하여 최적의 속도와 경로를 설정할 수 있어, 효율적인 교통 흐름을 보장할 수 있습니다.

(3) 미래 모빌리티 혁신

자율주행 기술은 물류와 배송 자동화에도 큰 영향을 미치고 있습니다. 자율주행 트럭과 배송 차량은 운전자의 개입 없이 장거리 운송을 수행할 수 있으며, 이를 통해 물류 비용을 절감하고 배송 시간을 단축할 수 있습니다. 이 기술은 전체 교통 시스템의 혁신을 가능하게 하며, 차량 공유 및 무인택시 서비스 등 다양한 미래 교통 수단의 발전을 이끌고 있습니다.

2.3.1.4 자율주행 기술의 도전 과제

(1) 기술적 완성도 부족

자율주행 시스템은 여전히 복잡한 도로 환경에서 예측하지 못한 상황에 대한 완벽한 대응 능력을 갖추지 못한 경우가 많습니다. 날씨 조건이나, 도로의 비정상적 변화에 대한 대응이 필요합니다.

(2) 법적 및 윤리적 문제

자율주행 차량이 사고를 일으킬 경우 책임 소재가 불분명할 수 있습니다. 또한, AI가 어려운 윤리적 선택(예: 교통사고에서 피해자를 선택하는 상황)에 직면할 때, 어떻게 대응해야 할지에 대한 윤리적 논의가 필요합니다.

(3) 사회적 수용성

많은 사람들이 자율주행 차량에 대한 신뢰가 부족하며, 이러한 신뢰를 쌓기 위해서는 기술의 안정성과 안전성에 대한 추가적인 검증이 필요합니다.

결론

자율주행 기술은 AI의 핵심 적용 분야 중 하나로, 교통 안전성 향상과 물류 혁신을 이끌고 있습니다. 자율주행 시스템은 카메라, 라이다, 레이더 등의 다양한 센서와 AI 알고리즘을 결합하여 실시간으로 주행 환경을 분석하고, 최적의 경로와 제어 방법을 선택하여 안전한 운행을 가능하게 합니다. 그러나 기술적 완성도와 윤리적, 법적 문제 해결이 여전히 남아있으며, 이러한 도전 과제를 극복하는 것이 자율주행 기술의 상용화 성공에 중요한 요소가 될 것입니다.

2.3.2 농업

AI는 정밀 농업Precision Agriculture을 통해 농업 분야에서 혁신을 일으키고 있으며, 생산성 향상, 비용 절감, 환경 보호라는 세 가지 주요 목표를 달성하는 데 기여하고 있습니다. AI 기반 시스템은 농작물의 상태를 실시간으로 모니터링하고, 수집된 데이터를 분석하여 작물의 성장 상태를 최적화하며, 물과 비료, 농약 등의 자원 사용을 효율적으로 관리합니다. 이를 통해 농작물의 생산성을 극대화하고, 자원 낭비를 최소화하며, 환경에 대한 영향을 줄일 수 있습니다. 특히 AI는 드론과 농업용 로봇과 함께 사용되어 농업 작업의 자동화를 이루는 데 중요한 역할을 하고 있습니다.

[예시]

AI 기반의 드론을 사용하여 농작물 상태를 모니터링하고, 작물의 생육에 맞추어 자동으로 물과 비료를 제공하는 시스템. 또한, AI 로봇은 농작물을 자동으로 수확하여 농업 효율성을 높입니다.

2.3.2.1 AI 기반 농업의 주요 기능

(1) 농작물 모니터링

AI는 드론과 센서를 사용하여 농작물의 상태를 실시간으로 감시합니다. 드론은 고해상도 카메라와 다양한 센서를 탑재하여 넓은 농지를 신속하게 스캔하고, 작물의 성장 상태, 병해충 감염 여부, 토양 상태 등을 파악합니다. AI는 이러한 데이터를 분석하여 농작물의 건강 상태를 평가하고, 병해충 발생 위험이 있는 구역을 조기에 탐지하여 농부가 신속하게 대응할 수 있도록 도와줍니다. 이를 통해 농작물의 생육을 최적화하고, 불필요한 자원 낭비를 방지할 수 있습니다.

(2) 수확 최적화

AI는 작물의 성숙 상태를 정확하게 예측하고, 적절한 수확 시기를 제시하여 수확량을 극대화합니다. AI는 과거 수확 데이터, 날씨 정보, 작물의 생리적 신호 등을 분석하여 각 작물의 수확 적기를 정확히 파악합니다. 이러한 예측은 농부가 작물을 더 적절한 시기에 수확할 수 있게 도와주며, 이로 인해 수확 손실을 줄이고 최대한의 품질을 유지할 수 있습니다. 또한, AI는 수확 로봇을 통해 작물의 자동 수확을 지원하며, 이를 통해 인력 부족 문제를 해결하고 생산성을 높일 수 있습니다.

(3) 자원 관리

AI는 물, 비료, 농약의 사용량을 효율적으로 관리하는 데 큰 기여를 합니다. AI는 토양의 수분 함량, 작물의 영양 상태 등을 실시간으로 분석하여 필요에 따라 적절한 양의 물과 비료를 공급합니다. 또한, 병해충 발생 가능성을 조기에 감지하여 필요할 때만 농약을 최소한으로 사용하도록 도와줍니다. 이를 통해 자원을 효율적으로 사용하고 비용 절감과 환경 보호를 동시에 달성할 수 있습니다.

2.3.2.2 AI가 적용된 농업의 주요 사례

(1) AI 기반 드론 시스템

AI 기반의 드론은 농작물의 상태를 넓은 범위에서 모니터링하며, 고해상도 이미지와 데이터를 수집합니다. AI는 수집된 데이터를 분석하여 작물의 생육 상태, 병해충 발생 가능성, 수분 공급 필요성 등을 정확하게 평가하고, 농부가 필요한 조치를 즉각적으로 취할 수 있게 도와줍니다. 이러한 드론 시스템은 특히 대규모 농장에서 농작물을 효과적으로 관리하는 데 매우 유용합니다.

(2) 농업용 로봇

AI 기술을 탑재한 농업용 로봇은 수확, 잡초 제거, 토양 관리 등 다양한 작업을 자동으로 수행합니다. AI는 작물의 성숙도를 판단하고, 최적의 수확 시점에 맞추어 로봇이 작물을 수확하도록 제어합니다. 이러한 자동화된 시스템은 농업에서 발생하는 인력 부족 문제를 해결하는 동시에, 수확 속도를 높이고 품질을 유지할 수 있도록 합니다.

(3) 정밀 농업 플랫폼

AI 기반의 정밀 농업 플랫폼은 농업 데이터를 종합적으로 분석하여 맞춤형 농업 전략을 제안합니다. 이 플랫폼은 날씨 예측, 토양 상태, 작물 건강 상태 등을 실시간으로 분석하여 농부가 최적의 결정을 내릴 수 있게 도와줍니다. 예를 들어, AI는 날씨 변화에 따라 관개 시스템을 자동으로 조정하여 물 사용을 최적화하고, 농작물이 최적의 조건에서 자랄 수 있도록 합니다.

2.3.2.3 AI 기반 농업의 장점

(1) 생산성 향상

AI는 농작물의 생육 상태를 실시간으로 분석하고, 이를 바탕으로 최적의 관리 방법을 제안합니다. AI가 병해충 발생을 조기에 감지하고, 적절한 시기에 비료와 물을 공급함으로써 작물의 생장을 촉진하고 수확량을 극대화할 수 있습니다. 이를 통해 농업의 생산성이 크게 향상되며, 농부는 더 많은 작물을 안정적으로 수확할 수 있습니다.

(2) 비용 절감

AI는 농작물 관리의 효율성을 높이고, 자동화된 시스템을 통해 인건비를 절감할 수 있습니다. 또한, 자원 사용을 최적화하여 물, 비료, 농약의 낭비를 줄임으로써 농업 운영 비용을 절감할 수 있습니다. 이러한 효율성 향상은 특히 대규모 농장에서 비용 절감 효과가 극대화됩니다.

(3) 환경 보호

AI는 필요할 때에만 최소한의 자원을 사용하도록 도와줍니다. 물과 비료, 농약을 최소한으로 사용함으로써 자원 낭비를 방지하고, 환경에 미치는 부정적인 영향을 줄일 수 있습니다. 특히, AI가 병해충 발생을 조기에 감지하고, 국소적인 농약 사용을 통해 광범위한 오염을 줄이는 데 기여할 수 있습니다. 이는 지속 가능한 농업을 구현하는 데 중요한 역할을 합니다.

2.3.2.4 AI 기반 농업의 도전 과제

(1) 초기 도입 비용

AI 기반 시스템을 농업에 적용하는 데는 초기 설치 비용이 많이 듭니다. 고가의 드론, 센서, 로봇 등의 장비와 AI 소프트웨어를 구축하는 데 상당한 투자가 필요하며, 특히 중소 농장에서는 이러한 초기 비용이 큰 부담이 될 수 있습니다.

(2) 기술적 복잡성

AI 시스템은 농작물 관리에 대한 고도의 기술적 이해와 숙련이 필요합니다. 농부들이 AI 기술을 활용하기 위해서는 데이터 분석 능력과 기술적 지원이 필요하며, 이러한 기술적 복잡성은 AI 도입을 지연시키거나 도입 후에도 원활한 사용을 방해할 수 있습니다.

(3) 데이터 품질 문제

AI가 정확하게 작동하려면 고품질의 데이터가 필수적입니다. 그러나 농작물 상태를 측정하는 센서나 장비에서 수집되는 데이터의 품질이 일관되지 않거나, 농장 환경의 복잡성으로 인해 데이터의 신뢰도가 낮아질 수 있습니다. 따라서 AI의 성능을 극대화하려면 고품질 데이터를 안정적으로 확보하는 것이 중요합니다.

결론

AI는 농업 분야에서 정밀 농업을 가능하게 하며, 농작물 관리, 자원 사용, 수확 최적화 등 여러 방면에서 혁신적인 변화를 이끌어내고 있습니다. AI는 생산성을 극대화하고, 비용 절감과 환경 보호라는 중요한 이점을 제공하며, 이는 농업의 지속 가능성을 높이는 데 기여합니다. 그러나 초기 도입 비용과 기술적 복잡성, 데이터 품질 문제 등 몇 가지 도전 과제가 남아 있으며, 이를 해결하기 위한 지속적인 연구와 발전이 필요합니다. AI 기반 농업은 미래 농업의 필수 기술로 자리 잡을 가능성이 높으며, 농업 생산성 향상과 지속 가능성 증대를 위해 더 많은 도입이 기대됩니다.

2.3.3 물류 및 공급망 관리

AI는 물류 및 공급망 관리 분야에서 효율성을 극대화하고, 복잡한 작업을 자동화하여 비용을 절감하며, 정확성을 높이는 데 큰 기여를 하고 있습니다. 특히, 데이터 분석, 수요 예측, 재고 관리, 배송 경로 최적화 등 물류 전반에 걸쳐 AI는 실시간으로 데이터를 분석하여 의사결정을 지원하고, 고객의 요구에 신속하게 대응할 수 있도록 돕습니다. AI는 물류 네트워크 내에서 발생하는 방대한 데이터를 빠르게 처리하여 물류 흐름을 최적화하고, 로봇과 자율 시스템을 사용하여 물류 창고 작업을 자동화함으로써, 물류 처리 속도를 대폭 향상시킬 수 있습니다.

[예시]

아마존의 Kiva 물류 로봇 시스템, 자율 배송 차량, AI 기반 재고 관리 시스템은 물류 프로세스의 효율성과 정확성을 크게 향상시키는 대표적인 사례입니다.

2.3.3.1 AI 기반 물류 관리의 주요 기능

(1) 배송 경로 최적화

AI는 교통 상황, 날씨, 고객의 요구 사항을 실시간으로 분석하여 가장 빠르고 효율적인 배송 경로를 선택합니다. AI는 과거 데이터를 바탕으로 교통 체증이나 사고가 발생할 확률이 높은 구간을 사전에 파악하고, 최적의 경로를 찾아내어 배송 시간을 단축할 수 있습니다. 이를 통해 기업은 배송 비용을 절감하고, 고객 만족도를 높일 수 있습니다. 특히, AI는 자율 배송 차량과 연동하여 무인 배송 시스템을 구축함으로써, 인력 의존도를 낮추고 물류의 신속성을 높이는 데 기여합니다.

(2) 재고 관리

AI는 과거의 판매 데이터와 수요 패턴을 분석하여 정확한 수요 예측을 가능하게 하고, 재고 수준을 최적화합니다. 이를 통해 재고 부족이나 과잉 재고 문제를 방지하고, 재고 관리 비용을 절감할 수 있습니다. 또한, AI는 재고 관리 시스템에서 실시간으로 재고 상태를 모니터링하며, 언제 제품을 주문하고 보충할지에 대한 결정을 자동으로 내릴 수 있습니다.

이러한 시스템은 특히 계절적 변동이나 갑작스러운 수요 변화에 효과적으로 대응할 수 있도록 도와줍니다.

(3) 자동화된 물류 창고

AI는 물류 창고에서 로봇과 협력하여 제품의 적재, 분류, 포장 등의 작업을 자동화합니다. 로봇 시스템은 상품을 창고 내에서 효율적으로 이동시키며, AI는 이 로봇들의 작업을 최적화하여 물류 처리 속도를 극대화할 수 있습니다. 예를 들어, AI는 창고 내에서 상품의 위치를 추적하고, 가장 효율적인 경로로 상품을 이동시키는 작업을 관리하여 물류 처리 시간을 줄이는 데 기여합니다. 이는 특히 대규모 창고에서 인력 비용을 줄이고, 물류의 정확성과 속도를 크게 향상시키는 중요한 기술입니다.

2.3.3.2 AI 물류 관리의 주요 사례

(1) 아마존의 Kiva 로봇 시스템

아마존은 Kiva 로봇을 사용하여 자사의 물류 창고를 자동화하고 있습니다. Kiva 로봇은 AI 시스템과 연동되어 창고 내에서 상품을 찾아 적재하고, 분류하여 빠르게 출고할 수 있습니다. 이러한 로봇 시스템은 물류 작업을 자동화하고, 작업 효율성을 극대화하는 동시에 오류율을 줄이고 처리 속도를 높입니다. 특히, 아마존은 Kiva 로봇을 사용해 제품 출고 시간을 크게 단축하며, 전 세계적으로 신속한 배송 서비스를 제공할 수 있게 되었습니다.

(2) 자율 배송 차량

자율 배송 차량은 AI 시스템을 통해 자동화된 배송 작업을 수행합니다. AI는 차량이 도로 환경을 실시간으로 분석하고, 최적의 경로를 선택하여 효율적인 배송을 가능하게 합니다. 특히, 무인 배송 차량은 라스트 마일 배송(최종 목적지까지의 배송)에서 중요한 역할을 하며, 고객의 요구에 빠르게 대응할 수 있습니다. 이러한 시스템은 인건비를 절감하고, 24시간 배송이 가능한 유연한 물류 네트워크를 구축하는 데 기여합니다.

(3) AI 기반 재고 관리 시스템

AI는 재고 수준을 실시간으로 모니터링하고, 자동으로 주문 및 재고 보충을 수행하는 시스템을 제공합니다. AI 기반 재고 관리 시스템은 판매 패턴을 분석하여 수요 예측을 통해 적절한 재고 수준을 유지하며, 필요시 자동으로 추가 주문을 발주합니다. 이는 특히 대규모 유통업체나 온라인 쇼핑몰에서 재고 부족으로 인한 매출 손실을 방지하고, 재고 과잉으로 인한 비용 낭비를 줄이는 데 효과적입니다.

2.3.3.3 AI 물류 관리의 장점

(1) 비용 절감

AI 기반 물류 시스템은 자동화를 통해 인건비와 운영 비용을 절감할 수 있습니다. 물류 창고의 자동화는 상품 적재, 분류, 포장 작업에서 인력의 필요성을 줄여주며, 자율 배송 차량은 배송 인력을 대체할 수 있어 물류 전반의 비용 절감을 가능하게 합니다. 또한, AI는 재고 관리에서 발생하는 불필요한 비용을 줄이고, 최적의 재고 수준을 유지함으로써 운영 효율성을 높입니다.

(2) 정확성 향상

AI는 데이터를 실시간으로 분석하여 최적의 의사 결정을 내릴 수 있습니다. AI 기반 물류 시스템은 배송 경로를 최적화하고, 재고 관리에서 오류를 줄이며, 정확한 수요 예측을 통해 재고 부족이나 과잉을 방지할 수 있습니다. 이를 통해 물류 과정에서 발생할 수 있는 오류를 최소화하고, 효율적인 운영이 가능해집니다.

(3) 고객 만족도 향상

AI는 빠르고 효율적인 배송 경로를 실시간으로 선택하여 배송 시간을 단축하고, 고객의 요구에 신속하게 대응할 수 있습니다. 고객은 AI 기반 시스템을 통해 실시간 배송 추적 서비스를 받을 수 있으며, 이를 통해 정확한 배송 시간을 예측할 수 있습니다. 이러한 시스템은 고객 만족도를 높이고, 물류 서비스의 품질을 향상시키는 데 기여합니다.

2.3.3.4 AI 물류 관리의 도전 과제

(1) 초기 도입 비용

AI 기반 물류 시스템을 도입하기 위해서는 초기 투자 비용이 상당히 큽니다. 자동화된 물류 창고를 구축하고, 자율 배송 시스템을 도입하기 위해서는 고가의 장비와 기술 인프라가 필요하며, 중소 물류 업체에서는 이러한 초기 비용을 부담하는 것이 어려울 수 있습니다.

(2) 데이터 보안 문제

AI 기반 물류 시스템은 방대한 양의 데이터를 처리하는 만큼, 데이터 보안과 관련된 문제도 중요합니다. 특히, 물류 과정에서 고객 정보와 배송 정보가 수집되고 처리되기 때문에 개인 정보 보호 및 데이터 유출에 대한 우려가 있을 수 있습니다. 이러한 보안 문제를 해결하기 위해 물류 기업은 데이터 보호 정책과 보안 시스템을 강화할 필요가 있습니다.

(3) 기술적 복잡성

AI 기반 물류 시스템은 높은 기술적 전문성을 요구합니다. AI 시스템을 구축하고 운영하는 데 필요한 기술적 지식과 인프라가 부족할 경우, 시스템 도입과 운영이 지연될 수 있으며, 예상치 못한 오류가 발생할 가능성도 있습니다. 이러한 복잡성을 해결하기 위해서는 전문 인력을 확보하고, 지속적인 기술 지원을 제공하는 것이 필수적입니다.

결론

AI는 물류 및 공급망 관리에서 중요한 역할을 하며, 비용 절감, 정확성 향상, 고객 만족도를 높이는 데 기여하고 있습니다. AI 기반의 자동화 시스템과 실시간 데이터 분석은 물류 흐름을 최적화하고, 물류 프로세스를 자동화하여 물류 운영의 효율성을 극대화합니다. 그러나 초기 도입 비용과 데이터 보안 문제, 기술적 복잡성 등 해결해야 할 과제도 여전히 존재합니다. 이러한 도전 과제를 극복하기 위한 지속적인 기술 발전과 지원이 이루어진다면, AI는 미래 물류 시스템의 핵심 기술로 자리 잡을 가능성이 큽니다.

2.3.4 교육

AI는 교육 분야에서도 큰 혁신을 가져오고 있으며, 개별화된 학습 경험을 제공하고 교사들의 업무 부담을 줄이는 역할을 하고 있습니다. AI 기반의 적응형 학습 시스템은 학생 개개인의 학습 데이터를 분석하여 맞춤형 학습 경로를 설계하며, 학생의 학습 수준에 맞는 콘텐츠를 제공하여 학습 효율성을 극대화할 수 있습니다. 또한, AI는 시험 답안의 자동 채점 기능을 통해 교사의 업무를 크게 줄여주고, 학생들의 학습 진도와 성과를 즉각적으로 평가하는 데 유용한 도구로 사용됩니다.

AI는 교육의 모든 영역에서 변화와 발전을 이끌고 있으며, 이를 통해 학생들에게 더 나은 학습 환경을 제공할 수 있습니다. 특히, 적응형 학습, 자동 채점 시스템, AI 기반 교육 도우미는 교육 현장에서의 개별화 학습과 효율적인 평가를 가능하게 합니다.

[예시]

학생의 학습 속도와 성향에 맞춘 맞춤형 학습 경로를 제공하는 적응형 학습 플랫폼, 시험 채점을 자동으로 처리하는 AI 시스템, 학습 질문에 대한 답변을 제공하는 AI 기반의 가상 교육 도우미.

2.3.4.1 AI 기반 교육의 주요 기능

(1) 적응형 학습Adaptive Learning

적응형 학습 시스템은 AI가 학생의 학습 데이터를 실시간으로 분석하여, 각 학생의 학습 수준과 성향에 맞는 맞춤형 학습 경로를 제안하는 기능을 갖추고 있습니다. 학생들이 어려움을 느끼는 부분을 자동으로 인식하고, 그에 맞춰 개별 학습 자료나 추가적인 학습 기회를 제공합니다. 이를 통해 학생들은 개인별로 최적화된 학습 환경에서 학습할 수 있으며, 자신의 학습 속도에 맞게 효율적으로 진도를 나갈 수 있습니다. 특히, AI는 학생들의 강점과 약점을 파악하고, 이를 바탕으로 맞춤형 콘텐츠를 제시하여 학습 효과를 극대화합니다.

(2) 자동 채점 시스템Automated Grading

AI 기반 자동 채점 시스템은 학생들의 시험 답안을 자동으로 채점하고, 즉각적인 피드백을 제공합니다. 이 시스템은 교사의 반복적인 채점 업무를 줄여줄 뿐만 아니라, 학생들이 빠르게 성과를 확인하고 개선할 수 있도록 돕습니다. 특히, 다수의 학생이 동시에 시험을 치를 경우 AI 시스템은 대량의 답안을 신속하고 정확하게 평가할 수 있으며, 에세이나 서술형 문제와 같은 복잡한 답변도 AI 알고리즘을 통해 채점이 가능합니다. 이를 통해 교사는 더 많은 시간을 개별 학생 지도나 심화 학습에 할애할 수 있습니다.

(3) AI 기반 교육 도우미AI-powered Educational Assistants

AI는 교사와 학생 모두에게 가상 도우미 역할을 하여 학습을 지원할 수 있습니다. AI 교육 도우미는 학생이 학습 중에 궁금한 점을 질문하면 즉각적으로 답변을 제공하거나, 필요한 학습 자료를 추천해 줍니다. 또한, 이 도우미는 학습 상황에 맞춘 학습 계획을 제안하거나, 학생의 학습 패턴을 분석하여 학습 습관 개선을 돕기도 합니다. 이 기능은 학생들이 더 많은 학습 기회를 가질 수 있게 하며, 교사 역시 수업 외의 시간을 활용하여 학생들에게 추가적인 도움을 줄 수 있습니다.

2.3.4.2 AI 기반 교육의 주요 사례

(1) 적응형 학습 플랫폼

AI 기반 적응형 학습 플랫폼은 학생의 학습 데이터를 지속적으로 분석하여, 개인 맞춤형 학습 경로를 제공합니다. 예를 들어, DreamBox와 같은 플랫폼은 학생의 수학 학습 데이터를 실시간으로 분석하고, 각 학생의 이해 수준에 맞는 학습 자료를 제시합니다. 이를 통해 학생은 자신의 학습 속도에 맞춰 학습을 진행할 수 있으며, 교사는 학생 개별의 학습 상태를 모니터링하면서 적절한 피드백을 제공할 수 있습니다.

(2) 자동 채점 시스템

Turnitin과 같은 AI 기반의 자동 채점 시스템은 에세이나 서술형 답안에 대해 문법, 논리성, 문장 구조를 평가하고, 즉각적인 피드백을 제공하는 데 유용합니다. 이 시스템은 학생들의 작문 능력을 개선하는 데 도움을 주며, 대량의 답안을 신속하게 채점하여 교사의 업무 부담을 경감시킵니다. 특히, AI는 기존의 데이터 패턴을 바탕으로 다양한 답변을 평가할 수 있어, 시험 평가의 객관성을 높이는 데 기여합니다.

(3) AI 교육 도우미

Duolingo와 같은 언어 학습 애플리케이션은 AI 기반 가상 도우미를 사용하여 학생들의 언어 학습을 돕습니다. 학생들은 AI 도우미와 대화하면서 외국어를 실습할 수 있으며, 학습 중 질문이 있을 경우 AI 도우미는 즉각적인 피드백을 제공합니다. AI는 학생의 학습 패턴을 분석하여 개선해야 할 부분을 제안하고, 필요한 학습 자료를 자동으로 추천하는 등 학습 과정을 지원합니다.

2.3.4.3 AI 교육의 장점

(1) 맞춤형 학습 제공

AI는 학생 개별의 학습 속도와 학습 수준을 실시간으로 분석하여, 맞춤형 학습 경로를 제안합니다. 이를 통해 학생들은 자신의 학습 능력에 맞는 개별화된 교육을 받을 수 있으며, 학습 효과를 극대화할 수 있습니다. 이는 특히 학습 능력 차이가 큰 교실에서 효과적으로 사용될 수 있습니다. 느린 학습자는 자신의 속도에 맞춰 학습을 진행할 수 있으며, 빠른 학습자는 추가적인 학습 자료나 과제를 통해 더욱 심화된 학습을 할 수 있습니다.

(2) 교사 업무 감소

AI는 시험 채점, 학습 자료 제공 등의 반복적인 작업을 자동으로 처리하여 교사의 업무 부담을 줄여줍니다. AI 시스템을 통해 교사는 더 많은 시간을 개별 지도와 수업 계획에 집중할 수 있으며, 이를 통해 학생들에게 더 높은 질의 교육을 제공할 수 있습니다. 또한, AI는 수업 중 발생할 수 있는 자잘한 질문이나 자료 찾기 등을 도와주기 때문에, 교사는 학생에게 더 심화된 지도를 제공할 수 있는 시간을 확보할 수 있습니다.

(3) 학습 효율성 향상

AI는 학생들의 학습 데이터를 실시간으로 분석하여 학습 과정에서 발생할 수 있는 문제점을 빠르게 파악하고, 이에 맞는 해결 방안을 제시할 수 있습니다. 이는 학생들이 효율적으로 학습을 진행할 수 있게 하며, 학습자 맞춤형 콘텐츠를 제공함으로써 학습 효율성을 극대화할니다. 또한, AI는 학생의 학습 진도를 지속적으로 추적하고, 필요할 때 즉시 추가 학습 자료를 제공함으로써 학습 격차를 줄일 수 있습니다.

2.3.4.4 AI 교육의 도전 과제

(1) 기술 격차 문제

AI 교육 시스템은 기술 인프라가 필수적입니다. 그러나 모든 학교나 가정이 이러한 인프라를 갖추고 있지 않기 때문에 기술적 격차가 발생할 수 있습니다. 특히, 저소득층 가정이나 기술 지원이 부족한 지역에서는 AI 기반 교육의 도입이 어렵거나 효과적으로 적용되지 않을 수 있습니다. 이러한 문제를 해결하기 위해서는 정부나 교육 기관의 적극적인 지원과 기술 인프라 확충이 필요합니다.

(2) 데이터 프라이버시 및 보안 문제

AI 시스템은 학생들의 학습 데이터를 수집하고 분석하는 만큼, 개인 정보 보호와 데이터 보안이 중요한 문제로 대두됩니다. 학생들의 학습 데이터가 외부로 유출되거나, 잘못된 방식으로 사용될 경우 프라이버시 침해 문제가 발생할 수 있습니다. 따라서 교육 기관과 AI 시스템 개발 업체는 데이터 보호 방안을 마련하고, 개인 정보 보호 정책을 철저히 준수해야 합니다.

(3) 교사와 학생의 AI 활용 교육 부족

AI 교육 시스템이 효과적으로 사용되기 위해서는 교사와 학생

2.3.5 엔터테인먼트 및 미디어

AI는 엔터테인먼트 및 미디어 분야에서 새로운 혁신을 일으키고 있으며, 사용자에게 맞춤형 콘텐츠를 제공하고 콘텐츠 제작 과정을 자동화하는 데 중요한 역할을 하고 있습니다. AI는 사용자 데이터를 분석하여 개인화된 경험을 제공하는 콘텐츠 추천 시스템을 구현하고 있으며, 음악 작곡, 영상 편집, 스토리 창작 등의 작업을 자동화함으로써 콘텐츠 제작 시간을 크게 줄이는 데 기여하고 있습니다. 이러한 AI 기반 시스템은 사용자 경험을 향상시키고, 콘텐츠 제작자들이 더욱 창의적인 작업에 집중할 수 있게 돕고 있습니다.

[예시]

넷플릭스의 콘텐츠 추천 시스템, AI 기반 음악 생성 도구, 자동 영상 편집 시스템.

2.3.5.1 AI 기반 엔터테인먼트의 주요 기능

(1) 콘텐츠 추천 시스템

AI는 사용자의 시청 기록, 검색 기록, 평가 정보 등을 분석하여 개인화된 콘텐츠 추천을 제공합니다. 이러한 시스템은 사용자 선호도를 지속적으로 학습하며, 사용자가 좋아할 만한 영화, 드라마, 음악, 동영상을 추천하는 데 최적화되어 있습니다. 예를 들어, 넷플릭스는 AI 기반 추천 알고리즘을 통해 사용자가 이전에 좋아했던 콘텐츠와 유사한 장르, 배우, 줄거리를 바탕으로 사용자 맞춤형 추천을 제공합니다. 이러한 콘텐츠 추천 시스템은 사용자 경험을 향상시키며, 콘텐츠 소비 시간을 늘리는 데 기여합니다.

(2) 콘텐츠 생성

AI는 콘텐츠 생성 작업에서도 혁신적인 도구로 사용되고 있습니다. 음악 작곡, 스토리 창작, 영상 편집 등에서 AI는 자동화된 도구로 활용되며, 창작자들이 더 빠르고 효율적으로 콘텐츠를 제작할 수 있도록 도와줍니다. 예를 들어, AI는 특정 알고리즘을 기반으로 음악을 작곡하거나, 영상의 자동 편집을 수행할 수 있으며, 이를 통해 콘텐츠 제작 시간을 크게 단축할 수 있습니다. 또한, AI는 스토리텔링에도 활용되어, 영화나 게임의 줄거리를 자동으로 창작하거나 캐릭터 간의 대화를 생성하는 데 사용될 수 있습니다.

(3) 자동화된 영상 편집

AI는 영상 편집에서 중요한 역할을 하며, 영상 클립의 자동 분류, 필터 적용, 장면 전환 등을 자동으로 처리할 수 있습니다. 예를 들어, AI는 긴 영상을 분석하여 중요한 장면만을 추출하거나, 사용자 선호에 맞는 특정 스타일의 영상 편집을 수행할 수 있습니다. 이를 통해 콘텐츠 제작자들은 수동 편집 작업에 소요되는 시간을 절약하고, 보다 창의적인 작업에 집중할 수 있게 됩니다.

2.3.5.2 AI가 적용된 주요 엔터테인먼트 사례

(1) 넷플릭스의 콘텐츠 추천 시스템

넷플릭스는 AI를 사용하여 사용자에게 개인화된 콘텐츠 추천을 제공합니다. 넷플릭스의 AI 시스템은 사용자의 시청 이력, 콘텐츠 평가, 검색 패턴 등을 분석하여 사용자에게 맞는 영화와 TV 프로그램을 추천합니다. 이 시스템은 매일 수십억 건의 데이터 포인트를 학습하여 각 사용자에게 최적의 콘텐츠를 제공하며, 이를 통해 넷플릭스의 사용자 만족도를 높이고, 시청 시간을 연장시키는 데 기여하고 있습니다.

(2) AI 기반 음악 생성 시스템

AI는 음악 작곡에도 활용되며, AI 작곡 도구를 통해 자동으로 음악을 창작할 수 있습니다. Amper Music과 같은 AI 기반 음악 작곡 도구는 사용자가 원하는 스타일, 분위기, 장르를 입력하면 이에 맞는 음악을 자동으로 생성합니다. 이 시스템은 영화, 광고, 게임 등에서 맞춤형 배경음악을 빠르게 제작하는 데 활용되며, 창작 비용과 시간을 절감할 수 있습니다.

(3) AI 영상 편집 도구

Adobe Premiere와 같은 영상 편집 소프트웨어는 AI를 활용하여 자동 장면 분할, 색상 보정, 효과 적용 등의 작업을 자동화합니다. 사용자는 긴 영상을 AI가 분석한 후 가장 중요한 부분만을 추출하거나, 특정 스타일에 맞춰 자동으로 편집할 수 있습니다. 이는 콘텐츠 제작자들이 영상 편집에 소요되는 시간을 줄여 콘텐츠 제작 속도를 높이는 데 중요한 역할을 합니다.

2.3.5.3 AI 엔터테인먼트의 장점

(1) 사용자 맞춤형 콘텐츠 제공

AI는 사용자 데이터를 실시간으로 분석하여 개별 사용자에게 맞는 콘텐츠를 추천합니다. 이를 통해 사용자는 자신이 선호하는 영화, 음악, 프로그램 등을 더 쉽게 찾을 수 있게 되며, 이는 전반적인 만족도를 높이는 데 기여합니다. AI 기반 추천 시스템은 사용자 경험을 개인화하여 더 높은 참여도와 시청 시간을 유도할 수 있습니다.

(2) 콘텐츠 제작 시간 단축

AI는 영상 편집, 음악 작곡, 스토리 창작 등의 작업을 자동화하여 콘텐츠 제작 시간을 크게 단축할 수 있습니다. 콘텐츠 제작자들은 반복적인 작업에서 벗어나 창의적인 과정에 더 집중할 수 있으며, 신속하게 높은 품질의 콘텐츠를 생산할 수 있습니다. 이는 특히 대량 콘텐츠 제작에 효과적이며, 콘텐츠 산업의 경쟁력을 높이는 데 기여합니다.

(3) 콘텐츠 품질 향상

AI는 사용자의 선호 데이터를 분석하여 더 적합한 콘텐츠를 생성하거나 추천할 수 있습니다. 이는 콘텐츠 제작자들이 더 나은 콘텐츠를 제작하는 데 도움을 줄 뿐만 아니라, 사용자가 더 흥미로운 콘텐츠를 쉽게 접할 수 있게 하여 콘텐츠 품질을 향상시키는 데 기여합니다.

2.3.5.4 AI 엔터테인먼트의 도전 과제

(1) 창의성 제한 문제

AI는 많은 부분에서 자동화를 통해 콘텐츠 제작을 지원하지만, 인간의 창의성을 완전히 대체할 수는 없습니다. AI가 생성한 음악이나 스토리는 패턴 기반이기 때문에, 독창적이거나 감성적인 요소가 부족할 수 있습니다. 콘텐츠 제작에 있어서 인간의 창의적 판단과 감정 표현이 여전히 중요하며, AI는 이를 보조하는 도구로써 역할을 해야 합니다.

(2) 개인 정보 보호 문제

AI 기반의 추천 시스템은 사용자 데이터를 수집하고 분석하여 개인화된 경험을 제공합니다. 그러나 이러한 데이터 수집 과정에서 개인 정보 보호와 데이터 보안에 대한 문제가 발생할 수 있습니다. 엔터테인먼트 기업들은 사용자의 개인 정보를 안전하게 보호하기 위한 정책과 기술적 보호 조치를 마련해야 하며, 데이터 사용에 대한 투명성을 제공해야 합니다.

(3) 기술 의존성 문제

AI 기술이 발전하면서 콘텐츠 제작과 추천 시스템에서 기술에 대한 의존성이 높아지고 있습니다. 이는 기술적 오류가 발생할 경우 콘텐츠 제공의 차질이나 사용자 경험 저하로 이어질 수 있습니다. 따라서 AI 시스템을 구축하는 과정에서 안정성과 신뢰성을 확보하는 것이 중요합니다.

결론

AI는 엔터테인먼트 및 미디어 산업에서 맞춤형 콘텐츠 제공과 콘텐츠 제작의 효율성을 극대화하는 데 중요한 역할을 하고 있습니다. AI 기반의 콘텐츠 추천 시스템은 사용자 경험을 개인화하여 만족도를 높이고, 자동화된 콘텐츠 생성 도구는 콘텐츠 제작 시간을 단축시켜 창작자들이 더 창의적인 작업에 집중할 수 있도록 돕습니다. 그러나 창의성 제한, 개인 정보 보호, 기술 의존성과 같은 도전 과제도 존재하며, 이를 해결하기 위한 지속적인 연구와 개선이 필요합니다. 엔터테인먼트와 미디어 분야에서 AI의 역할은 앞으로도 계속 확대될 것이며, 기술과 창의성이 결합된 새로운 형태의 콘텐츠가 등장할 가능성이 큽니다.

정리

AI는 자율주행, 농업, 물류 및 공급망 관리, 교육, 엔터테인먼트 등 다양한 산업에서 혁신적인 변화를 주도하고 있으며, 효율성 극대화, 비용 절감, 품질 향상을 통해 각 분야에서 중요한 역할을 하고 있습니다. 자율주행 기술은 교통사고를 줄이고, 물류와 배송을 자동화하여 교통 체계와 물류 산업의 패러다임을 바꾸고 있습니다. 농업에서는 AI를 활용한 정밀 농업이 농작물의 성장을 최적화하고, 자원 관리 효율성을 높여 생산성과 환경 보호를 동시에 실현하고 있습니다. 물류 관리 분야에서는 AI가 배송 경로 최적화, 자동화된 창고 관리, 실시간 재고 관리 등을 통해 물류 흐름을 효율화하고 고객 만족도를 향상시키고 있습니다.

교육 분야에서는 AI 기반의 적응형 학습과 자동 채점 시스템이 학습자의 개인적인 필요에 맞춰 맞춤형 교육을 제공하고, 교사의 반복적인 업무를 덜어주며 교육의 질과 효율성을 높이고 있습니다. 또한, 엔터테인먼트 및 미디어 분야에서는 AI가 사용자 데이터를 기반으로 개인화된 콘텐츠 추천을 제공하고, 콘텐츠 생성 과정을 자동화하여 제작 시간을 단축시키고 콘텐츠 품질을 높이고 있습니다.

AI 기술이 지속적으로 발전함에 따라, 이러한 다양한 분야에서의 AI 활용은 더욱 확대될 것으로 기대됩니다. 이는 새로운 기술적 가능성과 산업 혁신을 이끌며, 경제적 효율성을 극대화하고 인간의 삶을 보다 편리하고 풍요롭게 만들 것입니다. AI는 단순한 기술적 도구를 넘어, 앞으로의 사회에서 핵심적인 변화를 주도하는 요소로 자리잡을 것이며, 이에 따른 도전 과제를 해결하기 위한 지속적인 연구와 개발이 필요합니다.

2.4 오늘의 내용 요약

오늘은 인공지능AI의 종류를 약한 AIWeak AI와 강한 AIStrong AI로 구분하여 설명하였으며, 각각의 특징과 차이점에 대해 이해하였습니다. 약한 AI는 특정 과제를 해결하기 위해 설계된 AI로, 현재 우리가 많이 사용하는 음성 인식 시스템, 이미지 분석 등과 같은 기술을 포함합니다. 반면, 강한 AI는 인간과 유사한 수준의 자율적 사고 능력을 목표로 하며, 아직 실현되지 않았지만 미래의 발전 가능성이 있는 개념입니다.

또한, AI가 현재 다양한 산업 분야에서 어떻게 활용되고 있는지에 대해 학습하였습니다. 의료, 금융, 제조업에서의 활용 외에도, 오늘은 AI가 자동차, 농업, 물류, 교육, 엔터테인먼트와 같은 분야에서도 혁신적인 변화를 일으키고 있음을 구체적인 사례를 통해 이해할 수 있었습니다.

(1) 자율주행 자동차

AI는 컴퓨터 비전과 머신러닝을 통해 자율주행 차량이 도로 환경을 실시간으로 분석하고, 인간의 개입 없이 안전하게 주행할 수 있도록 돕습니다. 카메라, 라이다LiDAR, 레이더 등의 다양한 센서를 이용하여 교통 사고를 줄이고, 물류 및 배송의 자동화를 가능하게 합니다.

(2) 농업

AI는 정밀 농업에서 큰 역할을 하며, 농작물 모니터링, 수확 최적화, 자원 관리 등을 통해 생산성을 높이고 환경 보호에 기여하고 있습니다. 드론과 농업용 로봇을 활용한 자동화 시스템은 농작물의 상태를 실시간으로 감지하고, 최적의 시기에 수확할 수 있도록 합니다.

(3) 물류 및 공급망 관리

AI는 물류 프로세스의 효율성을 높이고, 자동화된 물류 창고와 배송 경로 최적화를 통해 비용을 절감할 수 있습니다. AI는 물류 창고에서 로봇을 이용해 제품을 적재하고 분류하는 작업을 자동화하여, 물류 처리 속도를 대폭 향상시키고 고객 만족도를 높이는 데 기여하고 있습니다.

(4) 교육

AI는 적응형 학습 시스템을 통해 학생의 학습 데이터를 분석하고 맞춤형 학습 경로를 제공합니다. 또한 자동 채점 시스템을 통해 교사의 업무를 줄여주고, 학습 진도를 신속하게 평가하는 도구로 사용됩니다. AI는 개인 맞춤형 교육을 가능하게 하여 학습 효율성을 극대화합니다.

(5) 엔터테인먼트 및 미디어

AI는 콘텐츠 추천 시스템을 통해 사용자 데이터를 분석하고 맞춤형 콘텐츠를 제공하며, 음악 작곡, 영상 편집, 스토리 창작 등의 콘텐츠 제작 과정에서도 자동화 기능을 제공합니다. 이를 통해 콘텐츠 제작 시간을 단축시키고 사용자 경험을 향상시킵니다.

오늘 학습을 통해, AI가 여러 산업 분야에서 효율성을 극대화하고 비용 절감, 품질 향상에 기여하고 있음을 확인하였습니다. 앞으로 AI는 더욱 다양한 분야에서 혁신적인 기술로 자리 잡을 것으로 기대됩니다.

2.5 연습문제

4지선다형 문제

01 약한 AI Weak AI의 주요 특징으로 올바른 것은?

① 인간과 같은 자율적 사고 가능
② 단일 작업을 수행하도록 설계됨
③ 모든 상황에 자율적으로 적응 가능
④ 범용적 지능 구현

02 강한 AI Strong AI의 주요 개념이 아닌 것은?

① 자율적 사고　② 자율적 학습
③ 특정 작업 최적화　④ 범용성

03 다음 중 의료 분야에서 AI가 수행하는 역할로 적합하지 않은 것은?

① 질병 진단　② 치료 방법 추천
③ 병원 건축 설계　④ 신약 개발

04 약한 AI의 대표적인 예는 무엇인가?

① 자율주행 자동차　② 영화의 강력한 인공지능 캐릭터
③ 음성 인식 시스템　④ 범용 학습 시스템

05 AI가 금융 분야에서 제공하는 기능으로 올바른 것은?

① 인간 상담원 대체　② 투자 전략 자동화
③ 건물 설계 최적화　④ 비디오 제작 지원

06 자율주행 자동차가 작동하기 위해 필요한 핵심 기술이 아닌 것은?

① 컴퓨터 비전 ② 센서 융합
③ 경로 계획 ④ 음성 제어

07 제조업에서 AI의 주요 응용 사례가 아닌 것은?

① 스마트 팩토리 운영 ② 품질 관리
③ 자동화된 물류 창고 ④ 광고 캠페인 기획

08 금융 분야에서 사기 탐지 시스템이 활용하는 AI 기술은 무엇인가?

① 규칙 기반 알고리즘
② 딥러닝 기반의 패턴 분석
③ 이미지 분석 기술
④ GPS 데이터 처리

09 AI가 의료 분야에서 가장 널리 사용되는 방식은?

① 환자 면담 자동화
② 의료 영상 분석
③ 병원 건축 설계
④ 의사와 환자 간 대화 중재

10 강한 AI가 실현되었을 때 나타날 수 있는 문제는?

① 데이터 분석 능력 부족
② 인간과의 윤리적 문제
③ 특정 작업에서의 오류 발생
④ 클라우드 사용의 제한

단답형 문제

01 약한 AI의 정의는 무엇인가?

02 강한 AI의 또 다른 명칭은 무엇인가?

03 의료 영상 분석에서 AI가 주로 활용되는 기술은?

04 AI가 금융 분야에서 신용 점수를 평가하는 데 사용하는 데이터는?

05 제조업에서 AI가 수행하는 주요 역할은?

06 자율주행 자동차의 주요 단계 중 레벨 5는 무엇을 의미하는가?

07 AI 기반의 금융 사기 탐지 시스템은 무엇을 분석하는가?

08 AI 기반의 로봇 수술 시스템의 대표 사례는?

09 AI가 의료 데이터 분석에서 기여하는 주요 이점은?

10 AI가 제조업에서 자원을 효율적으로 관리하기 위해 사용하는 방법은?

서술형 문제

01 약한 AI와 강한 AI의 차이를 설명하시오.

02 AI가 금융 사기 탐지에서 어떻게 활용되는지 설명하시오.

03 제조업에서 AI가 생산 공정 최적화에 미치는 영향을 서술하시오.

04 의료 분야에서 AI가 환자 맞춤형 치료에 어떻게 기여하는지 설명하시오.

05 자율주행 자동차의 기술적 한계를 설명하시오.

03 일차

인공지능을 이해하기 위한 기초개념

3.1 머신러닝 기초
3.2 딥러닝 기초
3.3 데이터의 중요성
3.4 오늘의 내용 요약
3.5 연습문제

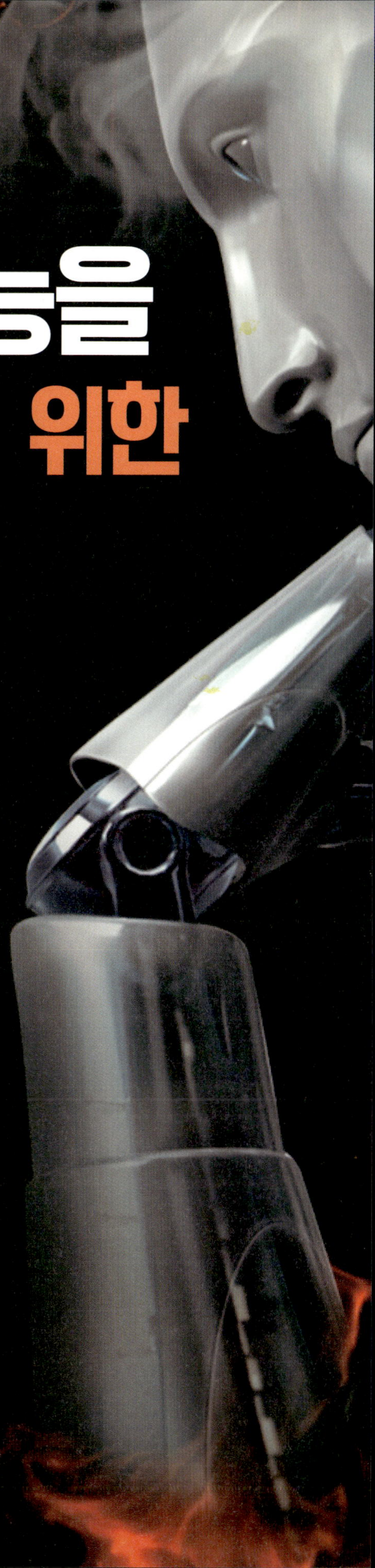

3.1 머신러닝 기초

머신러닝은 데이터를 기반으로 패턴을 학습하고, 이를 바탕으로 예측이나 분류와 같은 작업을 수행하는 기술로 구분됩니다. 머신러닝 알고리즘은 크게 지도학습, 비지도학습 그리고 강화학습으로 구분됩니다.

지도학습은 입력 데이터와 그에 대응하는 정답 데이터를 제공받아 학습하는 방식으로 구분됩니다. 이 방식에서는 모델이 입력과 출력 간의 관계를 학습하여 새로운 데이터에 대한 예측이나 분류를 수행할 수 있게 됩니다. 예를 들어, 과거의 집 가격과 집의 크기, 위치 등의 정보를 학습한 후, 새로운 집의 가격을 예측하는 작업이 지도학습에 해당합니다.

비지도학습은 정답 데이터 없이 학습하는 방식으로 구분됩니다. 비지도학습은 데이터 자체의 구조나 패턴을 분석하여 유사한 데이터들을 그룹화하거나 숨겨진 관계를 찾아내는 데 사용됩니다. 예를 들어, 고객의 구매 패턴을 분석하여 비슷한 성향을 가진 고객을 그룹으로 묶는 작업이 비지도학습의 예입니다.

강화학습은 에이전트가 주어진 환경에서 여러 가지 행동을 시도하고, 그에 따른 보상을 바탕으로 최적의 행동 전략을 학습하는 방식으로 구분됩니다. 이 방식은 장기적인 보상을 최대화할 수 있는 행동을 선택하는 것을 목표로 하며, 게임 인공지능이나 자율주행 자동차 등이 강화학습을 통해 학습된 예입니다.

이와 같이, 머신러닝은 각각의 학습 방식에 따라 구분되며, 이를 통해 다양한 문제를 해결하는 데 활용되는 기술입니다.

3.1.1 지도학습Supervised Learning

지도학습은 주어진 입력 데이터와 그에 해당하는 정답(레이블)을 기반으로 학습하는 방식입니다. 쉽게 말해, 컴퓨터가 데이터를 보고 정답을 맞추는 법을 배우는 과정입니다. 지도학습은 주로 분류와 회귀 문제를 해결하는 데 많이 사용됩니다. 이 학습 방법은 모델이 주어진 데이터를 분석하고 그 데이터의 패턴을 학습해, 새로운 데이터에 대해서도 예측할 수 있게 도와줍니다.

3.1.1.1 지도학습의 주요 단계

지도학습에서는 정답이 주어진 데이터를 이용해 컴퓨터 모델을 학습시킵니다. 이 과정은 단계별로 진행되며, 각 단계에서 중요한 역할을 합니다. 여기서 말하는 정답이란, 예를 들어 학생들의 공부 시간과 그에 따른 시험 점수처럼, 이미 답이 알려져 있는 데이터를 말합니다. 지도학습의 주요 단계는 데이터 수집 및 준비, 학습Training, 검증Validation 그리고 테스트Test입니다.

(1) 데이터 수집 및 준비

지도학습의 첫 번째 단계는 학습할 데이터와 그에 해당하는 정답(레이블)을 준비하는 것입니다. 모델이 학습하려면, 먼저 입력과 출력 데이터를 확보해야 합니다. 예를 들어, 학생들의 공부 시간과 그에 따른 시험 점수 데이터를 준비한다고 생각해 봅시다. 여기서, 공부 시간은 입력 데이터가 되고, 시험 점수는 정답(레이블)이 됩니다. 이렇게 준비된 데이터를 통해 모델은 공부 시간과 시험 점수 간의 관계를 배우게 됩니다.

[예시]

"학생 A가 5시간 공부하면 80점을 받는다"는 데이터가 준비된 것과 같습니다.

(2) 학습Training

이 단계에서는 준비된 데이터를 바탕으로 모델을 학습시킵니다. 모델은 입력된 데이터를 보고 정답을 맞히는 방법을 배워 나갑니다. 예를 들어, 모델이 여러 학생의 공부 시간과 시험 점수를 학습한 후, 입력 데이터(공부 시간)를 보고 출력 데이터(시험 점수)를 예측할 수 있게 됩니다. 학습 과정에서 모델은 입력과 출력 사이의 관계를 파악하게 되며, 이를 통해 새로운 데이터에 대해서도 정확한 예측을 할 수 있는 능력을 갖추게 됩니다.

[예시]

모델은 학생들이 공부한 시간과 시험 점수 간의 관계를 학습하여, 새로운 학생이 몇 시간 공부했을 때 예상되는 점수를 예측할 수 있게 됩니다.

(3) 검증Validation

학습이 끝난 모델이 얼마나 잘 작동하는지 확인하는 단계입니다. 여기서는 검증 데이터라는 새로운 데이터를 사용해 모델의 성능을 평가합니다. 검증 데이터는 학습에 사용되지 않은 데이터이므로, 모델이 이 데이터를 얼마나 잘 예측할 수 있는지 평가하는 것이 중요합니다. 이 단계는 모델이 훈련 데이터에만 너무 맞춰진 상태(과적합)가 아닌지 확인하는 데도 중요한 역할을 합니다.

[예시]

학습한 모델이 학생들의 공부 시간을 입력받고, 시험 점수를 얼마나 정확하게 예측할 수 있는지 평가하는 단계입니다.

(4) 테스트Test

마지막 단계는 학습과 검증 과정에서 사용되지 않은 테스트 데이터를 이용해 모델을 평가하는 것입니다. 이 단계에서는 모델이 새로운 데이터에 대해 얼마나 잘 예측하는지 확인합니다. 즉, 학습하지 않은 상황에서도 모델이 일반적인 능력을 가지고 문제를 풀 수 있는지를 테스트하는 단계입니다. 이 과정을 통해 모델이 실제 환경에서 얼마나 정확하게 작동할지를 확인할 수 있습니다.

[예시]

모델이 새로 주어진 학생의 공부 시간 데이터를 보고, 그 학생의 예상 시험 점수를 정확히 맞추는지를 평가하는 단계입니다.

이 네 가지 단계는 모두 중요합니다. 데이터 수집 및 준비를 통해 적절한 데이터를 제공하고, 학습 단계에서 모델이 데이터를 학습하며, 검증과 테스트 단계를 통해 모델이 새로운 데이터를 얼마나 잘 처리하는지 평가합니다.

3.1.1.2 지도학습의 두 가지 주요 유형

지도학습에는 두 가지 대표적인 유형이 있습니다. 회귀Regression와 분류Classification인데, 각각 예측하려는 목표와 데이터의 형태에 따라 다르게 사용됩니다. 이 두 가지는 머신러닝에서 매우 중요한 역할을 하며, 각각의 특징을 잘 이해하는 것이 중요합니다.

(1) 회귀Regression

회귀는 연속적인 숫자 값을 예측하는 문제를 해결하는 방식입니다. 즉, 예측하려는 값이 숫자로 표현될 때 주로 사용됩니다. 예를 들어, 집의 크기, 위치, 방의 개수와 같은 데이터를 입력으로 받아, 집 가격이라는 숫자를 예측하는 작업이 회귀 문제에 해당합니다.

❶ **입력 데이터** : 예측을 위한 다양한 정보가 입력 데이터가 됩니다. 예를 들어, 집의 크기(제곱미터), 위치(동네), 방의 개수 등입니다.
❷ **레이블(정답)** : 입력 데이터에 대응하는 정답, 즉 집의 실제 판매 가격입니다.
❸ **예측 목표** : 모델은 새로운 집의 정보를 입력받으면, 그 집의 예상 판매 가격을 예측하는 것이 목표입니다.

예시를 들어보면, 부동산에서 집을 판매하려고 할 때, 모델에 집의 크기와 방의 개수를 입력하면 모델이 학습한 내용을 바탕으로 그 집의 가격을 예측할 수 있습니다. 이처럼 회귀는 숫자를 예측하는 데 매우 유용한 방식입니다.

[다른 예시]

- 한 달 동안의 평균 기온을 입력받아 다음 달 기온을 예측
- 학생의 공부 시간과 성적 데이터를 학습해, 공부 시간에 따른 예상 성적을 예측

(2) 분류Classification

분류는 데이터를 특정 범주(카테고리)로 구분하는 문제를 해결하는 방식입니다. 이때 예측하려는 값은 숫자가 아니라 범주형 데이터로, 여러 그룹 중 하나에 속하는지를 판단합니다. 예를 들어, 이메일이 스팸인지 아닌지를 구분하는 작업이 분류 문제의 대표적인 예입니다.

❶ **입력 데이터** : 예측하려는 대상의 정보가 입력 데이터입니다. 이메일 내용, 발신자 주소 등이 여기에 포함됩니다.
❷ **레이블(정답)** : 해당 이메일이 스팸인지 정상 메일인지를 나타내는 정답입니다.
❸ **예측 목표** : 모델은 새로운 이메일이 들어왔을 때, 그 이메일이 스팸인지 아닌지를 예측하는 것이 목표입니다.

예시로 보면, 이메일 서비스를 이용할 때, 받은 이메일이 스팸인지 아닌지 자동으로 분류하는 기능이 있습니다. 이는 모델이 많은 이메일 데이터를 학습하고, 특정 패턴을 찾아내어 스팸 이메일을 걸러내는 방식입니다. 이처럼 분류 문제는 여러 가지 범주 중 하나를 선택해야 할 때 사용됩니다.

[다른 예시]

- 사진 속에 있는 동물이 고양이인지 강아지인지 구분
- 환자의 증상을 입력받아, 특정 질병이 있는지 없는지 예측

이처럼 회귀는 숫자 값을 예측하는 데, 분류는 범주를 예측하는 데 사용됩니다. 두 방식 모두 지도학습에서 매우 중요한 역할을 하며, 어떤 문제를 해결하느냐에 따라 적절한 방법을 선택하는 것이 필요합니다.

3.1.1.3 지도학습의 특징

지도학습에는 몇 가지 중요한 특징이 있습니다. 이를 잘 이해하는 것이 머신러닝 모델을 효과적으로 활용하는 데 매우 중요합니다. 지도학습은 데이터와 정답(레이블)을 기반으로 모델을 학습시키기 때문에, 아래의 세 가지 특징이 매우 중요합니다.

(1) 정확한 레이블 필요

지도학습에서는 정확한 정답(레이블)이 반드시 필요합니다. 모델은 데이터를 보고 그에 맞는 정답을 학습하게 되는데, 만약 레이블이 틀리거나 잘못된 정보가 제공되면, 모델이 잘못된 패턴을 학습하게 됩니다. 예를 들어, 학생의 공부 시간과 시험 점수를 학습하는 모델에서 시험 점수(정답)가 잘못된 경우, 모델이 엉뚱한 결과를 내놓을 수 있습니다. 마치 잘못된 정보를 배운 학생이 시험에서 틀린 답을 내는 것과 같은 원리입니다.

[예시]

고양이 사진에 잘못된 레이블을 붙여 "강아지"라고 학습시키면, 모델이 고양이를 보고도 강아지라고 예측하게 될 수 있습니다.

(2) 충분한 데이터 필요

지도학습에서는 많은 양의 데이터가 필요합니다. 데이터가 많을수록 모델이 더 많은 패턴을 학습할 수 있고, 그 결과 정확한 예측이 가능합니다. 반면, 데이터가 부족하거나 특정한 패턴에만 치우쳐 있으면, 모델의 예측 성능이 떨어질 수 있습니다. 예를 들어, 서울의 아파트 가격 예측 모델을 만들 때, 특정 지역의 데이터만 많고 다른 지역의 데이터가 부족하면, 전체적인 예측 성능이 낮아질 수 있습니다.

[예시]

사진을 인식하는 모델에서는 다양한 환경에서 찍힌 여러 종류의 사진을 학습해야 정확한 예측을 할 수 있습니다. 한 종류의 사진만 학습하면 다른 환경에서의 예측이 어려울 수 있습니다.

(3) 적용 분야

지도학습은 다양한 분야에서 사용됩니다. 예를 들어, 이미지 분류에서는 고양이와 강아지를 구분하거나, 교통 표지판을 인식하는 데 사용될 수 있습니다. 텍스트 분석에서는 이메일이 스팸인지 아닌지 구분하거나, 감정 분석을 통해 특정 텍스트가 긍정적인지 부정적인지 판단할 수 있습니다. 또한, 음성 인식 기술을 통해 스마트폰에서 음성 명령을 정확히 인식할 수 있습니다. 질병 예측에서는 환자의 의료 기록을 바탕으로 특정 질병에 걸릴 확률을 예측할 수 있습니다.

[예시]

최근 한국에서 발전하고 있는 AI 의료 기술은 환자의 데이터를 학습한 모델이 미래의 질병을 예측하거나, 의료 이미지를 분석해 의사의 진단을 돕는 데 사용됩니다.

3.1.1.4 지도학습의 대표 알고리즘

지도학습에서는 다양한 알고리즘을 사용하여 데이터를 학습하고 예측합니다. 각각의 알고리즘은 문제의 특성에 맞게 적용되며, 데이터를 어떻게 처리하고 분석할지에 따라 성능이 달라집니다. 아래는 지도학습에서 자주 사용되는 대표적인 알고리즘들입니다.

(1) K-최근접 이웃K-Nearest Neighbors, K-NN

K-최근접 이웃K-NN은 새로운 데이터가 들어왔을 때, 그 데이터와 가장 가까운 이웃 데이터를 기반으로 예측하는 방법입니다. 이 알고리즘은 새로운 데이터 포인트를 주어진 여러 데이터 중에서 가장 가까운 K개의 이웃 데이터와 비교하여 결과를 도출합니다. 예를 들어, 새로운 학생의 성적을 예측할 때, 그 학생과 가장 비슷한 성적을 가진 K명의 학생을 찾아 그들의 성적을 참고하여 예측합니다.

쉽게 말하면 !

새로운 데이터를 입력하면, 그 주변의 데이터들을 보고 비슷한 결과를 예측하는 방법입니다.

[예시]

새로운 집의 가격을 예측할 때, 그 집과 가장 가까운 5개의 집을 찾아 그 집들의 가격을 보고 예측합니다.

(2) 결정 트리Decision Tree

결정 트리는 데이터를 분기점으로 나누며 예측하는 알고리즘입니다. 마치 나무가 가지를 뻗어나가듯이, 데이터를 조건에 따라 나누어 각 분기점에서 결정을 내립니다. 예를 들어, "집의 크기가 100㎡ 이상인가?", "방의 개수가 3개 이상인가?"와 같은 조건으로 데이터를 나누면서 예측을 진행합니다. 이런 방식으로 최종 결과에 도달하게 됩니다.

쉽게 말하면 !

데이터를 하나하나 조건에 따라 나누며 최종 예측을 진행하는 방법입니다.

[예시]

학생들의 성적을 예측할 때, "공부 시간이 5시간 이상인가?", "학습 자료를 사용했는가?" 등의 조건을 나누어 성적을 예측합니다.

(3) 랜덤 포레스트Random Forest

랜덤 포레스트는 여러 개의 결정 트리를 결합하여 더 좋은 성능을 내는 알고리즘입니다. 한 개의 결정 트리보다 여러 개의 트리를 활용하면 예측이 더 정확해집니다. 각각의 트리가 조금씩 다른 데이터를 기반으로 학습하고, 최종적으로 각 트리의 결과를 종합하여 더 신뢰성 있는 예측을 만듭니다.

쉽게 말하면 !

한 번의 예측이 아닌 여러 번의 예측을 모아서 최종 예측을 도출하는 방법입니다.

[예시]

여러 명의 전문가가 집 가격을 예측하고, 그들의 예측 결과를 종합해 최종 가격을 결정하는 방식입니다.

(4) 로지스틱 회귀Logistic Regression

로지스틱 회귀는 주로 이진 분류 문제를 해결하는 알고리즘으로, 데이터를 두 가지 범주로 구분할 확률을 계산합니다. 예를 들어, 이메일이 스팸인지 아닌지를 예측하거나, 환자가 병에 걸렸는지 안 걸렸는지를 예측하는 데 사용됩니다. 로지스틱 회귀는 입력된 데이터가 어떤 범주에 속할 가능성을 확률로 계산하여, 그 값을 기준으로 분류를 진행합니다.

쉽게 말하면 !

데이터를 보고 이 데이터가 A인지 B인지 확률을 계산하는 방법입니다.

[예시]

이메일이 스팸일 확률을 계산하여, 그 확률이 높으면 스팸 메일로 분류하는 방식입니다.

(5) 서포트 벡터 머신Support Vector Machine, SVM

서포트 벡터 머신SVM은 데이터를 두 가지 범주로 구분하는데, 데이터 간의 경계를 찾아 그 경계를 최대한 넓게 설정하는 알고리즘입니다. 데이터 포인트들이 어느 쪽 경계에 속하는지를 기준으로 분류합니다. SVM은 특히 데이터가 복잡하고 경계가 명확하지 않은 문제에서도 좋은 성능을 발휘합니다.

쉽게 말하면 !

데이터를 두 그룹으로 나누고, 그 사이의 경계를 최대한 잘 설정하여 데이터를 구분하는 방법입니다.

[예시]

고양이와 강아지 사진을 구분할 때, SVM은 고양이와 강아지를 구분하는 최적의 경계를 찾아내어 사진을 분류합니다.

이와 같이 각각의 알고리즘은 다양한 특성을 가지고 있으며, 해결하려는 문제의 특성에 맞게 적절히 선택해 사용합니다.

3.1.1.5 지도학습의 장점

지도학습은 여러 가지 장점을 가지고 있어 다양한 문제 해결에 자주 사용됩니다. 이 장점들을 통해 모델의 성능과 결과 해석이 쉽게 이루어질 수 있습니다.

(1) 해석이 용이함

지도학습의 가장 큰 장점 중 하나는 입력 데이터와 결과 간의 관계를 쉽게 설명할 수 있다는 점입니다. 모델이 데이터를 학습하는 과정을 보면, 왜 이런 결과가 나왔는지 명확히 알 수 있기 때문에 결과에 대해 해석이 쉬워집니다.

쉽게 말하면 !

지도학습에서는 어떤 데이터가 주어졌을 때, 그 데이터가 왜 그런 결과를 냈는지를 설명하기 쉽습니다. 예를 들어, 학생의 공부 시간과 성적을 학습한 모델은, 공부 시간이 길어질수록 성적이 높아지는 경향을 명확히 설명할 수 있습니다.

[예시]

집의 크기, 방의 개수, 위치 등을 입력 데이터로 사용한 경우, 모델이 결과적으로 집 가격이 어떻게 결정되었는지 그 과정을 설명할 수 있습니다. 더 큰 집은 더 비싸다는 결과를 쉽게 해석할 수 있는 것이죠.

(2) 다양한 문제 해결 가능

지도학습은 분류 문제와 회귀 문제를 모두 해결할 수 있는 유연성을 가지고 있습니다. 분류 문제는 데이터를 여러 범주로 나누는 것이고, 회귀 문제는 연속적인 숫자를 예측하는 것입니다. 지도학습은 이 두 가지를 모두 다룰 수 있기 때문에, 다양한 상황에서 사용할 수 있습니다.

쉽게 말하면 !

지도학습은 고양이와 강아지를 구분하는 문제(분류)도 해결할 수 있고, 집 가격을 예측하는 문제(회귀)도 해결할 수 있습니다. 즉, 상황에 맞춰 다양한 문제를 해결하는 데 매우 유용합니다.

[예시]

지도학습을 사용해 이메일이 스팸인지 아닌지를 구분하는 분류 문제도 해결할 수 있고, 학생들의 공부 시간을 바탕으로 시험 점수를 예측하는 회귀 문제도 처리할 수 있습니다.

(3) 성능 향상

지도학습의 또 다른 장점은 충분한 데이터만 있으면 매우 높은 성능을 발휘할 수 있다는 것입니다. 데이터가 많을수록 모델이 더 많은 패턴을 학습할 수 있고, 그 결과 예측의 정확도가 크게 향상됩니다. 데이터가 많고 품질이 좋다면, 지도학습 모델은 정확하고 신뢰성 있는 결과를 제공합니다.

쉽게 말하면 !

지도학습은 많은 데이터를 학습하면 할수록 더 똑똑해집니다. 데이터를 충분히 제공하면, 매우 정확한 예측을 할 수 있습니다.

[예시]

만약 모델이 수천 개의 집 가격 데이터를 학습한다면, 새로운 집의 가격을 매우 정확하게 예측할 수 있을 것입니다.

이처럼 지도학습은 결과를 쉽게 해석할 수 있고, 다양한 문제를 해결할 수 있는 유연성을 가지며, 충분한 데이터만 있으면 매우 높은 성능을 발휘할 수 있는 강력한 방법입니다.

3.1.1.6 지도학습의 단점

지도학습은 매우 유용하지만, 몇 가지 단점도 가지고 있습니다. 특히 레이블링 과정의 시간과 비용, 그리고 과적합 문제는 지도학습에서 자주 언급되는 어려움입니다. 이를 잘 이해하면 지도학습을 더욱 효과적으로 사용할 수 있습니다.

(1) 레이블링 비용

지도학습에서 중요한 점은, 데이터를 학습하기 위해 정답(레이블)이 필요하다는 것입니다. 하지만 레이블을 붙이는 작업이 생각보다 어렵고, 시간이 많이 걸릴 수 있습니다. 특히 대규모 데이터셋의 경우, 데이터를 하나하나 분석하여 올바른 레이블을 붙이는 작업은 비용이 많이 들고 시간도 많이 소요됩니다.

쉽게 말하면 !

지도학습을 사용하려면 각 데이터에 정답을 미리 알려줘야 하는데, 이 작업이 오래 걸리고 비용이 많이 들 수 있습니다. 예를 들어, 수천 장의 사진에 '고양이'인지 '강아지'인지 일일이 표시하는 작업을 생각해보면, 많은 시간과 노력이 필요합니다.

[예시]

수많은 의료 이미지에 대해 전문가가 일일이 암세포가 있는지 없는지를 표시해야 한다면, 이 작업은 시간이 오래 걸리고 비용이 많이 발생할 수 있습니다.

(2) 과적합Overfitting

과적합은 지도학습에서 자주 발생하는 문제 중 하나입니다. 과적합이란 모델이 학습 데이터에 너무 맞춰져서, 새로운 데이터에 대한 예측 성능이 떨어지는 현상을 말합니다. 모델이 학습 데이터에 있는 작은 세부사항까지 모두 기억해버리면, 새로운 데이터를 잘 처리하지 못할 수 있습니다. 즉, 학습할 때는 성능이 좋지만, 실제로 새로운 상황에서 적용할 때는 예측력이 낮아질 수 있습니다.

쉽게 말하면 !

모델이 학습 데이터를 너무 잘 외워버리면, 새로운 데이터를 만나면 오히려 예측을 잘 못하게 됩니다. 마치 시험 문제를 외운 학생이 시험장에서는 다른 문제를 풀지 못하는 것과 같습니다.

[예시]

학습 데이터에 있는 집의 특징에만 너무 맞춰진 모델은, 새로운 지역의 집을 평가할 때 가격을 잘못 예측할 수 있습니다. 이것이 과적합의 예입니다.

결론

지도학습의 강력한 도구로서의 역할

이러한 단점에도 불구하고, 충분한 데이터와 레이블이 주어지면 지도학습은 매우 강력한 도구로 활용될 수 있습니다. 데이터에 대한 레이블링이 잘 되어 있고, 과적합을 방지할 수 있는 방법을 적절히 사용하면, 지도학습 모델은 다양한 문제를 해결하는 데 중요한 역할을 할 수 있습니다.

3.1.2 비지도학습Unsupervised Learning

비지도학습은 데이터를 학습할 때 정답이나 목표가 주어지지 않은 상태에서, 데이터 자체에 숨어 있는 패턴이나 구조를 발견하는 방법입니다. 쉽게 말해, 데이터가 어떤 그룹에 속하는지 또는 어떤 특징을 가지고 있는지를 자동으로 찾아내는 방식입니다. 이 방법은 주로 데이터를 여러 그룹으로 나누거나, 특이한 데이터(이상치)를 탐지하는 데 사용됩니다.

비지도학습은 데이터의 내부 구조를 탐색하는 데 집중합니다. 즉, 알고리즘이 스스로 데이터를 분석하여 의미 있는 패턴을 발견하고, 이를 바탕으로 데이터를 구분하거나 요약하는 역할을 합니다.

3.1.2.1 비지도학습의 주요 유형

비지도학습은 정답이 없는 데이터를 학습하는 방법입니다. 즉, 데이터에 대한 사전 정보나 레이블(정답)을 제공하지 않고, 알고리즘이 스스로 데이터를 분석하여 그 속에서 패턴이나 구조를 찾아내는 것이 특징입니다. 비지도학습의 대표적인 두 가지 유형은 클러스터링Clustering과 차원 축소Dimensionality Reduction입니다.

(1) 클러스터링Clustering

클러스터링은 데이터를 여러 그룹으로 나누는 작업입니다. 비슷한 데이터를 한 그룹으로 묶고, 다른 성격의 데이터를 다른 그룹으로 나누어줍니다. 중요한 점은, 이때 사전에 데이터가 어떤 그룹에 속하는지에 대한 정보가 주어지지 않는다는 것입니다. 클러스터링 알고리즘은 데이터를 분석하여 스스로 그룹을 찾아내는 역할을 합니다.

[예시 1] 고객 세분화

온라인 쇼핑몰에서 고객의 구매 패턴을 분석해, 구매 습관이 비슷한 고객을 하나의 그룹으로 묶는 작업입니다. 예를 들어, 자주 화장품을 사는 고객, 전자제품을 주로 사는 고객 등으로 나눌 수 있습니다. 이렇게 분류된 그룹은 맞춤형 마케팅을 제공할 때 매우 유용하게 사용됩니다. 각 그룹에 맞는 상품 추천, 할인 쿠폰 제공 등이 가능해집니다.

[예시 2] 이미지 분류

클러스터링은 비슷한 이미지를 모아 자동으로 사진을 분류하는 데도 사용됩니다. 예를 들어, 사진이 수천 장 있는 갤러리에서 고양이 사진, 풍경 사진, 사람 사진 등으로 자동 분류하는 시스템을 만들 수 있습니다. 이렇게 비슷한 이미지들을 그룹으로 묶으면 사진 관리가 훨씬 쉬워집니다.

쉽게 말하면 !

클러스터링은 데이터를 사전 정보 없이 분석해 비슷한 데이터끼리 모아 그룹을 만드는 작업입니다. 이 과정에서 알고리즘은 데이터의 특성을 파악해 스스로 그룹을 찾아냅니다.

(2) 차원 축소Dimensionality Reduction

차원 축소는 매우 복잡한 데이터를 더 간단하게 표현하는 방법입니다. 데이터가 너무 복잡하거나 변수가 많을 때, 이 데이터를 분석하거나 시각화하기 어려울 수 있습니다. 차원 축소는 이러한 데이터를 중요한 특징만 남기고 나머지를 제거해, 데이터를 더 간결하게 만들어 줍니다. 이렇게 하면 데이터를 더 쉽게 분석할 수 있으며, 노이즈(불필요한 정보)를 줄이는 데도 도움이 됩니다.

[예시 1] 데이터 시각화

만약 수천 개의 변수가 있는 복잡한 데이터를 분석하려 한다면, 이를 이해하고 분석하기가 매우 어렵습니다. 차원 축소를 통해 이 복잡한 데이터를 2차원이나 3차원으로 줄이면, 시각적으로 표현할 수 있게 되어 데이터 간의 관계를 쉽게 이해할 수 있습니다. 예를 들어, 고객의 다양한 특성을 2차원 평면에 표시해, 고객들의 그룹 간 차이를 쉽게 파악할 수 있습니다.

[예시 2] 노이즈 제거

데이터에는 종종 불필요한 정보가 포함되어 있습니다. 차원 축소는 이런 노이즈를 제거하여 데이터의 핵심 패턴만 남기는 데 도움을 줍니다. 예를 들어, 이미지 데이터에서 배경이나 불필요한 요소를 제거하고, 중요한 부분만 남겨 더 정확한 분석이 가능해집니다.

쉽게 말하면 !

차원 축소는 복잡한 데이터를 간결하게 만들어 분석과 시각화를 쉽게 하고, 중요하지 않은 정보(노이즈)를 제거하여 본질적인 패턴을 남기는 작업입니다.

이 두 가지 비지도학습의 유형은 모두 데이터에서 숨겨진 패턴이나 특징을 찾아내는 데 매우 유용합니다. 클러스터링은 비슷한 데이터를 그룹으로 묶는 것에, 차원 축소는 복잡한 데이터를 간단하게 표현하는 것에 중점을 둡니다.

3.1.2.2 비지도학습의 대표적인 알고리즘

비지도학습에서는 정답이 없는 데이터를 분석하여 숨겨진 패턴이나 구조를 찾아내기 위해 여러 알고리즘을 사용합니다. 대표적인 알고리즘에는 K-평균 클러스터링, 주성분 분석PCA, 계층적 클러스터링, DBSCAN이 있습니다. 이 알고리즘들은 각각의 특성에 맞게 데이터를 그룹화하거나 간소화하는 데 사용됩니다.

(1) K-평균K-Means 클러스터링

K-평균 클러스터링은 데이터를 K개의 그룹으로 나누는 알고리즘입니다. 먼저 K개의 중심점을 임의로 설정하고, 각 데이터 포인트가 어느 중심점에 가까운지 계산하여 데이터를 그룹화합니다. 이후 중심점을 계속 업데이트하면서 각 데이터가 어느 그룹에 속하는지 최적화합니다.

❶ **장점** : 이 알고리즘은 구조가 단순하여 계산 속도가 빠르고 쉽게 이해할 수 있습니다. 특히 큰 데이터셋에서 효율적으로 작동합니다.

❷ **단점** : 그룹을 나눌 때 미리 K값(몇 개의 그룹으로 나눌지)을 정해야 하며, 비선형적인 데이터(복잡한 데이터 구조)에는 적합하지 않을 수 있습니다.

쉽게 말하면 !

K-평균 클러스터링은 데이터를 몇 개의 그룹으로 나누는 방법으로, 비슷한 데이터를 같은 그룹으로 묶어주는 역할을 합니다. 예를 들어, 100명의 고객을 성향에 따라 3개의 그룹으로 나눌 때 유용하게 사용할 수 있습니다.

(2) 주성분 분석PCA

주성분 분석PCA는 복잡한 데이터를 간단하게 요약하는 방법입니다. 많은 정보가 포함된 고차원 데이터를 저차원으로 변환하여, 데이터의 주요 패턴만 남깁니다. PCA는 데이터를 가장 중요한 방향으로 분석하여, 데이터의 분산을 최대화하는 주성분을 찾아냅니다.

❶ **장점** : 차원을 축소하기 때문에 데이터 분석과 시각화가 쉬워집니다. 복잡한 데이터를 간단하게 만들면 처리 속도가 빨라지고 분석이 더 용이해집니다.

❷ **단점** : PCA는 선형적인 데이터(직선 형태의 관계)에만 잘 적용되며, 데이터가 비선형적일 때는 한계가 있습니다.

쉽게 말하면 !

주성분 분석은 복잡한 데이터를 간단하게 만들어주는 도구입니다. 예를 들어, 수천 개의 변수로 이루어진 데이터를 2차원 또는 3차원으로 줄여, 쉽게 분석할 수 있도록 돕습니다.

(3) 계층적 클러스터링Hierarchical Clustering

계층적 클러스터링은 데이터를 단계적으로 그룹화하는 방법입니다. 처음에는 모든 데이터를 하나의 그룹으로 시작한 후, 점차 비슷한 데이터끼리 계층적으로 묶어서 그룹을 나누어 갑니다. 이 과정에서 데이터를 몇 개의 그룹으로 세분화할지 결정할 수 있습니다.

❶ **장점** : 데이터를 계층적으로 탐색할 수 있어, 데이터를 그룹화하는 과정을 단계별로 확인할 수 있습니다. 이를 통해 데이터의 구조를 더 잘 이해할 수 있습니다.

❷ **단점** : 데이터가 많아질수록 계산이 복잡해지고, 처리 속도가 느려질 수 있습니다.

쉽게 말하면 !

계층적 클러스터링은 데이터를 조금씩 나눠가는 방식으로, 단계별로 그룹을 형성하는 과정을 시각적으로 표현할 수 있습니다. 예를 들어, 가족의 혈통을 나무 형태로 그리듯이, 데이터를 단계적으로 분석합니다.

(4) DBSCANDensity-Based Spatial Clustering of Applications with Noise

DBSCAN은 밀도 기반 클러스터링 알고리즘으로, 밀도가 높은 곳을 클러스터로 묶고, 밀도가 낮은 데이터는 이상치Outlier로 간주합니다. 이 알고리즘은 데이터 포인트들이 얼마나 밀집되어 있는지를 바탕으로 클러스터를 형성합니다.

❶ **장점** : 클러스터의 개수를 미리 정할 필요가 없고, 밀도가 낮은 데이터는 자동으로 이상치로 처리됩니다. 이상치를 잘 탐지할 수 있는 장점이 있습니다.
❷ **단점** : 데이터의 밀도 차이가 클 때나 데이터 분포가 복잡한 경우, 성능이 떨어질 수 있습니다.

쉽게 말하면 !

DBSCAN은 데이터가 많이 모여 있는 곳을 그룹으로 묶어주고, 외딴 데이터는 이상치로 처리합니다. 예를 들어, 도시에서 인구가 밀집된 지역은 하나의 그룹으로, 사람 없는 외딴 곳은 이상치로 처리할 수 있습니다.

이 알고리즘들은 각각의 특성에 맞게 데이터를 그룹화하거나 분석하는 데 유용합니다. K-평균 클러스터링은 데이터를 여러 그룹으로 나누는 데 효과적이고, 주성분 분석PCA은 복잡한 데이터를 간단하게 표현하는 데 도움을 줍니다. 계층적 클러스터링은 데이터를 단계적으로 나눌 때 유용하며, DBSCAN은 밀도에 따라 클러스터를 형성하고 이상치를 처리하는 데 유리합니다.

3.1.2.2 비지도학습의 대표적인 알고리즘

비지도학습에서는 정답(레이블)이 없는 데이터를 분석하여 패턴이나 구조를 스스로 찾아내기 위해 다양한 알고리즘을 사용합니다. 이러한 알고리즘들은 각각의 특성에 맞게 데이터를 그룹화하거나 간소화하는 데 도움을 줍니다. 대표적인 알고리즘으로는 K-평균 클러스터링K-Means, 주성분 분석PCA, 계층적 클러스터링Hierarchical Clustering 그리고 DBSCAN이 있습니다.

(1) K-평균K-Means 클러스터링

K-평균 클러스터링은 데이터를 K개의 그룹으로 나누는 방법입니다. 먼저 임의의 중심점을 설정한 다음, 각 데이터가 어느 중심점에 가장 가까운지 계산하여 그룹을 형성합니다. 이후 중심점을 계속해서 업데이트하며 그룹을 최적화해 나갑니다. 결국, 비슷한 데이터를 한 그룹으로 묶는 과정이 반복됩니다.

❶ **장점** : 이 알고리즘은 구조가 단순하고 계산 속도가 빠르며, 이해하기 쉽습니다. 특히 큰 데이터셋에서 효과적으로 작동하여, 데이터 분석에 필요한 시간이 줄어듭니다.

❷ **단점** : 그룹의 개수(K)를 미리 설정해야 하며, 비선형적인 데이터(데이터 간의 관계가 복잡할 때)에는 적합하지 않을 수 있습니다.

쉽게 말하면 !

K-평균 클러스터링은 데이터를 여러 개의 비슷한 그룹으로 나누는 방법입니다. 예를 들어, 100명의 고객을 쇼핑 패턴에 따라 3개의 그룹으로 나누고 싶을 때, 이 알고리즘이 유용합니다. 이 그룹은 각기 다른 성향을 가진 고객들을 묶어주므로, 마케팅 전략을 세울 때 도움이 됩니다.

(2) 주성분 분석PCA

주성분 분석PCA는 복잡한 데이터를 간단하게 요약하는 방법입니다. 많은 변수가 포함된 고차원 데이터를 저차원으로 변환하여, 데이터의 핵심 패턴만 남기고 나머지 불필요한 부분은 제거합니다. 이는 차원을 줄여 데이터의 복잡성을 줄이고, 분석을 더 쉽게 할 수 있도록 도와줍니다.

❶ **장점** : PCA는 데이터를 간결하게 만들고 시각화할 수 있어, 데이터를 직관적으로 이해할 수 있게 해줍니다. 또한, 노이즈(불필요한 정보)를 제거해 분석 속도와 정확성을 높일 수 있습니다.

❷ **단점** : PCA는 선형적인 데이터에만 잘 적용되며, 데이터 간 관계가 직선으로 표현되지 않는 비선형적 데이터에는 한계가 있습니다.

쉽게 말하면 !

주성분 분석은 복잡한 데이터를 간단하게 줄여주는 도구입니다. 예를 들어, 수천 개의 변수를 가지고 있는 복잡한 데이터를 2차원으로 줄이면, 이를 더 쉽게 분석하고 시각화할 수 있습니다.

(3) 계층적 클러스터링Hierarchical Clustering

계층적 클러스터링은 데이터를 단계적으로 그룹화하는 알고리즘입니다. 처음에는 모든 데이터를 하나의 그룹으로 시작하여, 비슷한 데이터끼리 점점 작은 그룹으로 나눕니다. 이렇게 계층적으로 그룹을 형성해 나가면서 데이터의 구조를 파악할 수 있습니다. 이 알고리즘은 데이터의 전체적인 계층 구조를 탐색하고 시각적으로 표현하는 데 유리합니다.

❶ **장점** : 데이터를 계층적으로 분석하여, 전체적인 구조를 쉽게 파악할 수 있습니다. 각 단계별로 데이터가 어떻게 나누어지는지 확인할 수 있기 때문에, 세부적인 분석에도 용이합니다.

❷ **단점** : 데이터가 많아질수록 계산이 복잡해지고, 처리 속도가 느려질 수 있습니다.

쉽게 말하면 !

계층적 클러스터링은 데이터를 점진적으로 계층 구조로 나누는 방식입니다. 예를 들어, 생물학적 분류에서 동물을 '척추동물', '무척추동물' 등으로 나누고, 그 안에서 다시 세분화하는 방식과 유사합니다.

(4) DBSCANDensity-Based Spatial Clustering of Applications with Noise

DBSCAN은 밀도 기반 클러스터링 알고리즘으로, 밀도가 높은 곳을 하나의 클러스터로 묶고, 밀도가 낮은 데이터는 이상치Outlier로 간주합니다. 이 알고리즘은 데이터 포인트들이 얼마나 밀집되어 있는지에 따라 클러스터를 형성하며, 밀도가 낮은 데이터는 자동으로 이상치로 처리됩니다.

❶ **장점** : 클러스터의 개수를 미리 설정할 필요가 없으며, 밀도가 낮은 데이터는 자동으로 이상치로 탐지됩니다. 이상치를 잘 찾아내기 때문에 복잡한 데이터 분석에서 매우 유용합니다.

❷ **단점** : 데이터의 밀도 차이가 클 때나 데이터 분포가 복잡할 때는 성능이 떨어질 수 있습니다.

쉽게 말하면 !

DBSCAN은 데이터가 모여 있는 부분을 클러스터로 묶고, 외딴 데이터는 이상치로 처리하는 알고리즘입니다. 예를 들어, 인구가 밀집된 도시는 하나의 클러스터로 보고, 외딴 지역에 있는 사람들은 이상치로 간주할 수 있습니다.

결론

이 알고리즘들은 각각의 특성에 맞게 데이터를 그룹화하거나 간소화하는 데 사용됩니다. K-평균 클러스터링은 데이터를 여러 그룹으로 나누는 데 효과적이며, 주성분 분석(PCA)은 복잡한 데이터를 간결하게 표현하는 데 도움이 됩니다. 계층적 클러스터링은 데이터를 단계별로 나눌 때 유용하며, DBSCAN은 데이터의 밀도에 따라 클러스터와 이상치를 구분하는 데 유리합니다.

3.1.2.4 비지도학습의 장점

비지도학습은 정답(레이블) 없이 데이터를 학습할 수 있는 방법으로, 여러 가지 유용한 장점을 가지고 있습니다. 특히, 데이터를 미리 분석하거나 준비하는 데 시간이 많이 걸리는 상황에서 매우 유리합니다. 아래에서 비지도학습의 장점을 상세히 설명하겠습니다.

(1) 레이블이 필요 없음

비지도학습의 가장 큰 장점은 레이블(정답)을 제공할 필요가 없다는 것입니다. 지도학습과는 달리, 데이터를 일일이 레이블링(정답을 붙이는 작업) 할 필요가 없기 때문에 시간과 비용을 크게 절약할 수 있습니다. 대규모 데이터셋에서 수천, 수만 개의 데이터를 레이블링하는 데는 많은 인력과 비용이 들어가는데, 비지도학습은 이런 부담을 덜어줍니다.

쉽게 말하면 !

비지도학습은 데이터를 미리 정답 없이 그대로 학습하기 때문에, 데이터를 준비하는 시간이 많이 들지 않습니다. 특히 수많은 데이터를 처리해야 할 때 매우 유리합니다.

[예시]

수천 장의 사진을 고양이와 강아지로 분류해야 할 때, 각각의 사진에 정답을 달 필요 없이 자동으로 그룹화할 수 있습니다. 이 과정에서 고양이와 강아지의 그룹이 스스로 나뉩니다.

(2) 패턴 탐색 가능

비지도학습은 데이터에 숨겨진 패턴이나 구조를 발견하는 데 매우 적합합니다. 데이터가 어떻게 구성되어 있는지 사전 정보가 없을 때, 비지도학습 알고리즘은 데이터를 분석해 비슷한 데이터끼리 그룹화하거나 새로운 패턴을 찾아내는 역할을 합니다. 이 과정에서 데이터 간의 관계나 특성을 쉽게 파악할 수 있습니다.

쉽게 말하면 !

비지도학습은 스스로 데이터를 분석해 패턴을 찾아내는 능력이 있기 때문에, 사전에 알지 못했던 데이터의 관계를 발견할 수 있습니다.

[예시]

고객의 구매 패턴을 분석할 때, 비지도학습을 사용하면 고객들이 어떤 상품을 자주 함께 구매하는지, 또는 어떤 그룹의 고객들이 유사한 구매 행동을 하는지 찾아낼 수 있습니다. 이를 통해 맞춤형 마케팅을 할 수 있습니다.

(3) 확장성

비지도학습은 대규모 데이터에서도 효과적으로 적용될 수 있습니다. 데이터의 양이 많아질수록 레이블링에 드는 시간과 비용이 더 커지지만, 비지도학습은 레이블이 필요하지 않기 때문에 확장성이 뛰어납니다. 데이터를 많이 사용할수록 알고리즘이 더욱 정교한 패턴을 찾아내며, 성능이 향상될 수 있습니다.

쉽게 말하면 !

비지도학습은 데이터를 많이 사용해도 레이블링 작업 없이 빠르게 학습할 수 있습니다. 데이터가 많을수록 더 좋은 결과를 얻을 수 있습니다.

[예시]

대형 쇼핑몰에서 수백만 명의 고객 데이터를 분석할 때, 비지도학습 알고리즘을 사용하면 많은 양의 데이터를 효율적으로 처리하면서 고객의 행동 패턴을 찾아낼 수 있습니다.

결론

비지도학습은 레이블 없이 데이터를 분석할 수 있다는 장점 덕분에, 대규모 데이터셋에서도 매우 유용하게 사용됩니다. 레이블링 작업을 생략함으로써 시간과 비용을 절약할 수 있고, 데이터를 자동으로 그룹화하고 숨겨진 패턴을 발견하는 데 강력한 도구로 활용됩니다. 특히, 데이터가 많을수록 확장성을 발휘하여 더 큰 규모의 데이터에서 패턴을 찾아내는 데 적합합니다.

3.1.2.5 비지도학습의 단점

비지도학습은 정답 없이 데이터를 분석하는 데 강력한 도구이지만, 몇 가지 단점도 가지고 있습니다. 특히 결과를 해석하는 데 어려움이 있거나, 결과가 불확실할 수 있다는 점이 주요한 단점입니다. 이러한 단점들을 이해하는 것이 비지도학습을 효과적으로 활용하는데 중요합니다.

(1) 결과 해석이 어려움

비지도학습의 결과를 해석하는 것은 지도학습에 비해 더 어렵습니다. 지도학습에서는 명확한 정답(레이블)이 있어, 입력과 출력 간의 관계를 쉽게 이해할 수 있지만, 비지도학습에서는 정답이 없기 때문에 결과가 어떻게 나왔는지 명확히 설명하기 어렵습니다. 알고리즘이 데이터를 자동으로 분석하고 패턴을 찾아내는 과정에서, 결과가 복잡하게 나올 수 있습니다. 이런 경우, 추가적인 분석과 해석이 필요할 수 있습니다.

쉽게 말하면 !

비지도학습은 결과가 자동으로 나오는 것은 좋지만, 그 결과를 왜 그렇게 나왔는지 설명하기 어렵습니다. 지도학습과 달리, 해석이 직관적이지 않아 분석이 더 필요할 수 있습니다.

[예시]

고객 데이터를 클러스터링했을 때, 왜 특정 고객들이 같은 그룹에 속했는지 설명하기 어려울 수 있습니다. 이때 추가적인 분석을 통해 그룹화된 데이터의 특징을 찾아내야 합니다.

(2) 결과의 불확실성

비지도학습에서는 정답이 주어지지 않기 때문에, 알고리즘이 도출한 결과가 정말로 유용한지 판단하기 어려울 수 있습니다. 지도학습에서는 정답이 있어 결과가 맞았는지 틀렸는지 바로 알 수 있지만, 비지도학습은 결과의 정확도를 평가하는 기준이 없어, 결과가 실제로 의미가 있는지 확인하기 어렵습니다. 이로 인해, 분석 결과가 불확실하고, 추가적인 검증이 필요할 때가 많습니다.

쉽게 말하면 !

비지도학습은 정답이 없기 때문에, 나온 결과가 맞는지 틀린지를 바로 판단할 수 없습니다. 이로 인해 결과의 신뢰성을 확신하기 어렵습니다.

[예시]

비지도학습을 통해 고객 그룹을 나눈 후, 그 그룹이 실제로 의미 있는지, 또는 그 그룹을 바탕으로 한 전략이 성공할지는 결과를 평가하기 전까지 확실하지 않을 수 있습니다.

결론

비지도학습은 레이블이 없는 데이터를 처리할 때 강력한 도구이지만, 결과를 해석하는 데 어려움이 있고, 결과의 불확실성이 존재한다는 단점이 있습니다. 따라서 비지도학습을 사용할 때는 추가적인 분석과 검증이 필요할 수 있습니다. 이와 같은 이유로, 비지도학습의 결과를 신중하게 해석하고 활용하는 것이 중요합니다.

3.1.3 강화학습 Reinforcement Learning

강화학습은 컴퓨터 프로그램이나 로봇이 스스로 학습하여 최적의 행동을 찾는 방법입니다. 이 학습 방식은 프로그램이 어떤 환경에서 행동을 취한 후, 그 행동의 결과로 보상을 받는 구조로 이루어집니다. 프로그램은 더 많은 보상을 얻기 위해 어떤 행동이 가장 좋은지 점차적으로 알아내는 과정을 거칩니다.

3.1.3.1 강화학습의 주요 개념

강화학습은 에이전트Agent가 환경Environment과 상호작용하면서, 보상Reward을 기반으로 최적의 행동을 학습하는 방법입니다. 이 과정에서 여러 중요한 개념들이 사용되며, 이러한 개념들을 잘 이해하면 강화학습의 작동 원리를 쉽게 파악할 수 있습니다. 각각의 개념을 간단하고 쉽게 설명하겠습니다.

(1) 에이전트Agent

에이전트는 강화학습에서 학습을 하는 주체입니다. 프로그램이나 로봇이 이 역할을 맡아, 주어진 환경 속에서 행동을 취하고 보상을 받으면서 점점 더 나은 결정을 내리는 방법을 학습합니다.

쉽게 말하면 !

에이전트는 학습하는 플레이어입니다. 예를 들어, 게임 속 캐릭터나 자율주행 자동차가 에이전트 역할을 합니다. 이들은 환경에서 스스로 움직이며 학습합니다.

(2) 환경Environment

환경은 에이전트가 상호작용하는 공간 또는 시스템입니다. 에이전트는 이 환경 속에서 움직이고, 자신의 행동에 따라 피드백(보상 또는 벌)을 받습니다. 환경은 에이전트의 행동에 따라 상태를 바꾸며, 에이전트가 무엇을 해야 할지 결정하는 데 중요한 요소입니다.

쉽게 말하면 !

환경은 에이전트가 활동하는 세상입니다. 예를 들어, 게임에서는 게임 세계 전체가 환경이고, 자율주행 자동차의 경우 도로와 그 주변환경이 환경이 됩니다.

(3) 상태State

상태는 에이전트가 처한 현재 상황을 나타냅니다. 에이전트가 어디에 있는지, 어떤 상황에 처해 있는지를 설명하는 정보입니다. 예를 들어, 게임에서 캐릭터의 위치, 남은 체력, 적의 위치 등이 상태에 해당됩니다. 에이전트는 이 상태를 바탕으로 어떤 행동을 취할지를 결정합니다.

쉽게 말하면 !

상태는 현재 상황입니다. 게임에서는 주인공이 현재 어디에 있고, 얼마나 체력이 남았는지를 말합니다.

(4) 행동Action

행동은 에이전트가 현재 상태에서 할 수 있는 선택을 의미합니다. 에이전트는 상태를 보고 여러 가지 행동 중에서 하나를 선택하여 환경에 영향을 미칩니다. 예를 들어, 자율주행 자동차는 좌회전, 우회전, 멈춤 같은 행동을 선택할 수 있습니다.

쉽게 말하면 !

행동은 에이전트가 할 수 있는 일입니다. 예를 들어, 자율주행 자동차가 방향을 바꾸거나 멈추는 것이 행동입니다.

(5) 보상Reward

보상은 에이전트가 어떤 행동을 취한 결과로 얻게 되는 피드백입니다. 보상은 긍정적일 수도 있고, 부정적일 수도 있습니다. 에이전트는 긍정적인 보상을 더 많이 얻기 위해 어떻게 행동해야 할지 학습하게 됩니다.

쉽게 말하면 !

보상은 에이전트가 한 행동에 대한 칭찬 또는 벌입니다. 예를 들어, 자율주행 자동차가 빨간불에 멈추면 보상을 얻고, 빨간불을 무시하면 벌을 받습니다.

(6) 정책Policy

정책은 에이전트가 현재 상태에 따라 어떤 행동을 할지를 결정하는 전략입니다. 에이전트는 상태에 맞는 행동을 선택하기 위해 정책을 따르게 됩니다. 강화학습의 목표는 이 정책을 개선하여 에이전트가 더 효율적으로 행동할 수 있도록 만드는 것입니다.

쉽게 말하면 !

정책은 에이전트가 어떻게 행동할지를 정하는 규칙입니다. 이 규칙을 잘 정하면 에이전트가 올바른 행동을 선택하게 됩니다.

(7) Q–값Q–value

Q–값은 특정 상태에서 특정 행동을 했을 때, 장기적으로 얻게 될 보상의 총합을 나타냅니다. 즉, 현재 상황에서 어떤 행동을 했을 때, 앞으로 받을 보상이 얼마나 될지를 예상하는 값입니다. 에이전트는 이 Q–값을 학습하여 각 상황에서 가장 유리한 행동을 선택하게 됩니다.

쉽게 말하면 !

Q–값은 현재 행동이 앞으로 얼마나 많은 보상을 가져올지를 미리 계산하는 값입니다. 이 값을 높이기 위해 에이전트는 더 좋은 선택을 하도록 학습합니다.

결론

강화학습에서 에이전트는 환경 속에서 상태를 보고 행동을 취하며, 그 결과로 보상을 받습니다. 에이전트는 더 많은 보상을 얻기 위해 정책을 개선하고, Q–값을 학습하여 최적의 행동을 찾아가게 됩니다. 이러한 과정에서 에이전트는 점점 더 똑똑해져, 복잡한 문제를 해결할 수 있게 됩니다.

3.1.3.2 강화학습의 작동 방식

강화학습은 에이전트가 환경과 상호작용하면서 최적의 행동을 찾아가는 과정입니다. 이 과정에서 에이전트는 탐험Exploration과 활용Exploitation이라는 두 가지 중요한 전략 사이에서 균형을 맞춰 학습합니다. 이 두 가지 전략은 서로 상반된 개념이지만, 모두 중요하며, 강화학습의 성과를 높이기 위해서는 이들을 적절히 조합하는 것이 필수적입니다.

(1) 탐험Exploration

탐험은 에이전트가 새로운 행동을 시도해 보며, 어떤 결과가 나오는지 경험하는 과정입니다. 에이전트는 이미 학습한 행동이 아니라, 한 번도 해보지 않은 새로운 행동을 시도하여 새로운 정보를 얻으려 합니다. 이 과정에서 에이전트는 더 나은 선택을 찾을 가능성을 발견하게 됩니다. 그러나 항상 좋은 결과를 얻는 것은 아니며, 때로는 잘못된 행동으로 나쁜 결과를 경험할 수도 있습니다.

쉽게 말하면 !

탐험은 모르는 길을 탐험하는 것과 같습니다. 에이전트는 이전에 해보지 않은 행동을 시도해, 새로운 길을 찾으려고 합니다. 이 과정에서 좋은 길을 찾을 수도 있지만, 위험한 길을 만날 수도 있습니다.

[예시]

자율주행 자동차가 새로운 길을 시도해 보고, 그 길이 빠른지 느린지 경험해보는 것과 같습니다. 때로는 더 빠른 길을 찾을 수 있지만, 때로는 교통이 막히는 길을 선택할 수도 있습니다.

(2) 활용Exploitation

활용은 에이전트가 이미 학습한 정보를 바탕으로, 가장 높은 보상을 얻을 수 있는 행동을 선택하는 과정입니다. 에이전트는 이미 알고 있는 정보를 이용하여 효율적으로 보상을 극대화하려고 합니다. 이 방식은 새로운 것을 시도하기보다는, 안전하고 확실한 선택을 통해 빠른 성과를 낼 수 있습니다. 하지만, 새로운 가능성을 찾는 데는 한계가 있을 수 있습니다.

쉽게 말하면 !

활용은 이미 알고 있는 방법을 사용하는 것입니다. 에이전트는 안전하게 성과를 내기 위해 검증된 행동을 반복합니다.

[예시]

자율주행 자동차가 이미 알고 있는 최적의 길을 선택하는 것과 같습니다. 이 방식은 안전하고 빠르지만, 새로운 더 나은 길을 찾을 가능성은 없습니다.

(3) 탐험과 활용의 균형

강화학습에서 가장 중요한 것은 탐험과 활용 사이의 균형을 맞추는 것입니다. 에이전트가 탐험만 한다면, 새로운 정보를 얻기 위해 불필요한 위험을 많이 감수할 수 있습니다. 반면에, 활용만 한다면, 에이전트는 새로운 가능성을 발견하지 못하고 현재의 성과에 만족하게 될 것입니다. 따라서 강화학습의 목표는 탐험과 활용을 적절히 조합하여, 최적의 학습 경로를 찾는 것입니다.

쉽게 말하면 !

탐험과 활용 사이에서 균형을 유지하는 것이 강화학습의 핵심입니다. 에이전트는 새로운 방법을 시도하면서도, 안전한 선택을 통해 성과를 지속적으로 내야 합니다.

[예시]

자율주행 자동차가 한 번씩 새로운 길을 탐험하면서도, 상황에 따라 가장 안전하고 빠른 길을 선택하는 것이 중요합니다.

결론

강화학습은 탐험(새로운 시도)과 활용(이미 알고 있는 것을 사용) 사이에서 균형을 맞추는 것이 중요합니다. 에이전트가 새로운 가능성을 찾기 위해 탐험을 하면서도, 이미 학습한 최적의 방법을 활용해 안정적인 성과를 내는 것이 목표입니다. 이 두 가지 전략을 적절히 조합하여, 에이전트는 더 나은 성과를 내는 방법을 스스로 학습해 나갑니다.

3.1.3.3 강화학습의 대표적인 알고리즘

강화학습에서 에이전트가 환경과 상호작용하면서 최적의 행동을 학습하기 위해 사용하는 여러 가지 알고리즘이 있습니다. 각각의 알고리즘은 조금씩 다른 방식으로 작동하지만, 모두 보상을 최대화하기 위해 학습을 진행한다는 공통점이 있습니다. 여기에서는 Q-러닝Q-Learning, SARSA, 딥 Q-네트워크Deep Q-Network, DQN라는 대표적인 알고리즘들을 살펴보겠습니다.

(1) Q-러닝Q-Learning

Q-러닝은 강화학습에서 가장 기본적이고 널리 사용되는 알고리즘입니다. 에이전트는 상태State와 행동Action의 조합에 대해 장기적인 보상(Q-값)을 학습합니다. 에이전트는 여러 번의 시도와 실수를 거치면서, 각 상황에서 어떤 행동이 가장 많은 보상을 얻을 수 있는지를 학습하게 됩니다. 이때 중요한 것은, 각 행동이 장기적으로 얼마나 유리한지(Q-값)를 학습한다는 점입니다.

쉽게 말하면 !

Q-러닝은 에이전트가 각 상황에서 최선의 행동을 찾는 과정입니다. 다양한 시도를 통해, 어떤 행동이 장기적으로 가장 좋은 결과를 가져오는지 경험을 통해 학습하는 방식입니다.

[예시]

예를 들어, 자율주행 자동차가 교차로에서 좌회전할지 직진할지 선택해야 할 때, Q-러닝은 여러 번의 경험을 통해 가장 안전하고 빠른 길을 학습하게 됩니다.

[작동 방식]

에이전트는 현재 상태에서 특정 행동을 선택한 후, 보상을 받습니다. 그 후 Q-값을 업데이트하여 다음 상황에서도 더 나은 결정을 내릴 수 있도록 합니다. 이 과정을 반복하면서, 에이전트는 모든 상태에서 가장 좋은 행동을 학습합니다.

(2) SARSA

SARSA는 Q-러닝과 비슷한 알고리즘이지만, 에이전트가 실제로 선택한 행동을 기반으로 학습하는 방식입니다. Q-러닝은 이론적으로 최적의 행동을 중심으로 학습하지만, SARSA는 현실적인 상황에서 에이전트가 실제로 어떤 행동을 했는지를 바탕으로 학습을 진행합니다. 이는 에이전트가 좀 더 현실적인 행동 방식을 학습하는 데 유리합니다.

쉽게 말하면 !

SARSA는 Q-러닝과 달리, 에이전트가 실제로 선택한 행동에 기반해 학습을 진행합니다. 즉, 현실적으로 어떤 행동을 했을 때 얻은 보상을 바탕으로 학습하는 방식입니다.

[예시]

자율주행 자동차가 교차로에서 좌회전을 선택했을 때, 그 행동이 실제로 어떤 결과를 가져왔는지(보상)를 학습하여, 다음에 비슷한 상황에서 더 나은 결정을 할 수 있게 됩니다.

[작동 방식]

SARSA는 현재 상태에서 에이전트가 선택한 실제 행동을 기반으로 보상을 받으며, 이를 통해 Q-값을 업데이트합니다. 이 과정에서 에이전트는 더 현실적인 방식으로 학습하게 됩니다.

(3) 딥 Q-네트워크Deep Q-Network, DQN

딥 Q-네트워크DQN는 Q-러닝과 딥러닝을 결합한 방식으로, 매우 복잡한 상태 공간에서도 효과적으로 작동할 수 있는 알고리즘입니다. 딥러닝의 강력한 기능을 사용해 Q-값을 예측하므로, 대규모 데이터를 처리하거나 복잡한 문제를 해결하는 데 특히 유리합니다. 알파고AlphaGo와 같은 인공지능이 바둑을 학습할 때 사용된 기술이 바로 DQN입니다.

쉽게 말하면 !

DQN은 Q-러닝을 딥러닝과 결합하여, 복잡한 문제를 더 잘 해결할 수 있도록 만든 알고리즘입니다. 많은 상태와 행동이 있는 복잡한 환경에서도 효율적으로 학습할 수 있습니다.

[예시]

알파고AlphaGo는 딥 Q-네트워크DQN를 사용해 바둑 게임에서 최고의 수를 학습했습니다. 매우 많은 경우의 수와 복잡한 상황에서도 최적의 결정을 내릴 수 있었던 이유가 바로 DQN 덕분입니다.

[작동 방식]

DQN은 딥러닝을 사용하여 Q-값을 계산하고, 복잡한 상태와 행동의 관계를 학습합니다. 이를 통해 에이전트는 대규모 데이터나 복잡한 상황에서도 효과적으로 학습할 수 있습니다.

결론

이 세 가지 알고리즘은 모두 강화학습에서 에이전트가 최적의 행동을 학습하는 방법을 다룹니다. Q-러닝은 기본적인 강화학습 알고리즘으로, 각 상황에서 가장 유리한 행동을 찾는 데 중점을 둡니다. SARSA는 좀 더 현실적인 상황에서 학습을 진행하며, 딥 Q-네트워크DQN는 딥러닝을 결합해 매우 복잡한 문제에서도 강력한 성능을 발휘합니다. 각각의 알고리즘은 문제의 특성에 따라 적절히 선택하여 사용할 수 있습니다.

3.1.3.4 강화학습의 실생활 응용

강화학습은 여러 가지 실생활에서 실제로 사용되고 있는 인공지능 기술 중 하나입니다. 강화학습은 스스로 학습하고 최적의 행동을 찾는 능력을 바탕으로, 다양한 분야에서 혁신적인 결과를 보여주고 있습니다. 이제 강화학습이 어떻게 게임 인공지능, 자율주행 자동차, 로봇 제어 등에 응용되고 있는지 자세히 알아보겠습니다.

(1) 게임 인공지능

강화학습은 게임 인공지능AI에서 최적의 전략을 찾는 데 매우 유용하게 사용됩니다. 대표적인 예가 알파고AlphaGo입니다. 알파고는 바둑 게임에서 승리할 수 있는 전략을 스스로 학습하여, 인간 세계 챔피언을 이긴 사례로 유명합니다. 알파고는 수많은 바둑 경기를 학습하면서, 각 상황에서 어떤 수를 두는 것이 가장 좋은지를 학습했고, 이를 바탕으로 세계 최고 수준의 실력을 갖추게 되었습니다. 강화학습은 게임의 복잡한 규칙과 다양한 경우의 수를 모두 고려해, 가장 유리한 전략을 자동으로 찾아내는 데 탁월한 능력을 발휘합니다.

쉽게 말하면 !

강화학습을 사용한 게임 인공지능은 스스로 게임을 하면서 어떻게 하면 이길 수 있을지를 배우는 기술입니다. 알파고가 바둑에서 최적의 수를 스스로 찾고, 승리 전략을 학습한 것처럼 말이죠.

[예시]

알파고는 수백만 번의 바둑 경기를 학습하면서, 스스로 최고의 전략을 발견하고, 최종적으로 세계 챔피언을 이겼습니다.

(2) 자율주행 자동차

자율주행 자동차는 도로 위에서 차량이 스스로 주행을 결정해야 합니다. 여기서 강화학습은 도로 상황을 실시간으로 분석하고, 차량이 어떻게 움직여야 할지 학습하는 데 사용됩니다. 예를 들어, 차량이 좌회전을 해야 할지, 멈춰야 할지, 속도를 줄여야 할지 등을 강화학습을 통해 학습하게 됩니다. 이 과정에서 차량은 다양한 도로 상황(예: 교차로, 신호등, 보행자 등)에서 안전하게 주행할 수 있는 방법을 찾아냅니다. 자율주행 자동차는 도로 위의 다양한 변수에 맞춰 최적의 주행 전략을 학습하며, 이를 통해 사고를 줄이고 안전한 운행을 할 수 있게 됩니다.

쉽게 말하면 !

자율주행 자동차는 도로 위에서 스스로 판단하여, 어떻게 주행할지를 결정하는데, 이 과정에서 강화학습을 통해 안전하게 운전하는 법을 배우게 됩니다.

[예시]

자율주행 자동차가 신호등 앞에서 멈춰야 하는지, 속도를 줄여야 하는지 등을 여러 번의 경험을 통해 학습하고, 가장 안전한 방법을 찾아가는 것입니다.

(3) 로봇 제어

강화학습은 로봇이 특정 작업을 수행할 때 효율적인 동작을 학습하는 데도 사용됩니다. 예를 들어, 로봇 팔이 물체를 집거나 이동하는 작업을 해야 한다고 가정해 봅시다. 로봇 팔은 처음에는 물체를 집는 방법을 잘 모릅니다. 그러나 여러 번의 시도를 통해 물체를 어떻게 집어야 가장 안전하고 빠르게 작업을 할 수 있는지를 스스로 학습하게 됩니다. 이 과정에서 로봇은 잘못된 움직임이나 실패한 동작을 경험하면서, 어떻게 하면 성공할 수 있는지를 배워나갑니다. 강화학습을 통해 로봇은 효율적인 작업 방법을 터득하고, 점점 더 정확하게 원하는 작업을 수행할 수 있게 됩니다.

쉽게 말하면 !

로봇이 물체를 집거나 이동할 때, 여러 번의 시도를 통해 가장 좋은 방법을 학습하는 것이 강화학습입니다. 로봇이 스스로 경험을 쌓아 더 똑똑해지는 과정입니다.

[예시]

로봇 팔이 물체를 집는 데 실패하면서도, 여러 번의 시도를 통해 어떻게 하면 물체를 가장 효율적으로 집을 수 있는지를 배우게 됩니다.

결론

강화학습은 스스로 학습하는 능력 덕분에, 다양한 실생활 응용 분야에서 혁신적인 변화를 만들어내고 있습니다. 게임 인공지능은 최적의 전략을 찾고, 자율주행 자동차는 도로에서 안전하게 주행하는 법을 학습하며, 로봇은 효율적인 동작을 통해 정확한 작업 수행을 가능하게 만듭니다. 이러한 응용들은 앞으로도 점점 더 많은 분야에서 강화학습의 가능성을 보여줄 것입니다.

3.1.3.5 강화학습의 장점

강화학습은 에이전트가 스스로 학습하면서 장기적인 목표를 달성할 수 있다는 점에서 매우 강력한 도구입니다. 이 학습 방식은 다른 형태의 학습 방법과 차별화되는 독특한 장점을 가지고 있습니다. 이제 강화학습의 두 가지 주요 장점을 간단하고 쉽게 설명하겠습니다.

(1) 자율적인 학습

강화학습의 가장 큰 장점 중 하나는 에이전트가 스스로 학습할 수 있다는 점입니다. 외부 감독이나 지시 없이, 에이전트는 주어진 환경에서 스스로 행동을 선택하고, 그 행동의 결과를 바탕으로 더 나은 행동을 찾아 나갑니다. 이 과정에서 에이전트는 경험을 통해 학습하며, 점점 더 효율적이고 최적화된 결정을 내릴 수 있게 됩니다. 특히 복잡하고 빠르게 변화하는 환경에서, 에이전트가 스스로 최적의 행동을 찾아낼 수 있다는 점이 큰 장점입니다.

쉽게 말하면 !

강화학습에서는 에이전트가 스스로 배우는 능력을 가지고 있어, 누군가가 계속 가르쳐주지 않아도 점점 더 나은 방법을 알아냅니다. 여러 번의 경험을 통해 혼자서 더 똑똑해지는 방식입니다.

[예시]

자율주행 자동차가 도로 상황을 스스로 분석해, 언제 멈추고 언제 출발할지 혼자서 학습하면서, 점점 더 안전하게 운전할 수 있게 되는 것입니다.

(2) 장기적인 목표 달성

강화학습은 단기적인 보상에 집중하는 것이 아니라, 장기적인 목표를 달성하기 위해 행동을 선택하는 데 강점을 가지고 있습니다. 즉, 에이전트는 현재의 행동이 바로 즉시 보상을 주지 않더라도, 장기적으로 더 많은 보상을 받을 수 있는 행동을 학습하게 됩니다. 이 특성은 단기적인 성과에 얽매이지 않고, 미래의 큰 보상을 위해 계획적으로 행동할 수 있도록 도와줍니다.

쉽게 말하면 !

강화학습은 지금 당장 보상이 조금 더 적더라도, 미래에 더 큰 보상을 받을 수 있는 행동을 학습합니다. 즉, 장기적인 성공을 목표로 하는 방법입니다.

[예시]

자율주행 자동차가 지금은 속도를 줄여서 가더라도, 앞으로 더 안전하게 목적지에 도달할 수 있는 주행 방식을 선택하는 것처럼, 장기적인 보상을 염두에 둔 결정을 내리게 됩니다.

결론

강화학습은 에이전트가 외부의 감독 없이도 스스로 학습할 수 있다는 장점과, 장기적인 목표를 달성하기 위해 행동을 선택할 수 있다는 강점을 가지고 있습니다. 이러한 특성 덕분에 강화학습은 복잡한 문제를 해결하는 데 매우 유용하며, 특히 지속적인 학습과 성장을 요구하는 분야에서 큰 잠재력을 발휘합니다.

3.1.3.6 강화학습의 단점

강화학습은 많은 장점을 가지고 있지만, 몇 가지 단점도 있습니다. 이러한 단점들은 강화학습을 적용할 때 고려해야 할 중요한 요소입니다. 여기서는 강화학습의 두 가지 주요 단점을 자세히 설명하겠습니다.

(1) 긴 학습 시간

강화학습에서 에이전트가 최적의 행동을 학습하는 데는 시간이 많이 소요될 수 있습니다. 에이전트는 환경과 상호작용하면서 다양한 행동을 시도하고, 그 결과를 통해 학습하게 됩니다. 이 과정에서 에이전트는 여러 번의 시도를 통해 보상을 최대화하기 위한 최적의 경로를 찾아야 합니다. 그러나 이 과정이 복잡할수록 학습 시간이 기하급수적으로 늘어날 수 있습니다.

쉽게 말하면 !

에이전트가 원하는 목표를 달성하기 위해 여러 번의 시도와 실수를 반복해야 하므로, 배우는 데 오랜 시간이 걸릴 수 있습니다. 이는 특히 많은 환경 변수가 있을 때 더욱 심해집니다.

[예시]

자율주행 자동차가 다양한 도로 상황에서 안전하게 운전하는 법을 배우는 데는 수천, 수만 번의 테스트와 시뮬레이션이 필요할 수 있습니다. 이렇게 긴 학습 시간은 실제 도로에서의 안전성을 확보하는 데 중요한 과정이지만, 시간이 많이 소요된다는 단점이 있습니다.

(2) 보상 설계의 중요성

강화학습에서 보상 구조는 에이전트의 학습 과정에 큰 영향을 미칩니다. 보상이 어떻게 설계되느냐에 따라 에이전트가 학습하는 내용이 달라질 수 있습니다. 만약 보상 구조가 잘못 설계되면, 에이전트가 잘못된 행동을 학습할 수 있습니다. 예를 들어, 단기적인 보상에만 초점을 맞춘 보상 구조는 에이전트가 최적의 행동을 찾지 못하게 하여, 나중에 더 큰 보상을 놓치는 결과를 초래할 수 있습니다.

쉽게 말하면 !

보상 구조를 잘못 설정하면, 에이전트가 원하는 목표와는 반대되는 방향으로 학습하게 됩니다. 즉, 잘못된 행동을 강화할 수 있습니다.

[예시]

자율주행 자동차가 교통 신호를 무시하고 지나가면 보상을 주는 시스템을 설정한다면, 에이전트는 이를 반복해서 학습하여 위험한 행동을 하게 될 것입니다. 따라서 올바른 보상 체계를 설계하는 것이 매우 중요합니다.

결론

강화학습은 긴 학습 시간과 보상 설계의 중요성이라는 두 가지 단점을 가지고 있습니다. 에이전트가 최적의 행동을 찾기 위해서는 많은 시간이 걸리고, 보상이 잘못 설정되면 오히려 잘못된 행동을 학습할 수 있습니다. 이러한 단점을 극복하기 위해서는 충분한 시간과 신중한 보상 설계가 필요하며, 이를 통해 강화학습의 효과를 극대화할 수 있습니다.

강화학습은 자율적인 학습 능력을 갖춘 방법으로, 다양한 분야에서 활용되고 있으며 특히 장기적인 성과를 내는 데 강점을 가지고 있습니다.

지도학습은 입력 데이터와 그에 대응하는 정답, 즉 레이블이 함께 제공되는 방식으로, 모델이 이를 학습하여 새로운 데이터를 예측하거나 분류하는 방법입니다. 이 방식은 주로 회귀 분석과 분류 문제를 해결하는 데 사용되며, 입력과 출력 간의 관계를 학습하는 것이 주요 특징입니다.

비지도학습은 레이블이 제공되지 않은 데이터를 분석하여 그 안에 숨겨진 패턴이나 구조를 발견하는 방식입니다. 이 방식은 주어진 데이터에서 사전에 정해진 답이 없더라도 의미 있는 정보를 추출하며, 클러스터링이나 차원 축소 등의 기법을 통해 데이터를 그룹화하거나 시각화하는 데 활용됩니다.

강화학습은 에이전트가 주어진 환경에서 여러 가지 행동을 시도하고, 그에 따른 보상을 바탕으로 학습하는 방식입니다. 에이전트는 보상을 통해 최적의 행동을 학습하며, 장기적으로 보상을 최대화할 수 있는 전략을 개발합니다.

이 세 가지 머신러닝 학습 방법은 인공지능의 기본 개념을 이해하는 데 필수적이며, 다양한 산업 분야에서 폭넓게 활용되는 핵심 기술입니다.

3.2 딥러닝 기초

딥러닝은 인공지능 기술 중 하나로, 컴퓨터가 스스로 학습할 수 있도록 여러 층으로 구성된 인공신경망을 사용하는 방법입니다. 딥러닝의 핵심은 인공신경망이라는 구조인데, 이는 인간의 뇌에서 영감을 받아 설계되었습니다. 이 신경망은 입력층, 은닉층, 출력층으로 구성되어 있으며, 각각의 층이 서로 다른 역할을 담당합니다.

3.2.1 입력층

입력층은 딥러닝 모델에서 가장 처음으로 데이터를 받아들이는 부분입니다. 이 층은 신경망의 시작점으로, 모델이 학습하기 위해 필요한 정보를 입력받는 역할을 합니다.

- 예시를 들어 설명하겠습니다. 이미지 인식 프로그램을 생각해보면, 입력층은 사진을 그대로 받아들입니다.

- 이 사진은 단순한 그림처럼 보일 수 있지만, 사실 사진에는 다양한 정보가 담겨 있습니다. 예를 들어, 색상(빨간색, 파란색 등), 밝기(어둡거나 밝은 정도), 모양(사람, 동물, 사물 등)과 같은 정보가 포함되어 있습니다.
- 입력층은 이러한 정보를 픽셀 단위로 변환하여 신경망에 전달합니다. 즉, 사진을 수많은 작은 점(픽셀)으로 나누어 각 점의 색상과 밝기 정보를 담아 신경망에 넘깁니다.
- 입력층의 역할은 이 데이터를 신경망의 다음 단계로 전달하여, 사진 속 정보를 분석할 수 있게 만드는 것입니다.
- 이 단계에서 입력층은 모델이 이해할 수 있는 형태로 데이터를 변환하여 은닉층으로 전달합니다. 은닉층은 이후 이 정보를 바탕으로 더 복잡한 분석을 하게 됩니다.
- 따라서 입력층은 단순히 데이터를 받아들이는 것이 아니라, 그 데이터를 신경망이 잘 처리할 수 있도록 준비하는 역할을 합니다.

즉, 입력층은 데이터의 출발점입니다.

- 이 출발점에서 시작하여 딥러닝 모델은 점점 더 많은 정보를 학습하고, 최종적으로 우리가 원하는 결과를 도출하게 됩니다.
- 입력층이 제대로 작동하지 않으면 모델 전체의 성능이 떨어지기 때문에, 정확하고 풍부한 데이터를 입력하는 것이 매우 중요합니다.

요약

입력층은 딥러닝 모델의 시작점으로, 데이터를 받아들이고 이를 신경망의 다음 단계로 전달하는 중요한 역할을 합니다. 이 과정에서 사진과 같은 데이터는 다양한 정보로 변환되어 모델이 이해할 수 있도록 준비됩니다.

3.2.2 은닉층

은닉층은 입력된 데이터를 처리하고 분석하는 역할을 합니다.

- 이 층은 딥러닝 모델의 중간 단계로, 입력층에서 받아들인 데이터가 다음 단계로 전달되기 전에 여러 번의 변환과 분석을 거치는 곳입니다.

은닉층은 여러 개의 층으로 구성될 수 있으며, 각 단계에서 데이터를 점점 더 세부적으로 분석합니다.

- 즉, 은닉층은 여러 개의 층으로 이루어져 있어, 데이터가 각 층을 통과할 때마다 점점 더 복잡하고 깊이 있는 정보를 추출하게 됩니다.

예를 들어, 입력층이 받아들인 사진에서 은닉층은 색상, 모양, 선 등을 분석해 특정 패턴을 찾아냅니다.

- 사진 속에서 빨간색 고양이의 귀, 노란색 눈, 부드러운 털 등의 특징을 인식하게 됩니다.
- 이 과정은 수많은 층을 통해 이루어지며, 각 층은 입력된 데이터를 처리하여 더 의미있는 정보로 변환합니다.

은닉층이 많을수록 신경망은 더 복잡하고 세밀한 분석을 할 수 있습니다.

- 이는 딥러닝이라는 이름이 붙은 이유 중 하나입니다. "딥"은 바로 이러한 여러 층을 의미하며, 층이 깊을수록 모델의 학습 능력이 높아진다고 할 수 있습니다.

이를 통해 데이터 속에 숨어 있는 중요한 정보를 학습하게 됩니다.

- 예를 들어, 고양이 사진을 학습할 때, 은닉층은 고양이의 귀, 눈, 털 등의 특징을 찾아내어 이를 바탕으로 학습합니다.
- 이렇게 학습된 모델은 나중에 새로운 사진을 받았을 때, 그 속에 고양이가 있는지, 아니면 다른 동물인지 정확하게 판별할 수 있게 됩니다.

이 과정이 딥러닝의 핵심입니다.

- 즉, 은닉층에서의 학습과 분석이 모델이 얼마나 정확하게 작동할 수 있는지를 결정짓는 중요한 요소입니다.
- 이처럼 은닉층은 딥러닝 모델의 성능을 좌우하는 매우 중요한 역할을 합니다.

3.2.3 출력층

출력층은 딥러닝 모델에서 최종 결과를 내놓는 부분입니다. 이 층은 모델이 입력된 데이터를 바탕으로 학습한 내용을 종합하여 예측을 하는 역할을 합니다.

은닉층이 데이터를 여러 단계를 거쳐 분석한 후, 출력층에서는 이 데이터를 바탕으로 무엇을 예측할지를 결정합니다.

- 예를 들어, 입력된 사진이 고양이인지 아닌지를 판단하는 단계입니다.
- 은닉층에서 분석된 정보는 다양한 특징(귀 모양, 털 색깔 등)을 포함하고 있으며, 출력층은 이 정보를 바탕으로 최종 결론을 내립니다.

출력층은 모델이 내린 결론을 사용자에게 전달하는 역할을 하며, 딥러닝 모델이 예측한 답이 여기에 해당됩니다.

- 이 단계는 결과가 어떻게 표현되는지를 결정하며, 최종적인 판단을 나타냅니다.

고양이 사진을 분석하는 경우, 출력층은 "이 사진은 고양이다" 또는 "이 사진은 고양이가 아니다"라는 결과를 도출하게 됩니다.

- 출력층의 결과는 사용자가 이해할 수 있는 형태로 제공됩니다. 예를 들어, 출력층이 0과 1로 구분된 결과를 낼 수 있으며, 0은 "고양이가 아니다", 1은 "고양이다"를 의미할 수 있습니다.

출력층에서의 예측은 모델의 성능을 평가하는 중요한 요소입니다.

- 정확한 예측을 위해 출력층은 학습된 데이터를 기반으로 최적의 결론을 내리도록 설계되어 있습니다.
- 이 단계에서 결과가 얼마나 정확한지는 모델이 얼마나 잘 학습했는지를 반영합니다.

결론적으로, 출력층은 딥러닝 모델의 분석 결과를 최종적으로 사용자에게 전달하는 중요한 역할을 하며, 모델의 예측 능력과 신뢰성을 결정짓는 핵심 부분입니다.

3.2.4 딥러닝의 특징

딥러닝이 특별한 이유는 두 가지 주요 특징에서 비롯됩니다. **대량의 데이터 처리 능력과 강력한 컴퓨터 자원 활용**입니다. 이 두 가지가 결합되어 딥러닝은 복잡한 문제를 효과적으로 해결할 수 있게 됩니다.

(1) 대량의 데이터 처리 능력

- 딥러닝은 많은 양의 데이터를 처리하는 데 매우 뛰어난 성능을 보입니다.
- 데이터가 많을수록 모델은 더 다양한 정보를 학습할 수 있으며, 이는 모델의 정확성을 높이는 데 큰 도움이 됩니다.
- 예를 들어, 고양이와 강아지를 구별하는 딥러닝 모델이 있다면, 수천 장의 고양이와 강아지 사진을 학습할 수 있습니다. 이럴 경우, 모델은 다양한 모습과 특징을 익히게 되어 새로운 사진을 정확하게 판별할 수 있게 됩니다.
- 반면, 데이터가 부족하면 모델은 충분한 정보를 학습하지 못해 예측 성능이 떨어질 수 있습니다. 즉, 양질의 대량 데이터는 딥러닝의 성공에 있어 매우 중요합니다.

(2) 강력한 컴퓨터 자원 활용

- 딥러닝은 복잡한 연산을 요구하며, 이를 수행하기 위해 고성능 컴퓨터 자원을 필요로 합니다.
- 특히, GPUGraphics Processing Unit와 같은 병렬 처리 능력이 뛰어난 하드웨어가 사용됩니다. 이러한 자원 덕분에 대량의 데이터를 빠르게 처리하고, 복잡한 모델을 학습할 수 있습니다.
- 예를 들어, 이미지 인식이나 자연어 처리와 같은 복잡한 작업에서는 수백만 개의 매개변수를 최적화해야 합니다. 이때, 강력한 컴퓨터 자원은 이러한 연산을 효율적으로 처리하여 모델의 학습 속도를 높여줍니다.
- 따라서 딥러닝은 강력한 컴퓨터 자원과 결합되어 복잡한 문제를 해결하는 데 매우 효과적입니다.

결론적으로, 딥러닝은 대량의 데이터를 처리하고 강력한 컴퓨터 자원을 활용하여 복잡한 문제를 해결할 수 있는 능력이 있습니다. 이 두 가지 요소는 딥러닝이 다양한 분야에서 혁신적인 성과를 이루는 데 필수적인 역할을 합니다.

3.2.5 딥러닝의 실생활 응용

딥러닝은 이미 우리의 일상 속에서 중요한 역할을 하고 있습니다. 다양한 분야에서 실제로 활용되는 사례를 살펴보겠습니다.

(1) 음성 인식

- 스마트폰과 인공지능 스피커는 우리가 하는 말을 알아듣고, 그에 맞는 반응을 하는 기능을 가지고 있습니다. 이러한 기능은 딥러닝 덕분에 가능해졌습니다.
- 딥러닝 모델은 다양한 사람들의 목소리와 발음을 학습하여, 각기 다른 억양이나 발음 차이에도 불구하고 사람의 말을 정확하게 인식할 수 있습니다.
- 예를 들어, 우리가 스마트폰에 "알람 설정해줘"라고 말하면, 딥러닝이 그 음성을 분석하여 명령이 무엇인지 이해하고, 자동으로 알람을 설정하는 작업을 수행합니다.
- 이처럼 음성 인식 기술은 일상적인 대화를 컴퓨터가 이해하게 만들어 주며, 사용자의 편의를 크게 향상시킵니다.

(2) 이미지 분류

- 딥러닝은 사진 속에 있는 사물이나 사람을 구별하는 데도 많이 사용됩니다.
- 예를 들어, 소셜 미디어에서 얼굴을 자동으로 인식하거나, 사진 속에서 고양이와 강아지를 구별하는 기능이 바로 딥러닝을 통해 이루어집니다.
- 딥러닝 모델은 수많은 사진을 학습하여, 어떤 모양이 고양이인지, 어떤 모양이 강아지인지를 구별할 수 있게 됩니다.
- 이렇게 학습된 모델은 새로운 사진을 입력받았을 때, 그 속에 있는 물체가 무엇인지 정확하게 판별해낼 수 있습니다.
- 이 기능은 사진 정리, 보안 감시, 자율주행차의 물체 인식 등 여러 분야에서 활용됩니다.

(3) 자연어 처리

- 번역기나 인공지능 챗봇과 같은 기술은 사람이 하는 말을 이해하고 그에 맞는 답을 제공하는 데 딥러닝의 도움을 받습니다.
- 딥러닝은 수많은 문장과 대화를 학습하여 사람들이 말하는 문맥을 파악하고, 그에 맞는 답변을 만들어낼 수 있습니다.
- 예를 들어, 번역기가 영어 문장을 한국어로 번역하거나, 챗봇이 사용자의 질문에 적절한 답변을 제공하는 것은 딥러닝 덕분에 가능합니다.
- 이 과정에서 딥러닝은 단순히 단어 하나하나를 번역하는 것이 아니라, 문맥을 이해하고 그에 맞는 자연스러운 번역이나 답변을 생성합니다. 이는 사용자에게 더 자연스럽고 일관된 대화를 제공합니다.

결론

딥러닝은 음성 인식, 이미지 분류, 자연어 처리 등 다양한 분야에서 사람처럼 인식하고 이해하는 능력을 제공하는 중요한 기술입니다. 이러한 복잡한 문제들을 해결하는 데 딥러닝이 탁월한 성능을 보이며, 앞으로도 인공지능의 핵심 기술로 계속 발전할 것입니다.
앞으로도 딥러닝은 우리의 일상생활을 더욱 편리하게 만들어 줄 것으로 기대됩니다.

3.3 데이터의 중요성

머신러닝과 딥러닝의 성능은 데이터의 품질과 양에 크게 좌우됩니다. 이 기술들은 데이터를 기반으로 학습하기 때문에, 양질의 데이터를 제공받아야만 좋은 성과를 낼 수 있습니다. 즉, 좋은 데이터를 많이 사용할수록 정확하고 신뢰성 있는 모델을 만들 수 있습니다.

3.3.1 데이터의 역할

데이터는 머신러닝과 딥러닝에서 가장 중요한 기반 자료입니다.

- 데이터는 컴퓨터가 학습하고 정보를 처리하는 데 필요한 기본 재료입니다. 컴퓨터는 이 데이터를 통해 패턴을 배우고, 이를 바탕으로 예측을 하거나 새로운 상황에 대해 결정을 내립니다.

이 과정은 우리가 공부할 때 교과서를 보는 것과 비슷합니다.

- 예를 들어, 학생이 교과서를 통해 수학 공식을 배우고 문제를 해결하듯이, 머신러닝 모델도 데이터를 통해 패턴을 배우고 예측 능력을 키워갑니다.

데이터의 학습 과정

- 학생이 수학 문제를 풀 때, 과거에 배운 공식을 떠올리며 새로운 문제를 해결합니다.
- 마찬가지로, 머신러닝 모델은 이전에 주어진 데이터를 바탕으로 새로운 데이터를 처리하고 예측을 합니다. 이때 중요한 점은 데이터의 품질입니다.
- 교과서가 잘못된 내용으로 가득 차 있다면, 학생은 올바르게 학습할 수 없습니다. 머신러닝 모델도 마찬가지로, 좋은 데이터가 있어야만 정확하게 학습하고 유용한 결과를 도출할 수 있습니다.

좋은 데이터란?

좋은 데이터는 무엇일까요?

- 이는 정확하고 충분한 정보를 담고 있는 데이터를 의미합니다.
- 데이터가 부족하거나 부정확하면, 모델은 잘못된 패턴을 학습하여 엉뚱한 예측을 할 수 있습니다.
- 예를 들어, 집의 가격을 예측하는 모델을 만든다고 가정해봅시다. 만약 집의 크기나 위치에 대한 정보가 부족하다면, 모델은 정확한 가격을 예측하는 데 어려움을 겪게 됩니다.

데이터 품질의 중요성

따라서, 양질의 데이터를 많이 제공하면, 모델이 더 정확한 예측을 할 수 있습니다.

- 반면에, 부정확한 데이터나 부족한 데이터는 모델의 성능을 크게 떨어뜨릴 수 있습니다.
- 데이터가 모델의 성능에 미치는 영향이 크기 때문에, 머신러닝과 딥러닝에서는 좋은 데이터를 준비하는 것이 무엇보다도 중요합니다.

결론

좋은 데이터는 머신러닝 모델이 제대로 학습하고, 신뢰할 수 있는 결과를 도출하는 데 필수적입니다. 데이터의 품질과 양이 높을수록 모델의 성능이 향상되며, 이는 다양한 실제 문제를 해결하는 데 큰 도움이 됩니다.

3.3.2 데이터 전처리

현실에서 수집된 데이터는 다양한 문제를 가지고 있을 수 있어, 바로 사용하기 어려운 경우가 많습니다. 이러한 문제를 해결하기 위해 필요한 과정이 바로 데이터 전처리입니다. 데이터 전처리는 데이터를 정리하고 정돈하여 모델이 학습하기 쉽게 만드는 과정입니다. 만약 데이터를 제대로 처리하지 않으면, 잘못된 정보를 학습하게 되어 예측 오류가 발생할 수 있습니다. 쉽게 말하자면, 데이터를 깨끗하고 올바르게 만드는 작업입니다.

전처리 과정에서 대표적으로 해야 할 일들은 노이즈 제거, 결측값 처리 그리고 데이터 변환이 있습니다.

(1) 노이즈 제거

- 노이즈란 불필요하거나 잘못된 정보를 말합니다. 예를 들어, 설문 조사에서 응답자가 실수로 너무 큰 수(예: 1000 점)를 입력하거나, 잘못된 정보를 기록하는 경우가 있습니다.
- 이런 잘못된 데이터가 그대로 모델에 들어가면, 모델이 잘못된 패턴을 학습하게 됩니다. 따라서, 데이터를 점검하여 잘못된 값이나 불필요한 정보를 찾아내어 제거하거나 수정하는 것이 중요합니다.

[예시]

학생들의 성적 데이터에서 실수로 1000점이 기록된 경우, 이를 100점으로 수정하거나 삭제하는 작업이 필요합니다. 이렇게 노이즈를 제거함으로써 데이터의 품질을 높일 수 있습니다.

(2) 결측값 처리

- 결측값은 데이터가 비어 있는 부분을 의미합니다. 예를 들어, 설문 조사에서 일부 응답자가 나이와 같은 질문에 답변을 빠뜨리는 경우가 이에 해당합니다.
- 결측값이 있으면 모델이 데이터를 제대로 분석할 수 없으므로, 이를 제거하거나 채워 넣는 작업이 필요합니다.

[예시]

설문 조사에서 응답자가 나이를 입력하지 않았다면, 이를 평균 나이로 채워 넣는 방법이 있습니다. 또는, 결측값이 너무 많으면 해당 데이터를 삭제할 수도 있습니다. 이러한 방식으로 결측값을 처리하면 모델이 보다 완전한 데이터를 기반으로 학습하게 됩니다.

(3) 데이터 변환

- 때로는 데이터를 다른 형태로 변환해야 모델이 이해할 수 있도록 해야 합니다. 예를 들어, 컴퓨터는 주로 숫자 데이터를 잘 처리하므로, 텍스트 데이터를 숫자로 변환하는 과정이 필요할 수 있습니다.
- 또한, 데이터 값의 범위가 너무 크거나 작은 경우, 정규화를 통해 값을 일정 범위로 맞추는 작업도 필요합니다. 이렇게 데이터를 변환하면, 모델이 데이터를 더 쉽게 이해하고 학습할 수 있습니다.

[예시]

'남성', '여성'이라는 성별 데이터를 1(남성)과 0(여성)으로 변환하거나, 월급 데이터를 0에서 1 사이의 값으로 조정하는 것이 데이터 변환의 예입니다. 이러한 변환 과정을 통해 모델이 데이터를 보다 효율적으로 처리할 수 있게 됩니다.

중요성

이러한 데이터 전처리 과정은 매우 중요합니다. 데이터를 제대로 정리하지 않으면, 모델이 잘못된 정보를 학습하여 최종 결과에 큰 오류가 생길 수 있습니다. 이는 마치 잘못된 내용이 담긴 교과서를 보고 공부한 학생이 시험에서 오답을 맞히는 것과 같은 원리입니다.

- 따라서 데이터를 깨끗하고 일관성 있게 정리해야 모델이 정확하게 학습하고 올바른 결과를 도출할 수 있습니다.
- 데이터 전처리는 머신러닝과 딥러닝의 성공적인 적용을 위한 필수 단계로, 이 과정을 소홀히 하면 그만큼 모델의 성능이 떨어질 수 있음을 잊지 말아야 합니다.

3.3.3 훈련 데이터, 검증 데이터, 테스트 데이터

머신러닝과 딥러닝에서 데이터를 하나의 용도로만 사용하는 것이 아니라, 각기 다른 세 가지 주요 용도로 나누어 사용합니다. 이렇게 나누어 사용하면, 모델이 정확하고 신뢰성 있게 학습할 수 있습니다. 그 세 가지 용도는 훈련 데이터, 검증 데이터 그리고 테스트 데이터입니다.

(1) 훈련 데이터

- 훈련 데이터는 모델이 학습하는 데 사용되는 데이터입니다. 이 데이터를 통해 모델은 입력된 정보와 그에 해당하는 정답을 바탕으로 패턴을 학습합니다.
- 예를 들어, 집의 크기, 위치, 방의 개수 같은 정보와 그 집의 실제 가격이 훈련 데이터로 제공되면, 모델은 이 데이터를 통해 집의 특징이 가격에 어떤 영향을 미치는지를 학습합니다.
- 마치 학생이 교과서를 보고 공부하는 것과 비슷하게, 모델은 훈련 데이터를 바탕으로 새로운 집의 정보를 제공받았을 때, 학습된 내용을 바탕으로 그 집의 가격을 예측하게 됩니다.

[예시]

집 크기와 가격 데이터를 학습한 후, 모델은 "크기가 크면 가격이 높아질 가능성이 있다"는 패턴을 학습하게 됩니다.

(2) 검증 데이터

- 검증 데이터는 학습이 끝난 모델이 얼마나 잘 동작하는지 확인하는 단계에서 사용됩니다.
- 훈련 데이터와는 달리, 검증 데이터는 모델이 처음 접하는 데이터로, 모델이 다양한 상황에서도 잘 작동하는지 평가하는 데 사용됩니다.
- 이 단계에서 과적합 문제가 있는지 확인하는 것이 중요합니다. 과적합이란 모델이 훈련 데이터에만 너무 맞춰져 있어서, 새로운 데이터에 대해서는 성능이 떨어지는 경우를 말합니다.
- 즉, 훈련 데이터에서는 잘 예측하지만, 처음 보는 데이터에서는 잘못된 예측을 할 수 있습니다. 검증 데이터를 사용하면 이러한 문제를 미리 확인하고 모델을 개선할 수 있습니다.

[예시]

학습이 끝난 후, 모델이 새로운 집의 가격을 정확하게 예측할 수 있는지 검증 데이터를 사용해 평가합니다.

(3) 테스트 데이터

- 테스트 데이터는 최종 성능을 평가하는 데 사용됩니다.
- 훈련 데이터와 검증 데이터를 모두 사용한 후, 마지막으로 모델의 실제 성능을 평가하기 위해 처음 본 데이터를 사용합니다.
- 이 데이터를 통해 모델이 새로운 데이터에 대해서도 일반화 능력을 가지고 있는지, 즉 실제 환경에서도 잘 작동하는지를 확인할 수 있습니다.
- 이 단계에서의 성능이 높을수록, 모델이 현실 세계에서도 정확한 예측을 할 가능성이 높아집니다.

[예시]

학습과 검증을 마친 후, 테스트 데이터를 사용해 모델이 새로운 집 가격을 정확히 예측할 수 있는지 최종 평가합니다.

결론

결국, 머신러닝과 딥러닝의 성공은 훈련, 검증, 테스트 데이터를 어떻게 잘 준비하고 처리하느냐에 달려 있습니다.

– 좋은 데이터를 충분히 제공하고, 데이터를 적절하게 나누어 사용하면 모델이 더 똑똑해지고 정확한 성능을 발휘할 수 있습니다.

– 따라서, 각 데이터의 역할과 특성을 잘 이해하고 활용하는 것이 중요합니다. 이렇게 함으로써 우리는 더 신뢰할 수 있는 AI 모델을 개발할 수 있습니다.

3.4 오늘의 내용 요약

오늘은 인공지능의 기초 개념에 대해 학습하였습니다. 특히 머신러닝의 세 가지 주요 학습 방법인 지도학습, 비지도학습, 강화학습에 대해 깊이 있게 이해하고, 이와 관련된 다양한 개념을 살펴보았습니다.

1. 머신러닝의 세 가지 학습 방법:

❶ **지도학습** : 입력 데이터와 그에 해당하는 정답(레이블)을 바탕으로 모델이 학습합니다. 예를 들어, 집의 크기와 가격을 학습하여 새로운 집의 가격을 예측하는 방식입니다.

❷ **비지도학습** : 레이블이 없는 데이터를 분석하여 숨겨진 패턴이나 구조를 찾는 방법입니다. 예를 들어, 고객의 구매 패턴을 분석해 비슷한 성향을 가진 고객들을 그룹화하는 작업이 있습니다.

❸ **강화학습** : 에이전트가 환경과 상호작용하면서 보상을 통해 최적의 행동을 학습하는 방식입니다. 예를 들어, 게임에서 승리하기 위한 전략을 찾는 것이 있습니다.

2. 딥러닝의 기본 구조:

- 딥러닝의 핵심은 인공신경망입니다. 이는 여러 층으로 구성된 구조로, 입력층, 은닉층, 출력층이 각각의 역할을 수행하여 데이터를 처리합니다.
- 입력층은 데이터를 받아들이고, 은닉층은 데이터를 분석하여 패턴을 찾으며, 출력층은 최종 결과를 제공합니다.

3. 데이터의 중요성:

- 오늘은 데이터가 머신러닝과 딥러닝에서 얼마나 중요한 역할을 하는지에 대해서도 살펴보았습니다.
- 데이터의 품질이 학습 성능에 미치는 영향을 이해했습니다. 좋은 데이터는 모델이 정확하게 학습할 수 있도록 돕고, 반면에 불량 데이터는 잘못된 결과를 초래할 수 있습니다.
- 우리는 데이터 전처리의 필요성과 방법에 대해서도 논의하였으며, 노이즈 제거, 결측값 처리, 데이터 변환 등 다양한 전처리 과정의 중요성을 알게 되었습니다.

이러한 내용들을 통해 우리는 인공지능의 기초적인 개념과 구조를 이해하고, 머신러닝 및 딥러닝의 기본 원리를 배울 수 있었습니다. 앞으로도 이러한 기초 지식을 바탕으로 더 심화된 내용을 학습해 나갈 수 있을 것입니다.

3.5 연습문제

4지선다형 문제

01 머신러닝의 세 가지 주요 유형으로 적합한 것은?

① 지도학습, 비지도학습, 데이터 분석
② 지도학습, 비지도학습, 강화학습
③ 비지도학습, 강화학습, 딥러닝
④ 데이터 분석, 강화학습, 인공지능

02 지도학습에서 주로 사용되는 학습 데이터는 무엇인가?

① 정답이 포함된 데이터
② 정답이 없는 데이터
③ 단순 텍스트 데이터
④ 이상치 데이터

03 강화학습의 주요 개념 중 환경Environment의 역할은?

① 데이터를 그룹화한다.
② 에이전트가 상호작용하는 공간을 제공한다.
③ 데이터를 예측하는 모델을 만든다.
④ 정답을 제공한다.

04 비지도학습의 대표적인 유형이 아닌 것은?

① 클러스터링
② 차원 축소
③ 분류
④ 이상치 탐지

05 지도학습에서 사용되는 두 가지 주요 알고리즘은 무엇인가?

① K-평균, PCA
② 회귀, 분류
③ 로지스틱 회귀, 랜덤 포레스트
④ Q-러닝, DQN

06 강화학습에서 에이전트가 장기적인 목표를 학습하기 위해 사용하는 값은?

① Q-값
② PCA
③ K-값
④ 밀도 기반 값

07 비지도학습의 주요 장점은 무엇인가?

① 학습 속도가 빠르다.
② 레이블이 필요 없다.
③ 예측력이 높다.
④ 모든 데이터를 활용한다.

08 로지스틱 회귀의 주요 목적은 무엇인가?

① 데이터를 두 가지 범주로 분류한다.
② 데이터의 연속값을 예측한다.
③ 차원을 축소한다.
④ 이상치를 탐지한다.

09 비지도학습의 클러스터링이 주로 사용되는 예는 무엇인가?

① 구매 패턴 분석
② 텍스트 감정 분석
③ 회귀 문제 해결
④ 자율주행 시스템

10 강화학습이 자율주행 자동차에 적용되는 방식은 무엇인가?

① 데이터의 군집을 나눈다.
② 신호등과 같은 환경에서 최적의 행동을 학습한다.
③ 레이블 데이터를 활용하여 예측한다.
④ 이상치를 탐지한다.

단답형 문제

01 지도학습에서 사용되는 두 가지 주요 문제 유형은 무엇인가?

02 강화학습에서 보상은 어떤 역할을 하는가?

03 비지도학습에서 데이터의 차원을 줄이는 방법은 무엇인가?

04 강화학습에서 에이전트가 학습에 사용하는 주요 전략은 무엇인가?

05 비지도학습의 대표적인 알고리즘은 무엇인가?

06 강화학습의 대표적인 알고리즘은 무엇인가?

07 지도학습에서 과적합 문제를 해결하는 방법은 무엇인가?

08 머신러닝에서 사용되는 데이터는 어떤 형식으로 제공되는가?

09 비지도학습의 단점은 무엇인가?

10 강화학습의 목표는 무엇인가?

서술형 문제

01 지도학습, 비지도학습, 강화학습의 차이점을 서술하시오.

02 비지도학습의 장점과 단점을 서술하시오.

03 강화학습이 자율주행 자동차에서 어떻게 사용되는지 서술하시오.

04 지도학습에서 과적합 문제를 해결하기 위한 전략을 서술하시오.

05 강화학습의 탐험과 활용 균형이 중요한 이유를 서술하시오.

04 일차

파이썬과 인공지능

4.1 파이썬 소개 및 설치
4.2 파이썬을 활용한 기초 프로그래밍
4.3 파이썬으로 간단한 AI 모델 만들기
4.4 오늘의 내용 요약
4.5 연습문제

이번 4일차에서는 파이썬을 통해 인공지능을 다루는 기초적인 내용을 배우게 됩니다. 각 주제에 대해 자세히 설명하겠습니다.

4.1 파이썬 소개 및 설치

4.1.1 파이썬 소개

(1) 파이썬Python

파이썬은 1991년 귀도 반 로섬Guido van Rossum에 의해 처음 발표된 프로그래밍 언어입니다. 그 목적은 코드의 가독성을 높이고, 개발자가 프로그래밍하는 데 드는 시간을 줄이기 위해서였습니다. 파이썬은 문법이 간단하고 명확하여, 프로그래밍에 대한 경험이 없는 사람도 빠르게 배울 수 있는 장점을 가지고 있습니다. 파이썬은 다양한 분야에서 활용되고 있으며, 특히 데이터 분석, 웹 개발, 인공지능AI, 머신러닝ML, 자동화 스크립트 등에서 많이 사용됩니다. 예를 들어, 데이터 과학 분야에서는 파이썬이 널리 쓰이는 언어 중 하나로 자리잡고 있습니다. 이처럼 파이썬은 특정 분야에 국한되지 않고 다양한 용도로 사용될 수 있어, 프로그래머들 사이에서 매우 인기 있는 언어입니다.

(2) 장점

❶ 가독성

파이썬의 가장 큰 강점은 코드의 가독성입니다. 파이썬은 코드가 간결하고 명확하게 작성되도록 설계되어 있습니다. 예를 들어, 기본적인 문법이 짧고, 들여쓰기를 사용하여 코드의 블록 구조를 쉽게 이해할 수 있습니다. 이는 개발자가 코드를 쉽게 작성하고, 다른 개발자와 협업할 때 이해하기 쉬운 코드로 작성할 수 있도록 도와줍니다. 특히, 많은 사람들이 팀으로 작업하는 환경에서 중요한 장점이 됩니다.

❷ 풍부한 라이브러리

파이썬은 다양한 분야에 적용할 수 있는 풍부한 라이브러리를 갖추고 있습니다. 이를 통해 복잡한 작업을 더 간단하게 수행할 수 있습니다. 몇 가지 주요 라이브러리를 살펴보면:

- NumPy:
  - 고성능의 수치 계산을 위한 라이브러리입니다. 특히 다차원 배열 객체인 ndarray를 사용하여 대규모 데이터 배열을 효율적으로 처리할 수 있습니다. 수치 연산과 배열 연산을 빠르게 수행할 수 있게 도와줍니다.

- Pandas:
  - 데이터 조작과 분석을 위한 라이브러리로, 데이터프레임(dataframe) 형태로 데이터를 쉽게 다룰 수 있습니다. 데이터 전처리, 필터링, 집계, 시각화 등을 간편하게 수행할 수 있어 데이터 분석에 매우 유용합니다.

- Matplotlib:
  - 데이터 시각화를 위한 라이브러리로, 다양한 형태의 그래프와 차트를 쉽게 만들 수 있습니다. 데이터를 시각적으로 표현하여, 분석 결과를 보다 쉽게 이해하고 전달할 수 있습니다.

- Scikit-learn:
  - 머신러닝을 위한 라이브러리로, 다양한 알고리즘을 쉽게 사용할 수 있도록 제공하며, 데이터 전처리와 모델 평가를 지원합니다. 이를 통해 초보자도 머신러닝 모델을 간편하게 구현할 수 있습니다.

- TensorFlow 및 Keras:
  - 딥러닝을 위한 강력한 라이브러리입니다. TensorFlow는 대규모 머신러닝 모델을 만들고 학습시키는 데 적합하며, Keras는 TensorFlow의 고수준 API로, 딥러닝 모델을 더 쉽게 설계할 수 있게 도와줍니다. 이는 복잡한 신경망 구조를 구성하는 데 유용합니다.

❸ 강력한 커뮤니티 지원

파이썬은 전 세계적으로 많은 사용자와 개발자 커뮤니티가 있습니다. 이로 인해 다양한 자료, 튜토리얼, 포럼이 존재하여 학습과 문제 해결이 수월합니다. 또한, 오픈 소스 언어로서 지속적으로 업데이트되고 발전하고 있습니다.

❹ 다양한 플랫폼에서 실행 가능

파이썬은 윈도우, macOS, 리눅스 등 다양한 운영 체제에서 실행할 수 있어 유연하게 사용할 수 있습니다. 이로 인해 특정 운영 체제에 종속되지 않고 다양한 환경에서 사용 가능합니다.

이러한 장점들 덕분에 파이썬은 데이터 과학자, 웹 개발자, 인공지능 연구자들 사이에서 인기가 높습니다. 실제로 많은 기업들이 파이썬을 사용하여 복잡한 문제를 해결하고 있으며, 이를 통해 비즈니스의 효율성을 높이고 있습니다.

4.1.2 파이썬 설치 방법 (쉽고 자세하게)

파이썬을 설치하는 과정은 매우 간단합니다. 아래의 단계별 안내를 따라하면 쉽게 파이썬을 설치하고 사용할 수 있습니다.

(1) 파이썬 다운로드

먼저, 파이썬을 다운로드해야 합니다. 파이썬은 공식 웹사이트에서 무료로 제공되며, 최신 버전의 파이썬을 쉽게 다운로드할 수 있습니다.

❶ 웹 브라우저를 열고 [파이썬 공식 웹사이트](https://www.python.org/downloads/)에 접속합니다.
❷ 페이지 상단에 "Download" 버튼이 있습니다. 이 버튼은 자동으로 사용 중인 운영 체제(Windows, macOS, Linux 등)에 맞는 최신 버전의 파이썬을 추천해줍니다.
❸ 버튼을 클릭하면 파이썬 설치 파일이 다운로드됩니다. 파일은 컴퓨터의 기본 다운로드 폴더에 저장됩니다.

(2) 파이썬 설치

다운로드한 설치 파일을 실행하여 파이썬을 설치하는 과정은 간단합니다. 아래의 단계를 따라 하면 쉽게 설치할 수 있습니다.

❶ 설치 파일 실행

- 먼저, 다운로드한 파일을 찾아야 합니다. 기본적으로 파일은 "다운로드" 폴더에 저장되어 있습니다.
- 해당 파일을 더블 클릭하여 실행합니다.
  - Windows : 파일 이름은 보통 "python-3.xx.x.exe"와 같이 보이며, 여기서 "xx"는 버전 번호입니다.
  - macOS : 파일 이름은 "python-3.xx.x.pkg" 형식으로 나타납니다.

❷ "Add Python to PATH" 체크

- 설치 화면이 열리면, 여러 가지 옵션이 나타납니다. 그 중에서 "Add Python to PATH"라는 체크 박스를 찾으세요.
- 이 옵션을 체크하면, 파이썬을 명령 프롬프트(Windows)나 터미널(macOS)에서 쉽게 사용할 수 있습니다. 즉, 파이썬 명령어를 입력했을 때, 시스템이 이를 인식할 수 있게 되는 것입니다.
- 체크를 반드시 해주세요! 그렇지 않으면, 나중에 파이썬을 실행할 때 불편할 수 있습니다.

❸ "Install Now" 버튼 클릭

- "Add Python to PATH" 옵션을 체크한 후, 화면에 있는 "Install Now" 버튼을 클릭합니다.
- 이 버튼을 클릭하면, 설치가 시작됩니다. 설치 과정에서 몇 분 정도 소요될 수 있습니다.
- 설치가 진행되는 동안 진행 상황을 보여주는 바가 나타납니다.
- 만약 설치 도중에 관리자 권한 요청이 나오면, 허용 버튼을 클릭하여 계속 진행합니다. 이는 설치를 위해 필요한 권한을 부여하는 과정입니다.

❹ 설치 완료

- 설치가 완료되면, 성공 메시지가 나타납니다. 이때 "Close" 버튼을 클릭하여 설치 창을 닫습니다.
- 이제 파이썬이 설치되었습니다. 명령 프롬프트나 터미널을 열어, 파이썬이 제대로 설치되었는지 확인할 준비가 되었습니다.

이 과정을 통해 파이썬을 쉽게 설치할 수 있으며, 다양한 프로그래밍 작업을 시작할 수 있습니다.

(3) 파이썬 설치 확인

설치가 완료되면, 파이썬이 정상적으로 설치되었는지 확인해야 합니다. 이를 위해 명령 프롬프트(Windows)나 터미널(macOS, Linux)을 사용하여 설치된 파이썬의 버전을 확인할 수 있습니다.

❶ 명령 프롬프트 또는 터미널 열기

- Windows: 시작 메뉴를 열고 "cmd"를 검색한 후, 명령 프롬프트를 클릭하여 엽니다.
- macOS: Launchpad 에서 "터미널"을 검색한 후, 터미널을 실행합니다.
- Linux: 터미널은 바탕화면이나 응용 프로그램 메뉴에서 쉽게 찾을 수 있습니다.

❷ 파이썬 버전 확인

- 명령 프롬프트 또는 터미널이 열리면, 다음 명령어를 입력하고 Enter 키를 누릅니다.

```
python --version
```

- 만약 'python --version'으로 버전 정보가 나오지 않으면 'python3 --version'을 입력해보세요.
- 이 명령어를 입력하면 설치된 파이썬의 버전이 표시됩니다. 예를 들어, "Python 3.9.7"과 같은 메시지가 나오면 파이썬이 정상적으로 설치된 것입니다.
- 만약 파이썬 버전이 표시되지 않거나 오류가 발생하면, 설치 과정에서 "Add Python to PATH" 옵션을 선택하지 않았을 가능성이 있습니다. 이 경우, 다시 설치할 때 이 옵션을 체크해야 합니다.

이제 파이썬이 설치되었습니다! 명령 프롬프트나 터미널을 통해 파이썬을 실행할 수 있으며, 다양한 프로그래밍 작업을 시작할 수 있습니다.

4.1.3 Spyder 설치 및 사용법

Spyder는 데이터 과학과 머신러닝 작업에 적합한 통합 개발 환경IDE으로, 파이썬 코드 작성, 디버깅, 데이터 시각화 등을 지원합니다. 다음은 Spyder를 설치하고 사용하는 방법에 대한 자세한 설명입니다.

(1) Spyder 설치하기

Spyder는 Anaconda 배포판의 일부로 제공되며, 데이터 과학 및 인공지능 개발에 매우 유용한 IDE(통합 개발 환경)입니다. 아래 단계에 따라 Spyder를 쉽게 설치할 수 있습니다.

❶ Anaconda 다운로드

① 웹 브라우저 열기:

- 컴퓨터에서 웹 브라우저(Chrome, Firefox 등)를 실행합니다.

② Anaconda 공식 웹사이트 방문:

- 주소창에 [Anaconda 공식 웹사이트]를 입력하여 사이트에 접속합니다.
  (https://www.anaconda.com/products/distribution#download-section)

③ 설치 파일 다운로드:

- 웹 페이지에서 "Download" 버튼을 찾습니다.
- 자신이 사용하는 운영 체제(Windows, macOS, Linux)에 맞는 설치 파일을 선택하여 다운로드합니다. Windows 사용자는 "Windows" 아래의 "Download" 버튼을 클릭하면 됩니다.

❷ Anaconda 설치하기

① 설치 파일 실행:

- 다운로드한 Anaconda 설치 파일을 찾아서 더블 클릭합니다.
  일반적으로 "Anaconda3-2023.07-Windows-x86_64.exe"와 같은 이름입니다.

② 설치 마법사 시작:

- 설치 마법사가 열리면, 여러 가지 설치 옵션이 나타납니다. 기본 옵션을 그대로 두고 "Next" 버튼을 클릭하여 진행합니다.

③ 라이센스 동의:

- 라이센스 동의 화면이 나타나면, 내용을 읽고 "I Agree"를 클릭하여 동의합니다.

④ 설치 옵션 확인:

- 설치 옵션 중에 "Add Anaconda to my PATH environment variable"이라는 선택지가 있습니다. 이 옵션을 체크하면, 명령 프롬프트에서 Anaconda를 쉽게 사용할 수 있습니다. (이 옵션은 선택적으로 체크해도 됩니다.)

⑤ 설치 진행:

- "Install" 버튼을 클릭하여 설치를 시작합니다. 설치가 완료되는 데 몇 분 정도 걸릴 수 있습니다.

⑥ 설치 완료:

- 설치가 완료되면 "Finish" 버튼을 클릭하여 설치 마법사를 종료합니다.

❸ Spyder 설치 확인하기

① Anaconda Navigator 실행:

- Anaconda 를 설치하면 Spyder 가 기본적으로 설치되어 있습니다.
- Windows 에서는 시작 메뉴를 클릭하고 "Anaconda Navigator"를 검색하여 실행합니다.
- macOS 사용자는 응용 프로그램 목록에서 "Anaconda-Navigator"를 찾아 실행합니다.

② Spyder 실행:

- Anaconda Navigator 가 열리면, 여러 애플리케이션이 나열된 화면이 나타납니다. 여기에서 "Spyder" 아이콘을 찾아 클릭하여 실행합니다.
- Spyder 가 열리면, 이제 파이썬 코드를 작성하고 실행할 준비가 완료된 것입니다.

이 과정을 통해 Spyder를 쉽게 설치하고 사용할 수 있습니다. 이제 데이터 분석과 인공지능 모델 개발을 시작할 수 있습니다!

(2) Spyder 사용법

Spyder는 파이썬 프로그래밍을 위한 강력한 IDE(통합 개발 환경)로, 데이터 분석 및 인공지능 개발에 유용합니다. 아래는 Spyder를 사용하는 방법에 대한 단계별 안내입니다.

❶ 기본 인터페이스

Spyder를 실행하면 여러 개의 패널로 구성된 인터페이스가 나타납니다. 각 패널의 기능은 다음과 같습니다:

– 편집기:

- 코드 작성 및 편집을 위한 공간입니다. 왼쪽 상단에서 볼 수 있으며, 여러 파일을 동시에 열 수 있습니다. 여기서 코드를 작성한 후, 실행할 수 있습니다.

– 콘솔:

- 입력한 명령어를 즉시 실행할 수 있는 공간입니다. 편집기에서 작성한 코드를 실행하면 결과가 이곳에 출력됩니다. 사용자는 즉시 코드를 테스트하고 결과를 확인할 수 있습니다.

– 변수 탐색기:

- 현재 작업 중인 변수와 데이터의 상태를 보여주는 패널입니다. 변수의 값을 쉽게 확인하고 수정할 수 있어, 데이터 분석 시 유용합니다.

– 파일 탐색기:

- 현재 작업 중인 디렉터리의 파일을 보여주는 패널입니다. 파일을 쉽게 찾아 열 수 있어, 프로젝트 관리에 도움이 됩니다.

❷ 코드 작성 및 실행

- 편집기에 코드를 작성합니다. 예를 들어, 아래와 같이 간단한 코드를 입력해 보세요:

```
print("Hello, Spyder!")
```

– 코드를 실행하려면:

- 편집기에서 실행하고 싶은 코드 블록을 선택합니다.
- 상단 메뉴에서 Run 〉 Run 을 선택하거나, F5 키를 눌러 실행합니다.
- 실행 후, 결과는 콘솔에서 확인할 수 있습니다.

❸ 변수 확인하기

- 코드를 실행한 후, 변수 탐색기를 통해 현재 정의된 변수를 확인할 수 있습니다. 예를 들어, 다음과 같이 변수를 정의하고 확인해 보겠습니다:

```
x = 10
y = 5
z = x + y
print(z)
```

- 이 코드를 실행하면, 변수 탐색기에서 `x`, `y`, `z`의 값을 확인할 수 있습니다. 이를 통해 현재 사용 중인 데이터와 변수를 쉽게 관리할 수 있습니다.

❹ 데이터 시각화

- Spyder 는 데이터 시각화도 쉽게 할 수 있습니다. 예를 들어, Matplotlib 라이브러리를 사용하여 간단한 그래프를 그려볼 수 있습니다. 아래 코드를 편집기에 입력합니다:

```python
import matplotlib.pyplot as plt

x = [1, 2, 3, 4]
y = [10, 20, 25, 30]

plt.plot(x, y)
plt.title("Sample Plot")
plt.xlabel("X-axis")
plt.ylabel("Y-axis")
plt.show()
```

• 이 코드를 실행하면, 그래프가 나타나는 것을 볼 수 있습니다. 이렇게 데이터 시각화를 통해 결과를 직관적으로 이해할 수 있습니다.

❺ 파일 저장 및 관리

작성한 코드는 파일로 저장할 수 있습니다.

• 상단 메뉴에서 File 〉 Save 또는 Save As를 선택하여 원하는 위치에 파일을 저장합니다.
• 파일은 기본적으로 `.py` 확장자로 저장되며, 이는 파이썬 스크립트 파일을 의미합니다.

이렇게 Spyder를 설치하고 사용하는 방법을 배우면, 파이썬 프로그래밍 환경에서 데이터를 분석하고 인공지능 모델을 개발하는 데 큰 도움이 될 것입니다. Spyder의 다양한 기능을 활용하여 효과적으로 파이썬을 학습하고 프로젝트를 진행해보세요!

4.2 파이썬을 활용한 기초 프로그래밍

4.2.1 기본 문법

파이썬의 기본 문법은 매우 직관적이며 배우기 쉽습니다. 이 섹션에서는 파이썬에서 사용하는 기본적인 문법 요소들에 대해 자세히 설명하겠습니다.

(1) 변수와 데이터 타입

❶ 변수 : 데이터를 저장하는 이름을 가진 메모리 공간입니다. 변수를 사용하여 프로그램에서 필요한 정보를 저장하고 사용할 수 있습니다.

❷ 데이터 타입 : 파이썬에서 사용되는 데이터의 종류를 나타냅니다. 대표적인 데이터 타입은 다음과 같습니다.

- 정수 Integer : 숫자 형태의 데이터로 소수점이 없는 수입니다. 예: `5`, `-3`, `1000`
- 실수 Float : 소수점이 포함된 숫자입니다. 예: `3.14`, `-0.5`, `2.0`
- 문자열 String : 문자나 기호의 집합으로, 작은 따옴표(' ') 또는 큰 따옴표(" ")로 감쌉니다. (예) `'Hello'`, `"Python"`

❸ 예시 코드:

```
age = 25              # 정수형 변수
height = 1.75         # 실수형 변수
name = "Alice"        # 문자열 변수
```

(2) 조건문

❶ 조건문은 주어진 조건에 따라 프로그램의 흐름을 제어하는 데 사용됩니다. 파이썬에서는 `if`, `elif`, `else` 키워드를 사용하여 조건문을 작성합니다.

- if: 특정 조건이 참일 때 실행할 코드를 정의합니다.
- elif: 여러 조건을 추가할 수 있게 해주는 키워드입니다. 이전 조건이 거짓일 때, 새로운 조건을 확인합니다.
- else: 모든 조건이 거짓일 때 실행할 코드를 정의합니다.

❷ 예시 코드:

```
score = 85
if score >= 90:
    print("A")
elif score >= 80:
    print("B")
else:
    print("C")
```

(3) 반복문

❶ 반복문은 특정 작업을 여러 번 수행하는 데 사용됩니다. 파이썬에서는 `for`문과 `while`문을 사용하여 반복 작업을 처리합니다.

- for: 리스트, 문자열 등 반복 가능한 객체의 각 요소에 대해 실행됩니다.
- while: 주어진 조건이 참인 동안 반복합니다.

❷ 예시 코드 (for 문)

```
for i in range(5):          # 0부터 4까지 반복
    print(i)                # 0, 1, 2, 3, 4가 차례로 출력됩니다.
```

❸ 예시 코드 (while 문)

```
count = 0
while count < 5:            # count가 5보다 작을 때까지 반복
    print(count)
    count += 1              # count를 1씩 증가시킵니다.
```

(4) 함수

❶ 함수는 특정 작업을 수행하는 코드 블록입니다. 함수를 정의하면, 해당 작업을 여러 번 호출하여 사용할 수 있어 코드의 재사용성을 높입니다. 파이썬에서는 `def` 키워드를 사용하여 함수를 정의합니다.

❷ 함수는 입력값(매개변수)을 받아 작업을 수행하고, 결과값을 반환할 수 있습니다.

❸ 예시 코드

```
def greet(name):                        # name이라는 매개변수를 가진 함수
    return "안녕하세요, " + name + "!"    # 인사말을 반환합니다.

print(greet("Bob"))                     # "안녕하세요, Bob!"이 출력됩니다.
```

이렇게 기본적인 문법 요소들을 이해하고 활용하면, 파이썬을 사용하여 다양한 프로그램을 작성할 수 있습니다. 이 문법들은 파이썬 프로그래밍의 기초가 되므로, 잘 익혀두는 것이 중요합니다.

4.2.2 예시 코드

아래는 파이썬의 기본 문법을 이해하는 데 도움이 되는 예시 코드입니다. 각 부분에 대해 자세히 설명하겠습니다.

```
# 변수와 데이터 타입
name = "Alice"          # 문자열형 변수
age = 25                # 정수형 변수
```

- 변수 : `name`이라는 변수에는 문자열 `"Alice"`가 저장되어 있고, `age`라는 변수에는 정수 `25`가 저장되어 있습니다. 변수를 사용하면 데이터를 저장하고 나중에 사용할 수 있습니다.

```
# 조건문
if age >= 18:
    print(name + "는 성인입니다.")
else:
    print(name + "는 미성년자입니다.")
```

- 조건문 : `if` 문은 주어진 조건을 평가합니다. 여기서 `age`가 18 이상인지 확인합니다. 만약 그렇다면, `"Alice 는 성인입니다."`를 출력하고, 그렇지 않으면 `"Alice 는 미성년자입니다."`를 출력합니다. 조건에 따라 프로그램의 흐름을 다르게 설정할 수 있습니다.

```
# 반복문
for i in range(5):
    print("안녕하세요! " + str(i))
```

- 반복문 : `for` 문은 특정 범위의 숫자를 반복하면서 작업을 수행합니다. `range(5)`는 0 부터 4 까지의 숫자를 생성합니다. 각 숫자에 대해 `"안녕하세요!"`와 해당 숫자를 출력합니다. `str(i)`는 숫자 `i`를 문자열로 변환하여 출력할 수 있도록 해줍니다.

```
# 함수 정의
def greet(user_name):
    return "안녕하세요, " + user_name + "!"
```

- 함수 : `def` 키워드를 사용하여 `greet`이라는 함수를 정의합니다. 이 함수는 `user_name`이라는 매개변수를 받아 `"안녕하세요, user_name!"`이라는 문자열을 반환합니다. 함수를 사용하면 코드를 재사용할 수 있고, 더 깔끔하게 작성할 수 있습니다.

```
# 함수 호출
print(greet("Bob"))
```

- 함수 호출 : 위에서 정의한 `greet` 함수를 호출하면서 `"Bob"`이라는 값을 전달합니다. 함수는 `"안녕하세요, Bob!"`이라는 문자열을 반환하고, 이 문자열이 `print` 함수를 통해 출력됩니다.

전체 코드 요약

- 변수와 데이터 타입을 사용하여 데이터를 저장합니다.
- 조건문을 사용하여 조건에 따라 다른 출력을 제공합니다.
- 반복문을 사용하여 동일한 작업을 여러 번 수행합니다.
- 함수를 정의하여 코드의 재사용성을 높이고, 입력값에 따라 다양한 결과를 도출할 수 있습니다.

이 예시 코드를 통해 파이썬의 기본 문법을 이해하고, 실제로 간단한 프로그램을 작성할 수 있는 기초를 마련할 수 있습니다.

4.3 파이썬으로 간단한 AI 모델 만들기

4.3.1 간단한 AI 모델 만들기 I

이 섹션에서는 간단한 AI 모델을 만들기 위해 필요한 단계들을 자세히 설명합니다. 이 예제에서는 `scikit-learn` 라이브러리를 사용하여 머신러닝 모델을 훈련시키고 예측하는 과정을 보여드립니다.

(1) 라이브러리 설치

먼저, 필요한 라이브러리를 설치해야 합니다. 파이썬에서는 `pip` 명령어를 사용하여 라이브러리를 설치할 수 있습니다. `scikit-learn`은 머신러닝을 위한 강력한 라이브러리로, 다양한 알고리즘을 제공합니다.

설치 방법:

❶ 명령 프롬프트(Windows) 또는 터미널(Mac/Linux)을 엽니다.

❷ 다음 명령어를 입력하여 `scikit-learn`을 설치합니다.

```
bash
pip install scikit-learn
```

(2) 데이터 준비

이제 모델을 학습시키기 위한 데이터를 준비합니다. 예를 들어, 붓꽃Iris 데이터셋을 사용할 수 있습니다. 이 데이터셋은 각 붓꽃의 특징과 그 종류를 포함하고 있습니다. `scikit-learn`에는 이 데이터셋이 내장되어 있습니다.

데이터 준비 코드:

```
from sklearn.datasets import load_iris
import pandas as pd

# Iris 데이터셋 불러오기
iris = load_iris()
X = iris.data                    # 특성 (feature)
y = iris.target                  # 레이블 (label)

# 데이터프레임으로 변환하여 출력
df = pd.DataFrame(X, columns=iris.feature_names)
df['target'] = y
print(df.head())                 # 데이터의 처음 5행 출력
```

(3) 모델 훈련

데이터를 준비한 후, 머신러닝 모델을 훈련시킵니다. 이 예제에서는 결정 트리Decision Tree 알고리즘을 사용하겠습니다.

모델 훈련 코드:

```
from sklearn.model_selection import train_test_split
from sklearn.tree import DecisionTreeClassifier

# 데이터를 훈련 세트와 테스트 세트로 나누기
X_train, X_test, y_train, y_test = train_test_split(X, y, test_size=0.2, random_state=42)

# 결정 트리 모델 생성
model = DecisionTreeClassifier()

# 모델 훈련
model.fit(X_train, y_train)
```

(4) 예측하기

훈련된 모델을 사용하여 새로운 데이터를 예측합니다. 테스트 데이터를 사용하여 모델의 성능을 평가할 수 있습니다.

예측 코드:

```
# 테스트 데이터를 사용하여 예측
predictions = model.predict(X_test)

# 예측 결과 출력
print("예측 결과:", predictions)

# 실제 값과 예측 값 비교
print("실제 값:", y_test)
```

전체 코드 요약

위의 단계들을 통합하여 간단한 AI 모델을 만드는 전체 코드는 다음과 같습니다.

```
# 라이브러리 임포트
from sklearn.datasets import load_iris
from sklearn.model_selection import train_test_split
from sklearn.tree import DecisionTreeClassifier
import pandas as pd
```

```
# 1. 데이터 준비
iris = load_iris()
X = iris.data
y = iris.target
df = pd.DataFrame(X, columns=iris.feature_names)
df['target'] = y
print(df.head())
```

```
# 2. 데이터 분할
X_train, X_test, y_train, y_test = train_test_split(X, y, test_size=0.2, random_state=42)
```

```
# 3. 모델 훈련
model = DecisionTreeClassifier()
model.fit(X_train, y_train)
```

```
# 4. 예측하기
predictions = model.predict(X_test)
print("예측 결과:", predictions)
print("실제 값:", y_test)
```

이 코드를 실행하면, 붓꽃 데이터셋에 대해 결정 트리 모델을 훈련시키고, 테스트 세트를 사용하여 예측한 결과를 확인할 수 있습니다. 이를 통해 머신러닝의 기본적인 흐름을 이해할 수 있습니다.

4.3.2 예시 코드

```
from sklearn import datasets
from sklearn.model_selection import train_test_split
from sklearn.linear_model import LogisticRegression

# 붓꽃 데이터셋 로드
iris = datasets.load_iris()
X = iris.data
y = iris.target

# 데이터셋 분할
X_train, X_test, y_train, y_test = train_test_split(X, y, test_size=0.2, random_state=42)

# 모델 생성 및 학습
model = LogisticRegression(max_iter=200)
model.fit(X_train, y_train)

# 예측
predictions = model.predict(X_test)
print("예측 결과:", predictions)
```

4.3.2 간단한 AI 모델 만들기 II (다른 예제)

이번에는 타이타닉 생존자 예측 데이터셋을 사용하여 간단한 머신러닝 모델을 만드는 방법을 살펴보겠습니다. 이 데이터셋은 타이타닉호에서 생존한 승객과 사망한 승객에 대한 정보를 포함하고 있으며, 이를 통해 승객의 생존 여부를 예측하는 모델을 만들 것입니다.

(1) 필요한 라이브러리 설치

모델을 만들기 위해 필요한 라이브러리를 설치합니다. Anaconda를 사용하고 있다면 대부분의 라이브러리가 기본으로 설치되어 있을 수 있지만, 필요한 경우 아래 명령어로 설치합니다.

```
bash
pip install scikit-learn pandas numpy
```

(2) 데이터 준비

타이타닉 데이터셋을 로드합니다. 일반적으로 이 데이터셋은 CSV 형식으로 제공됩니다. 아래 코드는 `pandas` 라이브러리를 사용하여 데이터셋을 불러오는 방법을 보여줍니다.

```
import pandas as pd

# 타이타닉 데이터셋 로드
url = "https://raw.githubusercontent.com/datasciencedojo/datasets/master/titanic.csv"
data = pd.read_csv(url)

# 데이터셋 확인
print(data.head())
```

(3) 데이터 전처리

머신러닝 모델을 만들기 전에 데이터 전처리를 통해 필요없는 열을 제거하고, 결측값을 처리해야 합니다. 이 단계에서는 생존 여부(`Survived`), 성별(`Sex`), 나이(`Age`), 객실 등급(`Pclass`)을 사용할 것입니다.

```
# 필요한 열만 선택
data = data[['Survived', 'Pclass', 'Sex', 'Age', 'Fare']]

# 결측값 처리: 나이 결측값을 평균 나이로 채우기
data['Age'].fillna(data['Age'].mean(), inplace=True)

# 성별을 숫자로 변환: 남성은 0, 여성은 1
data['Sex'] = data['Sex'].map({'male': 0, 'female': 1})

# 데이터 확인
print(data.head())
```

(4) 데이터셋 나누기

데이터셋을 훈련 데이터와 테스트 데이터로 나누어 모델을 학습하고 평가합니다.

```
from sklearn.model_selection import train_test_split

# 데이터셋을 훈련 데이터와 테스트 데이터로 나누기
X = data[['Pclass', 'Sex', 'Age', 'Fare']]  # 특성 데이터
y = data['Survived']  # 레이블 데이터

X_train, X_test, y_train, y_test = train_test_split(X, y, test_size=0.2, random_state=42)

# 데이터 분할 결과 확인
print("훈련 데이터 수:", X_train.shape[0])
print("테스트 데이터 수:", X_test.shape[0])
```

(5) 모델 훈련

여기서는 로지스틱 회귀Logistic Regression 모델을 사용하여 생존 여부를 예측합니다.

```
from sklearn.linear_model import LogisticRegression

# 로지스틱 회귀 모델 생성
model = LogisticRegression()

# 모델 훈련
model.fit(X_train, y_train)

# 훈련 완료 메시지 출력
print("모델 훈련이 완료되었습니다.")
```

(6) 예측하기

훈련된 모델을 사용하여 테스트 데이터에 대한 예측을 수행합니다.

```
# 테스트 데이터로 예측하기
predictions = model.predict(X_test)

# 예측 결과 출력
print("예측 결과:", predictions)
```

(7) 모델 평가

모델의 성능을 평가하기 위해 예측 결과와 실제 레이블을 비교합니다.

```
from sklearn.metrics import accuracy_score

# 정확도 계산
accuracy = accuracy_score(y_test, predictions)

# 결과 출력
print("모델의 정확도:", accuracy)
```

정확도를 통해 모델의 성능을 평가할 수 있으며, 정확도가 높을수록 모델이 잘 작동하는 것을 의미합니다.

(8) 결론

이 과정을 통해 타이타닉 데이터셋을 이용한 머신러닝 모델을 만드는 방법을 배웠습니다. 데이터 전처리, 모델 훈련, 예측 및 평가의 전체 과정을 통해 머신러닝의 기본 개념을 이해할 수 있었습니다.

추가 실습

- 다른 알고리즘(예: 결정 트리, 랜덤 포레스트 등)을 사용하여 모델을 비교해보세요.
- 데이터 전처리 단계에서 다른 방법을 사용하여 모델의 성능이 어떻게 변하는지 실험해보세요.

이 과정을 통해 머신러닝의 기본적인 이해를 돕고, 실제 모델을 만드는 경험을 쌓을 수 있습니다.

4.4 오늘의 내용 요약

오늘은 파이썬을 소개하고 설치하는 방법, 기초 프로그래밍 문법, 그리고 간단한 AI 모델을 만드는 방법에 대해 학습했습니다. 각 주제별로 자세한 요약을 제공하겠습니다.

1. 파이썬 소개 및 설치

파이썬은 배우기 쉽고 가독성이 뛰어나며 다양한 용도로 사용되는 프로그래밍 언어입니다. 오늘 학습한 내용은 다음과 같습니다.

❶ **파이썬의 장점** : 파이썬은 가독성이 뛰어나고 풍부한 라이브러리를 지원하여 데이터 과학, 웹 개발, 인공지능 및 머신러닝 등의 분야에서 널리 사용됩니다.

❷ **파이썬 설치** : 공식 웹사이트에서 최신 버전을 다운로드하고, 설치할 때 "Add Python to PATH" 옵션을 반드시 체크해야 한다는 점을 배웠습니다. 설치 후 명령 프롬프트나 터미널을 사용하여 `python --version` 명령어로 설치가 완료되었는지 확인할 수 있었습니다.

2. 기초 프로그래밍 문법

파이썬의 기본 문법을 학습하며, 데이터 처리 및 프로그램 흐름을 제어하는 방법을 배웠습니다.

❶ **변수와 데이터 타입** : 변수를 사용하여 데이터를 저장하고, 정수, 실수, 문자열 등 다양한 데이터 타입을 이해했습니다.

❷ **조건문** : `if`, `elif`, `else` 조건문을 사용하여 프로그램의 흐름을 제어하는 방법을 배웠습니다. 조건에 따라 특정 코드를 실행할 수 있는 기능을 실습했습니다.

❸ **반복문** : `for`와 `while` 반복문을 통해 반복적인 작업을 수행하는 방법을 익혔습니다. 이를 통해 동일한 작업을 여러 번 반복하는 코드를 작성할 수 있게 되었습니다.

❹ **함수 정의** : `def` 키워드를 사용하여 함수를 정의하고, 이를 통해 코드의 재사용성을 높이는 방법을 배웠습니다. 입력값을 받아 처리하고 결과를 반환하는 함수의 개념을 이해했습니다.

3. 간단한 AI 모델 만들기

`scikit-learn` 라이브러리를 사용하여 간단한 머신러닝 모델을 구축하고 예측하는 방법을 배웠습니다. 두 가지 예제를 통해 실제 데이터를 처리하고 모델을 학습시키는 경험을 할 수 있었습니다.

❶ 붓꽃Iris 데이터셋

- 데이터 준비 : 내장된 붓꽃 데이터를 불러와 데이터셋을 분석했습니다.
- 모델 훈련 : 결정 트리 Decision Tree 알고리즘을 사용하여 모델을 학습했습니다.
- 예측 및 평가 : 학습된 모델을 테스트 데이터에 적용하여 결과를 예측하고 모델의 성능을 평가했습니다.

❷ 타이타닉 생존자 예측 데이터셋

- 데이터 준비 및 전처리 : 타이타닉 데이터를 불러와 결측값 처리, 성별 데이터를 숫자로 변환하는 등의 전처리 과정을 거쳤습니다.
- 모델 훈련 : 로지스틱 회귀 Logistic Regression 알고리즘을 사용하여 생존 여부를 예측하는 모델을 만들었습니다.
- 모델 평가 : 테스트 데이터를 통해 모델의 성능을 평가하고 정확도를 확인했습니다.

오늘의 학습을 통해 기본적인 파이썬 프로그래밍 능력을 쌓았고, 이를 바탕으로 간단한 머신러닝 모델을 직접 구현할 수 있는 기초 지식을 습득했습니다. 데이터 전처리부터 모델 훈련, 예측 및 평가에 이르는 전체 과정을 실습함으로써 인공지능과 머신러닝에 대한 기본적인 이해를 높일 수 있었습니다.

이러한 경험은 앞으로 데이터 과학 및 인공지능 프로젝트를 수행하는 데 큰 도움이 될 것입니다.

4.5 연습문제

4지선다형 문제

01 파이썬의 주요 장점으로 옳지 않은 것은?

① 코드의 가독성이 높다.
② 다양한 라이브러리를 제공한다.
③ 복잡한 문법 구조를 갖고 있다.
④ 다양한 플랫폼에서 실행 가능하다.

02 파이썬에서 데이터를 시각화하는 데 주로 사용하는 라이브러리는?

① NumPy ② Pandas
③ Matplotlib ④ TensorFlow

03 Spyder의 주요 기능으로 적합하지 않은 것은?

① 코드 작성 및 디버깅 ② 데이터 시각화
③ 데이터 분석 ④ 게임 개발

04 데이터프레임을 다루는 데 사용되는 파이썬 라이브러리는?

① NumPy ② Pandas
③ Scikit-learn ④ Keras

05 붓꽃 데이터셋을 불러오는 데 사용하는 라이브러리는?

① TensorFlow ② NumPy
③ Scikit-learn ④ Matplotlib

06 파이썬 설치 과정에서 "Add Python to PATH" 옵션을 선택하는 이유는?

① 파이썬을 빠르게 다운로드하기 위해
② 파이썬 코드를 쉽게 실행하기 위해
③ 파이썬 문법을 자동으로 학습하기 위해
④ 파이썬 버전을 확인하기 위해

07 반복문에서 `for i in range(5):`가 출력하는 값은?

① 1, 2, 3, 4, 5
② 0, 1, 2, 3, 4
③ 0, 2, 4, 6, 8
④ 5, 4, 3, 2, 1

08 머신러닝 모델을 학습시키는 과정에서 데이터를 분리하는 데 사용되는 함수는?

① load_data()
② train_test_split()
③ model.compile()
④ fit_transform()

09 데이터 전처리에서 결측값을 처리하는 일반적인 방법은?

① 결측값 제거
② 평균값으로 대체
③ 새로운 열 생성
④ 이상치 탐지

10 로지스틱 회귀 모델을 사용하여 예측을 수행하는 데 사용하는 함수는?

① model.fit()
② model.predict()
③ model.compile()
④ model.evaluate()

단답형 문제

01 파이썬을 처음 개발한 사람은 누구인가?

02 데이터 시각화에 사용되는 주요 라이브러리 두 가지를 쓰시오.

03 Spyder의 변수 탐색기 기능은 무엇을 보여주는가?

04 파이썬에서 문자열을 나타내는 데이터 타입은 무엇인가?

05 머신러닝에서 데이터를 학습하기 위해 사용하는 주요 라이브러리는?

06 "print()" 함수의 주요 용도는 무엇인가?

07 파이썬에서 리스트를 생성하는 방법의 예를 쓰시오.

08 조건문에서 `elif는 어떤 역할을 하는가?

09 반복문에서 특정 조건에 따라 반복을 중단하는 키워드는 무엇인가?

10 파이썬의 기본 파일 확장자는 무엇인가?

서술형 문제

01 파이썬의 주요 장점과 단점을 설명하시오.

02 Scikit-learn 라이브러리를 사용하여 머신러닝 모델을 만드는 주요 단계를 설명하시오.

03 반복문과 조건문을 사용하여 간단한 예제 코드를 작성하고 설명하시오.

04 파이썬에서 데이터를 저장하고 조작하기 위한 데이터 타입을 설명하시오.

05 Spyder를 설치하고 사용하는 과정을 단계별로 설명하시오.

05 일차 머신러닝의 기본 개념

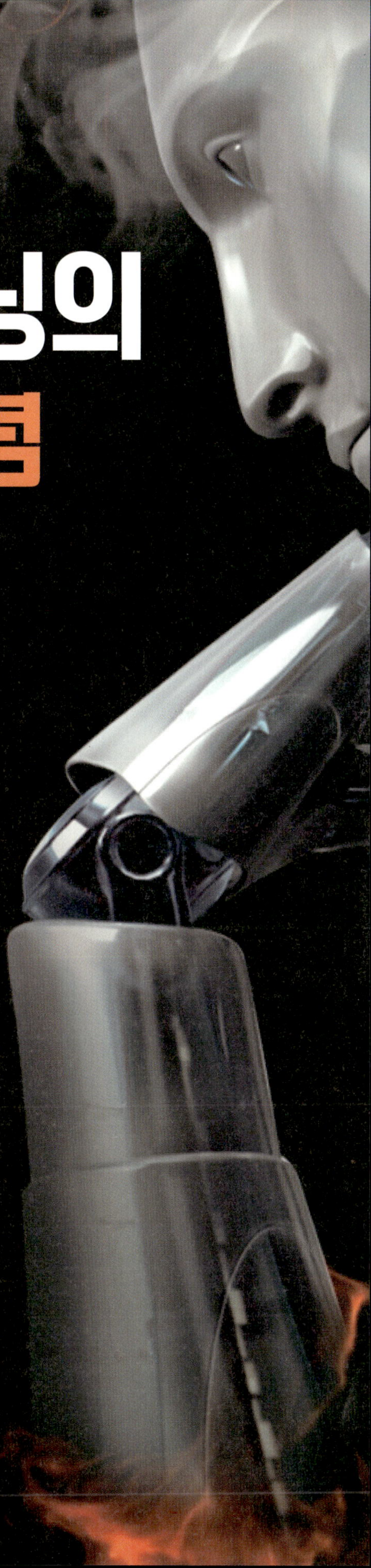

5.1 지도 학습 vs 비지도 학습
5.2 머신러닝의 학습 과정
5.3 실습 : 간단한 예측 모델 만들기
5.4 오늘의 내용 요약
5.5 연습문제

5.1 지도 학습 vs 비지도 학습

5.1.1 지도 학습Supervised Learning

지도 학습은 컴퓨터가 정답이 있는 데이터를 학습하는 방식입니다. 이때 컴퓨터는 입력 데이터와 정답(라벨)을 함께 제공받아, 데이터의 패턴을 학습하고 기억하게 됩니다. 이후 새로운 데이터가 주어졌을 때, 컴퓨터는 학습한 내용을 바탕으로 해당 데이터의 정답을 예측할 수 있습니다.

쉽게 말하면 !

지도 학습은 마치 선생님이 학생에게 문제와 정답을 알려주면서 공부를 시키는 것과 비슷합니다. 학생이 문제를 보고 정답을 외운 후, 시험에서 비슷한 문제를 보면 스스로 정답을 맞추는 원리와 같습니다.

(1) 예시

❶ 동물 사진 예시

컴퓨터에게 여러 장의 고양이 사진과 강아지 사진을 보여주면서 각각의 사진에 "고양이", "강아지"라는 라벨(정답)을 알려줍니다. 컴퓨터는 이 데이터를 학습하면서 고양이와 강아지의 차이점을 파악하게 됩니다.

- 고양이 사진: "이건 고양이입니다."
- 강아지 사진: "이건 강아지입니다."

나중에 컴퓨터에게 새로운 고양이 사진을 보여주면, 컴퓨터는 "이건 고양이일 가능성이 높다"라고 예측할 수 있습니다. 이는 컴퓨터가 이전에 학습한 내용을 바탕으로 고양이와 강아지를 구분하는 법을 배웠기 때문입니다.

❷ 집 값 예측 예시

또 다른 예시로, 집의 크기와 가격에 대한 데이터를 제공한다고 가정합니다.

- 50 평짜리 집: "이 집의 가격은 5 억입니다."
- 70 평짜리 집: "이 집의 가격은 7 억입니다."

컴퓨터는 집의 크기가 커질수록 가격이 비싸진다는 패턴을 학습합니다. 이후, 60평짜리 새로운 집이 주어지면 컴퓨터는 이를 바탕으로 "이 집의 가격은 6억일 것 같다"라고 예측할 수 있습니다.

(2) 대표적인 지도 학습 알고리즘

❶ 회귀 Regression

회귀는 숫자나 연속적인 값을 예측하는 데 사용되는 알고리즘입니다.

- 예시: 집 크기에 따른 집값 예측.

예를 들어, 다양한 크기의 집과 그에 따른 가격 데이터를 제공하면, 컴퓨터는 집 크기에 따른 가격의 변화를 학습하고, 새로운 크기의 집에 대한 예상 가격을 예측할 수 있습니다.

❷ 분류 Classification

분류는 특정 범주로 데이터를 나누는 것입니다. 컴퓨터는 데이터를 보고 그 데이터를 미리 정해진 범주 중 하나로 분류합니다.

- 예시: 이메일을 스팸 또는 정상으로 분류.

다양한 이메일을 보여주며, 어떤 이메일이 스팸인지 아닌지 알려주면, 컴퓨터는 스팸 이메일의 특징을 학습하게 됩니다. 이후에 새로운 이메일을 받으면, 그것이 스팸인지 아닌지를 예측할 수 있습니다.

(3) 정리

- 지도 학습은 정답을 알려주면서 컴퓨터에게 데이터를 학습시키는 방법입니다.
- 컴퓨터는 주어진 데이터를 보고 정답을 맞추는 방법을 배운 후, 새로운 데이터에 대해 예측할 수 있게 됩니다.
- 예를 들어, 고양이와 강아지 사진을 보고 학습하거나, 집 크기에 따른 가격을 예측하는 것처럼, 다양한 분야에서 활용할 수 있습니다.

5.1.2 비지도 학습 Unsupervised Learning

비지도 학습은 정답이 없는 데이터를 사용하여 학습하는 방식입니다. 지도 학습처럼 데이터를 보고 무엇이 정답인지 가르쳐 주지 않습니다. 대신 컴퓨터는 주어진 데이터를 보고 스스로 패턴이나 규칙을 찾아내게 됩니다.

비지도 학습은 주로 데이터의 구조를 분석하거나, 비슷한 데이터를 그룹화하는 데 사용됩니다. 이 과정에서 컴퓨터는 데이터의 특징을 바탕으로 비슷한 특성을 가진 데이터들을 묶거나, 데이터의 중요한 정보를 추출하는 방법을 배웁니다.

(1) 예시

❶ 고객 그룹화 예시

예를 들어, 고객들의 구매 데이터를 컴퓨터에게 제공한다고 가정합니다. 이때 정답(라벨)을 주지 않고, 단순히 어떤 고객이 어떤 상품을 구매했는지에 대한 데이터만 제공하게 됩니다.

- 고객 A : 자주 신발을 구매함
- 고객 B : 자주 운동기구를 구매함
- 고객 C : 자주 전자기기를 구매함
- 고객 D : 자주 신발을 구매함

이 데이터를 본 컴퓨터는 신발을 자주 구매하는 고객들을 한 그룹으로, 전자기기를 자주 구매하는 고객들을 다른 그룹으로 나누어 패턴을 찾아냅니다.

결국 컴퓨터는 고객 A와 고객 D를 "신발 구매 고객 그룹", 고객 B와 C를 각기 다른 "운동기구 그룹"과 "전자기기 그룹"으로 나누어 데이터를 분석하게 됩니다.

❷ 데이터 축소 예시(차원 축소)

때로는 데이터가 너무 복잡해서 분석이 어려울 수 있습니다. 예를 들어, 수백 개의 변수로 이루어진 데이터가 있을 때, 차원 축소를 통해 이 데이터를 더 간단하게 만들 수 있습니다.

차원 축소란, 데이터를 분석하는 데 핵심적인 정보만 남기고 불필요한 정보는 제거하는 것을 말합니다. 이렇게 하면 컴퓨터가 더 효율적으로 데이터를 분석할 수 있습니다.

(2) 대표적인 비지도 학습 알고리즘

❶ 군집화Clustering

군집화는 비슷한 특성을 가진 데이터들을 하나의 그룹으로 묶는 방식입니다.

- 예시: 고객들의 구매 패턴을 바탕으로 비슷한 성향의 고객들을 그룹으로 나누는 것.

컴퓨터는 데이터를 보고 어떤 고객들이 비슷한 상품을 구매했는지 패턴을 분석한 후, 고객 그룹을 형성하게 됩니다. 이를 통해 기업은 각 고객 그룹에 맞는 마케팅 전략을 세울 수 있습니다.

❷ 차원 축소Dimensionality Reduction

차원 축소는 많은 양의 데이터를 간단하고 핵심적인 정보로 줄이는 것입니다.

- 예시: 아주 많은 변수와 특징을 가진 복잡한 데이터를 단순화하는 것. 예를 들어, 수많은 설문지 데이터를 바탕으로 몇 가지 중요한 질문만 남기고 분석할 수 있습니다.

차원 축소를 사용하면 데이터 분석이 훨씬 빠르고 효율적으로 이루어질 수 있습니다.

(3) 정리

- 비지도 학습은 정답이 없는 데이터를 보고, 컴퓨터가 스스로 패턴이나 규칙을 찾아내는 방식입니다.
- 고객 데이터를 통해 비슷한 행동을 보이는 그룹을 찾아내거나, 복잡한 데이터를 단순화할 수 있습니다.
- 군집화와 차원 축소는 대표적인 비지도 학습 방법입니다.

5.2 머신러닝의 학습 과정

머신러닝 모델을 만드는 과정은 여러 단계로 이루어집니다. 이 과정에서 데이터를 준비하고 모델을 학습시킨 후 성능을 평가하는 것이 핵심입니다. 각 단계를 설명하겠습니다.

5.2.1 데이터 수집 및 준비

머신러닝에서 가장 중요한 첫 단계는 데이터 수집과 데이터 준비입니다. 데이터가 곧 모델의 학습 자료가 되기 때문에, 좋은 데이터를 모으고 정리하는 과정이 모델 성능에 매우 큰 영향을 미칩니다.

(1) 데이터 수집

먼저, 머신러닝 모델이 학습할 수 있는 데이터를 수집해야 합니다. 이 데이터는 문제 해결에 필요한 정보여야 하며, 충분한 양의 데이터를 모으는 것이 중요합니다.

예를 들어, 어떤 회사가 고객의 나이, 구매 횟수, 구매 금액 등의 데이터를 사용해 향후 고객의 구매 예측을 하고자 한다고 가정합니다. 이를 위해 고객의 나이, 성별, 구매한 상품 종류, 구매 횟수, 구매 금액 등을 데이터로 수집할 수 있습니다.

(2) 데이터 정제

데이터를 수집한 후에는 결측치나 오류를 찾아내어 정리하는 작업이 필요합니다. 결측치란, 데이터 중 일부 값이 누락된 경우를 말합니다. 예를 들어

- 고객 A의 나이는 25로 잘 기록되어 있지만, 고객 D의 나이는 누락되어 있을 수 있습니다.

(3) 데이터 오류 수정

데이터 수집 과정에서 오류가 발생할 수 있습니다. 예를 들어, 고객의 나이를 잘못 입력했거나, 구매 금액이 비정상적으로 기록되었을 수 있습니다.

(4) 데이터 표준화

수집된 데이터가 서로 다른 형식으로 기록되어 있으면, 모델이 학습하기 어렵습니다. 이를 통일된 형식으로 바꿔야 합니다.

5.2.2 데이터 분할

데이터를 수집하고 준비한 다음에는 데이터를 학습용 데이터와 테스트용 데이터로 나누는 작업이 필요합니다. 모델이 새로운 데이터를 얼마나 잘 예측할 수 있는지 평가하기 위해서는 학습용 데이터와 테스트용 데이터가 필요합니다. 학습용 데이터를 사용하여 모델을 학습시키고, 테스트용 데이터를 통해 모델이 새로운 데이터에 대해 잘 예측하는지 확인합니다.

(1) 데이터 분할 비율

일반적으로 80%는 학습용, 20%는 테스트용으로 데이터를 나누는 것이 일반적입니다.

(2) 과적합Overfitting이란?

데이터 분할의 핵심 이유는 과적합overfitting 문제를 방지하는 데 있습니다. 과적합이란, 모델이 학습용 데이터에 너무 맞춰져서 새로운 데이터를 제대로 처리하지 못하는 상황을 말합니다.

5.2.3 모델 학습

모델 학습은 머신러닝의 핵심 과정으로, 컴퓨터가 데이터를 바탕으로 문제를 해결하는 능력을 배우는 단계입니다.

(1) 지도 학습에서의 모델 학습

지도 학습Supervised Learning은 입력 데이터와 그에 대한 정답(라벨)이 주어지는 방식입니다. 모델은 주어진 데이터를 보고 정답을 예측하는 방법을 학습합니다.

❶ 예시: 집의 크기와 가격 예측

집의 크기와 그에 따른 가격 데이터를 사용해 모델을 학습시킨다고 가정합니다.

- **입력 데이터**: 집의 크기 (예: 50 평, 70 평, 100 평)
- **정답(라벨)**: 해당 집의 가격 (예: 50 평은 5 억, 70 평은 7 억)

모델은 이 데이터를 학습하면서 집의 크기와 가격 사이의 패턴을 찾습니다. 크기가 커지면 가격도 올라간다는 패턴을 모델이 학습하게 되는 것입니다.

(2) 비지도 학습에서의 모델 학습

비지도 학습Unsupervised Learning은 정답(라벨)이 없는 데이터를 가지고 스스로 패턴을 찾아내는 방식입니다.

5.2.4 모델 평가

모델 학습이 끝난 후, 모델 평가 단계에서는 테스트용 데이터를 사용하여 모델이 얼마나 정확하게 예측하는지 확인합니다. 이 단계에서 우리는 모델이 학습되지 않은 새로운 데이터에 대해 얼마나 잘 예측할 수 있는지 확인하는 것이 핵심입니다.

(1) 모델 평가 과정

❶ **테스트 데이터 준비** : 먼저, 학습 데이터와는 다른 테스트 데이터를 준비해야 합니다.
❷ **모델의 예측값 계산** : 모델은 테스트 데이터의 입력값을 보고, 예측값을 계산합니다.
❸ **실제 정답과 예측값 비교** : 이제 모델이 예측한 값과 실제 정답을 비교하여 모델의 성능을 평가합니다.
❹ **평가 지표 활용** : 모델 성능을 평가할 때는 다양한 평가 지표를 사용할 수 있습니다.

5.2.5 예측

모델 학습과 평가가 끝나면, 이제 학습된 모델을 사용하여 새로운 데이터에 대한 예측을 할 수 있습니다. 예측은 학습된 모델이 과거의 데이터 패턴을 바탕으로 새로운 입력값에 대해 정답을 추측하는 과정입니다.

(1) 예시 : 집값 예측 모델

집의 크기에 따른 가격을 예측하는 모델을 학습했다고 가정합니다. 모델은 이미 집 크기와 그에 따른 가격 데이터를 학습했기 때문에, 새로운 크기의 집이 주어졌을 때 그 집의 가격을 예측할 수 있습니다.

(2) 예측 과정 요약

❶ 새로운 데이터를 모델에 입력 : 모델이 학습하지 않은 새로운 데이터를 입력합니다.
❷ 모델이 학습한 패턴 적용 : 모델이 이전에 학습한 패턴을 바탕으로 새로운 데이터에 대한 결과를 계산합니다.
❸ 결과값(예측값) 출력 : 모델은 입력된 데이터에 대한 예측값을 출력합니다.

이 과정을 통해 학습된 모델이 새로운 데이터에 대해 예측을 할 수 있습니다.

5.3 실습: 간단한 예측 모델 만들기

이번 실습에서는 여러 단계에 걸쳐 간단한 예측 모델을 만들어 봅니다. 각 단계에서는 조금씩 다른 방식으로 예측 모델을 적용해 보겠습니다.

5.3.1 예측 모델 만들기 I

이번 단계에서는 선형 회귀Linear Regression 모델을 사용하여 간단한 예측을 만들어 봅니다. 선형 회귀는 입력값(X)과 출력값(y) 사이의 관계를 직선으로 나타내는 방식입니다. 모델은 데이터를 보고 두 값 사이의 패턴을 찾아서, 그 패턴을 바탕으로 새로운 값에 대한 예측을 합니다.

(1) 필요한 라이브러리 불러오기

```
from sklearn.linear_model import LinearRegression
import numpy as np
```

- `sklearn.linear_model.LinearRegression`: 이 라이브러리는 선형 회귀 모델을 쉽게 만들 수 있게 해줍니다. 선형 회귀는 데이터를 직선으로 표현하며, 이를 바탕으로 예측을 할 수 있게 합니다.
- `numpy`: 데이터를 배열 array 형태로 다루는 도구입니다. 배열은 데이터를 쉽게 저장하고 처리할 수 있는 형태입니다.

(2) 데이터 준비

```
X = np.array([[1], [2], [3], [4], [5]])        # 입력값
y = np.array([1, 4, 9, 16, 25])                # 출력값 (y = x·2)
```

- X: 이 값은 모델이 학습할 입력 데이터입니다. 예를 들어, 1 부터 5 까지의 숫자를 입력값으로 사용합니다.
- y: 각 입력값에 대응하는 출력값입니다. 여기서는 `y = x^2`라는 규칙을 따릅니다. 즉, 입력값을 제곱한 값이 출력값이 됩니다. 예를 들어, X 가 2 일 때 y 는 4, X 가 3 일 때 y 는 9 가 됩니다.

이 데이터는 컴퓨터가 학습할 때 사용되며, 컴퓨터는 이를 바탕으로 입력값과 출력값 사이의 관계를 학습하게 됩니다.

(3) 모델 학습

```
model = LinearRegression()        # 선형 회귀 모델 생성
model.fit(X, y)                   # 모델을 입력 데이터(X)와 출력 데이터(y)로 학습
```

- `model = LinearRegression()`: 선형 회귀 모델을 만듭니다. 이 모델은 입력값과 출력값 사이의 관계를 직선으로 그립니다. 컴퓨터는 데이터를 통해 어떤 직선이 가장 적합한지 배우게 됩니다.
- `model.fit(X, y)`: 입력값(X)과 출력값(y)을 사용하여 모델을 학습시킵니다. 컴퓨터는 입력값이 주어졌을 때 그에 맞는 출력값을 어떻게 예측해야 할지를 배우는 과정입니다.

예를 들어, 컴퓨터는 X가 1일 때 y는 1, X가 2일 때 y는 4인 것을 학습하면서 입력값이 커지면 출력값도 커진다는 패턴을 익히게 됩니다.

(4) 예측하기

```
pred = model.predict([[6]])                # 입력값 6 에 대해 예측
print(f"6 에 대한 예측 값: {pred[0]}")
```

- `model.predict([[6]])`: 학습된 모델에 입력값 6 을 넣고, 그에 따른 출력값을 예측합니다. 컴퓨터는 6 이라는 입력값을 보고 직선을 따라 계산하여 결과값을 예측합니다.
- `print(f"6 에 대한 예측 값: {pred[0]}")`: 예측된 값을 화면에 출력합니다.

이 과정에서, 컴퓨터는 6이라는 숫자를 받아들여 이전에 학습한 데이터 패턴을 바탕으로 결과를 추정하게 됩니다.

(5) 결과

이 코드를 실행하면, 컴퓨터가 입력값 6에 대한 예측값을 출력합니다. 그러나 이 모델은 선형 회귀이므로, 입력값과 출력값을 직선으로 연결하는 방식을 사용합니다. 실제로 `y = x^2` 규칙을 따른다면 6의 제곱은 36이 되어야 하지만, 선형 회귀 모델은 직선을 사용하기 때문에 정확한 결과를 내지 못할 수도 있습니다.

쉽게 이해할 수 있는 요약

❶ **데이터 준비** : 컴퓨터가 학습할 데이터를 만듭니다. 여기서는 숫자 1부터 5까지를 입력값으로 하고, 그 값의 제곱을 출력값으로 설정합니다.

❷ **모델 만들기** : 선형 회귀 모델을 사용하여 데이터를 학습하게 합니다. 컴퓨터는 입력값과 출력값 간의 패턴을 찾아냅니다.

❸ **예측하기** : 학습된 모델에 6이라는 입력값을 넣고, 그에 맞는 출력값(예측값)을 계산합니다.

이 과정을 통해, 컴퓨터가 과거 데이터를 바탕으로 새로운 데이터에 대해 예측할 수 있는 능력을 기르게 됩니다. 선형 회귀 모델은 간단하지만, 데이터를 바탕으로 한 예측을 이해하는 데 중요한 기초가 됩니다.

5.3.2 예측 모델 만들기 II

이번 단계에서는 다항 회귀Polynomial Regression를 사용하여 데이터를 예측해보겠습니다. 다항 회귀는 입력값과 출력값의 관계가 직선이 아닐 때 적합한 모델입니다. 우리가 사용하는 데이터는 y = x^2처럼 제곱 관계를 가지기 때문에, 직선이 아닌 곡선을 그릴 수 있는 모델이 필요합니다.

(1) 필요한 라이브러리 불러오기

```
from sklearn.preprocessing import PolynomialFeatures
from sklearn.linear_model import LinearRegression
import numpy as np
```

- `PolynomialFeatures`: 이 도구는 입력값을 다항식으로 변환해줍니다. 예를 들어, 단순한 입력값을 제곱이나 세제곱 등으로 바꿔서 모델에 넣을 수 있게 해줍니다.
- `LinearRegression`: 우리가 사용할 회귀 모델입니다. 이 모델은 일반적으로 직선을 그리지만, 다항식으로 변환된 데이터를 이용하면 곡선도 그릴 수 있습니다.
- `numpy`: 데이터를 배열로 처리하는 도구입니다. 배열은 데이터를 구조적으로 저장하고 쉽게 관리할 수 있습니다.

(2) 데이터 준비

```
X = np.array([[1], [2], [3], [4], [5]])          # 입력값
y = np.array([1, 4, 9, 16, 25])                  # 출력값 (y = x·2)
```

- X: 모델에 넣을 입력값입니다. 여기서는 1부터 5까지의 숫자를 입력값으로 사용합니다.
- y: 각 입력값에 대응하는 출력값입니다. 여기서는 `y = x·2`라는 규칙을 따르므로, 입력값의 제곱이 출력값이 됩니다. 예를 들어, X가 2일 때 y는 4, X가 3일 때 y는 9가 됩니다.

(3) 입력값을 다항식으로 변환

```
poly = PolynomialFeatures(degree=2)          # 2차 다항식으로 변환
X_poly = poly.fit_transform(X)               # 입력값 변환
```

- `PolynomialFeatures(degree=2)`: 입력값을 2차 다항식으로 변환합니다. `degree=2`는 우리가 제곱 관계를 학습시키려 한다는 의미입니다.
- `fit_transform(X)`: 입력값 X를 2차 다항식으로 변환합니다. 예를 들어, X가 2라면, 이를 제곱해서 4로 변환합니다. 변환된 데이터는 X_poly라는 변수에 저장됩니다.

(4) 모델 학습

```
model = LinearRegression()          # 선형 회귀 모델 생성
model.fit(X_poly, y)                # 다항식으로 변환된 데이터로 모델 학습
```

- `model = LinearRegression()`: 선형 회귀 모델을 생성합니다. 다만, 우리는 입력값을 다항식으로 변환했으므로, 이 모델은 곡선 형태의 결과도 예측할 수 있습니다.
- `model.fit(X_poly, y)`: 변환된 입력값(X_poly)과 출력값(y)를 사용하여 모델을 학습시킵니다. 이제 모델은 직선이 아닌 곡선을 학습할 수 있게 됩니다.

(5) 예측하기

```
X_test = poly.transform([[6]])          # 입력값 6을 다항식으로 변환
pred = model.predict(X_test)            # 6에 대한 예측 수행
print(f"6에 대한 예측 값: {pred[0]}")
```

- `poly.transform([[6]])`: 입력값 6 을 2 차 다항식으로 변환합니다. 즉, 6 의 제곱을 계산해 모델에 넣을 준비를 합니다.
- `model.predict(X_test)`: 학습된 모델에 변환된 입력값을 넣고 예측값을 계산합니다. 여기서는 X가 6일 때 y 값이 무엇인지 예측하게 됩니다.
- `print(f"6 에 대한 예측 값: {pred[0]}")`: 예측된 결과를 화면에 출력합니다.

(6) 결과

이 코드를 실행하면, 입력값 6에 대한 예측값이 출력됩니다. 앞서 사용한 선형 회귀 모델은 직선으로 예측했기 때문에 부정확한 결과가 나올 수 있었습니다. 그러나 이번에 사용한 다항 회귀 모델은 곡선을 그릴 수 있으므로, 제곱 관계를 더 잘 반영할 수 있어 더 정확한 예측이 가능합니다.

설명:

❶ **데이터 준비** : 컴퓨터가 학습할 데이터를 준비합니다. 여기서는 1부터 5까지의 숫자와 그 숫자의 제곱값을 학습시킵니다.

❷ **다항식으로 변환** : 입력값을 제곱으로 변환하여 모델에 넣습니다. 예를 들어, X가 2이면 2의 제곱인 4로 변환합니다.

❸ **모델 학습** : 변환된 데이터를 바탕으로 모델을 학습시킵니다. 이제 모델은 직선이 아닌 곡선 형태로 데이터를 학습하게 됩니다.

❹ **예측하기** : 학습된 모델에 6이라는 숫자를 넣어 그에 맞는 값을 예측합니다.

정리:

이 방법은 곡선 형태의 데이터를 예측할 때 적합합니다. 선형 회귀 모델은 직선만 그릴 수 있지만, 다항 회귀 모델은 곡선도 그릴 수 있기 때문에 더 복잡한 데이터 패턴을 예측하는

데 유리합니다. 다항 회귀는 직선으로는 예측할 수 없는 제곱 관계나 그 이상의 복잡한 관계를 처리하는 데 유용한 방법입니다.

5.3.3 예측 모델 만들기 III

이번 단계에서는 여러 개의 입력값을 한꺼번에 예측하는 방법을 알아보겠습니다. 이전에는 입력값 6에 대해서만 예측을 했지만, 이번에는 6, 7, 8이라는 세 가지 입력값을 동시에 예측하여, 한 번에 여러 값을 계산하는 방법을 배웁니다.

(1) 여러 입력값 준비하기

```
X_test = poly.transform([[6], [7], [8]])          # 6, 7, 8 입력값 변환
```

- X_test: 여기서는 예측할 입력값으로 6, 7, 8을 선택했습니다. 이 값을 모델에 넣기 전에 다항식으로 변환해야 합니다. 이는 우리가 사용하는 다항 회귀 모델 Polynomial Regression이 입력값을 제곱 형태로 처리하기 때문입니다.
- poly.transform: 입력값 6, 7, 8을 각각 제곱으로 변환하여 모델에 맞는 형식으로 준비합니다. 예를 들어, 6은 6의 제곱(36), 7은 7의 제곱(49)로 변환됩니다.

(2) 예측값 계산하기

```
preds = model.predict(X_test)                     # 6, 7, 8에 대한 예측 수행
```

- model.predict(X_test): 학습된 모델에 X_test(변환된 6, 7, 8 값을 가진 배열)를 넣어서 예측값을 계산합니다. 이제 모델은 X가 6일 때, 7일 때, 8일 때 각각 y 값이 얼마인지 예측합니다. 즉, 각각의 입력값에 대해 결과값을 계산합니다.

(3) 결과 출력하기

```
for i, p in enumerate([6, 7, 8]):
    print(f"{p}에 대한 예측 값: {preds[i]}")
```

❶ for문 : 이 코드는 6, 7, 8 각각의 입력값에 대한 예측 결과를 하나씩 출력해줍니다.

- `enumerate([6, 7, 8])`: 6, 7, 8이라는 입력값을 하나씩 가져와서, 예측된 결과를 차례대로 출력하는 데 사용됩니다.
- preds[i]: 각 입력값에 대한 예측값을 표시합니다. 예를 들어, 6에 대한 예측값이 첫 번째로 출력되고, 7에 대한 예측값이 두 번째로, 8에 대한 예측값이 세 번째로 출력됩니다.

(4) 결과

이 코드를 실행하면 입력값 6, 7, 8 각각에 대한 예측값이 출력됩니다. 이전에는 하나의 입력값에 대해서만 예측을 했지만, 이번에는 여러 입력값을 한 번에 넣어서 각 값을 동시에 예측할 수 있습니다. 이 방법은 여러 데이터를 빠르게 처리하고 결과를 예측할 때 매우 유용합니다.

요약

- **입력값 준비** : 6, 7, 8을 모델에 넣기 전에 제곱 형태로 변환합니다. 이 과정을 통해 다항 회귀 모델이 입력값을 처리할 수 있습니다.
- **예측** : 변환된 6, 7, 8을 모델에 넣어 각각의 예측값을 계산합니다.
- **결과 출력** : 6, 7, 8에 대한 예측값을 순서대로 화면에 출력합니다.

이 과정을 통해 여러 입력값을 한 번에 예측할 수 있으며, 입력값이 여러 개일 때도 효율적으로 예측을 수행할 수 있습니다. 다항 회귀를 통해 복잡한 데이터의 패턴을 반영하여 보다 정확한 예측을 할 수 있습니다.

이번 실습에서는 선형 회귀Linear Regression부터 다항 회귀Polynomial Regression까지 다양한 모델을 적용하여 데이터를 학습하고 예측하는 방법을 배웠습니다. 각 단계에서 더 복잡한 예측 모델을 적용하며, 예측 성능을 점차적으로 향상시킬 수 있었습니다.

1. 선형 회귀 모델에서는 입력값(X)과 출력값(y)의 관계를 직선으로 표현하여 간단한 예측을 수행했습니다. 이는 데이터를 직선으로 연결할 수 있을 때 유용하지만, 곡선 관계를 예측하는 데는 한계가 있었습니다.
2. 다항 회귀 모델을 적용해 데이터를 2차 함수 형태로 변환하여, 곡선 관계를 더 정확하게 예측했습니다. 이는 제곱이나 그 이상의 복잡한 패턴을 학습할 수 있도록 모델을 개선한 방법입니다.
3. 마지막으로, 여러 입력값에 대한 예측을 동시에 수행하는 방법을 통해, 다수의 데이터를 한꺼번에 처리하고 예측하는 방법을 배웠습니다. 이를 통해 대규모 데이터 처리 시에도 효율적으로 예측할 수 있음을 확인했습니다.

이 과정을 통해 선형 회귀와 다항 회귀를 활용하여 점진적으로 더 복잡한 데이터 패턴을 학습하고 예측 성능을 향상시키는 방법을 습득했습니다.

5.4 오늘의 내용 요약

오늘은 머신러닝의 기본 개념과 학습 과정에 대해 학습했습니다. 지도 학습Supervised Learning과 비지도 학습Unsupervised Learning의 차이점을 이해하고, 머신러닝 모델을 만들기 위한 데이터 준비부터 모델 학습, 모델 평가 그리고 예측까지의 전 과정을 단계별로 살펴보았습니다. 각 개념을 요약하면 다음과 같습니다.

1. 지도 학습과 비지도 학습의 차이점

❶ 지도 학습Supervised Learning은 입력값과 그에 맞는 정답(라벨)이 주어진 데이터를 학습하는 방식으로, 집 값 예측이나 이메일 분류와 같은 문제에 주로 사용됩니다.

❷ 반면, 비지도 학습Unsupervised Learning은 정답이 없는 데이터를 학습하여 데이터를 분석하고, 데이터 간의 패턴이나 구조를 찾아내는 방식입니다. 군집화Clustering와 차원 축소Dimensionality Reduction가 대표적인 비지도 학습 방법입니다.

2. 머신러닝 학습 과정

❶ 머신러닝 모델을 만들기 위해서는 데이터 수집 및 준비가 가장 중요한 첫 단계입니다. 여기서 데이터를 정제하고, 누락된 값을 처리하며, 데이터를 통일된 형식으로 맞추는 것이 필요합니다.

❷ 그 다음으로는 데이터를 학습용 데이터와 테스트용 데이터로 나누어, 과적합을 방지하고 모델의 성능을 평가하는 과정을 거칩니다.

❸ 모델을 학습한 후, 모델 평가를 통해 모델이 새로운 데이터를 얼마나 잘 예측할 수 있는지 확인하고, 필요시 모델 성능을 개선합니다.

3. 실습: 예측 모델 만들기

❶ 선형 회귀Linear Regression 모델을 통해 입력값과 출력값 간의 직선 관계를 학습하고, 새로운 데이터를 바탕으로 예측하는 방법을 실습했습니다.

❷ 다항 회귀Polynomial Regression를 통해 더 복잡한 곡선 관계를 학습하여, 곡선 형태의 데이터 패턴도 예측할 수 있는 방법을 배웠습니다.

❸ 마지막으로, 여러 입력값에 대한 예측을 동시에 수행하는 방법을 배워, 다수의 입력 데이터를 효율적으로 처리할 수 있음을 확인했습니다.

오늘의 학습을 통해 머신러닝의 기본 개념과 실제 모델 구축 과정을 이해하고, 다양한 예측 모델을 적용하여 데이터를 분석하고 예측하는 방법을 익혔습니다.

5.5 연습문제

4지선다형 문제

01 지도 학습의 주요 특징은 무엇인가?

① 데이터의 패턴을 스스로 학습
② 정답이 포함된 데이터를 사용
③ 정답 없이 데이터를 분석
④ 데이터의 구조를 단순화

02 비지도 학습에서 사용하는 데이터의 특징은?

① 정답(라벨)이 포함되어 있다.
② 정답 없이 데이터의 구조를 분석한다.
③ 데이터의 크기를 줄이기 위해 사용된다.
④ 데이터를 훈련과 테스트 세트로 나눈다.

03 지도 학습의 대표적인 알고리즘은?

① 회귀와 분류
② 군집화와 차원 축소
③ 강화 학습
④ 데이터 정제

04 비지도 학습의 주요 응용 분야가 아닌 것은?

① 고객 그룹화
② 차원 축소
③ 집 값 예측
④ 데이터 패턴 분석

05 머신러닝에서 데이터 정제의 주요 목적은?

① 데이터의 크기를 줄인다.
② 데이터를 훈련 데이터와 테스트 데이터로 나눈다.
③ 결측값이나 오류를 처리한다.
④ 데이터의 구조를 단순화한다.

06 과적합Overfitting이란 무엇인가?

① 모델이 훈련 데이터에 너무 적합해 새로운 데이터에서 성능이 저하되는 것
② 모델이 새로운 데이터를 잘 처리하지 못하는 것
③ 모델이 충분히 학습되지 않은 상태
④ 데이터 정제 과정에서 발생하는 문제

07 지도 학습에서 회귀Regression는 어떤 문제를 해결하는가?

① 데이터를 특정 범주로 분류
② 연속적인 값을 예측
③ 데이터를 군집으로 나눔
④ 데이터의 구조를 단순화

08 비지도 학습의 차원 축소Dimensionality Reduction의 주요 목적은?

① 데이터의 크기를 늘린다.
② 데이터의 중요한 정보를 유지하면서 복잡성을 줄인다.
③ 데이터를 테스트 세트와 훈련 세트로 나눈다.
④ 데이터를 특정 범주로 분류한다.

09 머신러닝 모델 평가의 주요 목적은?

① 모델의 학습 속도를 확인
② 모델이 학습하지 않은 데이터에 대해 얼마나 잘 예측하는지 확인
③ 데이터의 크기를 줄임
④ 모델의 훈련 데이터를 변경

10 다항 회귀Polynomial Regression가 선형 회귀보다 유리한 경우는?

① 입력값과 출력값이 선형 관계일 때
② 입력값과 출력값이 곡선 관계일 때
③ 데이터의 구조가 단순할 때
④ 데이터의 크기가 매우 클 때

단답형 문제

01 지도 학습과 비지도 학습의 주요 차이점은 무엇인가?

02 비지도 학습의 대표적인 알고리즘 두 가지를 쓰시오.

03 머신러닝 모델에서 데이터를 학습용과 테스트용으로 나누는 이유는 무엇인가?

04 선형 회귀 모델의 주요 목적은 무엇인가?

05 머신러닝 모델 학습 과정의 첫 번째 단계는 무엇인가?

06 과적합 문제를 방지하기 위한 방법 두 가지를 쓰시오.

07 다항 회귀에서 입력값을 변환하는 데 사용하는 라이브러리는 무엇인가?

08 비지도 학습의 주요 응용 사례는 무엇인가?

09 머신러닝에서 데이터 정제의 주요 작업은 무엇인가?

10 지도 학습에서 분류Classification의 주요 목적은 무엇인가?

서술형 문제

01 지도 학습과 비지도 학습의 차이점을 예시와 함께 설명하시오.

02 머신러닝 모델 학습 과정의 주요 단계를 설명하시오.

03 과적합이 발생하는 이유와 이를 방지하기 위한 방법을 설명하시오.

04 선형 회귀와 다항 회귀의 차이점을 설명하시오.

05 다항 회귀 모델에서 입력값을 다항식으로 변환하는 과정을 설명하시오.

06 일차 딥러닝의 핵심 개념

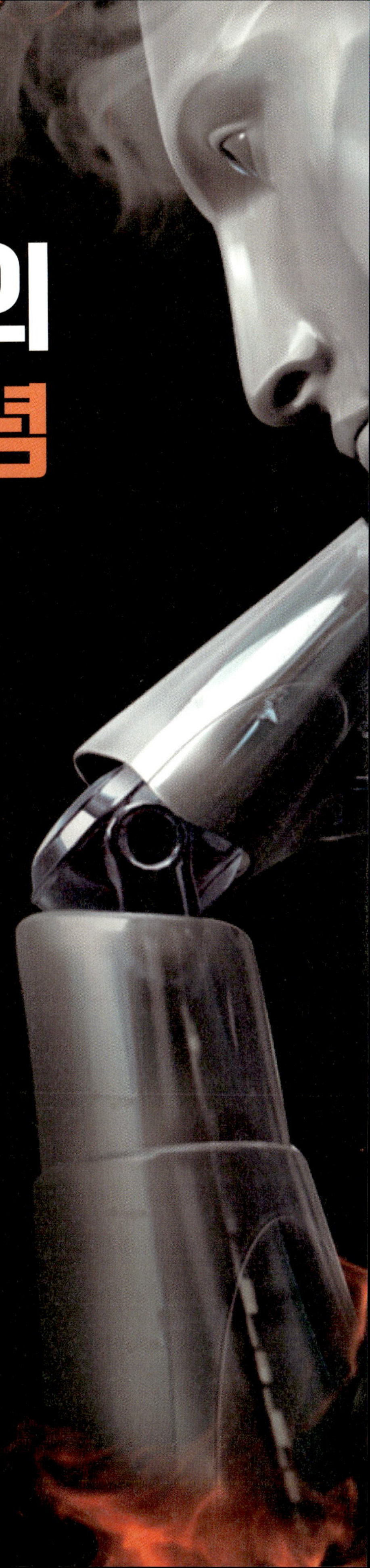

6.1 인공 신경망의 구조
6.2 딥러닝의 학습 원리
6.3 신경망 모델의 종류 및 설명
6.4 실습 : 이미지 분류 모델 만들기
6.5 오늘의 내용 요약
6.6 연습문제

6.1 인공 신경망의 구조

6.1.1 신경망의 주요 구성 요소

인공 신경망Artificial Neural Network, ANN은 사람의 뇌가 정보를 처리하는 방식을 본따서 만든 구조입니다. 신경망은 주로 다음과 같은 세 가지 구성 요소로 이루어져 있습니다.

(1) 입력층 Input Layer

입력층은 신경망이 처리할 데이터를 받아들이는 첫 번째 단계입니다. 이 단계에서 신경망은 입력된 데이터를 숫자로 변환하여 처리하게 됩니다. 예를 들어, 손글씨 숫자 이미지를 입력한다면, 이미지의 각 픽셀이 하나하나 숫자로 변환되어 입력층을 통해 신경망에 전달됩니다. 이때 각 픽셀의 밝기나 색상 값이 숫자로 변환된다고 생각하면 됩니다.

쉽게 말하면 !

입력층은 마치 사람이 사진을 처음 눈으로 보는 것과 같습니다. 신경망도 데이터를 처음으로 접하게 되는 부분이며, 데이터를 처음 받아들이고 처리하는 곳입니다. 데이터를 숫자로 바꿔 신경망 내부로 보내는 역할을 하는 것이 입력층입니다.

(2) 은닉층 Hidden Layer

은닉층은 입력된 데이터를 여러 번 변환하면서, 중요한 특징들을 추출하는 단계입니다. 여기서 데이터가 여러 층을 거치면서 점점 더 복잡한 분석이 이루어집니다. 신경망의 핵심 작업은 바로 이 은닉층에서 이루어집니다. 은닉층이 많아질수록 신경망은 더 복잡한 패턴을 배우고, 여러 가지 문제를 해결할 수 있는 능력을 갖추게 됩니다.

쉽게 말하면 !

은닉층은 사람이 데이터를 보고 머리로 분석하거나 생각하는 것과 비슷합니다. 예를 들어, 우리가 무언가를 볼 때 처음에는 단순히 '이것은 물체다'라고 생각하지만, 조금 더 자세히 보면 '이것은 동물이다' 또는 '이것은 강아지다'라고 더 구체적인 생각을 하게 되는 것과 같습니다. 은닉층은 데이터를 분석하고, 숨겨진 패턴을 찾아내는 역할을 합니다.

(3) 출력층Output Layer

출력층은 신경망이 모든 분석을 마친 후 최종적인 예측값을 내놓는 단계입니다. 이 층에서 신경망은 입력된 데이터를 바탕으로 결론을 내리고, 그 결론을 외부로 출력합니다. 예를 들어, 손글씨 숫자 이미지를 입력받은 신경망이 이미지가 숫자 5를 나타낸다고 판단하면, 출력층에서 "5"라는 예측 결과를 출력하게 됩니다.

쉽게 말하면 !

출력층은 마치 사람이 결정을 내리는 단계와 비슷합니다. 우리가 데이터를 보고 '이것은 고양이'라고 판단하는 것처럼, 신경망도 최종적으로 데이터를 처리한 결과를 출력층에서 내놓습니다.

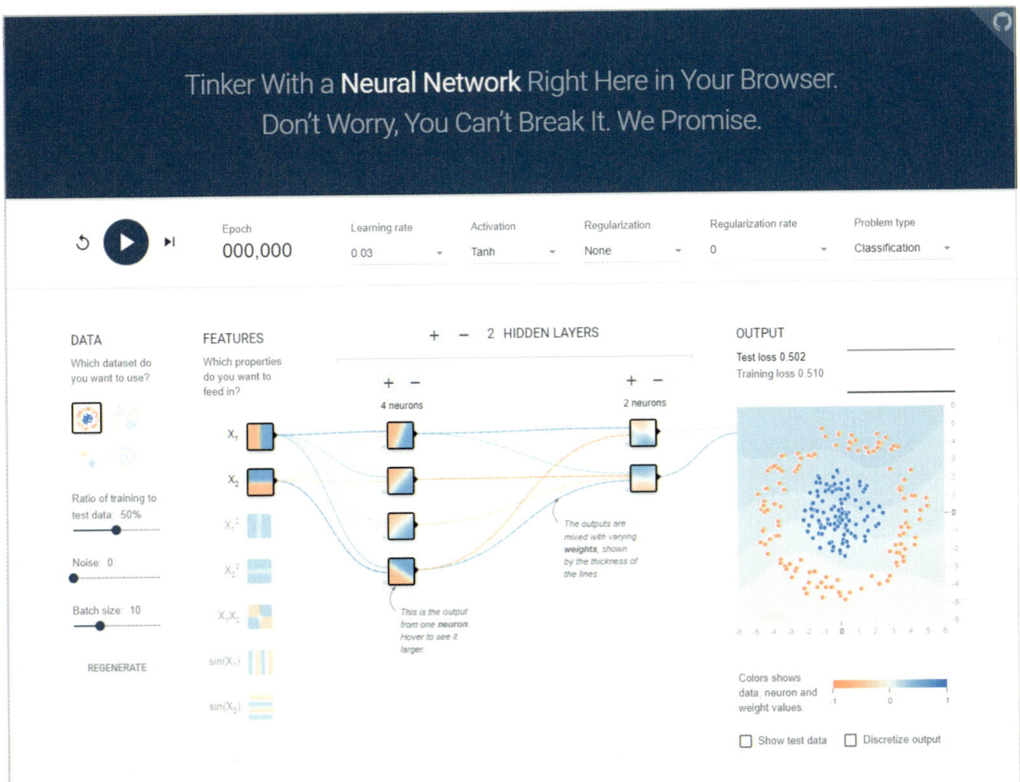

https://playground.tensorflow.org

6.1.2 가중치와 편향

인공 신경망에서 중요한 두 가지 요소는 가중치Weights와 편향Bias입니다. 이 두 요소는 신경망이 데이터를 처리하면서 어떤 정보에 더 집중할지 또는 어떤 결론을 내릴지 결정하는 데 큰 역할을 합니다.

(1) 가중치Weights

가중치는 신경망에서 입력값의 중요도를 나타내는 숫자입니다. 신경망이 어떤 입력값을 더 중요하게 생각할지를 결정하는 역할을 합니다. 중요한 입력에는 더 큰 가중치가 주어지고, 덜 중요한 입력에는 작은 가중치가 주어집니다.

[예시]

얼굴을 인식하는 신경망을 예로 들어보겠습니다. 눈이나 코와 같은 얼굴의 주요 부분은 중요한 정보이기 때문에 가중치가 클 것입니다. 반면에 배경처럼 얼굴을 인식하는 데 도움이 되지 않는 부분은 가중치가 작게 주어집니다. 이렇게 신경망은 입력값마다 중요도를 다르게 부여하여 얼굴을 더 잘 인식할 수 있습니다.

쉽게 말하면 !

가중치는 신경망이 어떤 정보가 더 중요한지 결정하는 도구입니다. 마치 우리가 사람을 만날 때 중요한 부분인 얼굴에 더 집중하고, 덜 중요한 배경은 무시하는 것과 비슷합니다. 가중치가 크면 그 정보는 예측에 큰 영향을 주고, 가중치가 작으면 그 정보는 덜 중요한 역할을 하게 됩니다.

학습 과정에서의 역할:

신경망이 학습을 하면서 가중치는 점점 최적화됩니다. 처음에는 입력값이 모두 비슷한 중요도를 가질 수 있지만, 신경망이 학습을 통해 더 많은 데이터를 경험하면서, 어떤 정보가 더 중요한지 가중치를 조정합니다. 이 과정 덕분에 신경망은 점점 더 정확한 예측을 하게 됩니다.

(2) 편향 Bias

편향은 입력값에 일정한 값을 더해주는 역할을 합니다. 신경망에서 입력값들이 모두 0에 가까운 값이 들어와도, 편향이 존재하면 신경망이 일정한 출력을 내놓을 수 있게 도와줍니다. 이를 통해 모델이 데이터를 좀 더 유연하게 처리할 수 있게 됩니다.

쉽게 말하면 !

편향은 신경망이 결정을 내릴 때 여유를 주는 장치입니다. 마치 사람이 어떤 결정을 내릴 때 약간의 여유나 오차를 허용하듯이, 편향은 신경망이 데이터를 분석할 때 딱 맞는 값이 아니더라도 유연하게 처리할 수 있도록 돕습니다.
예를 들어, 한계점에 가까운 데이터를 처리할 때, 편향이 없으면 신경망이 제대로 동작하지 않을 수 있지만, 편향을 더해주면 데이터가 부족하거나 애매할 때도 신경망이 적절한 결정을 내릴 수 있습니다.

편향은 학습 과정에서 조정되며, 가중치와 함께 최적화되어 모델의 성능을 향상시키는 데 중요한 역할을 합니다.

(3) 가중치와 편향의 역할 요약

❶ **가중치** : 가중치는 신경망이 어떤 정보가 더 중요한지를 결정하는 역할을 합니다. 데이터를 처리할 때, 더 중요한 정보에는 큰 가중치를 주고, 덜 중요한 정보에는 작은 가중치를 줍니다. 가중치는 신경망이 학습하면서 계속 조정되며, 이 과정을 통해 신경망이 더 정확하게 어떤 정보에 집중해야 하는지 배우게 됩니다.

❷ **편향** : 편향은 신경망이 데이터를 처리할 때 더 유연하게 대응할 수 있도록 도와주는 역할을 합니다. 입력값이 부족하거나 애매한 경우에도, 편향이 있으면 신경망은 더 자유롭게 학습하고 결정을 내릴 수 있게 됩니다. 즉, 데이터에 약간의 차이가 있더라도 편향이 이를 보정해주는 역할을 하여 신경망이 유연하게 작동할 수 있게 돕습니다.

쉽게 말하면 !

– 가중치는 신경망이 중요한 정보에 더 많은 주의를 기울이도록 도와주고,
– 편향은 신경망이 약간의 오차나 불확실한 데이터에도 적절히 대응할 수 있게 하는 완충 장치입니다.

이 두 가지가 학습 과정에서 계속 최적화되면서, 신경망은 점점 더 정확한 예측을 하게 됩니다.

6.2 딥러닝의 학습 원리

6.2.1 순전파와 역전파

(1) 순전파 Forward Propagation

순전파는 신경망이 데이터를 처리하는 앞으로 가는 과정입니다. 입력값이 입력층에서 시작해, 은닉층을 거쳐 출력층에 도달합니다. 각 층을 통과할 때마다 가중치와 편향을 적용해 계산이 이루어지고, 최종적으로 예측값이 만들어집니다.

쉽게 말하면 !

순전파는 데이터를 신경망에 넣고, 차례대로 과정을 거쳐 예측 결과를 도출하는 과정입니다. 마치 사람이 문제를 보고 답을 내는 과정과 비슷합니다. 입력된 정보가 차례대로 계산되어 최종 답을 얻게 됩니다.

(2) 역전파 Backpropagation

역전파는 신경망이 학습하는 뒤로 가는 과정입니다. 모델이 예측한 값과 실제 정답 사이의 오차를 계산하고, 이 오차를 가중치와 편향을 조정하는 데 사용합니다. 오차가 클수록 가중치와 편향을 크게 수정하여 모델이 점점 더 정확하게 학습하도록 만듭니다.

쉽게 말하면 !

역전파는 잘못된 답을 고치는 과정입니다. 컴퓨터가 예측을 잘못하면, 그 오차를 거꾸로 따라가면서 어디에서 잘못되었는지를 찾아내고 가중치와 편향을 수정합니다. 이는 마치 사람이 시험을 보고 틀린 문제를 되짚어가며 공부하는 것과 같습니다.

이 두 과정이 반복되면서 신경망은 점점 더 정확한 예측을 할 수 있도록 학습됩니다.

6.2.2 활성화 함수Activation Function

(1) 활성화 함수란?

활성화 함수Activation Function는 신경망Neural Network에서 매우 중요한 역할을 합니다. 신경망이 단순히 입력 데이터를 처리하는 것만으로는 복잡한 문제를 해결하기 어려운데, 활성화 함수는 신경망이 더 다양한 패턴을 학습할 수 있도록 도와주는 역할을 합니다.

왜 활성화 함수가 필요한가?

신경망은 뉴런들이 서로 연결되어 있고, 이 뉴런들은 입력값을 받아 처리한 후 출력값을 계산합니다. 그런데 입력값과 출력값 사이의 관계가 단순한 선형 관계(직선적인 관계)만으로는 설명이 안 되는 복잡한 문제들이 많습니다. 이를 해결하기 위해서는 신경망이 비선형성을 가질 필요가 있습니다. 비선형성은 신경망이 직선이 아닌 곡선 형태로 데이터를 처리할 수 있게 하여, 더 복잡한 패턴을 학습할 수 있게 해줍니다.

활성화 함수는 이러한 비선형성을 신경망에 추가해 줍니다. 이를 통해 신경망은 더 다양한 문제를 해결할 수 있는 능력을 갖추게 됩니다.

쉽게 말하면 !

활성화 함수는 신경망이 더 똑똑하게 문제를 해결할 수 있도록 도와주는 도구입니다. 단순한 계산만으로는 해결할 수 없는 복잡한 문제들을 처리할 수 있도록 신경망에 유연성을 부여합니다.

마치 사람이 창의적으로 생각하고 문제를 해결하는 것처럼, 신경망도 활성화 함수를 사용하면 데이터를 단순하게 처리하는 대신 더 다양하고 복잡한 방식으로 분석할 수 있게 됩니다.

비유로 설명:

활성화 함수를 사람의 두뇌에 비유할 수 있습니다. 예를 들어, 사람이 어떤 문제를 해결할 때, 간단한 규칙이나 공식만으로는 해결할 수 없는 복잡한 상황이 있을 수 있습니다. 이때 우리는 창의적 사고를 통해 문제를 해결하죠.

마찬가지로 신경망도 데이터를 처리할 때 단순한 계산만으로는 해결할 수 없는 복잡한 문제들이 있습니다. 이때 활성화 함수가 신경망에 창의성을 부여하여, 더 복잡한 문제를 해결할 수 있도록 도와줍니다.

활성화 함수의 종류:

활성화 함수에는 여러 종류가 있으며, 각각의 함수는 신경망이 데이터를 처리하는 방식에 따라 다르게 작용합니다. ReLU Rectified Linear Unit, 시그모이드Sigmoid, tanh(하이퍼볼릭 탄젠트) 등이 대표적인 활성화 함수입니다.

이 함수들은 신경망이 학습하면서 비선형적인 계산을 통해 더 다양한 패턴을 인식하고, 정확한 예측을 할 수 있도록 돕습니다.

(2) ReLU 함수 Rectified Linear Unit

ReLU 함수는 신경망에서 가장 많이 사용되는 활성화 함수 중 하나입니다. 이 함수는 입력값이 양수일 때는 그대로 통과시키고, 음수일 때는 0으로 변환하는 단순한 규칙을 가지고 있습니다. 이렇게 간단한 규칙에도 불구하고, ReLU 함수는 신경망의 성능을 크게 향상시키는 중요한 역할을 합니다.

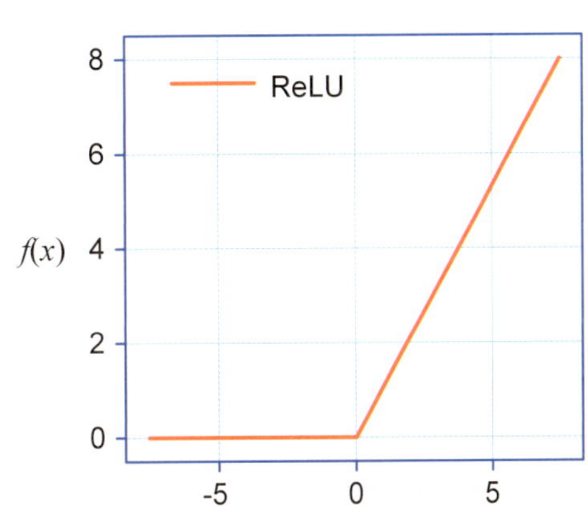

ReLU 함수의 동작 원리

1. **양수 값** : 입력값이 0보다 크면 ReLU 함수는 이 값을 그대로 출력합니다. 즉, 입력값이 5라면, 출력값도 5가 됩니다.
2. **음수 값** : 입력값이 0보다 작으면, ReLU 함수는 그 값을 0으로 변환합니다. 예를 들어, 입력값이 −3이면, 출력값은 0이 됩니다.

이렇게 ReLU 함수는 양수인 중요한 정보는 그대로 전달하고, 음수인 불필요한 정보는 제거합니다. 이를 통해 신경망은 더욱 효율적으로 데이터를 처리할 수 있게 됩니다.

쉽게 말하면 !

ReLU 함수는 중요한 정보는 살리고, 불필요한 정보는 걸러내는 역할을 합니다. 마치 우리가 일상생활에서 중요한 사실은 기억하고, 쓸모없는 정보는 잊어버리는 것과 비슷한 원리입니다.
예를 들어, 시험공부를 할 때 중요한 내용은 열심히 암기하지만, 시험에 나오지 않을 불필요한 내용은 외우지 않죠. ReLU 함수도 마찬가지로, 유의미한 데이터는 그대로 전달하고, 필요 없는 값은 없애는 역할을 합니다. 이렇게 함으로써 신경망은 중요한 정보에만 집중할 수 있게 됩니다.

비유로 설명

ReLU 함수를 필터로 생각할 수 있습니다. 우리가 사진을 찍을 때, 너무 어두운 부분은 잘 보이지 않기 때문에 사진의 중요한 부분을 놓칠 수 있습니다. 그래서 사진을 찍을 때 밝기 필터를 사용하여 어두운 부분을 밝게 조정하고, 중요한 부분을 더 명확히 보이게 만듭니다.

ReLU 함수도 이와 비슷한 방식으로 작동합니다. 중요한 양수 값은 그대로 전달하고, 불필요한 음수 값은 0으로 처리하여 신경망이 더 효율적으로 학습할 수 있게 도와줍니다.

ReLU 함수의 장점

1. **계산이 간단** : ReLU 함수는 매우 간단한 규칙(양수는 그대로, 음수는 0)만 적용하므로, 계산 속도가 빠르고 효율적입니다.
2. **효율적인 학습** : 양수는 그대로 전달하므로, 중요한 정보는 유지되고 신경망이 더 빠르게 학습할 수 있습니다.
3. **불필요한 정보 제거** : 음수는 0으로 변환되기 때문에, 학습 과정에서 불필요한 정보가 제거되어 신경망의 성능이 향상됩니다.

ReLU 함수의 역할 요약

- 중요한 정보(양수)는 그대로 전달하여 학습에 사용합니다.
- 필요 없는 정보(음수)는 0 으로 바꾸어 학습에서 배제합니다.

ReLU 함수는 신경망이 효율적으로 데이터를 처리하고 학습 속도를 높이는 데 중요한 역할을 합니다. 그래서 딥러닝 모델에서 자주 사용되며, 특히 이미지 처리나 자연어 처리 같은 복잡한 문제를 해결할 때 매우 유용합니다.

(3) 시그모이드 함수 Sigmoid

시그모이드 함수는 신경망에서 이진 분류 문제를 해결할 때 자주 사용되는 활성화 함수입니다. 이 함수는 입력값을 0과 1 사이의 값으로 변환하여 출력합니다. 덕분에 이 함수는 두 가지 범주 중 하나를 선택해야 하는 문제에서 매우 유용하게 사용됩니다. 예를 들어, 이메일이 스팸인지 아닌지를 판별하는 문제에서 시그모이드 함수가 많이 활용됩니다.

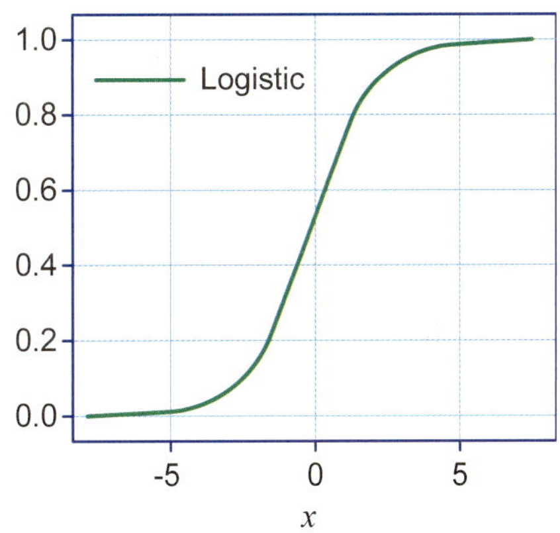

시그모이드 함수의 동작 원리

❶ **입력값의 범위** : 시그모이드 함수는 모든 입력값을 0과 1 사이로 변환합니다. 입력값이 매우 클 경우에는 출력이 1에 가깝게 되고, 입력값이 매우 작으면 출력이 0에 가깝게 됩니다.

- 양수의 큰 값 : 입력값이 양수이면서 클수록 출력값은 1 에 가까워집니다.
- 음수의 큰 값 : 입력값이 음수이면서 클수록 출력값은 0 에 가까워집니다.
- 0 에 가까운 값 : 입력값이 0 에 가까울 때는 출력값이 0.5 에 가깝게 됩니다.

❷ **이진 분류에 유용** : 시그모이드 함수는 모든 출력을 0에서 1 사이로 제한하므로, 출력값을 두 범주 중 하나로 분류하는 문제에 적합합니다. 예를 들어, 이메일이 스팸이면 1, 스팸이 아니면 0으로 분류할 수 있습니다.

쉽게 말하면 !

시그모이드 함수는 결과를 0과 1 사이의 값으로 변환해 두 가지 선택을 해야 할 때 유용합니다. 마치 질문에 대해 "예" 또는 "아니오"로만 답해야 할 때처럼, 신경망이 결과를 두 가지 중 하나로 결정해야 하는 상황에서 사용됩니다.

예를 들어, 의사가 환자가 병에 걸렸는지 여부를 판단해야 할 때, 시그모이드 함수는 입력값을 보고 "걸렸을 가능성"을 0에서 1 사이의 숫자로 표현합니다. 값이 0에 가까우면 "병에 걸리지 않았음"을, 값이 1에 가까우면 "병에 걸렸음"을 의미합니다.

비유로 설명

시그모이드 함수를 도움말 스위치라고 생각할 수 있습니다. 방에 불을 켜는 스위치를 예로 들면, 스위치를 어느 쪽으로 돌리느냐에 따라 불이 켜지거나 꺼집니다. 시그모이드 함수도 이와 비슷하게 출력값을 0 또는 1로 결정하며, 그 결과 두 가지 상태 중 하나로 분류합니다.

즉, 시그모이드 함수는 신경망이 결과를 두 가지 중 하나로 빠르게 결정할 수 있도록 돕습니다.

예시로 설명

1. **이메일 분류** : 이메일이 스팸인지 아닌지 판별하는 문제에서, 시그모이드 함수는 이메일의 특성에 따라 출력값을 계산하고, 이 값이 1에 가까우면 스팸, 0에 가까우면 정상 이메일로 분류합니다.
2. **의료 진단** : 환자가 특정 병에 걸렸는지 아닌지를 판단할 때, 시그모이드 함수는 여러 검사 결과를 기반으로 병에 걸렸을 확률을 0에서 1 사이의 값으로 계산합니다. 값이 0.8이라면 병에 걸렸을 가능성이 높다고 판단할 수 있습니다.

시그모이드 함수의 장점

1. **이진 분류 문제에 적합** : 시그모이드 함수는 결과를 두 가지 중 하나로 나누어야 할 때 특히 유용합니다. 예를 들어, 참/거짓, 예/아니오, 스팸/정상과 같은 문제를 해결하는 데 효과적입니다.
2. **출력값을 제한** : 시그모이드 함수는 출력값을 항상 0과 1 사이로 제한하므로, 계산 결과가 지나치게 크거나 작아지는 것을 방지해 줍니다.

시그모이드 함수의 단점

1. **학습 속도 저하** : 시그모이드 함수는 출력값이 0이나 1에 가까워질수록 기울기가 매우 작아져, 신경망이 학습하는 속도가 느려질 수 있습니다. 이는 기울기 소실 문제로도 알려져 있으며, 큰 신경망에서 성능에 영향을 줄 수 있습니다.

시그모이드 함수의 역할 요약

- 결과를 0과 1 사이로 압축하여 이진 분류 문제를 해결합니다.
- 신경망이 두 가지 선택을 해야 할 때, 결과값을 참/거짓 또는 예/아니오와 같이 둘 중 하나로 결정하도록 도와줍니다.

시그모이드 함수는 특히 이진 분류 문제에서 효과적으로 작동하며, 다양한 신경망 모델에서 출력층에 자주 사용됩니다.

(4) tanh(하이퍼볼릭 탄젠트) 함수

tanh 함수 또는 하이퍼볼릭 탄젠트 함수는 시그모이드 함수와 비슷하지만, 차이가 있습니다. tanh 함수는 입력값을 −1에서 1 사이로 변환합니다. 즉, 음수 값도 다루면서 0을 기준으로 양수와 음수를 구분하는 역할을 합니다. 신경망에서 중요한 비선형 활성화 함수 중 하나입니다.

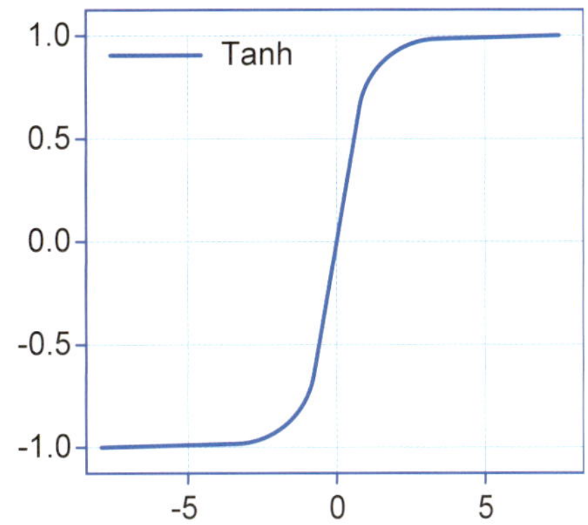

tanh 함수의 동작 원리

❶ **입력값이 양수일 때** : 입력값이 양수이면 출력값은 0에서 1 사이의 값을 가집니다. 입력값이 커질수록 1에 가까운 값이 출력됩니다.

예를 들어, 입력값이 2일 경우, tanh 함수는 약 0.964를 출력하고, 입력값이 3일 경우에는 거의 1에 가까운 값을 출력합니다.

❷ **입력값이 음수일 때** : 입력값이 음수이면 출력값은 0에서 −1 사이의 값을 가집니다. 입력값이 작을수록 −1에 가까운 값이 출력됩니다.

예를 들어, 입력값이 −2일 경우, tanh 함수는 약 −0.964를 출력하고, 입력값이 −3일 경우에는 거의 −1에 가까운 값을 출력합니다.

❸ **입력값이 0일 때** : 입력값이 0이면 출력값도 0이 됩니다. 이 특성 덕분에 0을 기준으로 출력값이 양수와 음수로 나뉘어지는 특징을 가지고 있습니다.

쉽게 말하면 !

tanh 함수는 출력값을 −1에서 1 사이로 압축하는 함수입니다. 이를 통해 입력값이 양수인지 음수인지를 구분하고, 그에 맞는 출력값을 제공합니다. 예를 들어, 양수는 0에서 1 사이, 음수는 −1에서 0 사이로 변환되어 나옵니다.

이 함수는 양수와 음수 값을 다룰 수 있기 때문에 신경망에서 더 유연하게 데이터를 처리할 수 있게 도와줍니다. 예를 들어, 사람의 감정 상태를 분석한다고 가정할 때, 긍정적인 감정은 1에 가깝게, 부정적인 감정은 −1에 가깝게 표현할 수 있습니다.

비유로 설명

tanh 함수를 온도 조절기에 비유할 수 있습니다. 온도 조절기는 방의 온도를 일정한 범위 내에서 조절합니다. 너무 덥거나 너무 춥지 않도록, 온도를 적절하게 제한하는 것이 tanh 함수와 유사합니다. 입력값이 너무 크거나 작더라도 −1과 1 사이로 제한되므로, 과도한 값이 출력되지 않게 하는 역할을 합니다.

tanh 함수의 장점

❶ **양수와 음수 모두 처리 가능** : 시그모이드 함수는 0과 1 사이에서만 값을 변환하지만, tanh 함수는 −1에서 1 사이의 값을 출력하므로 입력값이 양수인지 음수인지에 따라 다르게 처리할 수 있습니다.

- 예를 들어, 신경망이 이익과 손실을 분석할 때, 이익은 양수, 손실은 음수로 구분할 수 있어 더 직관적입니다.

❷ **0을 중심으로 대칭적** : tanh 함수는 0을 중심으로 대칭적이기 때문에, 신경망에서 중립적인 상태(0)를 기준으로 긍정적 또는 부정적 상태를 구분할 수 있습니다. 이는 시그모이드 함수에서 출력값이 0 이상인 것과 다릅니다.

❸ **더 빠른 학습** : 신경망이 학습하는 동안, tanh 함수는 시그모이드 함수에 비해 기울기 소실 문제(값이 지나치게 작아져 학습이 더딘 현상)를 덜 일으킵니다. 따라서 학습 속도가 빠르며, 보다 정확한 예측이 가능해집니다.

예시로 설명

❶ **주가 예측** : 주식 시장에서 주가의 상승과 하락을 예측할 때, 상승은 양수로, 하락은 음수로 표현할 수 있습니다. tanh 함수는 이 두 가지 상태를 효과적으로 구분할 수

있습니다. 주가가 크게 상승하면 1에 가까운 값이 출력되고, 크게 하락하면 −1에 가까운 값이 출력됩니다.

❷ **감정 분석** : 신경망이 감정 데이터를 분석할 때, 긍정적 감정은 양수로, 부정적 감정은 음수로 나타낼 수 있습니다. tanh 함수는 이 데이터를 −1에서 1 사이로 변환하여, 감정 상태를 더 쉽게 분석할 수 있도록 돕습니다.

tanh 함수의 단점

❶ **기울기 소실 문제** : tanh 함수는 기울기 소실 문제를 완전히 해결하지는 못합니다. 출력값이 −1 또는 1에 가까워질수록, 기울기가 작아져서 학습이 느려질 수 있습니다.

❷ **복잡한 문제에 한계** : tanh 함수는 신경망의 깊이가 깊어질수록 기울기 소실 문제로 인해 성능이 떨어질 수 있습니다. 이러한 경우에는 ReLU와 같은 다른 활성화 함수를 사용해야 합니다.

tanh 함수의 역할 요약

- 입력값을 -1 에서 1 사이로 변환하여 양수와 음수 값을 모두 처리할 수 있습니다.
- 신경망이 데이터를 더 직관적이고 유연하게 처리할 수 있도록 돕습니다.
- 감정 분석이나 주가 예측과 같이 양수와 음수의 구분이 중요한 문제에서 유용하게 사용됩니다.

tanh 함수는 양수와 음수를 구분하는 능력이 뛰어나므로, 신경망이 데이터를 더 직관적으로 처리하도록 돕는 중요한 활성화 함수입니다.

활성화 함수는 신경망에서 중요한 역할을 하며, 데이터가 단순한 선형 계산을 넘어 더 복잡한 패턴을 학습하고 예측할 수 있도록 돕습니다. 대표적인 활성화 함수 중 하나인 ReLU 함수는 양수 입력값을 그대로 통과시키고, 음수 값을 0으로 변환하여 중요한 정보를 강조하고 불필요한 정보를 제거합니다. 이는 신경망이 데이터를 효율적으로 처리하는 데 큰 도움이 됩니다.

또한, 시그모이드 함수는 입력값을 0과 1 사이로 압축하여 이진 분류 문제에서 유용하게 사용됩니다. 이 함수는 데이터가 두 가지 범주 중 하나로 나누어질 때 확률을 계산하는 데 적합합니다.

tanh 함수는 입력값을 −1에서 1 사이로 변환하는 함수로, 시그모이드 함수와 유사하지만 음수 값을 처리할 수 있다는 점에서 차이가 있습니다. 이 함수는 출력값이 0을 중심으로 대칭적인 형태를 갖게 하여 데이터의 음수와 양수 정보를 모두 고려할 수 있습니다.

이러한 활성화 함수들은 신경망이 더 복잡한 문제를 해결하고, 다양한 입력 데이터를 처리할 수 있도록 돕는 핵심 요소로 작용합니다.

6.3 신경망 모델의 종류 및 설명

신경망 모델은 다양한 문제를 해결하기 위해 여러 가지 형태로 발전해 왔습니다. 각각의 모델은 특정 데이터 유형이나 문제에 특화된 구조와 학습 방식을 가집니다. 주요 신경망 모델로는 인공 신경망ANN, 합성곱 신경망CNN, 순환 신경망RNN, 생성적 적대 신경망GAN 등이 있습니다. 이 모델들의 구조와 활용 방법을 상세히 설명하겠습니다.

6.3.1 인공 신경망ANN : Artificial Neural Network – 더 자세한 설명과 예시

인공 신경망ANN은 컴퓨터가 데이터를 처리하고, 그 데이터를 바탕으로 예측을 할 수 있도록 설계된 기본적인 신경망 구조입니다. 이를 더 쉽게 이해하기 위해, 손글씨 숫자 인식을 예로 들어 보겠습니다.

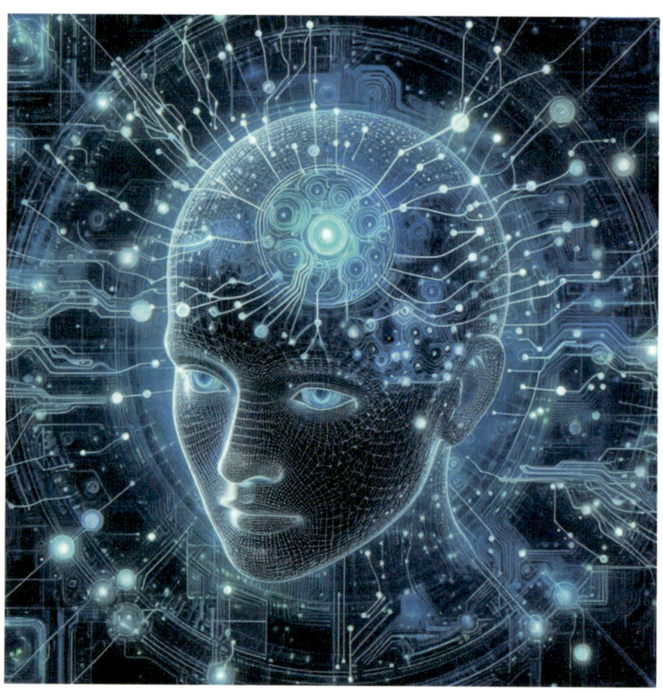

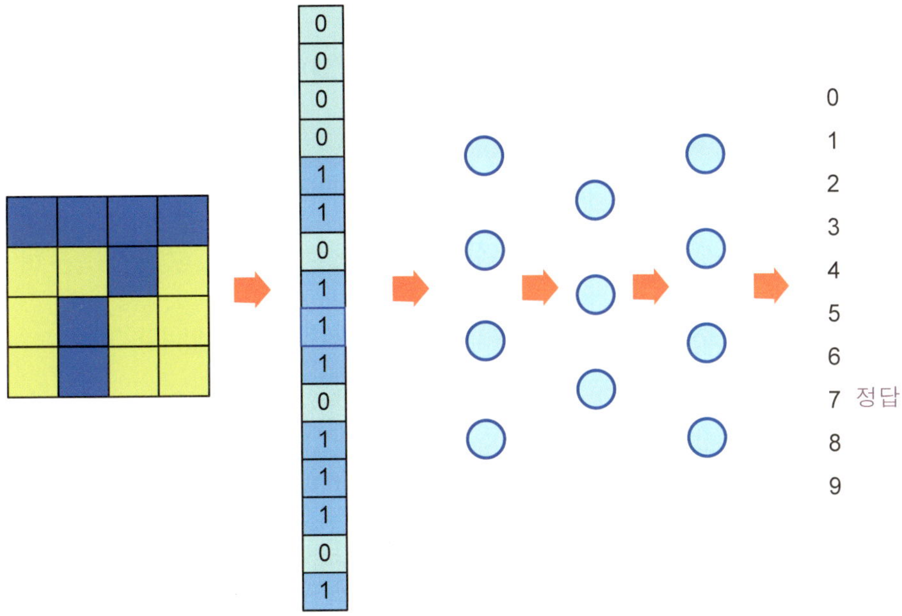

(1) 구조

❶ 입력층 Input Layer

입력층은 신경망이 처음 데이터를 받는 부분입니다. 손글씨 숫자 인식을 예로 들어보겠습니다. 숫자 '3'이 적힌 이미지를 컴퓨터에 입력한다고 가정해 봅시다. 이 이미지는 사실 많은 픽셀들로 이루어진 작은 사각형 모음입니다.

- 각 픽셀은 색상이나 밝기를 나타내는 값(0 에서 255 사이의 값)을 가집니다. 예를 들어, '3'이라는 숫자가 적힌 이미지의 밝은 부분은 0 에 가까운 값, 어두운 부분은 255 에 가까운 값을 가질 수 있습니다.
- 입력층은 이 모든 픽셀 값을 받아들이고, 신경망에 전달합니다. 즉, 입력층은 컴퓨터가 이미지를 숫자로 변환하여 신경망이 이해할 수 있도록 도와주는 역할을 합니다.

❷ 은닉층 Hidden Layer

이제 입력층을 통해 받은 숫자들을 은닉층에서 처리하게 됩니다.

- 은닉층은 숫자 '3'의 이미지에서 곡선, 직선, 특정 모양 등 중요한 특징을 추출합니다. 예를 들어, '3'이라는 숫자는 두 개의 곡선으로 이루어져 있으므로, 은닉층은 이 곡선을 인식하고 기억합니다.
- 신경망의 은닉층이 많을수록 더 복잡한 패턴을 학습할 수 있습니다. 처음에는 단순한 모양이나 곡선을 인식하고, 이후 층을 거치면서 숫자의 모양을 더욱 정교하게 파악하게 됩니다.
- 이 과정은 마치 사람이 손글씨를 볼 때, 처음에는 글자의 모양을 대략적으로 보고, 이후 더 자세히 관찰해가며 무슨 숫자인지 판단하는 것과 비슷합니다.

❸ 출력층 Output Layer

출력층은 최종적으로 숫자가 무엇인지 예측하는 단계입니다.

- 은닉층에서 추출한 특징들을 종합해 신경망은 "이 이미지가 숫자 '3'일 가능성이 높다"는 결과를 내놓습니다.
- 출력층에서 예측된 값은 확률로 나타날 수 있습니다. 예를 들어, 출력층에서 "이 이미지는 숫자 3 일 확률이 85%, 숫자 8 일 확률이 10%"라는 식으로 예측할 수 있습니다. 신경망은 이 중 가장 높은 확률 값을 선택해 최종 결론을 내립니다.
- 따라서 출력층은 "이것은 숫자 3 이다"라고 결론을 내리게 되는 것입니다.

(2) 활용 분야

인공 신경망ANN은 이러한 방식으로 간단한 데이터 패턴을 학습하고 예측할 수 있습니다.

- 손글씨 인식 외에도, 스팸 메일 필터링에 사용할 수 있습니다. 예를 들어, 이메일이 들어오면 ANN 은 그 이메일의 내용을 분석하고, 그 내용이 스팸인지 정상 메일인지 예측합니다. 단어의 빈도, 이메일 발신자의 주소, 특정 패턴을 학습한 ANN 이 이를 바탕으로 "이 메일은 스팸일 확률이 90%"라는 식으로 판단을 내립니다.
- 또한, 주가 예측이나 의료 진단에서도 사용할 수 있습니다. ANN 은 주식 가격의 변화 패턴이나 환자의 병력 데이터를 학습하여 미래의 주가나 환자의 질병 가능성을 예측하는 데 도움을 줄 수 있습니다.

쉽게 말하면 !

인공 신경망은 마치 사람이 사물을 보고 분석하고 결론을 내리는 것처럼, 데이터를 입력받아 중요한 정보를 찾아내고, 그 정보를 바탕으로 결론을 내리는 시스템입니다. 입력층은 데이터를 받아들이고, 은닉층은 그 데이터를 처리하고 분석한 후, 출력층에서 결과를 내놓는 과정을 거칩니다. '손글씨 숫자 인식' 예시처럼, 신경망은 점차 데이터를 학습하면서 더 정교한 예측을 할 수 있게 됩니다.

6.3.2 합성곱 신경망 CNN: Convolutional Neural Network – 더 자세한 설명과 예시

합성곱 신경망CNN은 주로 이미지나 영상 데이터를 처리하는 데 특화된 신경망 모델입니다. 이미지 분류, 객체 인식, 얼굴 인식과 같은 문제에서 탁월한 성능을 발휘하며, 자율 주행 자동차에서도 사용됩니다. CNN은 이미지를 작은 부분으로 나누어 각 부분의 특징을 분석하고, 그 특징들을 종합하여 이미지를 이해하는 방식으로 작동합니다.

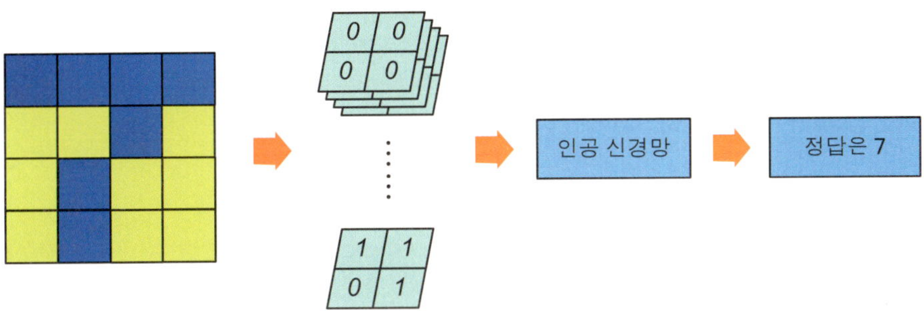

(1) CNN의 주요 구조

❶ 합성곱층Convolutional Layer

합성곱층은 이미지의 작은 부분을 분석하여 중요한 특징을 추출하는 역할을 합니다.

- 예를 들어, 고양이 사진을 CNN 에 입력하면, CNN 은 고양이의 귀, 눈, 코와 같은 작은 특징들을 분석합니다.
- 합성곱층에서는 필터라는 도구가 사용됩니다. 필터는 이미지의 일정 부분에 적용되어, 그 부분에서 경계선, 색상 변화, 텍스처 같은 특징을 찾아냅니다. 마치 사람이 사진을 볼 때, 먼저 눈이나 코 같은 중요한 부분에 주목하는 것과 같습니다.

[예시]

손글씨 숫자 인식을 할 때, '8'이라는 숫자 이미지를 CNN에 입력한다고 가정해 봅시다. 합성곱층은 이미지의 곡선, 교차점, 원형 모양과 같은 특징적인 부분을 찾아냅니다. 필터는 '8'의 곡선을 인식하고, 그 결과를 다음 층으로 넘깁니다.

❷ 풀링층 Pooling Layer

풀링층은 이미지를 작게 압축하여 불필요한 정보를 줄이고, 중요한 특징만 남기기 위해 사용됩니다.

- 최대 풀링 Max Pooling 이 가장 많이 사용되며, 이는 작은 영역에서 가장 중요한 값(최대값)만 남기는 방법입니다.

[예시]

'8'이라는 숫자 이미지에서, 합성곱층이 여러 특징을 추출한 후, 풀링층은 그 특징을 압축해 중요한 부분만 남깁니다. 예를 들어, '8'의 둥근 모양을 유지하면서도 세부적인 노이즈나 불필요한 정보를 줄입니다. 이를 통해 신경망이 더욱 효율적으로 학습할 수 있습니다.

❸ 전결합층 Fully Connected Layer

전결합층은 신경망의 마지막 단계로, 모든 뉴런이 서로 연결되어 있습니다. 이 단계에서 CNN은 이미지에서 추출한 모든 특징을 종합하여 최종적인 결론을 내립니다.

[예시]

'8'이라는 숫자가 입력되면, CNN은 합성곱층과 풀링층을 거쳐 해당 숫자가 '8'이라는 결론을 내리게 됩니다. 전결합층에서 추출된 모든 정보를 종합해 "이 이미지가 숫자 8일 확률이 95%"와 같은 결과를 출력할 수 있습니다.

(2) CNN의 활용 분야

CNN은 다양한 이미지 및 영상 처리 문제에서 사용됩니다.

- 이미지 분류 Image Classification : 예를 들어, 고양이와 강아지 사진을 입력하면 CNN 은 사진 속 동물이 고양이인지 강아지인지 분류합니다.
- 예시로, CIFAR-10 데이터셋은 10 가지의 서로 다른 이미지 클래스(예: 자동차, 비행기, 새, 개 등)로 이루어져 있으며, CNN 을 이용해 이러한 이미지를 정확하게 분류할 수 있습니다.
- 물체 인식 Object Detection : 자율 주행 자동차에서는 카메라로 촬영한 영상을 CNN 이 분석하여 신호등, 보행자, 차선과 같은 물체를 실시간으로 인식합니다.
- 얼굴 인식 Facial Recognition : CNN 은 사람의 얼굴 이미지를 분석해, 얼굴의 특징(예: 눈, 코, 입)을 기반으로 사람을 식별하는 데 사용됩니다. 예를 들어, 스마트폰의 얼굴 인식 기능이 CNN 을 기반으로 동작합니다.

쉽게 말하면 !

CNN은 이미지를 처리할 때, 사람의 시각적 인식 과정과 비슷하게 작동합니다. 사람이 사진을 보면, 먼저 중요한 부분(예: 눈, 코, 입)을 인식하고, 그다음 전체 이미지를 종합해 어떤 물체인지 판단하는 것처럼, CNN도 이미지를 여러 작은 부분으로 나누어 중요한 특징을 추출하고, 이를 바탕으로 최종 결론을 도출합니다.

6.3.3 순환 신경망 RNN: Recurrent Neural Network

순환 신경망RNN은 시퀀스 데이터(연속된 데이터)를 처리하는 데 특화된 신경망 모델입니다. 일반적인 신경망 모델은 입력 데이터가 독립적으로 처리되지만, RNN은 연속된 데이터 간의 관계를 학습할 수 있는 구조를 가지고 있어, 텍스트, 음성, 시계열 데이터 등의 분석에 매우 적합합니다. RNN의 가장 큰 특징은 이전 정보를 기억하면서 다음 데이터를 처리할 수 있다는 점입니다.

(1) RNN의 주요 구조

❶ 순환 구조

RNN의 핵심 구조는 데이터가 시계열(시간 순서)로 입력되면서 이전 상태의 정보를 다음 상태로 전달하는 순환 구조입니다. 즉, RNN은 현재 입력뿐만 아니라, 이전 타임스텝에서 입력된 데이터를 기억하며, 시간 흐름에 따라 데이터의 관계를 학습합니다.

[예시]

텍스트 생성 모델을 생각해 봅시다. RNN에 "I am"이라는 문장을 입력했을 때, 다음에 올 단어를 예측하려고 합니다. 이때 RNN은 'I'와 'am'이라는 단어 정보를 기억하면서 그다음에 'a' 또는 'student'와 같은 단어가 나올 가능성을 계산할 수 있습니다.

❷ 은닉 상태 Hidden State

RNN은 은닉 상태Hidden State라는 메모리 개념을 사용해 이전 데이터를 저장합니다.

[예시]

문장의 맥락을 이해하는 데 RNN은 매우 유용합니다. 문장 "The cat sat on the"을 입력한 후, 마지막 단어로 'mat'이 나올지 'hat'이 나올지 예측할 때, RNN은 'cat'과 'sat'이라는 단어를 은닉 상태에 저장해 놓고, 문맥을 기반으로 가장 적합한 단어를 예측합니다. 이렇게 RNN은 과거 정보를 기반으로 미래 데이터를 더 정확하게 예측할 수 있습니다.

(2) RNN의 활용 분야

❶ 자연어 처리 NLP: Natural Language Processing

RNN은 특히 자연어 처리 분야에서 많이 사용됩니다. 텍스트 데이터는 시간적 순서나 문맥에 따라 의미가 달라질 수 있기 때문에, 연속된 데이터 흐름을 파악할 수 있는 RNN이 적합합니다.

[예시]

번역 모델, 감정 분석, 음성 인식 등에서 RNN이 활용됩니다. 예를 들어, 문장 "I love deep learning"이라는 텍스트를 RNN이 처리할 때, "I"와 "love"라는 단어를 통해 그다음 단어로 긍정적인 감정인 "deep"을 예측할 수 있습니다.

❷ 시계열 데이터 분석

RNN은 주식 가격 예측, 날씨 예측 등 시계열 데이터 분석에서도 많이 사용됩니다. 이 분야에서 RNN은 시간에 따라 변화하는 데이터를 학습할 수 있어, 미래의 데이터를 예측하는 데 유리합니다.

[예시]

주식 시장 데이터를 이용해 RNN을 학습시키면, 이전 몇 시간 또는 며칠 동안의 주식 가격 변화를 바탕으로 다음에 오를지, 내릴지를 예측할 수 있습니다. 마찬가지로, 날씨 데이터를 이용해 시간에 따른 온도 변화를 학습하고 미래의 날씨를 예측할 수 있습니다.

(3) RNN의 변형 모델

❶ LSTM Long Short-Term Memory

RNN Recurrent Neural Network의 대표적인 문제 중 하나는 장기 의존성 문제입니다. RNN은 시퀀스 데이터를 처리할 때, 이전 상태의 정보를 다음 상태로 넘겨주지만, 데이터가 길어질수록 과거의 정보가 흐려지거나 손실되는 문제가 발생합니다. 이로 인해, 중요한 정보가 시퀀스 후반부까지 제대로 전달되지 못하는 현상이 나타납니다. LSTM Long Short-Term Memory은 이러한 문제를 해결하기 위해 고안된 특수한 기억 장치를 갖춘 신경망입니다.

LSTM의 구조 : LSTM은 셀 상태Cell State와 게이트Gate 구조를 사용하여, 데이터를 기억할지 또는 잊을지 결정합니다. LSTM에는 세 가지 주요 게이트가 있습니다.

① **입력 게이트** Input Gate : 새로운 정보가 들어올 때, 그 정보를 얼마나 받아들일지 결정합니다.
② **망각 게이트** Forget Gate : 이전에 학습한 정보 중 어떤 정보를 잊을지 결정합니다. 예를 들어, 시간이 지남에 따라 더 이상 유효하지 않은 정보는 망각 게이트를 통해 제거됩니다.
③ **출력 게이트** Output Gate : 셀 상태에서 어떤 정보를 출력할지 결정하여, 다음 단계로 넘겨주는 역할을 합니다.

이 구조 덕분에 LSTM은 중요한 정보는 장기간 기억하고, 불필요한 정보는 잊어버리기 때문에, 시퀀스가 길더라도 데이터를 효과적으로 학습할 수 있습니다.

[예시]

LSTM은 번역이나 자연어 처리(NLP) 같은 긴 문장이나 문맥을 이해해야 하는 작업에서 뛰어난 성능을 발휘합니다. 예를 들어, "The dog that barked loudly was scared of the cat"이라는 문장에서 'dog'와 'scared'는 상당히 멀리 떨어져 있지만, LSTM은 이를 기억하여 문장의 전체 맥락을 이해할 수 있습니다. 이와 같은 긴 문맥을 유지하며 학습하는 능력이 LSTM의 주요 강점입니다.

❷ GRU Gated Recurrent Unit

GRUGated Recurrent Unit는 LSTM과 유사한 목적으로 개발된 RNN 변형 모델입니다. GRU는 LSTM보다 구조가 단순하지만, 성능은 비슷하거나 때로는 더 나은 경우도 있습니다. GRU는 LSTM과 달리 셀 상태Cell State가 없고, 대신 은닉 상태Hidden State를 사용하여 정보를 전달합니다. GRU는 LSTM과 마찬가지로 장기 의존성 문제를 해결할 수 있지만, 계산 복잡도를 줄여 연산 속도를 높였습니다.

GRU의 구조 : GRU에는 두 가지 주요 게이트가 있습니다.

① **갱신 게이트** Update Gate : 새로운 입력 정보가 들어올 때, 이 정보를 얼마나 기억하고 이전 은닉 상태에 반영할지 결정합니다.
② **리셋 게이트** Reset Gate : 이전 은닉 상태에서 얼마나 많은 정보를 잊을지 결정하는 역할을 합니다.

GRU는 셀 상태 없이 은닉 상태만으로도 중요한 정보를 기억하고 갱신하는 능력을 갖추고 있어, 학습 과정이 LSTM보다 빠르고 연산 자원이 적게 소모됩니다. 이러한 특성 때문에, 경량화된 모델을 필요로 하는 경우에 자주 사용됩니다.

[예시]

GRU는 실시간 데이터 처리와 같은 상황에서 효율적입니다. 예를 들어, 실시간 감정 분석이나 문장 생성과 같은 짧은 시퀀스 데이터를 처리하는 작업에서, GRU는 빠른 학습과 예측 속도로 적합합니다. 또한, 모바일 기기나 임베디드 시스템과 같은 자원이 제한된 환경에서도 사용할 수 있어, 계산 효율성이 중요한 작업에 적합한 선택입니다.

LSTM vs GRU

- LSTM은 매우 긴 시퀀스를 처리하는 작업에 더 적합합니다. 예를 들어, 장문의 문서를 분석하거나 번역하는 작업에서 LSTM이 더 우수한 성능을 발휘할 수 있습니다.
- GRU는 상대적으로 더 짧은 시퀀스나 실시간 작업에서 우수한 성능을 발휘합니다. 계산이 더 간단하고 속도가 빠르기 때문에 자원이 제한된 환경에서도 유용하게 활용됩니다.

요약하자면, LSTM과 GRU는 모두 RNN의 장기 의존성 문제를 해결하는 데 특화된 모델입니다. LSTM은 복잡한 구조로 더 정교한 기억 기능을 제공하며, GRU는 단순한 구조로 빠른 계산이 필요한 작업에 적합합니다. 두 모델 모두 각각의 장점이 있어, 문제의 특성에 맞게 선택하여 사용할 수 있습니다.

정리하자면:

RNN은 데이터를 순차적으로 처리할 수 있기 때문에, 시퀀스 데이터에서 탁월한 성능을 발휘합니다. 텍스트 분석, 음성 인식, 주식 예측 등에서 중요한 도구로 사용되며, 특히 문맥이나 시간 흐름을 고려해야 하는 문제에 매우 유용합니다. LSTM과 GRU 같은 변형 모델은 RNN의 성능을 더 향상시키고 복잡한 시퀀스 데이터를 처리하는 데 큰 도움을 줍니다.

6.3.4 생성적 적대 신경망 GAN: Generative Adversarial Network

생성적 적대 신경망GAN은 새로운 데이터를 생성하는 신경망 모델로, 두 개의 신경망이 서로 경쟁하며 성능을 향상시키는 방식으로 작동합니다. 이 모델은 특히 이미지 생성에서 큰 성과를 거두었으며, 진짜와 매우 흡사한 데이터를 만들어낼 수 있습니다. GAN은 생성자Generator와 판별자Discriminator라는 두 개의 신경망이 경쟁하면서 학습을 진행합니다.

(1) GAN의 구조

❶ 생성자 Generator

생성자는 무작위로 주어진 데이터를 바탕으로 새로운 가짜 데이터를 생성하는 역할을 합니다. 이때, 생성자는 가능한 한 진짜 데이터처럼 보이도록 가짜 데이터를 만들어야 합니다.

[예시]

예를 들어, GAN이 얼굴 이미지를 학습하고 있다면, 생성자는 실제 사람이 아니라 가상의 인물 사진을 만들어냅니다. 이 사진은 진짜 사람처럼 보이도록 학습되지만, 실재하는 사람이 아닙니다.

❷ 판별자 Discriminator

판별자는 생성자가 만든 가짜 데이터와 진짜 데이터를 구분하는 역할을 합니다. 즉, 판별자는 입력된 데이터가 진짜 데이터인지, 생성자가 만든 가짜 데이터인지 판별하는 법을 학습합니다.

[예시]

GAN이 학습하는 동안, 판별자는 생성자가 만들어낸 가짜 얼굴 이미지가 진짜 얼굴 이미지와 어떻게 다른지 구분하려고 시도합니다.

이 두 네트워크는 서로 경쟁하면서 성능을 높입니다. 생성자는 판별자를 속이기 위해 더 진짜 같은 이미지를 생성하려 하고, 판별자는 가짜와 진짜 데이터를 더욱 정확하게 구분하려 합니다. 이렇게 경쟁하면서 동시에 발전하는 구조가 GAN의 핵심입니다.

(2) GAN의 학습 과정

❶ 무작위 노이즈에서 데이터 생성

GAN은 무작위 노이즈(즉, 완전히 랜덤한 값)를 입력으로 받아서 시작합니다. 생성자는 이 노이즈를 바탕으로 새로운 이미지를 생성합니다. 이 생성된 이미지는 초반에는 전혀 의미 없는 패턴이나 이미지일 수 있습니다.

❷ 판별자의 역할

판별자는 진짜 데이터와 가짜 데이터를 입력으로 받아 이 둘을 구분하는 방법을 학습합니다. 판별자의 목표는 생성자가 만든 가짜 데이터를 정확히 가려내는 것입니다.

❸ 생성자와 판별자의 경쟁

생성자는 더 진짜 같은 데이터를 만들기 위해 계속해서 학습을 진행합니다. 판별자가 생성자가 만든 가짜 데이터를 진짜 데이터로 착각할 수 있도록 점점 더 정교한 데이터를 생성하게 됩니다. 반면, 판별자는 이런 가짜 데이터를 더 잘 구분하기 위해 학습합니다. 이 과정에서 생성자와 판별자가 끊임없이 경쟁하며 성능을 향상시킵니다.

❹ 최종 결과

경쟁이 충분히 진행되면, 생성자는 진짜와 매우 유사한 데이터를 생성할 수 있게 되고, 판별자는 가짜 데이터와 진짜 데이터를 구분하기가 점점 더 어려워집니다.

(3) GAN의 활용 분야

❶ 이미지 생성 및 편집

GAN은 이미지 생성에 매우 뛰어난 성능을 보입니다. 예를 들어, 고해상도 이미지나 가상 인물을 만들어내는 데 사용됩니다. GAN이 생성한 이미지는 진짜 사람처럼 보이지만 실제로는 존재하지 않는 사람의 이미지입니다. 이를 통해, 가짜 얼굴 생성(딥페이크)이나 예술적 이미지 창작 등의 분야에서 활용됩니다.

[예시]

GAN을 사용하면 1000장의 고양이 사진을 학습한 후, 존재하지 않는 새로운 고양이 사진을 생성할 수 있습니다.

❷ 데이터 증강

GAN은 데이터 증강에도 사용됩니다. 학습 데이터가 부족할 때, GAN을 사용해 새로운 데이터를 생성함으로써 데이터 양을 늘릴 수 있습니다. 이는 특히 의료나 생물학처럼 데이터 수집이 어려운 분야에서 유용합니다.

[예시]

MRI 스캔 데이터를 학습한 GAN은 새로운 가상의 스캔 데이터를 생성해, 더 많은 학습 데이터를 확보하는 데 기여할 수 있습니다.

❸ 딥페이크 Deepfake

GAN은 딥페이크 기술의 핵심입니다. 딥페이크는 GAN을 사용해 기존의 얼굴 이미지를 조작하거나, 가짜 동영상을 만드는 기술입니다. 이는 엔터테인먼트, 광고, 교육 등 다양한 분야에서 활용될 수 있지만, 부작용도 존재합니다.

[예시]

GAN을 사용하여 배우의 얼굴을 다른 사람의 얼굴로 바꾸거나, 존재하지 않는 사람의 얼굴이 등장하는 영상을 제작할 수 있습니다.

예시로 더 자세히 설명하자면:

딥페이크Deepfake 생성 과정

1. 생성자는 여러 배우의 얼굴 사진을 학습하고, 이 학습한 데이터를 기반으로 가짜 얼굴을 만들어냅니다. 처음에는 흐릿한 이미지를 생성하지만, 점점 더 정교해지면서 진짜 배우와 구분하기 힘든 얼굴을 생성하게 됩니다.
2. 판별자는 이 가짜 얼굴을 보고 진짜 배우의 얼굴과 비교하여 가짜인지 진짜인지 구분하려 합니다.
3. 생성자는 판별자가 속을 수 있을 만큼 정교한 얼굴을 만들어내려고 하며, 이 과정에서 생성되는 얼굴은 점점 더 실제 배우처럼 보이게 됩니다.

이처럼 GAN은 데이터 생성의 혁신을 가져온 기술로, 이미지 생성, 동영상 조작, 데이터 증강 등 다양한 분야에서 중요한 역할을 하고 있습니다. GAN이 학습을 진행할수록 생성된 데이터는 점점 더 진짜에 가까워지며, 이러한 기술은 앞으로도 많은 가능성을 열어갈 것입니다.

요약

1. ANNArtificial Neural Network(인공 신경망) : 가장 기본적인 신경망 구조로, 여러 층으로 이루어진 뉴런들의 연결을 통해 패턴을 학습하고 예측하는 모델입니다. 입력층, 은닉층, 출력층으로 구성되며, 주로 간단한 패턴 인식, 신호 처리, 텍스트 분류 등의 기본적인 작업에

사용됩니다. 복잡한 문제를 해결하는 데는 한계가 있지만, 신경망의 기초를 이해하는 데 필수적입니다.

❷ CNNConvolutional Neural Network(합성곱 신경망) : 이미지 처리에 특화된 모델로, 주로 이미지 분류, 물체 인식, 자율 주행 등에서 사용됩니다. CNN은 합성곱층Convolutional Layer과 풀링층Pooling Layer을 사용해 이미지에서 중요한 특징을 추출하고, 전결합층Fully Connected Layer에서 최종 분류 작업을 수행합니다. 이미지의 공간 정보를 보존하며 특징을 학습할 수 있어 시각 데이터 처리에 매우 효과적입니다.

❸ RNNRecurrent Neural Network(순환 신경망) : 시퀀스 데이터(연속된 데이터) 처리에 강점이 있는 신경망 모델로, 이전 입력의 정보를 현재 입력에 반영할 수 있는 순환 구조를 가지고 있습니다. 주로 자연어 처리NLP, 시계열 데이터 분석(예: 주식 예측, 날씨 예측)에서 활용됩니다. RNN은 LSTMLong Short-Term Memory과 GRUGated Recurrent Unit 같은 변형 모델을 통해 장기 의존성 문제를 해결하여, 더 긴 시퀀스 데이터를 효과적으로 처리할 수 있습니다.

❹ GANGenerative Adversarial Network(생성적 적대 신경망) : 데이터 생성을 목표로 하는 신경망으로, 생성자Generator와 판별자Discriminator 두 개의 네트워크가 서로 경쟁하며 학습합니다. 생성자는 가짜 데이터를 만들어내고, 판별자는 그 데이터를 진짜와 구분하려 시도하면서 점차 더 정교한 데이터를 만들어냅니다. 주로 고해상도 이미지 생성, 딥페이크, 예술적 이미지 창작, 데이터 증강 등의 분야에서 활용되며, 특히 창의적 작업에서 탁월한 성능을 보입니다.

더 자세한 요약

- ANN(인공 신경망)은 기초적인 신경망 구조로 간단한 예측과 패턴 인식에 사용되며, 복잡한 문제 해결보다는 신경망 학습의 기초를 이해하는 데 유용합니다.
- CNN(합성곱 신경망)은 이미지 데이터 처리에 최적화된 모델로, 이미지 분류와 물체 인식에서 가장 널리 사용되며, 영상 처리나 자율 주행에서도 중요한 역할을 합니다.
- RNN(순환 신경망)은 순차적 데이터를 처리하는 데 강점을 가지며, 텍스트 분석이나 시계열 데이터 처리에서 성능이 뛰어납니다. LSTM 과 GRU 같은 변형 모델은 긴 문맥을 학습할 수 있는 능력을 가지고 있습니다.
- GAN(생성적 적대 신경망)은 데이터 생성을 목표로, 생성자와 판별자의 경쟁을 통해 점차 정교한 데이터를 생성합니다. 이미지 생성, 딥페이크, 데이터 증강 등에서 혁신적인 기술로 활용되고 있습니다.

이 신경망들은 각각의 강점을 살려 다양한 문제에 적용될 수 있으며, 서로 다른 모델을 결합해 더욱 복잡한 문제를 해결할 수 있습니다. 신경망의 구조와 원리를 이해하면 다양한 데이터 분석과 예측에서 더욱 향상된 성능을 기대할 수 있습니다.

6.4 실습: 이미지 분류 모델 만들기

6.4.1 이미지 분류 데이터셋 준비

이미지 분류 모델을 만들기 위해서는 먼저 데이터셋을 준비하고, 데이터를 모델이 학습할 수 있는 상태로 전처리하는 과정이 필요합니다. 이 과정은 신경망이 이미지를 보고 무엇이 들어 있는지 예측할 수 있도록 돕습니다.

(1) 데이터셋 선택

우리가 주로 사용하는 이미지 분류용 데이터셋은 CIFAR-10이나 MNIST와 같은 것들이 있습니다.

❶ CIFAR-10 : 이 데이터셋에는 10개의 카테고리로 나뉜 작은 컬러 이미지 60,000장이 포함되어 있습니다. 예를 들어, 고양이, 개, 비행기, 자동차 등 다양한 물체의 사진이 있습니다.

❷ MNIST : 이 데이터셋은 숫자 손글씨 이미지로, 0부터 9까지의 숫자를 인식하는 데 주로 사용됩니다. 28×28 크기의 흑백 이미지로 구성되어 있습니다.

이런 데이터셋은 이미지 분류 모델을 훈련시키는 데 널리 사용되며, 컴퓨터가 고양이 사진인지, 숫자 5인지 등을 학습할 수 있도록 돕습니다.

(2) 데이터 전처리

데이터 전처리는 모델이 이미지를 더 잘 학습할 수 있도록 데이터를 정리하는 단계입니다. 주로 이미지 크기 조정, 정규화, 배치 처리와 같은 과정이 포함됩니다.

❶ 이미지 크기 조정 : 모델은 일정한 크기의 이미지를 입력으로 받기 때문에, 모든 이미지를 같은 크기로 맞춰야 합니다. 예를 들어, 32x32 픽셀로 모든 이미지를 조정합니다. 이렇게 하면 모델이 일관되게 이미지를 처리할 수 있습니다.

❷ 정규화Normalization : 정규화는 이미지의 픽셀 값을 0에서 1 사이로 조정하는 과정입니다. 원래 이미지는 각 픽셀이 0부터 255 사이의 값을 가집니다. 하지만, 신경망이 더 빠르고 정확하게 학습할 수 있도록 이 값을 0에서 1 사이로 바꿉니다. 예를 들어, 255를 255로 나누면 1이 되고, 128을 255로 나누면 0.5가 됩니다. 이렇게 하면 모든 이미지가 동일한 범위 안에서 처리됩니다.

❸ **배치 처리**Batch Processing : 한 번에 많은 데이터를 모델에 넣기 어렵기 때문에, 데이터를 작은 묶음(배치)으로 나누어 한 번에 처리합니다. 예를 들어, 1000장의 이미지를 100장씩 나누어 10번에 걸쳐 모델에 입력합니다. 이렇게 하면 컴퓨터가 부담 없이 데이터를 처리할 수 있습니다.

요약

이미지 분류 모델을 학습시키기 위해서는 먼저 CIFAR-10이나 MNIST 같은 데이터셋을 준비하고, 이미지를 크기 조정, 정규화, 배치 처리 등의 전처리 과정을 통해 모델에 적합하게 만듭니다. 이를 통해 모델은 일관되게 데이터를 처리하고, 더 정확한 예측을 할 수 있습니다.

6.4.2 신경망 모델 구성

이미지를 정확하게 분류하기 위해서는 신경망 모델을 구성하는 것이 중요합니다. 특히 이미지 데이터를 다룰 때는 CNN(합성곱 신경망)이라는 특별한 구조를 사용합니다. CNN은 이미지를 효율적으로 분석하고, 그 안에 담긴 특징을 추출하여 분류하는 데 매우 유용합니다.

(1) CNNConvolutional Neural Network

CNN(합성곱 신경망)은 이미지를 분석하기 위해 만들어진 특별한 신경망입니다. 이 네트워크는 합성곱 층과 풀링 층을 사용하여 이미지를 처리합니다.

❶ **합성곱 층**Convolution Layer : 이 층은 이미지를 작은 부분(필터)으로 나누어 각각의 특징을 추출하는 역할을 합니다. 예를 들어, 고양이의 귀나 눈, 자동차의 바퀴와 같은 이미지의 중요한 요소를 찾아냅니다. 필터는 이미지를 스캔하면서 그 특징을 포착하고, 여러 번의 합성곱을 통해 더 복잡한 특징을 추출합니다.

쉽게 말하면 !

합성곱 층은 이미지에서 작고 중요한 부분들을 골라내는 역할을 합니다. 사람의 눈이 그림의 세부적인 부분을 알아보는 것과 비슷합니다.

❷ **풀링 층**Pooling Layer : 합성곱 층에서 나온 특징들을 더 간단하게 정리해주는 역할을 합니다. 풀링 층은 중요한 정보만 남기고, 덜 중요한 정보는 줄여주는 작업을 합니다. 이 과정은 이미지의 크기를 줄여 모델이 더 빠르게 계산할 수 있게 도와줍니다.

쉽게 말하면 !

풀링 층은 복잡한 이미지를 간단하게 요약해주는 역할을 합니다. 큰 사진을 축소해도 중요한 내용이 보이는 것처럼, 필요한 정보는 남기고 불필요한 정보는 줄여주는 과정입니다.

(2) 전결합층Fully Connected Layer

CNN이 이미지의 특징을 모두 추출한 후, 전결합층Fully Connected Layer을 통해 최종적으로 이미지를 분류합니다. 전결합층은 이미지에서 추출한 모든 정보를 기반으로 결론을 내립니다. 이 층은 이미지가 어떤 카테고리에 속하는지를 결정하는 중요한 역할을 합니다. 예를 들어, 추출된 특징들을 바탕으로 "이 이미지는 고양이다" 또는 "이 이미지는 자동차다"와 같은 결론을 도출합니다.

쉽게 말하면 !

전결합층은 모든 정보를 종합해서 결정을 내리는 역할을 합니다. 마치 여러 단서를 종합해서 답을 도출하는 것과 같으며, 마지막으로 이미지를 분류하는 단계입니다.

요약

- CNN(합성곱 신경망)은 이미지의 특징을 추출하는 데 매우 효과적인 신경망입니다. 합성곱 층은 이미지에서 중요한 세부사항을 추출하고, 풀링 층은 그 정보를 간단하게 요약해줍니다. 마지막으로 전결합층은 추출된 모든 정보를 바탕으로 최종 분류를 합니다. 이를 통해 신경망은 이미지를 보고 무엇이 들어 있는지 정확하게 예측할 수 있습니다.

6.4.3 모델 학습 및 평가

이미지 분류 모델을 성공적으로 학습시키고 평가하기 위해서는 손실 함수와 옵티마이저라는 두 가지 중요한 요소가 필요합니다. 이 두 가지는 모델이 학습하는 과정에서 정확도를 높이고 오차를 줄이는 데 중요한 역할을 합니다.

(1) 손실 함수Loss Function

손실 함수는 모델이 얼마나 정확하게 예측했는지를 측정하는 기준입니다. 모델이 이미지를 보고 예측한 결과와 실제 정답 사이의 차이를 계산합니다. 이 차이가 클수록 모델이 잘못 예측한 것이고, 작을수록 정확하게 예측한 것입니다. 손실 함수는 이 차이를 숫자로 표현하여 모델이 어디서 잘못됐는지 알려줍니다.

- 크로스 엔트로피 Cross-Entropy는 이미지 분류에서 자주 사용하는 손실 함수입니다. 이 함수는 모델이 예측한 값이 실제 정답과 얼마나 멀리 떨어져 있는지를 계산해 줍니다. 만약 모델이 정답에

가까운 값을 예측하면 크로스 엔트로피 값이 작아지고, 반대로 정답과 멀리 떨어져 있으면 값이 커집니다.

쉽게 말하면 !

손실 함수는 모델이 얼마나 잘못 예측했는지를 알려주는 도구입니다. 모델이 이미지에 대해 답을 내릴 때, 그 답이 얼마나 틀렸는지 숫자로 알려주는 역할을 합니다. 마치 시험을 본 후 정답과 틀린 답의 차이를 확인하는 것과 같습니다.

(2) 옵티마이저Optimizer

옵티마이저는 신경망이 더 효과적으로 학습할 수 있도록 도와주는 도구입니다. 옵티마이저는 손실 함수를 바탕으로 모델의 성능을 향상시키는 역할을 합니다. 즉, 모델이 잘못된 부분을 고치고, 더 나은 결과를 낼 수 있도록 학습 방향을 조정해 줍니다. 학습을 반복하면서 모델의 예측이 점점 더 정확해지도록 만듭니다.

Adam과 SGDStochastic Gradient Descent는 대표적인 옵티마이저입니다.

- Adam : 빠르고 정확하게 모델을 학습시킬 수 있는 방법으로, 여러 가지 상황에서 매우 효과적입니다. 학습 속도와 정확도를 잘 조정해 주는 옵티마이저입니다.
- SGD : 천천히, 하지만 꾸준하게 학습을 진행하는 방법입니다. 한 번에 모든 데이터를 학습하는 것이 아니라, 일부 데이터만 사용해서 학습을 진행하는 방식으로, 모델이 조금씩 발전할 수 있게 도와줍니다.

쉽게 말하면 !

옵티마이저는 신경망이 어떻게 더 나아질지 알려주는 교사와 같습니다. 신경망이 실수를 하면 그 실수를 고치고 더 좋은 방법으로 학습할 수 있도록 도와주는 역할을 합니다. 옵티마이저 덕분에 신경망이 데이터를 더 정확하게 처리할 수 있습니다.

요약

- 손실 함수는 모델이 얼마나 정확하게 예측했는지를 평가하는 도구입니다. 크로스 엔트로피는 이미지 분류에서 많이 사용되는 손실 함수로, 모델이 정답과 얼마나 차이가 나는지를 계산해 줍니다.
- 옵티마이저는 모델이 학습하는 방식을 개선해주는 도구입니다. Adam과 SGD 같은 옵티마이저는 모델이 실수를 줄이고 더 정확한 예측을 할 수 있도록 학습 방향을 조정해 줍니다.

이 과정을 통해 신경망은 학습하면서 점점 더 좋은 성능을 내고, 최종적으로 정확한 예측을 할 수 있게 됩니다.

6.5 오늘의 내용 요약

오늘은 딥러닝의 핵심 개념과 다양한 신경망 모델 그리고 모델 학습 과정에 대해 자세히 학습했습니다.

(1) 인공 신경망ANN: Artificial Neural Network

인공 신경망ANN은 신경망의 가장 기본적인 형태로, 입력층, 은닉층, 출력층으로 이루어져 있습니다.

1. 입력층Input Layer : 데이터를 신경망에 처음 입력하는 단계입니다. 이미지나 숫자 등 다양한 형태의 데이터를 신경망이 처리할 수 있도록 숫자로 변환해 전달합니다.
2. 은닉층Hidden Layer : 입력된 데이터를 여러 번 변환해 중요한 특징을 추출합니다. 은닉층이 많을수록 신경망은 더 복잡한 패턴을 학습할 수 있습니다.
3. 출력층Output Layer : 신경망이 최종 예측값을 출력하는 부분입니다. ANN은 일반적으로 패턴 인식, 기본적인 텍스트 분류 및 예측 작업에 사용됩니다.

ANN은 가중치Weights와 편향Bias을 학습하는데, 가중치는 입력값의 중요도를 결정하고, 편향은 신경망이 데이터를 더 유연하게 처리할 수 있도록 돕습니다. 학습 과정에서 가중치와 편향이 조정되어 예측 정확도가 점차 높아집니다.

(2) 합성곱 신경망CNN: Convolutional Neural Network

CNN(합성곱 신경망)은 주로 이미지 데이터 처리에 특화된 신경망 모델입니다. CNN은 다음과 같은 주요 구성 요소를 가지고 있습니다.

1. 합성곱층Convolutional Layer : 이미지를 작은 부분으로 나누어 중요한 특징을 추출합니다. 필터(커널)가 이미지를 스캔하며 경계선이나 색상 변화 등 중요한 패턴을 찾아냅니다.
2. 풀링층Pooling Layer : 이미지의 크기를 줄여 처리 속도를 높이고, 중요한 특징만 남기기 위해 사용됩니다. 주로 최대 풀링Max Pooling이 사용됩니다.
3. 전결합층Fully Connected Layer : 합성곱과 풀링을 통해 추출된 모든 정보를 바탕으로 최종 분류를 진행하는 층입니다.

CNN은 이미지 분류, 물체 인식, 자율 주행 등에서 널리 사용되며, CIFAR-10과 같은 데이터셋에서 고양이, 자동차 등의 이미지를 분류하는 데 뛰어난 성능을 발휘합니다.

(3) 순환 신경망RNN: Recurrent Neural Network

RNN(순환 신경망)은 연속된 데이터(시퀀스 데이터)를 처리하는 데 특화된 신경망입니다. RNN의 가장 큰 특징은 순차적 흐름을 기억하면서 학습할 수 있다는 점입니다.

❶ **순환 구조** : 이전 타임스텝의 정보를 현재 타임스텝에 반영하여 데이터를 처리하는 구조를 가지고 있습니다. 이를 통해 RNN은 연속된 데이터 간의 관계를 학습할 수 있습니다.
❷ **은닉 상태**Hidden State : RNN은 이전 데이터를 은닉 상태에 저장하여 다음 입력값을 처리할 때 그 정보를 반영합니다.

RNN은 자연어 처리NLP와 시계열 데이터 분석에서 특히 유용하며, 장기 의존성 문제를 해결하기 위해 LSTMLong Short-Term Memory과 GRUGated Recurrent Unit 같은 변형 모델이 사용됩니다.

- LSTM 은 기억해야 할 정보는 장기적으로 유지하고, 불필요한 정보는 잊는 메커니즘을 통해 긴 문맥을 처리하는 데 강점이 있습니다.
- GRU 는 구조가 간단해 계산 효율이 높은 모델로, 빠른 학습과 예측을 요구하는 작업에 자주 사용됩니다.

(4) 생성적 적대 신경망GAN: Generative Adversarial Network

GAN은 데이터를 생성하는 모델로, 생성자Generator와 판별자Discriminator라는 두 개의 신경망이 서로 경쟁하면서 학습하는 방식으로 동작합니다.

❶ **생성자**Generator : 무작위로 입력된 노이즈를 기반으로 가짜 데이터를 생성합니다. 예를 들어, 가짜 얼굴 이미지를 생성하여 진짜처럼 보이도록 학습합니다.
❷ **판별자**Discriminator : 생성자가 만든 가짜 데이터와 실제 데이터를 구분하는 역할을 합니다. 판별자는 가짜 데이터를 잘 구분하는 법을 학습합니다.

GAN은 이미지 생성, 딥페이크Deepfake, 예술적 이미지 창작, 데이터 증강 등에 활용되며, 점차 진짜와 구분하기 힘든 정교한 데이터를 만들어내는 기술로 발전하고 있습니다.

(5) 모델 학습 및 평가

신경망 모델이 데이터를 학습하고 예측할 수 있도록 손실 함수와 옵티마이저가 중요한 역할을 합니다.

❶ **손실 함수**Loss Function : 모델의 예측과 실제 정답 간의 차이를 계산합니다. 크로스 엔트로피Cross-Entropy는 분류 문제에서 자주 사용되는 손실 함수로, 예측값이 정답과 얼마나 차이가 나는지를 평가합니다.

❷ **옵티마이저**Optimizer : 학습 속도와 정확도를 조정하는 도구로, 대표적인 옵티마이저로는 Adam과 SGD가 있습니다. Adam은 학습 속도와 정확도 모두에서 우수한 성능을 보이며, SGD는 천천히 학습을 진행하면서 점진적인 발전을 이끌어냅니다.

손실 함수와 옵티마이저는 모델이 더 정확한 예측을 할 수 있도록 학습 과정을 조정해주며, 이 과정을 통해 신경망 모델은 점차 정확한 예측을 할 수 있게 됩니다.

이와 같이 오늘 학습한 내용은 딥러닝의 핵심 개념, 다양한 신경망 구조, 학습 과정을 포괄하며, 각 모델이 어떻게 데이터를 처리하고 예측하는지, 그리고 실생활에서 어떻게 활용될 수 있는지에 대한 이해를 깊이 있게 다루었습니다.

6.6 연습문제

4지선다형 문제

01 인공 신경망의 주요 구성 요소가 아닌 것은?

① 입력층 ② 은닉층
③ 출력층 ④ 비활성화 함수

02 가중치Weights의 주요 역할은 무엇인가?

① 데이터의 크기를 줄인다. ② 입력값의 중요도를 결정한다.
③ 학습 속도를 높인다. ④ 출력값을 0으로 제한한다.

03 비선형성을 추가하여 신경망의 복잡한 문제 해결을 돕는 것은?

① 손실 함수 ② 옵티마이저
③ 활성화 함수 ④ 풀링층

04 ReLU 함수의 동작 원리가 아닌 것은?

① 양수 입력값은 그대로 출력한다.
② 음수 입력값은 0으로 변환한다.
③ 입력값이 클수록 출력값도 증가한다.
④ 입력값의 범위를 −1과 1 사이로 제한한다.

05 순전파Forward Propagation의 주요 역할은?

① 입력값과 출력값 사이의 오차를 계산한다.
② 입력값을 통해 최종 예측값을 도출한다.
③ 가중치와 편향을 업데이트한다.
④ 입력값을 0으로 정규화한다.

06 딥러닝에서 "학습"의 의미는?

① 데이터를 수집하는 과정
② 가중치와 편향을 최적화하는 과정
③ 모델의 출력값을 초기화하는 과정
④ 입력값의 크기를 조정하는 과정

07 순환 신경망RNN의 주요 응용 분야는?

① 이미지 분류
② 음성 인식
③ 객체 탐지
④ 데이터 정규화

08 GAN에서 생성자의 주요 역할은?

① 데이터를 정규화한다.
② 진짜 데이터처럼 보이는 가짜 데이터를 생성한다.
③ 데이터의 크기를 줄인다.
④ 손실 함수를 계산한다.

09 LSTM에서 망각 게이트Forget Gate의 주요 목적은?

① 데이터를 분류한다.
② 이전 데이터를 제거한다.
③ 데이터를 압축한다.
④ 출력값을 계산한다.

10 CNN에서 풀링층의 주요 기능은?

① 데이터의 크기를 증가시킨다.
② 데이터를 분류한다.
③ 데이터의 중요한 특징만 남긴다.
④ 입력값의 중요도를 높인다.

단답형 문제

01 딥러닝의 주요 특징은 무엇인가?

02 활성화 함수가 필요한 이유는 무엇인가?

03 ReLU 함수의 특징은?

04 순환 신경망의 주요 문제점은 무엇인가?

05 GAN에서 판별자의 역할은 무엇인가?

06 CIFAR-10 데이터셋에 포함된 데이터 유형은 무엇인가?

07 손실 함수의 목적은 무엇인가?

08 LSTM의 주요 구성 요소는 무엇인가?

09 데이터 전처리의 주요 작업은 무엇인가?

10 활성화 함수 중 tanh 함수의 출력 범위는?

서술형 문제

01 순전파와 역전파의 차이점을 설명하시오.

02 CNN과 RNN의 차이점을 설명하시오.

03 GAN의 학습 과정을 설명하시오.

04 LSTM이 RNN의 장기 의존성 문제를 해결하는 방법을 설명하시오.

05 활성화 함수가 딥러닝에서 중요한 이유를 설명하시오.

07 일차

자연어 처리의 기초

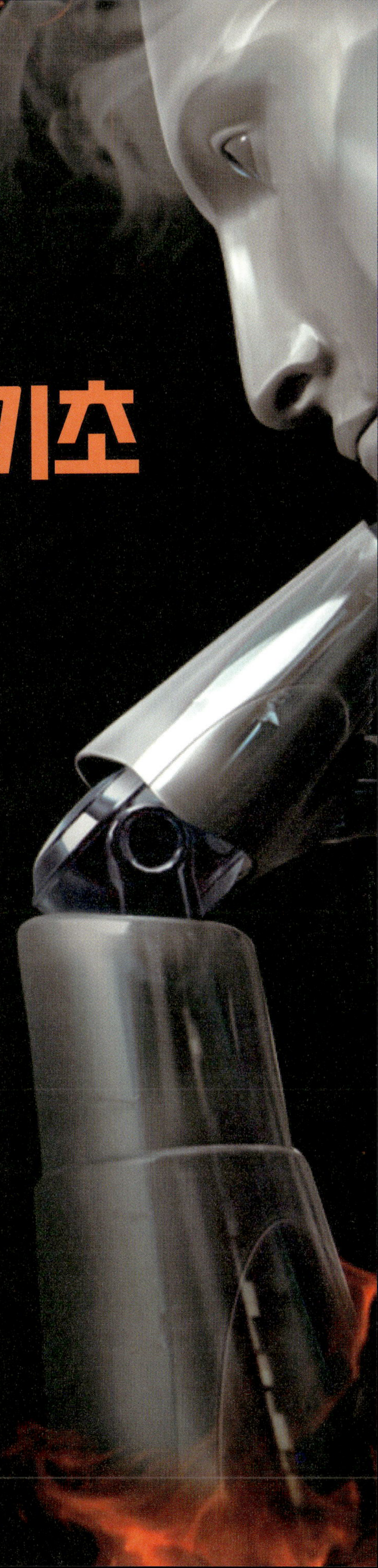

7.1 자연어 처리란?

7.2 언어 모델의 기본 원리

7.3 실습 : 텍스트 분석과 감정 분석

7.4 오늘의 내용 요약

7.5 연습문제

7.1 자연어 처리란?

자연어 처리NLP, Natural Language Processing는 컴퓨터가 사람들이 일상적으로 사용하는 언어, 즉 한국어, 영어, 중국어 등 다양한 자연어를 이해하고 처리할 수 있도록 하는 기술입니다. 컴퓨터는 숫자나 코드 같은 명확한 데이터를 쉽게 처리할 수 있지만, 사람의 언어는 그렇지 않습니다. 사람들은 일상에서 모호한 표현이나 중의적인 문장을 자주 사용하기 때문에, 컴퓨터는 자연어를 그대로 이해하기 어렵습니다. 그래서 자연어 처리 기술이 필요합니다. 자연어 처리 기술을 통해 컴퓨터는 우리가 사용하는 언어를 분석하여, 그 의미를 파악하고 적절한 작업을 수행할 수 있게 됩니다. 예를 들어 컴퓨터에게 "오늘 날씨 어때?"라는 질문을 했을 때, 컴퓨터는 그 질문을 이해하고, 인터넷에서 날씨 정보를 찾아서 답변할 수 있습니다.

7.1.1 자연어 처리의 응용 분야

자연어 처리 기술은 일상 생활에서 여러 분야에 걸쳐 활용되고 있습니다. 그중 대표적인 두 가지 분야인 음성 인식과 기계 번역에 대해 알아보겠습니다.

(1) 음성 인식

음성 인식 기술은 사람이 말하는 내용을 컴퓨터가 이해하고 이를 문자로 변환하는 기술입니다. 즉, 사람이 말한 언어를 텍스트 데이터로 변환하는 과정에서 자연어 처리 기술이 중요한 역할을 합니다. 일상에서 쉽게 접할 수 있는 음성 인식 기술의 대표적인 예로는 스마트폰의 음성 비서 기능이 있습니다.

예를 들어, 스마트폰에 대고 "오늘 날씨 알려줘"라고 말할 때, 음성 인식 기술이 작동합니다. 이 과정은 다음과 같습니다.

1. **음성 입력** : 사용자가 스마트폰에 대고 "오늘 날씨 알려줘"라고 말합니다.
2. **음성 데이터 처리** : 스마트폰은 이 음성을 마이크로 받아들여 소리 신호(음파)를 데이터로 변환합니다.
3. **자연어 처리** : 변환된 음성 데이터를 자연어 처리 기술을 통해 분석합니다. 이때, "오늘", "날씨", "알려줘"라는 단어들을 이해하고, 사용자가 날씨 정보를 요청하는 것임을 파악합니다.
4. **정보 검색** : 스마트폰은 분석된 결과를 바탕으로 인터넷에서 날씨 정보를 검색합니다.

❺ **결과 제공** : 마지막으로 스마트폰 화면에 오늘 날씨 정보를 표시하거나, 음성으로 사용자에게 전달합니다. 예를 들어 "오늘 서울의 날씨는 맑고, 최고 기온은 25도입니다."라는 답변이 나올 수 있습니다.

또 다른 예로, 음성 인식 기술은 알람 설정에도 사용됩니다. 사용자가 "내일 아침 7시에 알람 맞춰줘"라고 명령하면, 다음과 같은 절차가 진행됩니다.

❶ **음성 인식** : 스마트폰이 사용자의 음성을 인식하고, "내일 아침 7시", "알람 맞춰줘"와 같은 명령어를 분석합니다.
❷ **시간 설정** : 자연어 처리 기술을 통해 "내일"과 "7시"라는 시간 정보를 추출하고, 그에 맞춰 알람을 자동으로 설정합니다.
❸ **결과 확인** : 스마트폰은 "내일 아침 7시에 알람을 설정했습니다."라는 메시지를 음성으로 안내하거나 화면에 표시합니다.

한국에서도 음성 인식 기술은 널리 사용됩니다. 네이버 클로바나 카카오의 카카오미니 같은 서비스가 대표적입니다. 예를 들어, 카카오미니에 대고 "카카오미니, 내일 아침 9시에 회의 준비하라고 알려줘"라고 말하면, 카카오미니는 이 명령을 인식하고 9시에 사용자에게 알림을 제공합니다. 이를 통해 음성으로 명령을 내리고 정보를 요청하는 과정이 더 자연스러워졌고, 컴퓨터와의 소통이 한층 편리해졌습니다.

음성 인식은 점점 더 많은 분야에서 사용되고 있으며, 일상적인 작업을 효율적으로 처리하는 데 중요한 역할을 합니다.

(2) 기계 번역

기계 번역 기술은 컴퓨터가 하나의 언어로 작성된 텍스트를 자동으로 다른 언어로 번역하는 기술입니다. 이 기술은 외국어에 익숙하지 않은 사람들이나, 다양한 언어로 된 자료를 빠르게 이해해야 하는 상황에서 매우 유용하게 사용됩니다. 기계 번역은 자연어 처리NLP 기술의 중요한 부분으로, 번역 과정에서 텍스트의 의미를 이해하고 이를 적절한 문장으로 변환하는 역할을 합니다.

예를 들어 네이버의 파파고나 구글 번역 같은 서비스는 매우 널리 사용되는 기계 번역 도구입니다. 아래는 기계 번역의 동작 방식과 그 예시입니다:

❶ 번역 요청

사용자가 번역 서비스에 번역할 문장을 입력합니다. 예를 들어, 한국어 문장 "이 제품은 정말 마음에 듭니다."를 영어로 번역하려고 할 때, 해당 문장을 파파고나 구글 번역기에 입력합니다.

❷ 언어 분석

기계 번역 시스템은 먼저 입력된 문장을 분석합니다. "이 제품은 정말 마음에 듭니다"라는 문장을 보면, 이 문장은 "제품"이라는 대상에 대해 "마음에 든다"는 긍정적인 평가를 나타내는 내용입니다. 자연어 처리 기술을 통해 기계는 각 단어의 의미와 문장의 구조를 파악하고, 이를 바탕으로 번역을 진행합니다.

❸ 번역 과정

분석된 문장을 다른 언어로 변환하는 단계에서는 기계 번역 모델이 학습된 패턴을 이용하여 가장 적절한 번역 문장을 생성합니다. 이 과정에서 단어의 의미뿐만 아니라 문장의 문법적 구조와 맥락을 고려하여 번역이 이루어집니다. 번역 서비스는 "This product is really satisfactory."와 같은 번역 결과를 생성하여 사용자에게 제공합니다.

❹ 결과 제공

번역된 문장은 사용자에게 출력됩니다. 이때, 단순히 단어 단위의 번역이 아니라 전체 문장의 의미가 자연스럽게 전달되도록 번역된 결과를 확인할 수 있습니다. 사용자는 "이 제품은 정말 마음에 듭니다."라는 한국어 문장을 "This product is really satisfactory."라는 영어 문장으로 쉽게 변환된 결과를 얻게 됩니다.

또 다른 예로, 해외 사이트 번역을 들어보겠습니다. 영어로 된 뉴스 기사를 읽고 싶을 때, 사용자가 해당 기사 텍스트를 복사해 구글 번역에 붙여넣기만 하면 됩니다. 구글 번역은 해당 문장을 분석하고, 한국어로 번역하여 사용자에게 제공합니다. 예를 들어, "The new product launch was a great success."라는 문장을 입력하면, 기계 번역은 이를 "새 제품 출시는 큰 성공을 거두었다."로 자동 번역해 줍니다.

기계 번역의 중요성

기계 번역 기술은 글로벌 환경에서 매우 중요한 역할을 합니다. 예를 들어, 한국의 기업이 해외 고객과 소통하거나 해외 문서를 분석할 때, 기계 번역 기술을 통해 빠르게 번역을 처리할 수 있습니다. 외국어를 잘 알지 못하더라도 기계 번역을 사용하면 문서의 내용을 이해할 수 있어, 업무 효율성이 크게 향상됩니다.

특히, 국제 비즈니스나 무역에서 외국어 번역이 필수적일 때, 번역 속도와 정확성을 높여주어 기업이 더 빠르게 의사소통하고, 중요한 결정을 내릴 수 있게 도와줍니다. 기계 번역은 외국어 능력이 부족한 사람들에게도 문서 번역의 부담을 줄여주며, 글로벌 시장에서의 경쟁력을 높이는 데 기여합니다.

이처럼 기계 번역 기술은 일상 생활 뿐만 아니라, 비즈니스와 같은 전문 영역에서도 필수적인 역할을 하며, 빠르고 효율적인 번역을 통해 우리의 삶을 더 편리하게 만들어 주고 있습니다.

7.1.2 자연어 처리의 구조

자연어 처리는 단순히 텍스트를 받아들이는 것만으로는 충분하지 않으며, 그 텍스트의 의미를 제대로 이해하는 것이 매우 중요합니다. 컴퓨터가 사람이 작성한 문장을 올바르게 처리하기 위해서는 단어 하나하나의 의미와 문장 전체의 문맥을 분석해야 합니다. 예를 들어, "오늘 날씨가 좋다"라는 문장은 단순히 날씨 정보를 담고 있지만, 더 깊이 들어가면 이 문장이 긍정적인 의미를 포함하고 있다는 것을 이해할 수 있어야 합니다.

(1) 자연어 처리의 기본적인 구조 분석

컴퓨터가 언어를 처리할 때, 가장 먼저 해야 할 일은 문장을 작은 단위로 쪼개는 것입니다. 이러한 작업은 언어의 구조를 분석하는 과정에서 중요한 첫 단계입니다. 여기에는 다음과 같은 몇 가지 기술이 사용됩니다.

❶ 형태소 분석

형태소 분석은 문장을 단어 단위로 나누는 작업입니다. 예를 들어, 한국어 문장에서 "학교에 가다"라는 문장을 보면, "학교", "에", "가다"로 나눌 수 있습니다.

- "학교"는 명사로서 장소를 나타내며,
- "에"는 조사로서 특정 장소를 나타내는 기능을 합니다.
- "가다"는 동사로서 이동을 나타내죠.

한국어는 특히 조사나 어미 변형이 많기 때문에 이러한 형태소 분석이 매우 중요합니다. 예를 들어, "학교에서 공부한다"와 "학교에 간다"는 조사 "에서"와 "에"의 차이로 인해 의미가 달라지기 때문에, 컴퓨터는 이러한 조사의 역할을 이해해야 정확한 분석을 할 수 있습니다.

❷ 품사 태깅

문장에서 각 단어가 어떤 품사에 속하는지 태깅하는 과정도 자연어 처리의 중요한 부분입니다. 품사 태깅을 통해 컴퓨터는 단어가 문장에서 어떤 역할을 하는지 파악할 수 있습니다.

예를 들어, "나는 밥을 먹는다"라는 문장에서 "나는"은 주어, "밥을"은 목적어, "먹는다"는 동사로 태깅됩니다. 컴퓨터가 이러한 품사 정보를 알게 되면, 문장의 기본적인 구조를 이해하고 의미를 해석할 수 있게 됩니다.

❸ 구문 분석

구문 분석은 문장 내 단어들이 서로 어떻게 연결되어 있는지, 즉 문장 구조를 분석하는 단계입니다. 이 과정에서는 주어, 목적어, 동사 등의 관계를 파악하고, 문장의 전반적인 구조를 이해합니다.

예를 들어, "내일 나는 친구와 함께 영화를 보러 간다"라는 문장은 주어("나는"), 동사("간다"), 목적어("영화")와 부사구("친구와 함께", "내일")로 나누어질 수 있습니다. 이러한 구조적 분석을 통해 컴퓨터는 누가 무엇을 하는지, 언제와 어떻게 하는지를 명확히 파악할 수 있습니다.

(2) 자연어 처리의 의미 분석 예시

자연어 처리에서 의미를 분석하는 데 있어 중요한 것은 단어의 문맥입니다. 예를 들어, "나는 어제 바다에 갔다"라는 문장에서 "바다"라는 단어는 물이 있는 큰 자연 현상을 의미합니다. 하지만 "바다와 같은 마음"이라는 문장에서 "바다"는 감정의 크기나 깊이를 비유하는 단어로 사용됩니다.

이처럼 동일한 단어라도 문맥에 따라 그 의미가 달라지기 때문에, 자연어 처리에서는 문맥을 고려한 분석이 필요합니다. 이를 위해 의미 네트워크나 딥러닝 기반의 모델들이 사용됩니다. 이런 모델들은 단어들 간의 관계를 학습하고, 각 문장에서 단어가 어떤 의미로 쓰였는지 파악하는 능력을 갖추게 됩니다.

구체적인 예시: 질문에 대한 답변 생성

예를 들어, 사용자가 "오늘 서울의 날씨는 어떻습니까?"라는 질문을 던졌을 때, 자연어 처리 시스템은 이 문장을 다음과 같은 방식으로 분석할 수 있습니다.

❶ **형태소 분석** : "오늘", "서울", "의", "날씨", "는", "어떻습니까"라는 형태소로 나누어집니다.

❷ **품사 태깅** : "오늘(Noun)", "서울(Noun)", "의(Adjective)", "날씨(Noun)", "는(Particle)", "어떻습니까(Verb)"로 태깅됩니다.

❸ **구문 분석** : 이 문장은 "서울의 날씨"라는 주어와 "어떻습니까"라는 동사로 구성되어 있으며, 이 둘은 서울의 날씨 상태에 대한 질문이라는 의미로 연결됩니다.

❹ **정보 검색 및 응답 생성** : 시스템은 문장의 의미를 분석하고, 사용자가 서울의 날씨 정보를 요청하고 있음을 파악한 후, 날씨 정보를 검색하여 "오늘 서울은 맑고, 기온은 25도입니다."와 같은 답변을 생성합니다.

이러한 과정에서 컴퓨터는 단순한 텍스트 분석이 아니라, 그 문장의 구조와 의미까지 분석하여 사용자에게 필요한 정보를 제공하는 것입니다.

7.1.3 감정 분석과 자연어 처리의 활용

자연어 처리NLP 기술은 다양한 영역에서 활용되며, 그중에서도 감정 분석Sentiment Analysis은 중요한 응용 분야 중 하나입니다. 감정 분석은 텍스트에 담긴 감정 상태를 파악하여, 그 내용이 긍정적인지, 부정적인지, 또는 중립적인지를 분석하는 기술입니다. 이를 통해 컴퓨터는 사람들의 의견, 피드백, 감정을 이해하고 그에 맞는 대응을 할 수 있습니다.

(1) 감정 분석의 구체적인 예

감정 분석은 컴퓨터가 글 속에 담긴 감정을 파악하여, 그 글이 긍정적, 부정적, 또는 중립적인지 자동으로 분석하는 기술입니다. 이를 통해 기업이나 서비스는 사람들의 반응을 빠르게 이해하고, 필요한 조치를 취할 수 있습니다. 여기서 구체적인 예를 들어 설명해 보겠습니다.

❶ 쇼핑몰 리뷰 분석

쇼핑몰에서 고객들이 제품을 구매한 후 남기는 리뷰에는 제품에 대한 만족도나 불만 사항이 포함되어 있습니다. 감정 분석 기술을 사용하면, 쇼핑몰은 이 리뷰들이 긍정적인지 아니면 부정적인지 자동으로 파악할 수 있습니다.

[예시]

- 긍정적인 리뷰 : "이 제품 정말 마음에 들어요! 품질도 좋고, 배송도 빨랐습니다!"
  → 시스템은 이 리뷰를 '긍정적'으로 분석합니다.

- 부정적인 리뷰 : "배송이 너무 느리고, 제품도 망가져서 왔어요."
  → 시스템은 이 리뷰를 '부정적'으로 분석합니다.

이처럼 감정 분석을 통해 쇼핑몰은 수많은 리뷰를 일일이 확인하지 않고도, 소비자들이 제품에 대해 긍정적인 반응을 보이는지, 부정적인 반응을 보이는지 쉽게 파악할 수 있습니다. 이렇게 분석된 데이터를 바탕으로 쇼핑몰은 제품 개선이나 고객 서비스 향상에 빠르게 대응할 수 있습니다.

❷ SNS 게시물 분석

감정 분석은 소셜 미디어SNS에서도 널리 사용됩니다. 기업들은 트위터나 인스타그램 같은 SNS에서 자사 제품에 대한 소비자 반응을 분석하려고 할 때, 많은 게시물을 수작업으로 분석하기 어렵습니다. 이때 감정 분석 기술을 사용하면 수천 개의 게시물을 자동으로 긍정적, 부정적, 중립적으로 분류할 수 있습니다.

[예시]

- 긍정적인 게시물 : "이 제품 대박이에요! 너무 좋아요. 완전 추천합니다!"
  → 시스템은 이 게시물을 '긍정적'으로 분석합니다.
- 부정적인 게시물 : "제품이 도착했는데 고장이 났네요... 실망입니다."
  → 시스템은 이 게시물을 '부정적'으로 분석합니다.

이러한 감정 분석 결과를 통해 기업은 제품에 대한 소비자 반응을 빠르게 파악하고, 긍정적인 피드백을 강조하거나 부정적인 반응에 대한 대책을 세울 수 있습니다. 예를 들어, 부정적인 반응이 많다면 즉각적인 서비스 개선 조치가 필요하다는 것을 알 수 있습니다.

❸ 마케팅 전략에의 활용

감정 분석은 기업이 마케팅 전략을 수립할 때도 큰 도움이 됩니다. 예를 들어, 기업이 새로운 제품을 출시했을 때, 온라인 리뷰나 SNS 반응을 분석해 소비자들이 이 제품에 대해 긍정적으로 생각하는지, 부정적으로 생각하는지 파악할 수 있습니다.

[예시]

- 만약 소비자들이 제품에 대해 긍정적인 감정을 많이 보이면, 이를 바탕으로 더 많은 광고를 진행하거나 추가적인 프로모션을 기획할 수 있습니다.
- 반면, 부정적인 반응이 많다면 제품의 문제점을 파악해 개선할 수 있는 기회를 얻고, 소비자들의 불만을 해소하는 방향으로 마케팅 전략을 수정할 수 있습니다.

이처럼 감정 분석은 기업이 제품이나 서비스에 대한 반응을 이해하고, 그에 맞춰 빠르게 대응하는 데 중요한 역할을 합니다. 감정 분석을 통해 기업은 소비자와의 소통을 원활하게 하고, 더욱 효과적인 마케팅 전략을 세울 수 있습니다.

결론

감정 분석 기술은 쇼핑몰 리뷰, SNS 게시물, 마케팅 전략 등 다양한 분야에서 활용되어, 기업이 소비자 반응을 빠르고 효율적으로 파악할 수 있도록 도와줍니다. 이를 통해 소비자 만족도를 높이고, 제품이나 서비스를 개선하는 데 중요한 정보를 제공받을 수 있습니다.

(2) 구체적인 감정 분석 과정

감정 분석은 컴퓨터가 텍스트(글)를 분석하여 그 글이 긍정적인지 부정적인지를 자동으로 분류하는 과정입니다. 이 과정은 몇 가지 단계로 이루어지며, 아래에서 쉽게 설명해 보겠습니다.

❶ 데이터 수집

먼저 분석할 데이터를 모으는 단계입니다. 예를 들어, 쇼핑몰 리뷰나 트위터 게시물과 같은 글들을 모아서 컴퓨터가 분석할 수 있도록 준비합니다. 이 데이터들은 사람들이 제품에 대해 남긴 리뷰나 소셜 미디어에 올린 게시물일 수 있습니다.

[예시]

쇼핑몰에서 "이 제품 정말 마음에 들어요!"라는 리뷰나, 트위터에서 "배송이 너무 느렸어요..."라는 글을 수집하는 것입니다.

❷ 텍스트 전처리

수집된 텍스트는 그대로 분석하기 어렵기 때문에, 컴퓨터가 이해할 수 있는 형태로 정리하는 과정이 필요합니다. 이를 텍스트 전처리라고 합니다.

- **불필요한 내용 제거** : 문장에 포함된 불필요한 기호(예: 느낌표, 물음표, 이모티콘)를 제거합니다.
- **단어 분리** : 문장을 하나하나의 단어로 분리합니다. 예를 들어, "배송이 너무 느렸어요"라는 문장은 "배송", "너무", "느렸다"로 나누어집니다. 이렇게 해야 컴퓨터가 각 단어의 의미를 더 쉽게 이해할 수 있습니다.

❸ 감정 분류 모델 적용

이제 전처리가 끝난 텍스트에 감정 분석을 적용합니다. 컴퓨터는 감정 분류 모델을 통해, 각 문장이 긍정적인지 부정적인지를 예측합니다. 이때 머신러닝이나 딥러닝이라는 기술이 사용됩니다.

- **모델 학습** : 컴퓨터는 미리 학습된 모델을 통해, 이전에 본 패턴을 바탕으로 문장이 어떤 감정을 나타내는지 파악합니다. 예를 들어, "마음에 들어요"라는 표현은 긍정적인 감정을 나타낸다고 알고 있고, "느렸다"는 부정적인 의미를 가진다고 이해합니다.
- **분류** : 이 학습된 내용을 바탕으로, 컴퓨터는 각 문장이 긍정적인지 부정적인지를 분류합니다.

❹ 결과 분석

마지막으로, 감정 분석 결과를 바탕으로 전체적인 소비자의 감정을 파악합니다. 예를 들어, 수많은 쇼핑몰 리뷰 중에 긍정적인 리뷰가 많다면 제품에 대해 만족한 고객이 많다는 것을 알 수 있습니다. 반면, 부정적인 리뷰가 많다면 제품이나 서비스에 대한 불만이 있다는 신호입니다.

결과 활용

- **긍정적인 리뷰가 많다면** : 제품의 장점을 더 강조하거나, 긍정적인 피드백을 마케팅에 활용할 수 있습니다.
- **부정적인 리뷰가 많다면** : 제품의 문제점이나 서비스 개선을 위한 조치를 취할 수 있습니다.

쉽게 말하면 !

1. 데이터 수집 : 리뷰나 SNS 글을 모은다.
2. 텍스트 전처리 : 불필요한 기호나 단어들을 정리한다.
3. 감정 분류 모델 적용 : 머신러닝 기술을 사용해 긍정적인지 부정적인지 분류한다.
4. 결과 분석 : 분석된 결과를 바탕으로 마케팅 전략이나 개선 방안을 마련한다.

이 과정을 통해 기업은 소비자들이 자사 제품에 대해 어떻게 생각하는지 빠르고 정확하게 파악할 수 있으며, 더 나은 제품이나 서비스를 제공하는 데 도움을 받을 수 있습니다.

(3) 감정 분석의 활용 예시 : 네이버 쇼핑

네이버 쇼핑은 고객들이 제품을 구매한 후 남기는 리뷰를 분석하여, 그 리뷰가 긍정적인지 아니면 부정적인지 자동으로 분류하는 감정 분석 시스템을 사용하고 있습니다. 이 시스템 덕분에 판매자는 수많은 리뷰를 일일이 확인하지 않아도, 고객들이 제품에 대해 어떻게 생각하는지 쉽게 파악할 수 있습니다.

예를 들어, 고객이 "이 제품 정말 최고예요! 다시 살 거예요!"라는 리뷰를 남기면, 감정 분석 시스템은 이 리뷰가 긍정적인 평가라는 것을 자동으로 인식하고, 이를 긍정적인 리뷰로 분류합니다. 반면, "배송이 너무 느렸고, 제품도 불량이네요"라는 리뷰는 부정적인 평가로 분류되어 판매자가 이를 보고 빠르게 대응할 수 있도록 도와줍니다.

이런 감정 분석 시스템의 장점은 다음과 같습니다:

❶ **빠른 분석** : 판매자는 수백 개, 수천 개의 리뷰를 하나씩 읽지 않아도, 감정 분석 시스템을 통해 리뷰가 긍정적인지 부정적인지 쉽게 알 수 있습니다.

❷ **문제 해결** : 부정적인 리뷰가 많다면, 판매자는 그 제품이나 서비스를 개선할 수 있는 기회를 얻습니다. 예를 들어, 많은 고객들이 배송 문제를 지적했다면, 배송 시간을 줄이거나 더 나은 포장 방법을 고려할 수 있습니다.

❸ **효과적인 마케팅** : 긍정적인 리뷰가 많다면, 이를 바탕으로 제품의 장점을 강조하는 마케팅 전략을 세울 수 있습니다. 예를 들어, "많은 고객들이 만족한 제품"과 같은 문구로 광고할 수 있습니다.

쉽게 말하면 !

네이버 쇼핑의 감정 분석 시스템은 리뷰를 읽고 긍정적인지 부정적인지를 자동으로 파악하는 도구입니다. 판매자는 이를 통해 고객들의 의견을 빠르게 파악하고, 긍정적인 의견은 마케팅에 활용하고, 부정적인 의견은 서비스 개선에 반영할 수 있습니다.

이와 같은 감정 분석은 쇼핑몰뿐만 아니라 다양한 분야에서 고객과의 소통을 원활하게 하고, 비즈니스 전략을 더 효과적으로 만드는 데 중요한 역할을 합니다.

7.1.4 결론

자연어 처리NLP는 컴퓨터가 인간의 언어를 이해하고 분석할 수 있도록 도와주는 기술로, 일상생활에서 다양한 형태로 활용됩니다. 이 기술은 특히 인간과 컴퓨터 간의 상호작용을 향상시키며, 우리가 일상적으로 사용하는 서비스에서 매우 중요한 역할을 합니다.

예를 들어, 음성 인식 기술을 통해 스마트폰 사용자들은 손을 사용하지 않고도 명령을 내릴 수 있습니다. "오늘 날씨 알려줘"라고 말하면, 스마트폰은 음성을 인식하여 자연어 처리 기술을 이용해 날씨 정보를 검색하고 사용자에게 음성으로 결과를 알려줍니다. 이러한 상호작용은 사용자가 좀 더 자연스럽게 기술을 사용할 수 있도록 해 줍니다.

또한 기계 번역 기술은 언어 장벽을 극복하는 데 큰 기여를 합니다. 외국어를 잘 알지 못하더라도, 기계 번역을 통해 외국어로 작성된 문서를 자신의 모국어로 쉽게 이해할 수 있습니다. 예를 들어, 구글 번역이나 네이버 파파고 같은 서비스는 해외 사이트에서 필요한 정보를 빠르게 번역해 주어 글로벌 정보 접근성을 높여줍니다.

더 나아가, 감정 분석 기술은 기업이 고객의 피드백을 빠르게 분석하고 대응할 수 있도록 돕습니다. 예를 들어, 쇼핑몰의 리뷰를 자동으로 분석하여 소비자들이 제품에 대해 긍정적인지, 부정적인지를 파악하고 이를 통해 마케팅 전략을 세우거나 제품 개선에 반영할 수 있습니다. 이러한 기술을 활용함으로써 기업은 소비자와의 소통을 더 원활하게 하고, 고객 만족도를 높일 수 있습니다.

한국의 경우, 이러한 자연어 처리 기술은 특히 번역 및 감정 분석 분야에서 중요한 역할을 하고 있습니다. 글로벌 비즈니스 환경에서 한국어와 다른 언어 간의 번역이 필수적인 상황에서, 기계 번역 기술은 한국 기업들이 해외 고객들과 원활히 소통할 수 있도록 돕습니다. 또한, 감정 분석을 통해 기업들은 고객들의 리뷰나 피드백을 실시간으로 분석하여 더 나은 서비스를 제공할 수 있게 됩니다.

결국, 자연어 처리 기술은 앞으로도 다양한 산업과 분야에 더욱 널리 적용될 가능성이 큽니다. 예를 들어, 고객 지원 챗봇, 의료 기록 분석, 자동화된 법률 문서 처리와 같은 분야에서도 자연어 처리 기술은 점점 더 중요한 역할을 맡게 될 것입니다. 이러한 기술 발전은 인간과 컴퓨터 간의 상호작용을 더욱 자연스럽고 효율적으로 만들어, 우리의 생활과 업무를 크게 개선할 것으로 예상됩니다.

7.2 언어 모델의 기본 원리

7.2.1 언어 모델이란

언어 모델은 주어진 텍스트 데이터를 학습하여 문맥에 맞는 단어나 문장을 예측하는 시스템입니다. 언어 모델은 문장을 구성하는 단어들 간의 관계를 학습하며, 이를 통해 문장이나 텍스트의 구조를 이해합니다. 이 모델은 다음에 어떤 단어가 나올지 예측하거나, 전체 문장의 의미를 파악하는 데 중요한 역할을 합니다.

(1) 예시 : 언어 모델의 구체적인 활용

언어 모델은 컴퓨터가 텍스트(글)를 분석하고, 그 흐름을 이해하여 다음에 올 단어를 예측하거나 문장을 번역하는 데 사용되는 기술입니다. 이 기술은 우리가 일상에서 사용하는 스마트폰, 번역기, 글쓰기 도구 등 다양한 곳에서 중요한 역할을 합니다. 아래는 그 구체적인 활용 예시들입니다.

❶ 자동 완성 기능

스마트폰에서 문자를 입력할 때, 자동 완성 기능을 자주 사용합니다. 이 기능은 사용자가 문장을 쓰기 시작하면, 그다음에 나올 가능성이 높은 단어나 문장을 미리 제안해 주는 방식으로 작동합니다.

[예시]

사용자가 "오늘 저녁에"라고 입력하면, 스마트폰이 다음에 나올 단어를 예측해서 "식사하자", "영화를 보러 가자", "약속 있어?" 같은 문장을 추천할 수 있습니다.

[어떻게 작동하나요?]

언어 모델은 과거에 비슷한 문장에서 자주 등장한 단어들을 학습하고, 이를 바탕으로 다음에 나올 단어를 예측합니다. 이렇게 하면 사용자는 문장을 빠르게 완성할 수 있어 타이핑 시간을 줄일 수 있습니다.

❷ 기계 번역

기계 번역은 언어 모델을 이용해 한 언어로 된 문장을 다른 언어로 번역하는 기술입니다. 예를 들어, 한국어 문장을 영어로 번역할 때, 언어 모델이 문장의 구조와 단어들의 관계를 분석하여 자연스러운 번역을 생성합니다.

[예시]

"저는 학교에 갑니다"라는 한국어 문장을 영어로 번역할 때, 언어 모델은 "저는"을 "I", "학교에"를 "to school", "갑니다"를 "am going"으로 번역합니다. 이렇게 해서 "I am going to school"이라는 문장이 만들어집니다.

[어떻게 작동하나요?]

언어 모델은 단순히 단어 하나하나를 번역하는 것이 아니라, 문법과 문장의 흐름을 고려하여 단어들이 올바른 위치에 놓이도록 합니다. 이를 통해 번역의 정확도와 자연스러움이 크게 향상됩니다.

❸ 텍스트 생성

텍스트 생성은 사용자가 문장의 일부를 입력하면, 언어 모델이 나머지 문장을 자동으로 이어서 작성해 주는 기술입니다. 이 기술은 글쓰기 도우미, 소설 작성, 마케팅 콘텐츠 작성 등 여러 분야에서 활용됩니다.

[예시]

사용자가 "오늘은 날씨가 정말 좋다."라는 문장을 입력하면, 언어 모델은 이를 분석한 후 "맑은 하늘 아래 산책하기에 완벽한 날이다."와 같은 문장을 이어서 생성할 수 있습니다.

[어떻게 작동하나요?]

언어 모델은 문장의 앞부분을 보고 그 의미를 이해한 다음, 그에 맞는 단어나 문장을 자동으로 만들어 냅니다. 이렇게 하면 글쓰기를 더 쉽고 빠르게 할 수 있습니다.

쉽게 말하면 !

- 자동 완성은 사용자가 문장을 입력할 때, 그다음에 나올 단어나 문장을 컴퓨터가 예측해서 추천해 주는 기능입니다.
- 기계 번역은 한 언어로 된 문장을 다른 언어로 번역하는 기술입니다. 컴퓨터가 문장의 흐름을 파악하여 자연스러운 번역을 만듭니다.
- 텍스트 생성은 사용자가 일부 문장을 입력하면, 컴퓨터가 나머지 문장을 이어서 자동으로 작성해 주는 기능입니다.

이런 기술 덕분에 우리는 더 쉽게 글을 쓰고, 언어의 장벽을 넘어 정보를 얻을 수 있습니다.

(2) 예시의 추가 상세 설명

❶ 자동 완성 기능의 활용 예

자동 완성 기능은 스마트폰에서 문자를 입력할 때, 사용자가 자주 사용하는 패턴을 분석하여 다음에 입력할 단어나 구문을 추천해 주는 기능입니다. 예를 들어, 사용자가 "오늘 저녁에"라는 문장을 입력했다면, 언어 모델은 과거의 데이터를 바탕으로 그 다음에 나올 가능성이 높은 단어를 추천합니다. 만약 사용자가 평소에 "식사하자"라는 구문을 자주 사용했다면, 자동 완성 기능은 "식사하자" 또는 "저녁 먹자"와 같은 문장을 제안할 수 있습니다.

이 기능은 사용자가 문장을 빠르게 완성하도록 도와주는 중요한 도구로, 타이핑 시간을 크게 줄여줍니다.

❷ 기계 번역의 구체적 활용 예

기계 번역에서 언어 모델은 단어 하나하나의 번역뿐만 아니라 문맥도 고려해 자연스러운 번역을 제공합니다. 예를 들어, 한국어의 "배"라는 단어는 상황에 따라 여러 가지 의미를 가질 수 있습니다. "배"는 과일을 뜻할 수도 있고, 배(보트)를 의미할 수도 있으며, 신체 부위인 배를 나타낼 수도 있습니다.

언어 모델은 문장의 전체적인 맥락을 분석하여 적절한 번역을 선택합니다. "배를 타고 여행을 간다"라는 문장에서 "배"는 "boat"로 번역됩니다. 반면, "배를 먹었다"라는 문장에서는 "배"가 "pear"(과일)로 번역됩니다. 이렇게 언어 모델은 문맥을 고려하여 단어의 의미를 정확하게 파악하고 번역을 생성합니다.

❸ 텍스트 생성의 구체적 활용 예

텍스트 생성 기능은 사용자가 입력한 문장의 스타일과 감정을 분석하여 그에 맞는 문장을 이어서 자동으로 작성해 줍니다. 예를 들어, 사용자가 "오늘 날씨가 좋다"라고 입력하면, 언어 모델은 이 문장을 긍정적인 의미로 분석하고, 그에 어울리는 후속 문장인 "산책하기 좋은 날이다" 또는 "친구와 함께 나가고 싶다"와 같은 문장을 생성할 수 있습니다.

이러한 텍스트 생성 기술은 소설을 자동으로 이어서 쓰거나, 광고 문구를 작성하는 데도 유용하게 사용됩니다. 모델이 문장의 분위기나 감정을 분석해 더 자연스럽고 연결된 내용을 만들어 주기 때문에, 창의적인 작업에서도 도움을 줍니다.

결론

이처럼 언어 모델은 우리가 매일 사용하는 스마트폰, 번역 서비스, 글쓰기 도구 등에서 중요한 역할을 합니다. 언어 모델은 단어와 문장 사이의 관계를 이해하고, 이를 바탕으로 사용자가 원하는 단어나 문장을 빠르고 정확하게 예측하거나 생성할 수 있습니다. 이러한 기술 덕분에 우리는 보다 편리하고 효율적으로 기술을 활용할 수 있게 됩니다.

(3) 언어 모델의 작동 원리

언어 모델은 대량의 텍스트 데이터를 학습하여, 단어들이 어떤 순서로 많이 나오는지를 파악하고, 그 패턴을 바탕으로 다음에 나올 단어를 예측하는 기술입니다. 언어 모델은 우리가 쓰는 말이나 글의 흐름을 학습하여, 문맥에 맞는 단어나 문장을 자동으로 완성하거나 예측해 줍니다. 대표적인 방식으로는 n-그램 모델과 딥러닝 기반 모델이 있습니다.

❶ n-그램 모델

n-그램 모델은 문장에서 연속된 n개의 단어를 분석하여 다음에 나올 단어를 예측하는 방식입니다. 여기서 "n"은 연속된 단어의 개수를 의미합니다.

[예시]

"오늘 저녁에"라는 문장이 있다고 가정해 봅시다. n-그램 모델은 그동안 사람들이 "오늘 저녁에"라는 구문 뒤에 어떤 단어를 가장 많이 사용했는지 학습합니다. 예를 들어, 사람들이 "오늘 저녁에"라는 구문 뒤에 "식사"라는 단어를 자주 사용했다면, n-그램 모델은 "오늘 저녁에"라는 문장이 입력될 때 "식사"를 추천할 수 있습니다.

[간단하지만 한계가 있음]

n-그램 모델은 비교적 간단하고 빠르게 학습할 수 있는 장점이 있지만, 긴 문장이나 복잡한 문맥을 잘 처리하지는 못합니다. 예를 들어, 문장이 길어지면 처음에 나왔던 중요한 정보는 잊어버리기 쉽고, 다음에 나올 단어를 예측할 때 어려움이 생길 수 있습니다. 이를 "문맥을 장기적으로 기억하지 못하는 한계"라고 합니다.

n-그램 모델을 쉽게 이해하기

- 1-그램 : 단어 하나하나의 빈도를 보는 방식입니다. 예를 들어, "오늘", "저녁", "식사" 각각의 단어가 얼마나 자주 나오는지를 분석합니다. 하지만, 단어의 연결성은 파악하지 못합니다.
- 2-그램(바이그램) : 두 개의 단어를 연속적으로 분석합니다. "오늘 저녁", "저녁 식사"처럼 두 단어가 함께 나오는 빈도를 학습합니다.
- 3-그램(트라이그램) : 세 개의 단어를 묶어 분석합니다. "오늘 저녁 식사"처럼 세 단어가 연속적으로 나올 확률을 학습합니다.

이처럼 n-그램 모델은 짧은 문맥에서는 잘 작동하지만, 문장이 길어지거나 복잡해질수록 그 한계가 드러납니다. 그래서 더 발전된 모델인 딥러닝 기반 모델이 등장하게 됩니다.

언어 모델은 우리가 일상적으로 사용하는 단어나 문장의 패턴을 이해하고, 다음에 나올 단어를 예측하는 데 큰 도움을 줍니다.

❷ 딥러닝 기반의 모델

최근에는 트랜스포머Transformer 모델과 같은 딥러닝 기반의 모델이 많이 사용됩니다. 이 모델은 문장 전체의 구조를 이해하고, 각 단어가 문장 내에서 어떻게 연결되는지를 파악합니다. 특히 트랜스포머 모델은 문장의 앞뒤 문맥을 모두 고려할 수 있어, 문맥을 깊이 있게 이해한 후 자연스러운 문장을 생성하거나 예측할 수 있습니다.

결론

언어 모델은 우리가 일상에서 사용하는 다양한 서비스에서 중요한 역할을 합니다. 자동 완성, 기계 번역, 텍스트 생성 등은 모두 언어 모델을 기반으로 하며, 이 모델이 문맥을 이해하고 문장의 구조를 파악하기 때문에 사용자에게 더 편리한 경험을 제공합니다.

7.2.2 n-그램 모델

n-그램 모델은 텍스트를 n개의 연속된 단어 또는 문자로 묶어 빈도수를 기반으로 예측하는 방식입니다. 여기서 "n"은 단어의 수를 의미하며, n-그램은 단어들이 서로 어떻게 연결되는지를 통계적으로 분석하는 데 사용됩니다. 이를 통해 특정 문맥에서 어떤 단어가 자주 나타나는지를 예측할 수 있습니다. n-그램 모델은 주로 언어 모델을 간단하게 구축하는 방법 중 하나로, 자연어 처리에서 기본적인 패턴 분석에 많이 사용됩니다.

(1) n-그램의 구체적인 예시

❶ 1-그램 (유니그램)

1-그램은 개별 단어만을 분석하는 모델입니다. 예를 들어, "자연어 처리 기술은 매우 유용하다"라는 문장에서 각 단어를 하나씩 분석하여 그 빈도를 측정합니다.

[예시]

"자연어", "처리", "기술", "은", "매우", "유용하다"라는 단어 각각이 1-그램으로 계산됩니다. 각 단어가 얼마나 자주 등장하는지 기록하여, 다음 문장이나 단어의 패턴을 예측할 수 있습니다. 하지만 1-그램 모델은 단어 사이의 연관성은 고려하지 않기 때문에 문맥을 잘 이해하지 못합니다.

❷ 2-그램 (바이그램)

2-그램은 두 개의 연속된 단어를 분석하는 모델입니다. 예를 들어, "자연어 처리"라는 문장에서 "자연어"와 "처리"가 함께 자주 등장하는지를 분석합니다.

[예시]

문장 "자연어 처리 기술은 매우 유용하다"에서 2-그램은 "자연어 처리", "처리 기술", "기술 은", "은 매우", "매우 유용하다"라는 연속된 단어 쌍들을 분석합니다. 이를 통해 어떤 단어들이 자주 함께 사용되는지를 학습하고, 다음 단어를 예측할 때 도움이 됩니다. 예를 들어, "자연어"라는 단어 다음에 "처리"가 자주 나오는 것을 학습하면, 유사한 문맥에서 "자연어"라는 단어가 등장했을 때 "처리"를 추천할 수 있습니다.

❸ 3-그램 (트라이그램)

3-그램은 세 개의 연속된 단어를 분석하는 모델입니다. 단어들이 세 개씩 어떻게 연결되는지를 분석하기 때문에, 문맥을 더 깊이 이해할 수 있습니다.

[예시]

문장 "자연어 처리 기술은 매우 유용하다"에서 3-그램은 "자연어 처리 기술", "처리 기술 은", "기술 은 매우", "은 매우 유용하다"와 같은 연속된 단어 묶음들을 분석합니다. 3-그램 모델은 문맥을 더 잘 반영할 수 있기 때문에, 더 자연스러운 문장 생성을 할 수 있습니다. 예를 들어 "자연어 처리"라는 구절이 자주 "기술"과 함께 등장한다는 패턴을 학습하면, "자연어 처리" 뒤에 "기술"을 추천할 수 있습니다.

(2) n-그램 모델의 실제 활용

❶ 자동 완성 기능

n-그램 모델은 스마트폰이나 검색 엔진에서 자동 완성 기능에 사용됩니다. 사용자가 단어를 입력할 때, 모델은 이전에 입력된 단어들을 기반으로 다음에 나올 단어를 예측합니다. 예를 들어, 사용자가 "오늘 저녁"이라고 입력하면, 2-그램 모델은 "저녁" 다음에 자주 등장하는 단어인 "식사", "약속" 등을 자동으로 추천할 수 있습니다. 3-그램 모델이라면 "오늘 저녁 식사"와 같은 연속된 단어 묶음을 기반으로 더 정확한 예측을 할 수 있습니다.

❷ 기계 번역

n-그램 모델은 기계 번역에서도 사용됩니다. 예를 들어, "I am going"이라는 영어 문장을 번역할 때, 2-그램 모델은 "am going"이라는 단어 쌍을 학습하여 이와 자주 연결되는 번역 패턴을 추천할 수 있습니다. 3-그램 모델은 "I am going to"와 같이 더 긴 문맥을 고려하여 자연스러운 번역 결과를 제공하는 데 도움을 줍니다. 이를 통해 기계 번역 시스템은 더 유창한 번역 결과를 생성할 수 있습니다.

❸ 문서 분류 및 감정 분석

n-그램 모델은 문서 분류나 감정 분석과 같은 작업에도 사용됩니다. 예를 들어, 2-그램 모델을 사용하여 영화 리뷰에서 "재미 없다", "최고였다"와 같은 표현이 얼마나 자주 등장하는지를 분석하여 리뷰의 감정이 긍정적인지 부정적인지를 판단할 수 있습니다. 연속된 단어 패턴을 학습함으로써, 더 정확하게 텍스트의 감정을 파악할 수 있습니다.

(3) n-그램 모델의 한계

n-그램 모델은 단어들 간의 짧은 패턴을 분석하는 데 효과적이지만, 장기적인 문맥을 이해하는 데는 한계가 있습니다. 예를 들어, 2-그램이나 3-그램 모델은 이전 몇 개의 단어까지만 고려하기 때문에 문장이 길어질수록 정확한 예측을 하기 어려울 수 있습니다. 또한, 새로운 단어나 표현이 등장할 때는 학습된 데이터에 없으면 올바른 예측을 하기 어렵습니다. 이를 해결하기 위해 딥러닝 기반의 트랜스포머 모델 같은 더 복잡한 모델이 개발되었으며, 문맥을 더 잘 이해하고 처리할 수 있게 되었습니다.

결론

n-그램 모델은 자연어 처리에서 기본적인 언어 패턴 분석에 매우 유용하게 사용되며, 자동 완성, 기계 번역, 감정 분석 등의 다양한 분야에서 중요한 역할을 합니다.

7.2.3 RNN (순환 신경망)

RNN(순환 신경망)Recurrent Neural Network은 자연어 처리에서 문장의 순차적인 패턴을 학습하는 신경망 모델입니다. RNN의 주요 특징은 이전 단계의 정보를 기억하여, 입력 데이터의 순서를 반영해 문맥을 예측하는 데 활용한다는 것입니다. 이를 통해 RNN은 문장을 단순히 개별 단어로 처리하는 것이 아니라, 시간에 따라 변화하는 데이터, 즉 순차적 데이터의 흐름을 분석할 수 있습니다. RNN은 앞서 입력된 데이터를 기억하는 특성 덕분에 문맥을 반영해 더 자연스러운 결과를 도출할 수 있습니다.

(1) RNN의 작동 방식

RNN(순환 신경망)Recurrent Neural Network은 순차적인 데이터를 처리할 수 있는 신경망 모델입니다. 예를 들어, 문장을 입력하면 RNN은 그 문장의 흐름을 따라가며, 각 단어가 이전 단어와 어떤 관계를 맺고 있는지 기억합니다. 이렇게 문맥을 이해할 수 있기 때문에, RNN은 특히 언어 모델링, 음성 인식, 시계열 데이터 분석과 같은 순서가 중요한 데이터를 다루는 문제에 적합합니다.

RNN의 작동 방식 쉽게 설명

❶ **입력** : RNN은 데이터를 순서대로 받습니다. 예를 들어, 문장을 처리할 때, RNN은 한 번에 하나의 단어를 입력받습니다. 예를 들어 "오늘 날씨가"라는 문장이 있다면, RNN은 먼저 "오늘"이라는 단어를 입력받고, 그다음 "날씨가"라는 단어를 차례대로 받습니다.

❷ **이전 상태를 기억** : RNN의 특징은 이전 상태를 기억한다는 것입니다. 즉, RNN은 현재 입력된 단어뿐만 아니라, 그 이전에 입력된 단어가 무엇이었는지를 기억하고 있습니다. 예를 들어, "오늘"이라는 단어를 처리한 후 "날씨가"를 처리할 때, RNN은 "오늘"이라는 정보를 잊지 않고 계속 기억하면서 "날씨"와 연결시킵니다.

❸ **출력** : RNN은 입력된 단어를 바탕으로 문맥에 맞는 다음 단어를 예측하거나, 문장 전체의 의미를 파악합니다. 예를 들어, "오늘 날씨가"라는 입력이 주어졌을 때, RNN은 다음에 나올 단어로 "좋다"나 "맑다" 같은 단어를 예측할 수 있습니다. 이렇게 이전 정보와 현재 정보를 모두 고려해서 결과를 내놓는 것입니다.

쉽게 말하면 !

RNN은 순서대로 입력된 데이터를 처리하고, 이전 데이터를 기억하면서 다음에 올 내용을 예측하거나 분석하는 신경망입니다.

- 입력: 하나의 단어 또는 문장의 일부가 차례대로 들어갑니다.
- 출력: 문맥을 고려해 다음 단어를 예측하거나 전체 문장의 의미를 파악합니다.

이 특성 덕분에, RNN은 문장 이해, 음성 인식, 주식 시장 예측처럼 순서가 중요한 데이터 처리에 강점을 갖습니다.

(2) RNN의 구체적인 예시

❶ 언어 모델링

RNN은 문장에서 다음에 올 단어나 문장을 예측하는 데 사용됩니다. 예를 들어, "오늘 날씨가"라는 문장이 주어졌을 때, RNN은 이전 단어인 "오늘"과 "날씨"를 기억하여 "맑다" 또는 "좋다"와 같은 단어를 예측할 수 있습니다. 이를 통해 문장의 흐름을 자연스럽게 이어 나갈 수 있습니다.

[예시]

사용자가 "오늘 날씨가"라고 입력하면, RNN은 "맑다", "흐리다" 등의 단어를 문맥에 맞춰 추천할 수 있습니다. 이전에 "오늘"과 "날씨"라는 단어들이 함께 등장하는 패턴을 학습한 덕분에, 이와 연관된 단어를 예측하게 됩니다.

❷ 문장 생성

RNN은 일부 문장을 입력받아, 그 문장을 기반으로 새로운 문장을 생성할 수 있습니다. 예를 들어, "나는 오늘"이라는 문장을 입력하면, RNN은 이 문장의 패턴을 학습하고, "학교에 갔다" 또는 "밥을 먹었다"와 같은 문장을 이어서 생성할 수 있습니다.

[예시]

"나는 오늘"이라는 문장을 기반으로 RNN이 학습한 결과를 토대로 "학교에 갔다"와 같은 문장이 자연스럽게 이어질 수 있습니다. 이때 RNN은 이전에 학습한 문장 패턴과 문맥을 반영하여 새로운 문장을 만들어 냅니다.

❸ 음성 인식

RNN은 음성 데이터를 처리하는 데도 자주 사용됩니다. 음성 인식 시스템에서, 음성 데이터를 순차적으로 입력받아 단어와 문장으로 변환할 때 RNN이 유용합니다. 예를 들어, 사용자가 "안녕하세요"라고 말하면, RNN은 각 음성을 분석하고, 앞서 나온 음성 정보를 기억하여 그 다음에 올 음성을 예측합니다.

[예시]

사용자가 "안"이라는 음성을 말하면, RNN은 "안" 다음에 올 음성으로 "녕"을 예측하고, 계속해서 "하", "세", "요"로 이어지는 단어를 생성할 수 있습니다. 이렇게 RNN은 음성 데이터를 시간 순서대로 분석하여 최종적으로 텍스트 데이터를 생성합니다.

(3) RNN의 한계

RNN(순환 신경망)은 순차적인 데이터를 처리하는 데 유용한 도구이지만, 긴 문장을 처리할 때 몇 가지 문제가 있습니다. 그 중 가장 큰 문제는 장기 의존성 문제long-term dependency problem입니다.

장기 의존성 문제란?

RNN은 입력된 데이터를 순서대로 처리하고, 이전 정보를 기억해서 다음 단어를 예측하거나 문장의 의미를 파악합니다. 그런데 이 과정에서, 문장이 길어지면 오래 전에 입력된 정보를 점점 잊어버리는 경향이 있습니다.

[예시]

예를 들어, "오늘 나는 맛있는 점심을 먹고 학교에 갔다"라는 문장이 있다고 가정해 봅시다. 이 문장에서 RNN이 "나는"이라는 단어를 처리하고 나중에 "갔다"라는 단어에 도달했을 때, "나는"이 주어였다는 정보를 잊어버릴 수 있습니다. 그래서 문장 전체의 흐름을 파악하는 데 어려움이 생기게 됩니다. 더 긴 문장을 생각해 보면, "어제 친구와 함께 산책을 하고 집에 돌아와서 책을 읽은 후, 잠자리에 들었다"라는 문장에서 RNN은 시간이 지남에 따라 "어제"나 "친구" 같은 중요한 정보를 잊어버릴 가능성이 높습니다.

왜 이런 문제가 생기나요?

RNN은 입력된 정보를 연속적으로 전달하면서, 새로 들어온 정보가 계속 업데이트됩니다. 그러다 보니 시간이 길어질수록 초반에 입력된 정보는 희미해지고, 최근에 입력된 정보만 더 잘 기억하게 되는 경향이 있습니다. 그래서 아주 긴 문장을 처리할 때, 초반의 중요한 정보를 잊어버리기 쉽습니다.

쉽게 말하면 !

- **RNN의 문제** : 문장이 길어지면, RNN이 초반에 입력된 중요한 단어를 잊어버릴 수 있습니다.
- **결과** : 긴 문장이나 복잡한 문장을 처리할 때, 문장의 앞부분에 나온 중요한 정보를 제대로 반영하지 못하는 한계가 있습니다.

이 문제를 해결하기 위해, LSTM이나 GRU 같은 개선된 모델들이 나왔습니다. 이들은 RNN보다 더 오래된 정보를 잘 기억할 수 있는 능력을 갖추고 있어, 긴 문장을 처리하는 데 더 적합합니다.

(3) RNN의 해결 방법 : LSTM과 GRU

RNN(순환 신경망)은 순차적인 데이터를 처리하는 데 뛰어난 모델이지만, 긴 문장에서는 이전 정보를 잊어버리는 한계가 있습니다. 이를 해결하기 위해 더 발전된 두 가지 모델이 개발되었습니다: LSTMLong Short-Term Memory과 GRUGated Recurrent Unit.

이 두 모델은 긴 문장에서도 중요한 정보를 잘 기억할 수 있도록 설계되어, RNN보다 더 나은 성능을 보여줍니다.

❶ LSTMLong Short-Term Memory

LSTM은 이름 그대로 긴 기간 동안 기억할 수 있는 능력을 가진 모델입니다. RNN처럼 이전 상태를 기억하는 구조를 갖고 있지만, LSTM은 특별한 메모리 셀을 통해 중요한 정보는 오랫동안 기억하고, 필요하지 않은 정보는 버릴 수 있습니다. 이 덕분에, 긴 문장에서도 중요한 정보를 잊지 않고 처리할 수 있습니다.

[예시]

예를 들어, "나는 어제 친구와 영화를 보고, 오늘은 산책을 했다"라는 긴 문장이 있을 때, LSTM은 이 문장에서 "어제 친구와 영화를 봤다"와 "오늘은 산책을 했다"라는 중요한 정보를 모두 기억할 수 있습니다.
일반 RNN은 시간이 지나면서 앞부분의 "영화를 봤다"는 정보를 잊어버릴 수 있지만, LSTM은 중요한 정보들을 장기적으로 기억하여 문장을 잘 이해합니다.

❷ GRUGated Recurrent Unit

GRU는 LSTM과 비슷한 기능을 하지만, 구조가 더 간단하고 계산이 더 빠릅니다. GRU 역시 긴 문장이나 복잡한 문장을 처리할 때 중요한 정보를 오래 기억할 수 있습니다. 다만, GRU는 LSTM보다 조금 더 단순한 구조를 가지고 있어 더 빠르게 학습할 수 있다는 장점이 있습니다.

[예시]

"나는 아침에 조깅을 하고, 저녁에는 가족과 저녁을 먹었다"라는 문장이 있을 때, GRU는 "조깅"과 "가족과 저녁을 먹었다"라는 중요한 내용을 잘 기억하여 문장을 이해합니다. 이 과정에서 GRU는 LSTM과 같은 방식으로 중요한 정보를 기억하지만, 계산이 더 빠르고 간단하게 이루어집니다.

쉽게 말하면 !

1. LSTM: 긴 문장에서도 중요한 정보를 잘 기억하는 메모리 셀이 있어서, RNN보다 훨씬 좋은 성능을 보입니다.
2. GRU: LSTM과 비슷하지만, 구조가 더 단순해서 빠르게 학습할 수 있습니다.

이 두 모델 덕분에, 긴 문장을 처리하거나 과거의 정보를 기억해야 하는 상황에서 더 나은 성능을 발휘할 수 있습니다.

결론

RNN(순환 신경망)은 문장의 순서를 따라가며 문맥을 이해하고 예측하는 데 중요한 역할을 합니다. 덕분에 RNN은 언어 모델링, 음성 인식, 문장 생성 등에서 많이 사용됩니다. 예를 들어, RNN은 문장을 하나씩 처리하면서 다음에 나올 단어를 예측하거나, 문장의 전체 의미를 파악하는 데 유용합니다.

그러나 긴 문장을 처리할 때는 RNN이 초반의 중요한 정보를 잊어버리는 문제가 생길 수 있습니다. 이를 해결하기 위해 LSTM과 GRU라는 더 발전된 모델들이 개발되었습니다. 이 두 모델은 중요한 정보를 오랫동안 기억할 수 있어, 긴 문장이나 복잡한 데이터를 처리하는 데 훨씬 더 좋은 성능을 보입니다.

쉽게 말하면 !

- RNN 은 문장의 흐름을 따라가며 문맥을 이해하고, 그 다음에 나올 내용을 예측하는 모델입니다.
- 하지만 긴 문장에서는 중요한 정보를 잊어버릴 수 있습니다.
- 이를 해결하기 위해 LSTM 과 GRU 라는 더 발전된 모델들이 개발되었고, 이들은 긴 문장에서도 중요한 정보를 잘 기억합니다.

이러한 모델들은 자연어 처리(언어 이해, 번역)나 시계열 데이터(시간의 흐름에 따라 변화하는 데이터)에서 뛰어난 성능을 발휘하며, 우리가 사용하는 많은 기술의 핵심 역할을 하고 있습니다.

7.2.4 Transformer 모델

Transformer 모델은 현재 자연어 처리(NLP) 분야에서 가장 혁신적이고 성능이 뛰어난 언어 모델 중 하나로, RNN이나 LSTM과 달리 순차적인 처리 없이 병렬 처리를 통해 더 빠르고 효율적으로 학습할 수 있습니다. Transformer는 문장 내 모든 단어의 관계를 동시에 학습하며, 이를 통해 문장의 문맥과 의미를 더 깊이 이해할 수 있습니다. 이 모델은 BERT, GPT와 같은 최신 언어 모델들의 기반이 되며, 특히 문장 생성, 번역, 질문 응답 등 다양한 NLP 작업에서 탁월한 성능을 보입니다.

(1) Transformer 모델의 구조

Transformer 모델은 문장의 단어들이 서로 어떻게 연결되는지를 이해하고, 그 관계를 바탕으로 번역하거나 문장을 생성하는 데 사용되는 강력한 모델입니다. 이 모델은 크게 두 가지 중요한 부분으로 나뉩니다: 인코더encoder와 디코더decoder.

❶ 인코더Encoder

인코더는 문장의 입력을 받아서, 각 단어가 어떤 의미를 가지고 있는지, 그리고 그 단어들이 서로 어떻게 연결되는지를 분석합니다. 인코더는 입력된 문장을 벡터라는 수학적인 형태로 변환합니다. 이 벡터는 컴퓨터가 단어 간의 관계를 이해할 수 있게 도와줍니다.

쉽게 말하면 !

인코더는 문장의 각 단어를 처리하면서, 그 단어가 문장 속에서 어떤 역할을 하는지 파악합니다. 예를 들어, "오늘 날씨가 좋다"라는 문장이 주어지면, 인코더는 "오늘", "날씨", "좋다"라는 단어들이 서로 어떻게 연결되어 있는지를 분석합니다. 이 과정을 통해 인코더는 단어들 간의 관계를 이해하고, 이를 바탕으로 나중에 문장을 처리할 수 있도록 정보를 준비합니다.

❷ 디코더Decoder

디코더는 인코더에서 나온 정보를 바탕으로 출력 문장을 만들어냅니다. 예를 들어, 번역 작업을 할 때, 디코더는 인코더에서 받은 정보를 사용해 입력 문장을 다른 언어로 변환합니다. 또한, 문장의 다음 단어를 예측하는 작업도 디코더가 담당합니다.

쉽게 말하면 !

디코더는 인코더가 분석한 정보를 바탕으로 새로운 문장을 만듭니다. 예를 들어, 인코더가 "오늘 날씨가 좋다"라는 문장의 구조를 분석했다면, 디코더는 이 정보를 바탕으로 "The weather is good today"라는 영어 문장을 생성할 수 있습니다.

왜 Transformer 모델이 강력한가요?

Transformer 모델은 단어 간의 관계를 한 번에 동시에 파악할 수 있습니다. 예전의 RNN 모델은 단어를 순서대로 처리해야 해서 시간이 오래 걸렸지만, Transformer 모델은 모든 단어를 병렬로 처리하기 때문에 훨씬 빠르고 효율적입니다. 또한, Transformer는 문장의 앞뒤 맥락을 더 깊이 있게 이해할 수 있어서, 복잡한 문장 구조에서도 뛰어난 성능을 발휘합니다.

쉽게 말하면 !

1. **인코더**Encoder: 입력된 문장을 분석해서 단어들이 서로 어떻게 연결되어 있는지 파악하고, 이 정보를 벡터로 변환합니다.
2. **디코더**Decoder: 인코더가 분석한 정보를 바탕으로 새로운 문장을 만듭니다. 번역하거나, 다음에 나올 단어를 예측할 때 사용됩니다.

이 모델 덕분에 우리는 더 빠르고 정확한 번역, 문장 생성, 요약 등의 작업을 할 수 있습니다.

(2) Transformer의 핵심 개념: Self-Attention 메커니즘

Self-Attention 메커니즘은 Transformer 모델의 가장 중요한 부분입니다. 이 메커니즘은 문장 내에서 모든 단어가 서로 어떻게 연결되어 있는지를 학습하고, 각 단어가 문장 내 다른 단어들과 얼마나 중요한 관계를 맺고 있는지를 계산합니다.

Self-Attention이 어떻게 작동하는지 쉽게 설명

예를 들어, "나는 오늘 친구와 영화를 보러 갔다"라는 문장을 생각해 보세요. Self-Attention 메커니즘은 이 문장에서 "나는"이라는 주어와 "갔다"라는 동사 사이의 관계뿐만 아니라, "친구", "영화", "보러" 같은 단어들끼리의 관계도 고려합니다. 즉, 모든 단어가 문장 내에서 서로 어떻게 연결되어 있는지를 파악하는 것입니다.

Self-Attention의 동작 방식

❶ Query, Key, Value 생성

문장의 각 단어는 Query, Key, Value라는 세 가지 벡터로 변환됩니다. 여기서:

- Query는 "이 단어가 문장에서 다른 단어와 어떻게 연결되어 있을까?"라는 질문을 의미합니다.
- Key는 "이 단어가 어떤 특징을 가지고 있는지"를 나타냅니다.
- Value는 "이 단어의 실제 값"입니다. 쉽게 말하면, 단어의 중요도를 나타냅니다.

❷ 가중치 계산

각 단어의 Query와 다른 단어들의 Key를 비교하여, 어떤 단어가 더 중요한지를 계산합니다. 이 과정에서 내적dot product이라는 수학적인 방법을 사용해 단어들 사이의 관계를 평가합니다. 예를 들어, "나는"과 "갔다"는 강하게 연결되어 있을 수 있지만, "영화"와 "나는"의 관계는 그보다 약할 수 있습니다. 이렇게 중요한 단어와 그렇지 않은 단어를 구분하는 작업입니다.

❸ 출력 생성

최종적으로, 각 단어의 Value를 조정하여, 문장 내에서 각 단어가 어떻게 중요한지 반영된 새로운 벡터를 생성합니다. 이렇게 생성된 벡터는 문장의 맥락을 더 잘 이해하는 데 도움을 줍니다. 이 출력은 Transformer 모델이 문장을 이해하거나 번역할 때 사용됩니다.

Self-Attention 메커니즘의 역할

Self-Attention 메커니즘 덕분에 Transformer 모델은 모든 단어를 동시에 고려할 수 있고, 어떤 단어들이 중요한지 빠르게 파악합니다. 예전에는 문장을 순서대로 처리해야 했던 RNN과 달리, Self-Attention은 병렬로 모든 단어의 관계를 한 번에 분석할 수 있기 때문에, 더 빠르고 정확한 분석이 가능합니다.

쉽게 말하면 !

- Self-Attention 메커니즘은 문장에서 각 단어가 서로 얼마나 중요한지를 계산하는 과정입니다.
- 문장 내 모든 단어들의 관계를 한 번에 파악하여, 문맥을 더 잘 이해하고 중요한 단어들을 구분할 수 있게 해 줍니다.
- 이를 통해 Transformer 모델은 더 빠르고 정확하게 문장을 처리할 수 있습니다.

(3) Transformer의 구체적인 예시

Transformer 모델은 컴퓨터가 문장을 이해하고 번역하거나 문장을 생성하는 데 매우 효과적인 기술입니다. 몇 가지 실제 예시로 쉽게 설명해 볼게요.

❶ 기계 번역

Transformer 모델은 기계 번역에서 뛰어난 성능을 발휘합니다. 기계 번역이란, 한 언어로 된 문장을 다른 언어로 자동으로 번역하는 기술을 말합니다. 예를 들어, "I am going to the store"라는 영어 문장을 "나는 가게에 간다"라는 한국어로 번역할 때, Transformer는 문장 내 각 단어의 관계를 파악하여 정확한 번역을 제공합니다.

[어떻게 작동하나요?]

Transformer는 문장 속 단어들이 서로 어떻게 연결되어 있는지를 학습합니다. 예를 들어, "I am going to the store"에서 "going"과 "store"가 중요한 관계를 가진다는 것을 파악하고, 이를 바탕으로 "나는 가게에 간다"라는 자연스러운 번역을 만듭니다.

[예시]

Transformer는 "I"를 "나는", "going to"를 "간다", "the store"를 "가게에"로 정확하게 번역합니다. 문장 내 단어들이 어떻게 연결되는지를 분석해, 자연스럽고 정확한 번역을 제공하는 것입니다.

❷ 문장 생성 및 텍스트 생성

Transformer는 문장을 자동으로 생성하는 데에도 사용됩니다. 이 기술은 주로 GPT라는 모델에 적용되는데, GPT는 사용자가 입력한 문장을 바탕으로 다음에 이어질 문장을 자동으로 생성합니다.

[어떻게 작동하나요?]

예를 들어, 사용자가 "오늘 날씨가"라는 문장을 입력하면, Transformer는 그 문장의 맥락을 이해하고, "맑다"나 "좋다" 같은 문장을 이어서 자동으로 생성할 수 있습니다. GPT는 문맥을 분석해, 자연스럽게 이어질 단어를 예측하는 데 강력합니다.

[예시]

사용자가 "오늘 날씨가"라고 입력했을 때, GPT는 그 문장을 분석하고 "맑다" 또는 "흐리다" 같은 자연스러운 후속 문장을 만들어 줍니다.

❸ 질문 응답 시스템

Transformer는 BERT라는 모델에서도 사용되며, 질문에 대한 답을 자동으로 찾아주는 시스템에도 적용됩니다. 예를 들어, "대한민국의 수도는 어디인가?"라는 질문을 받았을 때, Transformer는 문장 내에서 "대한민국"과 "수도"라는 단어의 관계를 분석하여 "서울"이라는 답을 제공합니다.

[어떻게 작동하나요?]

Transformer는 질문의 내용을 분석하고, 질문 속에서 중요한 단어들 간의 관계를 파악합니다. 이를 바탕으로 답을 추출해 내죠.

[예시]

"대한민국의 수도는 어디인가?"라는 질문을 입력하면, Transformer는 "대한민국"과 "수도"의 관계를 분석해 "서울"이라는 정확한 답을 제공합니다.

쉽게 말하면 !

1. 기계 번역: Transformer는 문장 내 단어의 관계를 이해해 자연스럽고 정확한 번역을 제공합니다.
2. 문장 생성: 주어진 문장의 맥락을 분석하고, 그에 맞는 단어를 이어서 자동으로 문장을 만들어 줍니다.
3. 질문 응답: 질문 속에서 중요한 단어들을 분석해, 그에 맞는 답을 찾아줍니다.

Transformer 덕분에 우리는 더 정확한 번역, 자연스러운 문장 생성, 질문에 대한 빠른 답변을 받을 수 있게 됩니다.

(4) Transformer의 장점

Transformer 모델은 여러 가지 중요한 장점이 있어 언어 처리 작업에 매우 유용합니다. 이 모델은 특히 속도와 정확성 면에서 뛰어납니다.

❶ 병렬 처리로 빠른 속도

Transformer는 데이터를 한 번에 동시에 처리할 수 있습니다. RNN은 데이터를 순서대로 처리해야 하기 때문에 시간이 오래 걸리지만, Transformer는 모든 단어를 동시에 처리할 수 있어 훨씬 더 빠르게 작업을 완료할 수 있습니다.

쉽게 말하면 !

Transformer는 한 단어씩 순서대로 처리하는 대신, 문장의 모든 단어를 한꺼번에 분석해서 훨씬 빠르게 결과를 만들어냅니다. 예를 들어, 긴 문장을 번역할 때도 빠르게 처리할 수 있는 것이 큰 장점입니다.

❷ 문맥을 더 잘 이해함

Transformer는 Self-Attention 메커니즘 덕분에, 문장의 앞뒤 맥락을 모두 고려하여 문장을 더 깊이 이해할 수 있습니다. 이 말은, 문장에서 모든 단어가 서로 어떻게 연결되어 있는지를 동시에 분석할 수 있다는 뜻입니다.

쉽게 말하면 !

Transformer는 문장의 앞부분뿐만 아니라 뒷부분도 한꺼번에 분석하여 문장의 전체적인 의미를 더 정확하게 파악합니다. 예를 들어, 긴 문장에서도 중요한 단어들이 서로 어떻게 관련되어 있는지를 잘 이해할 수 있습니다.

❸ 긴 문장도 잘 처리

RNN이나 LSTM 같은 기존 모델은 긴 문장을 처리할 때 정보를 잊어버리는 문제가 있었지만, Transformer는 모든 단어의 관계를 동시에 고려하기 때문에 긴 문장에서도 정보를 잃지 않고 잘 처리할 수 있습니다.

쉽게 말하면 !

Transformer는 긴 문장을 처리할 때도 처음부터 끝까지 모든 단어를 신경 써서 처리하기 때문에, 긴 문장에서도 중요한 정보를 놓치지 않습니다.

결론

Transformer 모델은 빠르고 정확하게 문장을 처리할 수 있는 혁신적인 기술입니다. 특히 기계 번역, 문장 생성, 질문 응답 등에서 매우 뛰어난 성능을 보여줍니다. Self-Attention 메커니즘 덕분에 문장 내 모든 단어의 관계를 동시에 학습하여, 문맥을 더 깊이 이해하고, 처리 속도도 빠릅니다. 이 모델은 최신 언어 모델인 BERT와 GPT의 기반이 되며, 자연어 처리NLP 분야에서 매우 중요한 역할을 하고 있습니다.

이렇게 Transformer 덕분에 우리는 더 빠르고 정확한 번역이나 문장 생성 등을 할 수 있게 된 것입니다.

7.3 실습: 텍스트 분석과 감정 분석

텍스트 분석과 감정 분석은 컴퓨터가 텍스트(글)를 읽고, 그 안에 담긴 정보를 분석하거나, 글의 감정이 긍정적인지, 부정적인지 또는 중립적인지를 파악하는 기술입니다. 아래에서 그 과정과 방법을 쉽게 설명하겠습니다.

7.3.1 텍스트 분석이란?

텍스트 분석은 글 속에서 중요한 정보나 자주 나오는 단어를 찾아내는 과정입니다. 예를 들어, 뉴스를 읽고 그 안에서 자주 언급되는 주제를 알아내거나, 제품 리뷰를 분석해 사람들이 자주 쓰는 단어를 찾아낼 수 있습니다. 이를 통해 컴퓨터는 글의 중요한 내용을 파악할 수 있습니다.

(1) 실습 과정

❶ 데이터 수집

먼저 분석할 텍스트를 준비합니다. 예를 들어, 인터넷에서 뉴스 기사나 쇼핑몰 리뷰를 가져올 수 있습니다. 이렇게 모은 글이 분석에 필요한 데이터가 됩니다.

❷ 텍스트 전처리

텍스트를 분석하기 전에, 불필요한 기호나 문장 부호(느낌표, 물음표 등)를 제거해야 합니다. 이렇게 하면 컴퓨터가 글을 더 쉽게 이해할 수 있습니다. 또한, 단어들을 하나씩 분리하여 컴퓨터가 각 단어의 의미를 파악할 수 있도록 준비합니다. 예를 들어, "이 제품 정말 좋아요!"라는 리뷰를 "이", "제품", "정말", "좋다"와 같이 나누는 작업입니다.

❸ 단어 빈도 분석

이제 글에서 자주 나오는 단어를 찾아냅니다. 예를 들어, 리뷰에서 "좋다"라는 단어가 많이 나오면, 그 제품에 대해 긍정적인 반응이 많다는 것을 알 수 있습니다. 반대로 "느리다"라는 단어가 자주 나오면, 사람들이 제품에 불만을 가질 수 있다는 신호입니다.

쉽게 말하면 !

1. 데이터 수집: 분석할 글을 모은다.
2. 텍스트 전처리: 글 속에서 필요 없는 기호를 제거하고, 단어를 하나씩 나눈다.
3. 단어 빈도 분석: 자주 등장하는 단어를 찾아 중요한 내용을 파악한다.

이 과정을 통해 컴퓨터는 글 속의 주요 단어와 주제를 자동으로 분석하고, 그 글이 어떤 내용을 담고 있는지 쉽게 이해할 수 있게 됩니다.

7.3.2 감정 분석이란?

감정 분석은 글 속에 담긴 감정을 파악하는 과정입니다. 예를 들어, 쇼핑몰 리뷰에서 고객이 남긴 글이 긍정적인지 부정적인지를 컴퓨터가 자동으로 분석할 수 있습니다. 감정 분석은 이렇게 글을 읽고 그 감정을 분류하는 기술입니다.

(1) 실습 과정

❶ 데이터 수집

먼저 분석할 글을 준비합니다. 예를 들어, 쇼핑몰 리뷰나 트위터 게시물 같은 글을 모을 수 있습니다. "이 제품 너무 좋아요!" 또는 "배송이 너무 느렸어요." 같은 리뷰가 감정 분석의 대상이 될 수 있습니다.

❷ 텍스트 전처리

텍스트를 분석하기 전에, 글에 포함된 이모티콘이나 기호(예: 느낌표, 물음표 등)를 제거하고, 글을 정리해야 합니다. 이렇게 하면 컴퓨터가 글의 내용을 더 쉽게 분석할 수 있습니다.

❸ 감정 분석

컴퓨터는 글 속에서 감정을 분석합니다. 예를 들어, "좋아요"나 "훌륭해요" 같은 단어는 긍정적으로 분류되고, "별로예요"나 "실망했어요" 같은 단어는 부정적으로 분류됩니다. 컴퓨터는 이런 단어들을 기준으로 글의 감정을 판단하게 됩니다.

[예시]

- "이 제품 정말 마음에 들어요!" → 긍정적
- "배송이 너무 느려요." → 부정적

쉽게 말하면 !

감정 분석은 컴퓨터가 글을 읽고, 그 글이 긍정적인지 부정적인지를 자동으로 판단하는 기술입니다.

이 실습을 통해 컴퓨터가 어떻게 글을 읽고, 그 속에 담긴 감정을 이해하는지 배울 수 있습니다.

7.3.3 텍스트 분석과 감정 분석: 사례를 통해 자세히 설명

텍스트 분석과 감정 분석은 컴퓨터가 글을 이해하고 중요한 정보를 추출하거나, 글 속의 감정을 파악하는 기술입니다. 이를 통해 우리는 많은 양의 텍스트 데이터를 빠르게 분석하고, 그 안에 담긴 의미를 자동으로 파악할 수 있습니다. 아래에서 두 가지 분석을 구체적인 사례를 통해 설명하겠습니다.

(1) 텍스트 분석

사례: 쇼핑몰 리뷰에서 자주 언급되는 단어 분석

텍스트 분석은 글에서 중요한 정보나 자주 나오는 단어를 찾는 과정입니다. 예를 들어, 쇼핑몰에서 어떤 제품의 리뷰를 분석한다고 가정해 봅시다. 이 과정에서, 자주 나오는 단어나 문구를 찾아내어 제품의 특징이나 사용자들의 반응을 이해할 수 있습니다.

과정:

❶ **데이터 수집** : 먼저 쇼핑몰 리뷰 데이터를 수집합니다. 예를 들어, "이 제품은 정말 좋네요!", "배송이 빨라서 마음에 듭니다.", "가격이 조금 비싸지만 품질은 최고예요." 같은 리뷰들이 있을 수 있습니다.

❷ **텍스트 전처리** : 컴퓨터가 텍스트를 잘 분석할 수 있도록 이모티콘이나 특수기호(느낌표, 물음표 등)를 제거하고, 단어를 하나씩 나누는 작업을 합니다. 예를 들어, "이 제품 정말 좋네요!"는 "이", "제품", "정말", "좋다"로 나누어집니다.

❸ **단어 빈도 분석** : 이제 각 리뷰에서 자주 등장하는 단어를 찾습니다. 예를 들어, "좋다", "가격", "배송" 같은 단어가 자주 언급된다고 하면, 사용자가 품질, 가격, 배송에 대한 피드백을 주로 다루고 있다는 것을 알 수 있습니다.

결과

리뷰에서 "좋다"라는 단어가 자주 등장하면, 해당 제품에 대한 긍정적인 평가가 많다는 신호입니다. 반면, "비싸다"라는 단어가 자주 나오면 가격에 대한 불만이 있을 수 있습니다.

(2) 감정 분석

사례: 고객 리뷰에서 긍정적, 부정적 감정 파악

감정 분석은 글 속에 담긴 감정이 긍정적인지 부정적인지 파악하는 과정입니다. 예를 들어, 쇼핑몰 리뷰에서 제품에 대한 고객의 감정이 어떤지를 분석할 수 있습니다. 이 분석을 통해 고객의 만족도나 불만을 빠르게 파악할 수 있습니다.

과정:

❶ **데이터 수집** : 쇼핑몰 리뷰 데이터를 사용합니다. 예를 들어, "이 제품 정말 최고예요!", "배송이 너무 느려서 실망했어요" 같은 리뷰를 수집합니다.

❷ **텍스트 전처리** : 분석을 위해 이모티콘이나 특수기호를 제거하고, 문장을 단어 단위로 나눕니다.

❸ **감정 분석** : 컴퓨터는 각 단어의 감정을 분석하여 그 리뷰가 긍정적인지, 부정적인지 판단합니다. 예를 들어, "좋다", "최고" 같은 단어는 긍정적으로, "느리다", "실망" 같은 단어는 부정적으로 분류됩니다.

결과

"이 제품 정말 최고예요!"는 긍정적 리뷰로 분류되고, "배송이 너무 느려서 실망했어요"는 부정적 리뷰로 분류됩니다. 이렇게 감정 분석을 통해, 컴퓨터는 각 리뷰가 어떤 감정을 담고 있는지 판단할 수 있습니다.

[종합 예시] 제품 리뷰에서 텍스트 분석과 감정 분석 결합

❶ 데이터 수집 : 다양한 제품 리뷰를 수집합니다. 예를 들어, "이 제품의 디자인이 마음에 듭니다", "품질이 너무 별로예요", "배송은 빠르지만 가격이 조금 비쌉니다" 같은 리뷰들을 모읍니다.

❷ 텍스트 분석:

- 자주 등장하는 단어를 분석해 봅니다. 여기서 "디자인", "품질", "가격", "배송"이라는 단어들이 자주 등장한다고 가정해봅니다.
- 이를 통해, 고객들이 디자인, 품질, 배송, 가격에 대해 자주 언급하고 있다는 것을 파악할 수 있습니다.

❸ 감정 분석:

- 각 리뷰의 감정을 분석합니다. 예를 들어, "마음에 듭니다", "빠르지만", "별로" 같은 단어들을 분석해, 긍정적 또는 부정적으로 분류합니다.
- 결과적으로, 디자인과 배송에 대해서는 긍정적인 평가가 많고, 품질과 가격에 대해서는 부정적인 평가가 많다는 것을 파악할 수 있습니다.

결론

- 텍스트 분석은 글에서 자주 나오는 단어나 주제를 찾아내어, 사람들이 어떤 부분에 주로 관심을 두고 있는지 파악할 수 있습니다.
- 감정 분석은 글 속의 감정을 파악해, 긍정적인지 부정적인지 판단할 수 있습니다.

이 두 가지 분석을 통해, 쇼핑몰 리뷰나 SNS 글을 빠르게 분석하고, 그 결과를 바탕으로 제품 개선이나 마케팅 전략을 세울 수 있습니다.

7.4 오늘의 내용 요약

오늘은 자연어 처리NLP의 개념과 그 활용에 대해 배웠습니다. 주요 내용은 다음과 같습니다.

1. 자연어 처리란?

자연어 처리NLP는 컴퓨터가 인간의 언어를 이해하고 처리하는 기술입니다. 컴퓨터는 명확한 데이터를 쉽게 처리하지만, 인간의 언어는 모호하고 복잡한 구조를 가지기 때문에, 이를 이해하기 위해 자연어 처리 기술이 필요합니다.

2. 자연어 처리의 응용 분야

❶ **음성 인식** : 음성을 텍스트로 변환하여 컴퓨터가 이해할 수 있도록 합니다. 스마트폰의 음성 비서가 그 예입니다.

❷ **기계 번역** : 하나의 언어로 작성된 텍스트를 다른 언어로 자동 번역합니다. 구글 번역과 같은 도구가 대표적입니다.

3. 언어 모델의 기본 원리

언어 모델은 문맥을 이해하고 단어나 문장을 예측하는 기술입니다. n-그램 모델과 딥러닝 기반 모델이 대표적이며, 주어진 텍스트 데이터를 학습해 문장의 구조를 이해합니다.

4. Self-Attention 메커니즘

Transformer 모델의 핵심 개념인 Self-Attention 메커니즘은 문장 내 단어들 간의 관계를 분석하여 더 깊이 있는 문맥 이해를 가능하게 합니다. 이를 통해 더 빠르고 정확한 언어 처리 작업이 이루어집니다.

5. 텍스트 분석과 감정 분석 실습

텍스트 분석은 글 속에서 중요한 단어나 주제를 찾는 작업입니다. 예를 들어, 리뷰에서 자주 등장하는 단어를 찾아 그 제품에 대한 반응을 파악할 수 있습니다.
감정 분석은 글에 담긴 감정을 파악하여 긍정적, 부정적, 중립적인지 분류하는 기술입니다. 이를 통해 고객의 피드백을 분석하여 마케팅이나 제품 개선에 활용할 수 있습니다.

이번 학습을 통해 자연어 처리의 기초 개념과 다양한 응용 분야를 이해했으며, 텍스트와 감정 분석 기술을 실습을 통해 경험할 수 있었습니다.

7.5 연습문제

4지선다형 문제

01 자연어 처리NLP의 주요 목적은 무엇인가?

① 숫자 데이터를 분석하기 위해
② 자연어를 컴퓨터가 이해하고 처리하도록 하기 위해
③ 컴퓨터 프로그램의 실행 속도를 높이기 위해
④ 인터넷 연결 속도를 개선하기 위해

02 자연어 처리에서 음성 인식 기술의 주요 역할은 무엇인가?

① 음성을 텍스트로 변환하는 것
② 음성 데이터를 삭제하는 것
③ 음성 파일을 저장하는 것
④ 음성 파일의 크기를 줄이는 것

03 기계 번역 기술의 주요 응용 분야는 무엇인가?

① 이미지를 변환한다.
② 텍스트를 다른 언어로 번역한다.
③ 데이터를 압축한다.
④ 음성을 텍스트로 변환한다.

04 자연어 처리에서 형태소 분석의 주요 목적은?

① 문장을 단어 단위로 나누는 것
② 데이터를 압축하는 것
③ 이미지를 변환하는 것
④ 텍스트를 다른 언어로 번역하는 것

05 감정 분석에서 "긍정적"으로 분류될 가능성이 가장 높은 문장은?

① "배송이 느리고 제품 상태가 좋지 않았다."
② "이 제품 정말 최고예요!"
③ "제품이 도착하지 않았습니다."
④ "사용법이 복잡하고 이해하기 어렵다."

06 RNN의 주요 특징은 무엇인가?

① 데이터를 병렬로 처리한다.
② 순차적인 데이터를 처리하고 이전 정보를 기억한다.
③ 이미지 데이터를 처리한다.
④ 문장을 번역한다.

07 Transformer 모델에서 Self-Attention 메커니즘의 주요 역할은?

① 모든 단어의 관계를 동시에 학습한다.
② 단어를 번역한다.
③ 데이터를 정렬한다.
④ 텍스트 데이터를 삭제한다.

08 감정 분석의 주요 응용 분야가 아닌 것은?

① SNS 게시물 분석
② 쇼핑몰 리뷰 분석
③ 데이터 크기 압축
④ 마케팅 전략 수립

09 LSTM이 RNN보다 더 나은 이유는?

① 더 빠르게 데이터를 삭제한다.
② 더 오래된 정보를 기억할 수 있다.
③ 이미지를 더 잘 처리한다.
④ 데이터를 병렬로 처리한다.

10 언어 모델의 주요 기능은 무엇인가?

① 데이터를 정렬한다.
② 문맥에 맞는 단어나 문장을 예측한다.
③ 데이터를 압축한다.
④ 음성을 텍스트로 변환한다.

단답형 문제

01 자연어 처리NLP의 정의는 무엇인가?

02 형태소 분석의 주요 목적은 무엇인가?

03 음성 인식 기술이 가장 많이 사용되는 예시는 무엇인가?

04 기계 번역에서 "문맥"이 중요한 이유는 무엇인가?

05 Self-Attention 메커니즘이 Transformer 모델에서 중요한 이유는 무엇인가?

06 감정 분석에서 "부정적"으로 분류될 가능성이 높은 단어는?

07 LSTM이 RNN보다 나은 점은 무엇인가?

08 RNN의 주요 한계는 무엇인가?

09 기계 번역에서 Transformer 모델이 RNN보다 뛰어난 이유는?

10 감정 분석의 주요 단계는 무엇인가?

서술형 문제

01 자연어 처리NLP의 주요 응용 분야와 그 중요성을 설명하시오.

02 감정 분석의 주요 과정을 설명하시오.

03 RNN과 LSTM의 차이점을 설명하시오.

04 Transformer 모델의 주요 구조와 그 강점을 설명하시오.

05 Self-Attention 메커니즘의 역할을 설명하시오.

08 일차

AI 응용
일상생활에서의 인공지능

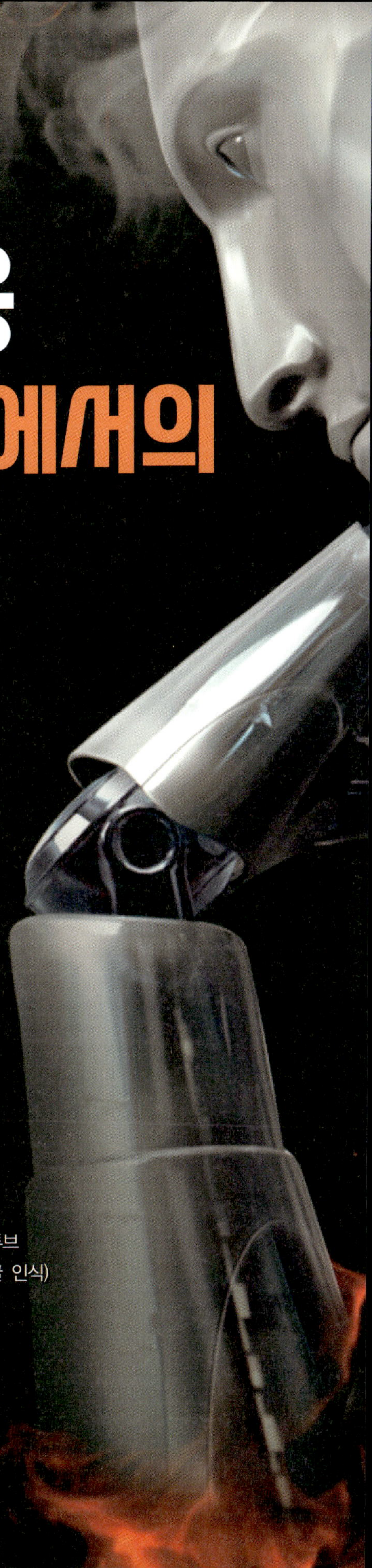

8.1 AI 기반 추천 시스템 : 넷플릭스와 유튜브
8.2 스마트폰에서의 AI 기술(음성 인식, 얼굴 인식)
8.3 오늘의 내용 요약
8.4 연습문제

인공지능AI은 우리의 일상생활에서 이미 널리 사용되고 있습니다. 이번 시간에는 두 가지 대표적인 AI 응용 사례, 추천 시스템과 스마트폰 AI 기술에 대해 쉽게 설명하겠습니다.

8.1 AI 기반 추천 시스템 : 넷플릭스와 유튜브

넷플릭스와 유튜브는 AI 추천 시스템을 사용하여 사용자가 선호할 만한 영상을 자동으로 추천해 주는 서비스입니다. AI는 사용자의 취향을 분석하고, 그에 맞춰 맞춤형 콘텐츠를 제안하는데, 이 과정은 각각의 플랫폼에서 조금씩 다르게 작동합니다. 아래에서는 넷플릭스와 유튜브의 추천 시스템을 설명하겠습니다.

8.1.1 넷플릭스에서의 AI 추천 시스템

넷플릭스는 AI 기술을 통해 사용자가 선호할 만한 콘텐츠를 자동으로 추천하는 맞춤형 서비스를 제공합니다. 이 시스템은 사용자의 시청 기록과 행동 패턴을 분석하여 개인에게 적합한 콘텐츠를 제안하는 방식으로 작동합니다. AI는 넷플릭스의 핵심적인 기능으로, 사용자가 다양한 장르와 취향에 맞는 콘텐츠를 더 쉽게 발견할 수 있도록 도와줍니다.

(1) 사용자 행동 기반 콘텐츠 추천

넷플릭스의 AI 추천 시스템은 사용자가 콘텐츠를 시청하거나 상호작용할 때마다 데이터를 수집하여 분석합니다. 이 데이터에는 사용자가 본 영화나 TV 시리즈, 좋아요를 누른 콘텐츠, 남긴 평가(별점, 리뷰), 그리고 검색 기록이 포함됩니다. 이러한 정보를 바탕으로 AI는 사용자의 취향을 파악하고, 그에 맞는 콘텐츠를 제안합니다. 이때 AI는 여러 측면에서 사용자의 선호도를 분석합니다.

❶ 장르 분석

사용자가 특정 장르(예: 액션, 로맨스, 코미디)를 많이 시청하면, 넷플릭스는 비슷한 장르의 새로운 작품을 추천합니다.

[예시]

사용자가 로맨틱 코미디 영화를 자주 본다면, 넷플릭스는 최신 로맨틱 코미디 영화나 비슷한 분위기의 TV 시리즈를 추천해 줄 수 있습니다.

❷ 배우 및 감독 선호도

넷플릭스는 사용자가 선호하는 배우나 감독의 작품도 파악합니다. 특정 배우의 출연작을 자주 본다면, 그 배우가 출연한 새로운 작품을 추천하는 방식입니다.

[예시]

사용자가 톰 행크스가 출연한 영화를 여러 번 시청했다면, 넷플릭스는 톰 행크스의 출연작을 기반으로 새로운 영화를 추천합니다.

❸ 시청 패턴 분석

넷플릭스는 사용자가 어떤 시간대에 어떤 종류의 콘텐츠를 주로 시청하는지도 분석합니다. 예를 들어, 저녁 시간대에 코미디 쇼를 자주 본다면, 해당 시간대에 비슷한 콘텐츠를 추천합니다.

[예시]

사용자가 주로 저녁 시간에 짧은 에피소드로 구성된 시리즈를 자주 본다면, 넷플릭스는 비슷한 짧은 에피소드 시리즈를 추천하여 부담 없이 볼 수 있도록 합니다.

❹ 시청 시간 및 완료율

사용자가 콘텐츠를 끝까지 시청했는지, 중간에 멈췄는지도 중요한 분석 요소입니다. 넷플릭스는 사용자가 끝까지 본 콘텐츠를 더 많이 추천하고, 중간에 멈춘 콘텐츠와 유사한 작품은 덜 추천합니다.

[예시]

사용자가 한 영화를 끝까지 보지 않고 중간에 멈췄다면, AI는 해당 영화와 유사한 작품을 추천하지 않거나, 다른 스타일의 콘텐츠를 추천하여 사용자의 흥미를 다시 끌려고 합니다.

❺ 비교군 분석

넷플릭스는 비슷한 취향을 가진 다른 사용자들의 데이터를 비교 분석하여, 그들이 좋아한 콘텐츠를 추천하는 방식도 사용합니다. 이를 통해 사용자가 아직 보지 않았지만, 흥미를 가질 만한 새로운 작품을 발견하게 합니다.

[예시]

사용자가 액션 영화를 좋아하고, 비슷한 취향을 가진 다른 사용자들이 특정 영화를 좋아한다면, 넷플릭스는 그 영화를 사용자에게 추천합니다.

(2) 개인 맞춤형 프로필 추천

넷플릭스는 하나의 계정으로 여러 사용자가 개별 프로필을 만들 수 있도록 설정되어 있습니다. 각 프로필은 별도의 시청 이력과 취향을 기반으로, AI가 개별 사용자에게 맞춤형 콘텐츠를 추천하는 기능을 지원합니다. 이를 통해 가족 구성원들이 각자의 취향에 맞는 콘텐츠를 추천받을 수 있으며, 넷플릭스는 각 프로필의 행동 패턴을 분석하여 사용자 맞춤형 추천 시스템을 구축합니다.

❶ 프로필별 데이터 분석

넷플릭스는 각 프로필의 시청 기록을 따로 분석하여, 그에 맞는 콘텐츠를 추천합니다. 같은 계정 내의 다른 사용자가 본 콘텐츠는 해당 프로필에 영향을 미치지 않기 때문에, 각기 다른 사용자가 취향에 맞는 영상을 독립적으로 추천받을 수 있습니다.

[예시]

한 가족이 공유하는 넷플릭스 계정에서, 부모가 주로 드라마와 다큐멘터리를 시청하면 부모의 프로필에서는 해당 장르의 콘텐츠가 추천됩니다. 반면에 아이들은 주로 애니메이션을 본다면, 그들의 프로필에서는 애니메이션과 어린이 프로그램이 주로 추천됩니다.

❷ 연령 및 취향에 맞춘 추천

넷플릭스는 각 프로필의 사용자의 연령대와 선호 콘텐츠를 기반으로 추천 알고리즘을 최적화합니다. 아이들의 프로필에는 가족 친화적이거나 교육적인 콘텐츠가 추천되며, 성인의 프로필에서는 성인 취향에 맞는 영화나 드라마가 추천됩니다.

[예시]

아이의 프로필에서는 '슈퍼윙스' 같은 어린이 프로그램이 추천될 수 있고, 부모의 프로필에서는 '왕좌의 게임' 같은 성인용 드라마가 추천될 수 있습니다.

❸ 프로필별 활동 패턴 분석

AI는 각 프로필이 콘텐츠를 소비하는 시간대나 행동 패턴을 분석하여, 사용자가 선호하는 시간대에 맞는 콘텐츠를 추천하기도 합니다. 예를 들어, 부모가 주로 저녁 시간에 다큐멘터리를 시청한다면, 그 시간대에 다큐멘터리 추천 목록이 제공될 수 있습니다.

[예시]

부모가 저녁 시간에 범죄 다큐멘터리를 자주 본다면, 저녁 시간에 맞춰 비슷한 범죄 드라마나 새로운 다큐멘터리가 추천됩니다.

❹ 취향 변화 반영

넷플릭스는 시간이 지나면서 사용자의 취향이 변화할 수 있음을 고려해, 새로운 시청 이력을 반영하여 추천 알고리즘을 지속적으로 업데이트합니다. 사용자가 최근에 다른 장르를 즐기기 시작하면, AI는 이를 반영해 새로운 장르의 콘텐츠를 추천하기 시작합니다.

[예시]

한동안 코미디 영화를 즐기던 사용자가 최근에 액션 영화를 자주 시청했다면, AI는 점점 더 많은 액션 영화를 추천 목록에 추가하여 사용자의 변화된 취향을 반영합니다.

(3) 트렌드 분석을 통한 추천

넷플릭스는 전 세계 수억 명의 사용자들이 시청하는 콘텐츠의 패턴을 실시간으로 분석하여, 각 지역별로 또는 전 세계적으로 인기가 많은 콘텐츠를 추천합니다. 이를 통해 사용자는 자신의 취향뿐만 아니라, 다른 사용자들이 많이 시청하는 트렌드 콘텐츠를 쉽게 접할 수 있습니다. 특히 넷플릭스는 지역별로 맞춤형 트렌드를 분석하여 특정 국가에서 인기가 급상승하는 콘텐츠를 사용자에게 제안함으로써, 더 많은 콘텐츠를 탐색할 기회를 제공합니다.

❶ 글로벌 트렌드 기반 추천

넷플릭스는 특정 국가에서 많은 사용자가 시청하는 콘텐츠를 분석해, 그 국가뿐만 아니라 다른 지역에서도 해당 콘텐츠를 추천합니다. 이를 통해 사용자는 글로벌 트렌드를 따라가며 전 세계적으로 주목받는 작품을 시청할 수 있습니다.

[예시]

한 국가에서 유명해진 다큐멘터리가 넷플릭스 추천 목록에 오르면, 다른 지역에서도 비슷한 트렌드를 반영하여 추천됩니다. 예를 들어, 한국에서 인기를 얻은 다큐멘터리가 미국이나 유럽 사용자들에게도 추천될 수 있습니다.

❷ 지역별 인기 콘텐츠 추천

넷플릭스는 특정 지역에서 인기가 높은 콘텐츠를 분석하여 해당 지역의 사용자에게 맞춤형 추천을 제공합니다. 이는 사용자가 자신의 국가나 문화권에서 인기가 많은 콘텐츠를 쉽게 접할 수 있도록 돕습니다.

[예시]

한국 사용자들에게는 한국 드라마나 예능 프로그램이 추천될 수 있고, 일본 사용자에게는 애니메이션이나 일본 드라마가 주로 추천됩니다.

❸ 급상승 콘텐츠 추천

특정 콘텐츠가 짧은 시간 내에 급격히 인기를 끌 경우, 넷플릭스는 해당 콘텐츠를 전 세계 사용자에게 추천하여 더 많은 사용자가 트렌드를 빠르게 따라갈 수 있게 합니다.

[예시]

전 세계적으로 화제가 된 시리즈가 있다면, 넷플릭스는 해당 시리즈를 한국, 미국, 유럽 등 다양한 국가에서 추천 목록 상위에 배치하여 사용자가 트렌드를 놓치지 않도록 합니다.

❹ 사용자 관심사와 트렌드 결합

넷플릭스는 사용자의 개인 취향과 트렌드를 결합하여, 사용자가 관심 가질 만한 트렌드 콘텐츠를 맞춤형으로 추천합니다. 이는 개인이 선호하는 장르와 현재 인기 있는 작품을 조합하여 새로운 콘텐츠를 발견할 수 있는 기회를 제공합니다.

[예시]

사용자가 주로 스릴러 장르를 시청했다면, 최근 급상승 중인 스릴러 영화나 다큐멘터리가 추천 목록에 추가될 수 있습니다.

(4) 비슷한 취향의 사용자 추천

넷플릭스는 수많은 사용자의 취향 데이터를 분석하여, 비슷한 장르나 테마를 선호하는 사용자 그룹을 파악하고, 그들이 즐겨 본 콘텐츠를 다른 유사한 취향의 사용자에게 추천합니다. 이를 통해 사용자들은 자신이 좋아할 가능성이 높은 콘텐츠를 더 쉽게 발견할 수 있습니다. 이 과정에서 AI는 사용자의 시청 이력뿐만 아니라, 비슷한 취향을 가진 사용자들이 선호하는 콘텐츠를 학습하여 보다 정교한 추천을 제공합니다.

❶ 취향 그룹 분석

넷플릭스는 SF 영화나 코미디 드라마와 같은 특정 장르를 좋아하는 사용자 그룹을 형성합니다. 그런 다음, 같은 장르를 선호하는 사용자들이 시청한 콘텐츠 목록을 공유하고, 그 데이터를 바탕으로 유사한 취향의 사용자들에게 새로운 콘텐츠를 추천합니다.

[예시]

SF 장르를 즐기는 사용자 그룹이 있다면, 그 그룹 내에서 인기가 높은 작품을 다른 SF 장르 애호가들에게 추천하여 새로운 작품을 발견할 수 있도록 합니다. SF 영화를 자주 본 사용자에게는 다른 SF 영화나 시리즈가 자동으로 추천됩니다.

❷ 개인 맞춤형 취향 강화

넷플릭스는 사용자가 어떤 콘텐츠를 좋아했는지 뿐만 아니라, 다른 유사한 취향을 가진 사용자들이 무엇을 좋아하는지도 분석합니다. 이를 통해 개인 맞춤형 콘텐츠 추천을 강화하며, 사용자가 보지 않은 새로운 작품도 추천됩니다.

[예시]

특정 사용자가 액션 영화를 좋아한다면, 다른 액션 영화 애호가들이 즐겨 본 최신 액션 영화나 시리즈가 해당 사용자에게 추천될 수 있습니다. 이를 통해 사용자는 자신이 선호하는 장르 내에서 새로운 작품을 쉽게 찾을 수 있습니다.

❸ 취향 확장

넷플릭스는 비슷한 장르를 선호하는 사용자들끼리의 데이터를 교차 분석하여, 사용자가 즐기지 않았던 새로운 콘텐츠도 추천할 수 있습니다. 이를 통해 사용자는 새로운 취향을 발견하고 콘텐츠 선택의 폭을 넓힐 수 있습니다.

[예시]

코미디 영화를 주로 본 사용자가 다른 코미디 애호가들이 많이 시청한 로맨틱 코미디 영화를 추천받아 새로운 장르를 접할 수 있습니다.

❹ 추천 콘텐츠의 다양성 제공

넷플릭스는 유사한 취향을 가진 사용자들의 다양한 시청 기록을 바탕으로 콘텐츠 추천의 폭을 넓힙니다. 이로 인해 사용자는 동일한 취향 내에서도 더 다양한 콘텐츠를 추천받아 풍부한 시청 경험을 누릴 수 있습니다.

[예시]

미스터리 드라마를 좋아하는 사용자는 다른 미스터리 애호가들이 즐겨 본 여러 작품을 추천받아 더 많은 선택지를 제공받게 됩니다.

(5) 콘텐츠 속성 분석 기반 추천

넷플릭스의 AI는 각 콘텐츠의 세부적인 속성, 즉 장르, 스토리 구조, 등장인물의 특성 등을 분석하여 비슷한 속성을 가진 다른 콘텐츠를 추천합니다. AI는 단순히 사용자의 시청 기록만을 바탕으로 추천하는 것이 아니라, 콘텐츠의 세부적인 특성을 분석함으로써 더 정교하고 맞춤형 추천을 제공합니다. 이를 통해 사용자는 자신이 좋아하는 특정 요소를 포함한 새로운 콘텐츠를 쉽게 발견할 수 있습니다.

❶ 콘텐츠 속성 분석

넷플릭스는 사용자가 선호하는 영화나 시리즈의 세부 요소를 분석합니다. 여기에는 장르뿐만 아니라, 영화의 전개 방식, 등장인물의 특성, 배경 음악, 연출 스타일 등 다양한 요소가 포함됩니다. 예를 들어, 감정적인 로맨스 영화를 좋아하는 사용자는 같은 감성의 다른 영화를 추천받을 수 있습니다.

[예시]

만약 사용자가 감정적인 스토리 라인을 가진 로맨스 영화를 자주 본다면, AI는 그 영화의 감성, 스토리 구조, 등장인물의 관계를 분석하여 비슷한 특징을 가진 다른 로맨스 영화를 추천합니다. 같은 배우가 출연하거나, 비슷한 스토리 구조를 가진 영화를 선호하는 경우에도 AI는 그 속성들을 바탕으로 추천 콘텐츠를 선정합니다.

❷ 장르와 스타일의 세부 분석

AI는 사용자가 좋아하는 장르를 세분화하여 더 정교하게 분석합니다. 예를 들어, 단순히 로맨스 장르라고 해도, 로맨틱 코미디, 감성 드라마, 역사적 로맨스 등 다양한 하위 장르로 나눌 수 있으며, 사용자의 선호에 맞게 추천을 최적화합니다.

[예시]

사용자가 로맨틱 코미디를 즐겨 본다면, 넷플릭스는 감성적인 로맨틱 코미디 작품이나 비슷한 유머 코드를 가진 영화를 추천할 수 있습니다. 이를 통해 사용자는 로맨스 장르 내에서도 자신이 선호하는 스타일의 영화를 더 쉽게 찾을 수 있습니다.

❸ 등장인물과 스토리 구조 분석

넷플릭스의 AI는 사용자가 선호하는 영화 속 등장인물의 성격이나 스토리 전개 방식을 분석하여 비슷한 특징을 가진 콘텐츠를 추천합니다. 예를 들어, 강한 여성 주인공을 선호하는 사용자는 그런 캐릭터가 등장하는 영화를 추천받을 수 있습니다.

[예시]

사용자가 강인한 여성 주인공이 등장하는 액션 영화를 자주 본다면, AI는 비슷한 성격의 등장인물이 나오는 다른 영화를 추천합니다. 사용자가 감성적인 이야기를 좋아하면, AI는 비슷한 감정적 요소를 포함한 영화를 추천할 수 있습니다.

❹ 특정 배우와 감독 분석

AI는 사용자가 선호하는 특정 배우나 감독이 출연하거나 연출한 다른 작품을 분석해 추천합니다. 사용자가 좋아하는 배우의 연기 스타일이나 감독의 연출 방식에 맞춰 콘텐츠를 제안할 수 있습니다.

[예시]

사용자가 특정 배우의 출연작을 여러 번 시청한 경우, AI는 그 배우가 출연한 다른 작품을 추천하거나, 같은 감독의 작품을 추천하여 사용자의 시청 경험을 확장할 수 있습니다.

(6) 시청 시간 및 패턴 분석

넷플릭스는 사용자의 시청 시간을 분석하여, 사용자가 주로 어느 시간대에 얼마 동안 콘텐츠를 시청하는지를 파악합니다. 이 데이터를 바탕으로 AI는 특정 시간대에 적합한 콘텐츠를 추천할 수 있습니다. 예를 들어, 사용자가 주로 저녁 시간에 긴 영화를 시청하고, 아침에는 짧은 에피소드를 시청하는 패턴을 보인다면, 넷플릭스는 저녁에는 장편 영화를, 아침에는 짧은 에피소드나 다큐멘터리 시리즈를 추천합니다.

❶ 시청 시간 분석

넷플릭스는 사용자가 언제, 얼마 동안 콘텐츠를 시청하는지 기록하고 분석합니다. 이를 통해 사용자가 선호하는 콘텐츠 유형을 특정 시간대에 맞춰 추천할 수 있습니다.

[예시]

사용자가 주로 밤 늦은 시간에 짧은 에피소드를 즐겨 본다면, 넷플릭스는 그 시간대에 30분 내외의 콘텐츠를 추천합니다. 반면, 주말 오후에 긴 영화나 시리즈를 많이 본다면, 해당 시간대에 긴 영화를 추천하는 방식입니다.

❷ 시청 패턴 분석

AI는 사용자의 콘텐츠 시청 패턴을 분석하여, 어떤 시간대에 어떤 장르를 주로 시청하는지를 파악합니다. 예를 들어, 사용자가 주중에는 가벼운 코미디를 선호하고, 주말에는 진지한 다큐멘터리를 보는 패턴을 보이면, 넷플릭스는 해당 시간대에 맞춘 콘텐츠를 추천합니다.

[예시]

사용자가 평일 저녁에는 짧고 가벼운 코미디 영상을 시청하는 경우, 넷플릭스는 주말 아침이나 오후에는 다큐멘터리나 영화 같은 긴 콘텐츠를 추천하여 사용자의 시청 패턴에 맞춘 맞춤형 추천을 제공합니다.

❸ 사용자 피드백 반영

넷플릭스는 사용자가 추천받은 콘텐츠를 어떻게 소비하는지에 대한 피드백을 지속적으로 수집합니다. 사용자가 특정 시간대에 추천받은 콘텐츠를 얼마나 많이 시청했는지를 확인하고, 그 결과를 바탕으로 추천 시스템을 계속해서 개선합니다.

[예시]

사용자가 주말 오후에 긴 영화를 추천받고 자주 시청했다면, 넷플릭스는 해당 시간대에 장편 영화를 더 많이 추천하게 됩니다. 반대로, 짧은 에피소드를 선호하는 시간대에는 더 적합한 짧은 콘텐츠를 추천할 수 있습니다.

결론

넷플릭스의 AI 추천 시스템은 개인화된 경험을 제공하기 위해 다양한 데이터를 기반으로 사용자의 시청 패턴을 분석하고, 이를 바탕으로 맞춤형 콘텐츠를 제안합니다. 시청 시간, 패턴, 장르 선호도 등을 종합적으로 분석한 AI는 사용자에게 적합한 콘텐츠를 지속적으로 추천하며, 이를 통해 사용자는 자신에게 맞는 콘텐츠를 보다 쉽게 발견할 수 있습니다.

8.1.2 유튜브에서의 AI 추천 시스템

유튜브는 AI 기술을 활용하여 사용자가 선호할 만한 동영상을 맞춤형으로 추천하는 시스템을 운영합니다. AI는 사용자의 시청 패턴, 구독 정보, 검색 기록 등을 분석하여 개인 맞춤형 콘텐츠를 제안합니다. 유튜브의 AI는 실시간으로 사용자의 행동을 분석하여 개인의 취향에 맞는 콘텐츠를 제공하고, 사용자가 새로운 콘텐츠를 탐색하는 데 도움을 줍니다.

(1) 사용자 행동 분석

유튜브는 사용자가 플랫폼에서 수행하는 다양한 활동을 세밀하게 추적하고 분석하여, 개인 맞춤형 콘텐츠를 추천하는 데 활용합니다. AI는 사용자가 시청한 동영상뿐만 아니라, 구독한 채널, 검색한 키워드, 동영상에 누른 좋아요나 싫어요, 댓글 작성, 시청 시간, 반복 재생 여부 등 모든 상호작용 데이터를 분석합니다. 이러한 광범위한 데이터는 AI가 사용자의 취향과 관심사를 심층적으로 이해하는 데 필수적인 역할을 합니다. 이를 바탕으로 유튜브는 사용자가 선호하는 주제나 스타일의 콘텐츠를 정확하게 추천합니다.

❶ 예시: 여행 관련 콘텐츠 추천 사례

사용자가 여행 관련 동영상을 많이 시청하고, 여행 채널을 구독했으며, 여러 여행지에 대한 키워드를 검색했다면, AI는 사용자의 이러한 행동 패턴을 분석하여 그와 관련된 새로운 여행 동영상을 추천합니다. 예를 들어, 사용자가 "제주도 여행"이라는 키워드로 검색한 뒤, 제주도 관련 영상을 많이 시청했다면, AI는 제주도 관광 명소, 맛집 또는 여행 팁과 관련된 새로운 콘텐츠를 추천할 가능성이 높아집니다.

(2) 맞춤형 추천 목록 제공

유튜브는 사용자의 시청 이력과 활동 데이터를 바탕으로 사용자가 관심을 가질 만한 동영상을 홈 화면, 추천 동영상 섹션, 그리고 자동 재생 기능에 맞춤형으로 배치합니다. 유튜브의 AI는 사용자의 과거 시청 기록을 기반으로 새로운 동영상을 추천하며, 관련성 높은 콘텐츠를 자동으로 구성하여 사용자에게 개인화된 경험을 제공합니다.

❶ 예시: 요리 영상 관련 추천

만약 사용자가 요리 영상을 여러 번 시청했다면, AI는 요리 관련 최신 동영상을 홈 화면에 추천해 줄 것입니다. 사용자가 본 영상과 관련된 레시피나 요리법을 다루는 영상뿐만 아니라, 요리 스타일이 유사한 다른 채널의 콘텐츠도 추천됩니다.

❷ 자동 재생 기능

유튜브는 사용자가 시청 중인 동영상이 끝나면, 관련성이 높은 다음 동영상을 자동으로 재생합니다. AI는 사용자가 방금 본 동영상과 가장 관련성이 높은 콘텐츠를 찾아 자동 재생 목록에 추가합니다.

❸ 사용자의 피드백 반영

유튜브는 사용자의 피드백을 기반으로 추천 알고리즘을 계속해서 개선합니다. 사용자가 추천된 동영상을 보고 나서 어떤 반응을 보였는지, 예를 들어, 좋아요나 댓글을 남겼는지, 또는 끝까지 시청했는지를 분석하여 추천 목록을 정교하게 조정합니다.

(3) 지속적인 학습을 통한 실시간 추천 개선

유튜브의 AI는 사용자의 시청 패턴이 변화할 때마다 이를 실시간으로 반영하여 추천 알고리즘을 개선합니다. AI는 사용자가 시청한 동영상뿐만 아니라, 사용자의 상호작용(댓글, 좋아요, 시청 시간 등) 데이터를 종합적으로 분석해 추천 시스템을 지속적으로 업데이트합니다. 이 과정에서 AI는 사용자가 선호하는 콘텐츠 유형이 변화하는지 여부를 확인하고, 변화된 취향에 맞춘 새로운 동영상을 추천하게 됩니다.

❶ 패턴 변화 감지

AI는 사용자의 새로운 관심사를 빠르게 감지하고 실시간으로 이를 반영합니다.

❷ 콘텐츠 세부 요소 분석

AI는 콘텐츠의 세부 요소(주제, 영상 길이, 영상 스타일 등)를 분석하여 사용자가 선호하는 콘텐츠를 더욱 세밀하게 추천합니다.

❸ 새로운 관심사 확장

유튜브의 AI는 사용자가 새로운 콘텐츠를 탐색하는 과정을 돕기 위해 기존의 시청 기록뿐만 아니라, 다른 유사한 사용자가 선호하는 콘텐츠를 반영하여 추천합니다.

❹ 반복 학습을 통한 추천 개선

유튜브의 AI는 사용자가 새로운 콘텐츠에 대한 피드백을 실시간으로 반영해 추천 알고리즘을 지속적으로 개선합니다.

(4) 관련 동영상 추천

유튜브의 AI는 사용자의 시청 데이터를 면밀히 분석하여, 사용자가 자주 시청하는 주제나 스타일의 동영상을 파악하고 이를 바탕으로 관련 동영상을 추천합니다. AI는 단순히 시청 기록만을 반영하는 것이 아니라, 시청한 동영상의 주제, 태그, 설명, 길이, 인기 여부, 제작자 스타일 등 다양한 요소를 함께 분석하여 관련성이 높은 콘텐츠를 추천합니다.

❶ 동영상 주제 및 키워드 분석

AI는 사용자가 시청한 동영상의 주제와 핵심 키워드를 분석하여 관련된 동영상을 추천합니다.

❷ 영상의 길이와 스타일 분석

AI는 사용자가 선호하는 동영상의 길이와 스타일을 파악하여, 그와 유사한 콘텐츠를 추천합니다.

❸ 동영상의 메타데이터 분석

유튜브의 AI는 동영상의 메타데이터(태그, 설명, 카테고리 등)를 분석하여, 관련성이 높은 다른 콘텐츠를 찾아냅니다.

❹ 사용자 행동 패턴 분석

AI는 사용자가 특정 주제의 콘텐츠를 얼마나 자주 시청하는지, 시청한 후 어떤 행동을 취하는지(좋아요, 댓글, 공유 등)와 같은 행동 패턴을 분석합니다.

❺ 다양한 관련 콘텐츠 추천

AI는 동일한 주제 내에서도 다양한 스타일과 접근 방식을 가진 콘텐츠를 추천하여 사용자의 관심을 지속적으로 유지합니다.

❻ 예시: 고양이 및 요리 영상 관련 추천

사용자가 고양이 관련 영상을 자주 시청한다면, AI는 고양이의 귀여운 행동을 다룬 새로운 동영상이나 고양이 교육법을 제공하는 채널의 동영상을 추천합니다.

(5) 실시간 학습 및 개인 맞춤형 추천

유튜브의 AI는 실시간으로 사용자의 행동 데이터를 수집하고, 즉각적으로 이를 반영하여 맞춤형 콘텐츠를 추천합니다. 이는 사용자가 새로운 유형의 동영상을 시청하거나 기존의 시청 패턴에서 벗어나는 변화를 보일 때 효과적으로 작동합니다.

❶ 실시간 데이터 분석

유튜브는 사용자가 새롭게 시청하는 콘텐츠의 주제, 길이, 형식 등을 분석합니다.

❷ 새로운 취향의 즉각 반영

사용자가 새로운 관심사를 보일 때, AI는 빠르게 이를 반영하여 관련된 다양한 콘텐츠를 추천합니다.

❸ 사용자의 선호도에 따른 맞춤형 콘텐츠 제공

AI는 사용자의 시청 패턴을 바탕으로 개별적인 선호도를 학습합니다.

❹ 실시간 피드백 반영

사용자가 시청한 동영상에 대해 좋아요, 댓글 등을 남긴 경우, AI는 이를 반영하여 추천 알고리즘을 조정합니다.

(6) 구독 채널 기반 추천

유튜브의 AI 추천 시스템은 사용자가 구독한 채널의 콘텐츠를 분석하여, 구독 채널과 관련된 동영상이나 유사한 채널의 콘텐츠를 추천하는 방식으로 작동합니다.

❶ 구독 채널의 주제 및 스타일 분석

AI는 사용자가 구독한 채널의 콘텐츠 주제, 스타일, 동영상 형식을 분석하여 비슷한 특징을 가진 콘텐츠를 자동으로 추천합니다.

❷ 구독 활동에 따른 관련 콘텐츠 추천

AI는 사용자가 특정 채널을 구독한 이후 그 채널의 콘텐츠를 얼마나 자주 시청하는지, 어떤 동영상에 더 많은 관심을 보였는지 등을 분석합니다.

❸ 새로운 채널 및 콘텐츠 추천

AI는 사용자가 구독한 채널의 주제와 스타일을 바탕으로, 유사한 콘텐츠를 다루는 새로운 채널을 추천합니다.

❹ 구독하지 않은 유사한 콘텐츠 추천

AI는 사용자가 구독하지 않은 유사한 주제나 스타일을 가진 콘텐츠를 추천합니다.

❺ 장기 구독자 관리

AI는 사용자가 구독한 채널을 오랜 기간 동안 시청하지 않았을 때, 그 채널의 업데이트 주기와 활동성을 분석하여 사용자에게 관련된 다른 채널을 추천합니다.

(7) 트렌드 분석을 통한 추천

유튜브의 AI는 전 세계적으로 급상승 중이거나 인기 있는 동영상들을 분석하여, 사용자가 관심을 가질 가능성이 높은 트렌드 콘텐츠를 실시간으로 추천합니다.

❶ 글로벌 트렌드 기반 추천

유튜브는 전 세계적으로 인기를 끌고 있는 챌린지, 바이럴 동영상, 다큐멘터리 등의 콘텐츠를 실시간으로 모니터링합니다.

❷ 지역별 트렌드 기반 추천

AI는 특정 지역에서 급상승하고 있는 동영상도 실시간으로 분석합니다.

❸ 실시간 인기 콘텐츠 추천

AI는 사용자가 현재 시청하고 있는 영상과 관련된 실시간 인기 콘텐츠도 추천합니다.

❹ 소셜 미디어와의 연계 트렌드 분석

유튜브의 AI는 유튜브 내부의 데이터뿐만 아니라, 트위터, 인스타그램 같은 소셜 미디어 플랫폼에서도 유행하는 트렌드를 분석해 추천합니다.

❺ 맞춤형 트렌드 추천

유튜브의 AI는 사용자의 취향과 시청 이력을 바탕으로 맞춤형 트렌드 콘텐츠를 추천합니다.

결론

유튜브의 AI 추천 시스템은 사용자의 행동 데이터를 분석하고, 실시간으로 변화하는 취향에 맞춰 개인 맞춤형 콘텐츠를 제공합니다. 구독 채널, 시청 이력, 검색 기록, 좋아요 및 댓글 활동을 종합적으로 분석하여, 개인화된 경험을 제공하는 동시에 글로벌 및 지역적 트렌드를 반영한 실시간 인기 콘텐츠를 추천합니다. AI는 사용자가 새로운 트렌드를 빠르게 탐색하고, 콘텐츠 소비 경험을 더욱 풍부하게 만들 수 있도록 돕습니다.

8.2 스마트폰에서의 AI 기술(음성 인식, 얼굴 인식)

스마트폰에도 AI 기술이 많이 적용되어 있습니다. 그중 대표적인 기술로는 음성 인식과 얼굴 인식이 있습니다.

8.2.1 음성 인식 기술의 작동 원리와 자세한 실생활 사례

음성 인식Speech Recognition 기술은 인공지능AI이 사람의 음성을 텍스트로 변환하고 이를 바탕으로 명령을 수행하는 기술입니다. 이 과정에서 음성 신호를 처리하고, 사용자의 발음을 분석하여 말의 의미를 이해한 후, 그에 맞는 결과를 도출하는 과정을 거칩니다. 이 기술은 스마트폰, 스마트 스피커, 자동차 내비게이션, 의료 서비스 등 다양한 분야에서 활용되고 있으며, 사용자의 경험을 크게 향상시킵니다.

(1) 음성 인식의 기술적 과정

음성 인식 기술은 음성 데이터를 입력받아 이를 처리하고 텍스트로 변환한 후, 사용자가 원하는 명령을 실행하는 방식으로 작동합니다. 아래는 이 과정의 구체적인 단계를 설명합니다.

❶ 음성 입력 Voice Input

사용자가 기기에 명령을 내리면, 기기는 마이크를 통해 음성 신호를 수집합니다. 예를 들어, 사용자가 스마트폰에 "내일 날씨 알려줘"라고 말하면, 이 음성 신호가 디지털 데이터로 변환되어 음성 인식 시스템에 전달됩니다. 마이크는 음성 신호의 주파수와 진폭 등을 분석하는 데 중요한 역할을 합니다.

❷ 음성 신호 처리Signal Processing

입력된 음성 데이터는 디지털 신호 처리 기술을 통해 분석됩니다. AI 시스템은 음성의 소리 패턴을 분석하고, 이 신호를 더 작은 단위(음소, 단어)로 분해하여 기계가 이해할 수 있는 형태로 변환합니다. 예를 들어, 사용자가 말한 문장에서 '내일', '날씨', '알려줘'라는 단어가 어떻게 발음되었는지 신호를 통해 분석하는 단계입니다.

❸ 음성 인식Speech Recognition

음성 인식 엔진은 머신러닝 알고리즘과 심층 신경망Deep Neural Network, DNN을 사용하여 음성 데이터를 텍스트로 변환합니다. 이 과정에서 AI는 발음된 단어를 사전 학습된 모델과 비교하여 가장 적합한 단어를 선택합니다. 예를 들어, "내일"이라는 단어를 듣고, 해당 발음을 가장 적합한 텍스트로 변환하는 작업이 진행됩니다.

❹ 자연어 처리Natural Language Processing, NLP

음성 인식이 완료되면, 그 텍스트를 자연어 처리 기술을 사용해 분석합니다. 자연어 처리는 사용자가 실제로 무엇을 요구하는지 이해하는 단계입니다. 이 과정에서 문장의 의미, 문맥, 구문 등을 분석하여 사용자의 의도를 파악합니다. "내일 날씨 알려줘"라는 문장을 인식한 후, AI는 '날씨 정보'와 '내일'이라는 시간 정보를 분석하여 사용자에게 날씨 정보를 제공해야 한다는 결론을 도출합니다.

❺ 명령 실행 및 응답Command Execution and Response

사용자의 명령을 인식한 후, AI는 그에 맞는 작업을 수행합니다. 예를 들어, 사용자가 날씨 정보를 요청하면, AI는 인터넷이나 기기의 내부 데이터베이스에서 날씨 정보를 검색하여 사용자에게 텍스트 또는 음성으로 결과를 전달합니다. 이 과정에서 텍스트를 음성으로 변환해 제공하는 TTSText-to-Speech 기술도 사용됩니다.

(2) 음성 인식의 실생활 적용 사례

음성 인식 기술은 다양한 기기와 상황에서 사용자의 편의를 높이기 위해 설계되었으며, 아래와 같은 일상적인 예시로 설명할 수 있습니다.

❶ 스마트폰 음성 비서Google Assistant (Siri, Bixby 등)

스마트폰에서 음성 비서는 사용자가 음성으로 명령을 내리면 이를 처리하고 다양한 작업을 수행합니다. 음성 비서는 AI를 통해 사용자의 요청을 인식하고 필요한 정보를 제공하거나 기기를 조작합니다.

[예시]

사용자가 "내일 아침 7시에 알람 맞춰줘"라고 말하면, 스마트폰은 사용자의 음성을 인식하고, 알람을 자동으로 설정합니다. 이때 음성 인식 과정에서 '아침', '7시', '알람'이라는 주요 키워드를 인식하여 이를 기기 설정으로 반영합니다. 스마트폰 화면에서 알람이 설정된 것을 확인하거나, 음성 비서가 "알람이 설정되었습니다"라고 답변할 수 있습니다.

❷ 스마트 스피커Amazon Alexa, Google Home

스마트 스피커는 집안의 다양한 스마트 기기와 연동하여 음성 명령을 통해 제어할 수 있는 기기입니다. 스마트 스피커는 사용자로부터 명령을 받아 조명, 온도 조절, 음악 재생 등 다양한 작업을 수행합니다.

[예시]

집에서 사용자가 "알렉사, 거실 불 꺼줘"라고 명령하면, AI는 음성을 인식하고 스마트 홈 시스템과 연동하여 거실의 조명을 끕니다. 이 과정에서 '거실', '불', '꺼줘'라는 단어들을 인식하여 사용자가 요구한 작업을 수행합니다. 더 나아가, 사용자가 "내일 오전 9시에 일정이 있어?"라고 물으면, AI는 사용자 캘린더를 분석해 해당 일정이 있는지 확인하고 음성으로 답변할 수 있습니다.

❸ 자동차 음성 인식 시스템

운전 중 음성 인식은 안전성을 크게 높입니다. 운전자는 핸들을 놓지 않고도 내비게이션을 설정하거나, 전화를 걸거나, 라디오를 조작할 수 있습니다.

[예시]

운전 중 사용자가 "서울역으로 가는 길 알려줘"라고 말하면, 자동차 내 AI 시스템은 음성을 인식하고, 서울역으로 향하는 최적의 경로를 안내해 줍니다. 이때 사용자가 내비게이션을 수동으로 조작할 필요 없이 음성 명령만으로 경로 설정이 가능합니다. 또한, AI는 사용자의 발음 패턴을 학습하여 다음 번에 비슷한 명령을 더 빠르고 정확하게 처리할 수 있게 됩니다.

❹ 의료 분야에서의 음성 인식

음성 인식은 의료 분야에서도 큰 역할을 하고 있습니다. 의사들이 음성으로 환자의 진단 내용을 기록하거나, 의료 정보를 빠르게 검색하는 데 도움이 됩니다.

[예시]

병원에서 의사가 "환자 차트를 열어줘"라고 말하면, 음성 인식 시스템이 환자의 전자 의료 기록을 열어줍니다. 또한, 진료 중 의사가 환자의 상태를 말하면 음성 인식 시스템이 이를 텍스트로 변환하여 차트에 기록할 수 있습니다. 이로 인해 의료진은 손을 사용하지 않고도 빠르게 기록을 남기고, 환자와의 상호작용에 더 집중할 수 있습니다.

❺ TV 음성 인식 기능

최신 TV에서는 리모컨 대신 음성 명령을 사용하여 채널을 변경하거나, 프로그램을 검색하는 기능이 일반화되고 있습니다.

[예시]

사용자가 TV 앞에서 "넷플릭스 열어줘"라고 말하면, AI가 이를 인식하고 넷플릭스 앱을 실행합니다. "어제 본 영화 다시 틀어줘"라고 말하면, 사용자의 시청 기록을 분석해 해당 영화를 자동으로 재생합니다. 이 과정에서 AI는 사용자 발음을 인식해 넷플릭스, 영화, 재생과 같은 키워드를 정확히 파악하고 작업을 수행합니다.

(3) 음성 인식 기술의 장점과 한계

❶ 장점

- **편리성** : 음성 인식 기술은 사용자가 손을 사용하지 않고도 기기를 조작할 수 있도록 하여, 편리하고 직관적인 경험을 제공합니다. 이는 특히 운전 중이나 요리 중과 같이 손을 사용할 수 없는 상황에서 매우 유용합니다.
- **다양한 응용 가능성** : 스마트폰, 가전제품, 자동차, 의료 기기 등 다양한 기기에 적용 가능하며, 각 기기 간 상호작용을 통해 스마트 홈 환경을 구축할 수 있습니다.
- **개인화된 경험 제공** : AI가 사용자의 발음, 명령 패턴, 선호도 등을 학습하여 개인화된 경험을 제공합니다. 이를 통해 사용자 맞춤형 서비스를 지속적으로 제공할 수 있습니다.

❷ 한계

- **정확도 문제** : 주변 소음이 심하거나, 사용자의 발음이 명확하지 않으면 인식 정확도가 떨어질 수 있습니다. 예를 들어, 시끄러운 환경에서는 AI가 명령을 잘못 인식할 가능성이 높습니다.
- **언어 및 방언 차이** : 음성 인식 기술은 표준 언어를 기반으로 개발되기 때문에, 다양한 방언이나 억양을 가진 사용자에게는 인식 오류가 발생할 수 있습니다.
- **개인화의 한계** : AI가 사용자의 발음이나 명령 패턴을 정확하게 학습하는 데는 시간이 필요하며, 초기에는 정확도가 낮을 수 있습니다.

음성 인식 기술은 일상생활의 편리함을 크게 증대시키고, 사람과 기기 간 상호작용을 더 자연스럽고 직관적으로 만듭니다. 다양한 상황에서 손쉽게 사용 가능하며, 앞으로도 그 활용 범위는 더욱 확대될 전망입니다.

8.2.2 얼굴 인식

스마트폰의 얼굴 인식 기술은 AI가 사용자의 얼굴을 정확하게 인식하여 잠금을 해제하거나 보안을 강화하는 방법입니다. 이 기술은 얼굴의 생체 정보를 학습하고 저장하여, 등록된 사용자의 얼굴과 일치할 때만 잠금을 해제합니다. AI가 얼굴 인식 기술을 통해 사용자의 얼굴 특징을 분석하고 이를 실시간으로 비교하는 과정은 고도화된 알고리즘과 머신러닝 기술을 활용하여 매우 빠르게 처리됩니다. 얼굴 인식 기술은 주로 3D 맵핑과 적외선 센서를 이용하여 사용자 얼굴의 깊이와 형태를 정확히 분석합니다.

(1) 얼굴 인식의 작동 과정

❶ 얼굴 감지 및 스캔

스마트폰의 전면 카메라는 사용자가 스마트폰을 들고 있을 때 자동으로 얼굴을 감지하고, AI는 즉시 사용자의 얼굴 특징을 스캔합니다. 이 과정에서 AI는 얼굴의 주요 특징인 눈, 코, 입의 위치, 얼굴 윤곽선, 피부의 텍스처 등을 감지하여 사용자의 얼굴 데이터를 추출합니다. 최신 스마트폰은 얼굴의 3D 구조를 파악할 수 있는 기술을 탑재하고 있으며, 이는 사용자 얼굴의 미세한 각도 변화에도 높은 정확도를 유지합니다.

❷ 데이터 분석 및 비교

스캔된 얼굴 데이터는 스마트폰에 등록된 얼굴 데이터와 실시간으로 비교됩니다. AI는 얼굴 인식 과정에서 사용자가 얼굴을 조금 틀거나, 조명이 어두운 환경에서도 얼굴을 정확히 인식할 수 있도록 다양한 변수를 고려합니다. 스마트폰에 등록된 데이터는 다양한 각도에서 찍은 얼굴 정보를 포함하고 있어, 얼굴의 일부분만 보이더라도 전체적인 얼굴 구조를 분석할 수 있습니다. 또한, AI는 사용자의 얼굴이 시간이 지남에 따라 변형되더라도 이를 학습하여 적응할 수 있습니다.

❸ 인증 및 잠금 해제

AI가 사용자의 얼굴을 인식하고 등록된 얼굴 데이터와 일치한다고 판단하면, 스마트폰의 잠금이 즉시 해제됩니다. AI는 눈 깜박임과 같은 작은 동작까지 분석하여 사진이나 영상으로 얼굴을 속이려는 시도를 차단하는 기능을 포함하고 있습니다. 사용자의 얼굴이 일치하지 않으면, 스마트폰은 잠금 상태를 유지하며, 비밀번호나 다른 인증 방법을 요구합니다.

(2) 실생활 예시

❶ 스마트폰 잠금 해제

사용자가 아침에 일어나 스마트폰을 들고 얼굴을 대면, AI가 즉시 사용자의 얼굴을 인식하여 스마트폰의 잠금을 해제합니다. 이 과정은 1초도 걸리지 않으며, AI는 사용자의 얼굴을 인식하는 동안 다양한 각도와 조명을 고려해 매우 빠르게 처리합니다. 특히, 안경을 착용하거나 모자를 쓴 경우에도 얼굴의 고유한 특징을 인식하여 잠금 해제가 가능합니다.

[예시 1]

사용자가 지하철에서 마스크를 쓰고 있을 때, AI는 사용자의 눈과 이마, 얼굴 윤곽선을 기반으로 신속하게 얼굴을 인식합니다. 마스크를 쓴 상태에서도 AI는 얼굴의 나머지 부분을 분석하여 잠금 해제를 진행합니다.

[예시 2]

만약 조명이 어두운 곳에서 스마트폰을 사용하는 경우, 스마트폰의 적외선 센서가 사용자의 얼굴을 감지하여 조명이 부족해도 정확하게 얼굴을 인식할 수 있습니다. 이를 통해 사용자들은 밤에도 쉽게 스마트폰을 사용할 수 있습니다.

❷ 금융 앱의 본인 인증

얼굴 인식 기술은 특히 금융 서비스에서 안전한 본인 인증 방법으로 많이 활용됩니다. 은행 애플리케이션에서 로그인할 때, 얼굴 인식을 통해 사용자의 신원을 확인하고, 기존의 복잡한 비밀번호 입력이나 2단계 인증 과정을 생략할 수 있습니다. 이러한 본인 인증 방법은 보안성과 편리성을 모두 제공하며, 해킹이나 도용의 위험을 크게 줄입니다.

[예시 1]

사용자가 은행 앱에 로그인할 때 얼굴을 인식시키면, AI가 사용자 얼굴의 각도와 미세한 움직임을 분석한 후, 등록된 얼굴과 일치하는지 판단합니다. 얼굴 인식이 성공하면, 비밀번호 입력 없이 자동으로 로그인이 완료됩니다.

[예시 2]

얼굴 인식을 활용한 결제 시스템도 널리 사용되고 있습니다. 온라인 쇼핑 중 결제 단계에서 얼굴 인식을 통해 본인 인증을 완료하면, 결제가 자동으로 승인되며, 비밀번호나 카드 정보 입력 과정이 생략됩니다.

❸ 안전한 앱 접근

민감한 정보를 다루는 애플리케이션들은 보안을 위해 얼굴 인식을 추가적인 인증 수단으로 사용하고 있습니다. 특히, 개인 사진이나 비밀 문서 등을 보관하는 앱에서 얼굴 인식을 통해 인증된 사용자만이 접근할 수 있게 설정하여, 외부 침입자를 방지할 수 있습니다.

[예시 1]

사용자가 비밀 사진첩 앱을 사용한다면, 얼굴 인식을 통해 사진에 접근할 수 있습니다. 다른 사람이 사용자의 스마트폰을 가져가더라도, AI가 얼굴을 인식하지 못하면 사진첩에 접근할 수 없으므로 보안이 강화됩니다.

[예시 2]

회사의 중요한 자료를 관리하는 앱에서도 얼굴 인식을 통해 권한이 있는 직원만이 문서에 접근할 수 있습니다. AI는 얼굴 인식을 통해 사용자 신원을 확인한 후, 필요한 자료에 대한 접근 권한을 부여합니다.

(3) 얼굴 인식의 추가적인 활용

❶ 공공장소의 보안 강화

얼굴 인식 기술은 스마트폰뿐만 아니라, 공항, 경기장, 대형 쇼핑몰과 같은 공공장소에서도 보안 목적으로 널리 사용되고 있습니다. 공항에서는 자동 출입국 심사대에서 AI 얼굴 인식을 통해 여권에 등록된 얼굴 사진과 사용자의 얼굴을 비교하여 신원을 확인하고 출입국 절차를 간편하게 처리합니다. 이를 통해 대기 시간을 단축하고, 여권 위조나 도난과 같은 위험을 예방할 수 있습니다.

[예시]

공항에서 사용자는 여권을 제출하고, 얼굴 인식 카메라 앞에 서기만 하면, AI가 사용자의 얼굴을 빠르게 스캔하여 여권과 일치하는지 확인합니다. 일치할 경우 별도의 절차 없이 자동으로 출입국이 허가됩니다.

❷ 온라인 결제 보안 강화

스마트폰을 통한 온라인 결제 시스템에서도 얼굴 인식 기술이 활용되고 있습니다. 사용자가 온라인 쇼핑몰에서 결제를 진행할 때, 얼굴 인식으로 본인 인증을 완료하면 비밀번호나 기타 인증 수단 없이 결제가 승인됩니다. 이는 결제 과정을 빠르게 처리하면서도, 보안성을 높일 수 있는 방법입니다.

[예시]

사용자가 모바일 지갑을 이용해 오프라인 매장에서 결제를 하려면, 얼굴 인식으로 신원을 확인한 후 결제가 이루어집니다. 이를 통해 사용자는 카드를 따로 들고 다니지 않아도 스마트폰 하나만으로 안전하게 결제할 수 있습니다.

❸ 학교 및 회사 출입 관리

얼굴 인식 기술은 출입 통제 시스템에서도 사용됩니다. 학교나 회사의 출입문에서 얼굴 인식 시스템을 통해 등록된 인원만이 출입할 수 있으며, 출입 기록이 자동으로 저장됩니다. 이를 통해 보안성을 높이고, 출입 기록을 간편하게 관리할 수 있습니다.

[예시]

학교에서 학생들이 등교할 때 얼굴 인식을 통해 출입이 가능하며, 이를 통해 출석이 자동으로 기록됩니다. 회사에서도 출퇴근 기록이 얼굴 인식을 통해 실시간으로 관리됩니다.

결론

얼굴 인식 기술은 스마트폰을 비롯한 다양한 분야에서 활용되며, 사용자 편의성과 보안을 동시에 제공하는 핵심적인 AI 기술입니다. 얼굴 인식은 사용자의 얼굴을 실시간으로 분석하고, 학습된 데이터를 바탕으로 신속하고 정확하게 처리할 수 있습니다. 이러한 기술은 스마트폰 잠금 해제, 금융 거래, 공공 보안 등 여러 방면에서 널리 사용되며, 사용자 경험을 개선하고 보안성을 강화하는 데 중요한 역할을 하고 있습니다.

요약

AI 기반 추천 시스템:

AI는 사용자의 행동 데이터를 정교하게 분석하여 개인화된 콘텐츠를 추천하는 시스템입니다. 넷플릭스와 유튜브 같은 플랫폼에서는 사용자가 시청한 영상, 좋아요 및 검색 기록, 그리고 시청 시간을 실시간으로 분석하여 취향을 파악하고, 이 정보를 바탕으로 새로운 콘텐츠를 제안합니다. 사용자가 특정 장르나 감독, 배우를 선호하는지, 시청 패턴이 어떻게 변화하는지를 종합적으로 고려해, 적절한 콘텐츠를 추천하는 알고리즘이 작동합니다. 이러한 AI 시스템은 사용자가 흥미를 가질 만한 콘텐츠를 더 쉽게 발견하도록 돕고, 사용자 경험을 개인화합니다.

- **넷플릭스** : 사용자가 자주 시청한 장르와 관련된 새로운 영화나 시리즈를 추천하며, 시청 패턴과 시간을 분석해 적절한 콘텐츠를 제안합니다. 예를 들어, 액션 영화를 즐겨보는 사용자는 AI 가 비슷한 액션 영화나 시리즈를 추천해 줍니다.
- **유튜브** : 사용자가 검색하거나 시청한 영상을 분석하여, 유사한 콘텐츠를 추천 목록에 배치합니다. AI 는 사용자의 취향을 학습하고, 관심 분야에 맞춰 다양한 추천을 제공합니다. 또한 자동 재생 기능을 통해 연관된 동영상을 계속 보여줍니다.

스마트폰 AI 기술:

스마트폰에서는 음성 인식과 얼굴 인식 같은 AI 기술이 사용되며, 사용자 편의성을 극대화합니다.

- **음성 인식** : 사용자가 스마트폰에 명령을 내릴 때, AI 가 음성을 텍스트로 변환하고, 그에 맞는 작업을 처리합니다. 예를 들어, "내일 날씨 알려줘"라고 말하면 AI 가 음성을 인식하여 날씨 정보를 검색하고 화면에 표시합니다. 음성 인식 기술은 스마트폰 비서(예: 시리, 구글 어시스턴트)에서 사용되며, 다양한 명령을 처리할 수 있습니다. "7 시에 알람 맞춰줘" 같은 명령도 빠르게 수행합니다.
- **얼굴 인식** : 스마트폰의 보안 기능으로 사용되는 얼굴 인식 기술은 AI 가 사용자의 얼굴 특징을 분석하여 잠금을 해제하거나 금융 거래 시 본인 인증을 할 수 있도록 돕습니다. 3D 스캔 기술을 통해 얼굴의 미세한 변화나 각도도 정확히 인식하며, 어두운 곳에서도 적외선 센서를 활용해 얼굴을 인식합니다. 이를 통해 스마트폰 잠금 해제뿐만 아니라, 은행 앱 로그인과 같은 민감한 작업에서도 신뢰할 수 있는 보안을 제공합니다.

결론

AI 덕분에 우리는 더 편리하고 개인화된 경험을 누리고 있습니다. 콘텐츠 추천 시스템을 통해 적합한 콘텐츠를 쉽게 찾고, 음성 및 얼굴 인식을 통해 스마트폰을 보다 직관적이고 안전하게 사용할 수 있습니다.

8.3 오늘의 내용 요약

오늘은 AI 기반 추천 시스템과 스마트폰 AI 기술의 작동 원리와 구체적인 적용 사례에 대해 깊이 있게 학습했습니다. 이 두 가지 기술은 우리의 일상생활을 보다 편리하고 효율적으로 만들어 주는 중요한 요소입니다.

1. AI 기반 추천 시스템

AI 추천 시스템은 넷플릭스와 유튜브 같은 스트리밍 서비스에서 매우 중요한 역할을 합니다. 이 시스템은 사용자의 행동 데이터를 분석하여 맞춤형 콘텐츠를 제공하는 것이 핵심입니다. 추천 시스템은 다양한 알고리즘과 머신러닝 기술을 활용하여 사용자에게 개인화된 경험을 제공합니다.

(1) 넷플릭스에서의 추천 시스템

넷플릭스는 AI를 활용하여 사용자의 시청 기록, 검색 내역, 평가 데이터를 종합적으로 분석합니다. 이를 통해 사용자가 선호할 만한 콘텐츠를 자동으로 추천합니다. 넷플릭스의 추천 알고리즘은 사용자가 시청한 영화나 드라마의 장르, 등장인물, 스토리 구조, 심지어 시청 시간대까지 고려하여 개인 맞춤형 추천 목록을 제공합니다.

- **장르 분석** : AI는 사용자가 시청한 장르를 기반으로 비슷한 장르의 새로운 콘텐츠를 추천합니다. 예를 들어, 사용자가 주로 액션 영화를 시청한다면, AI는 새로운 액션 영화나 드라마를 추천합니다.
- **배우 및 감독 선호도 분석** : 사용자가 특정 배우나 감독의 작품을 자주 시청할 경우, AI는 그 배우나 감독이 참여한 다른 작품을 추천합니다. 이를 통해 사용자는 자신이 좋아하는 스타일의 영화를 더 쉽게 찾을 수 있습니다.
- **시청 패턴 분석** : AI는 사용자가 특정 시간대에 주로 어떤 종류의 콘텐츠를 시청하는지를 분석하여, 해당 시간대에 적합한 콘텐츠를 추천합니다. 예를 들어, 저녁 시간에는 가벼운 코미디를, 주말에는 긴 드라마를 추천하는 방식입니다.
- **비슷한 취향의 사용자 기반 추천** : 넷플릭스는 비슷한 취향을 가진 다른 사용자의 데이터를 분석하여, 그들이 좋아한 콘텐츠를 추천하는 방식도 사용합니다. 이를 통해 사용자는 아직 보지 않은 새로운 콘텐츠를 발견할 수 있습니다.

(2) 유튜브에서의 추천 시스템

유튜브의 AI 추천 시스템은 사용자의 시청 기록, 검색 내역, 구독 정보, 그리고 상호작용(좋아요, 댓글, 시청 시간)을 분석하여, 사용자가 흥미를 가질 만한 동영상을 추천합니다. AI는 실시간으로 사용자의 행동 패턴을 분석하여, 그에 맞는 콘텐츠를 제공합니다.

- **구독 채널 분석** : 유튜브는 사용자가 구독한 채널의 동영상 스타일과 주제를 분석하여, 그와 유사한 다른 채널의 콘텐츠를 추천합니다. 이를 통해 사용자는 새로운 콘텐츠를 손쉽게 발견할 수 있습니다.
- **실시간 피드백 반영** : 유튜브는 사용자가 보고 있는 동영상의 주제나 스타일을 실시간으로 분석하여, 관련성 높은 동영상을 자동 재생하거나 추천 목록에 추가합니다.
- **트렌드 분석** : 유튜브의 AI는 특정 지역 또는 전 세계적으로 인기를 끌고 있는 동영상을 분석하여, 사용자가 흥미를 가질 만한 트렌드 콘텐츠를 실시간으로 추천합니다. 이를 통해 사용자는 글로벌 및 지역적 트렌드를 따라갈 수 있습니다.

2. 스마트폰 AI 기술

스마트폰에서의 AI 기술은 주로 음성 인식과 얼굴 인식으로 나눌 수 있습니다. 이 두 기술은 사용자에게 더 편리하고 안전한 스마트폰 사용 환경을 제공합니다.

(1) 음성 인식

음성 인식 기술은 사용자가 음성으로 명령을 내리면, AI가 이를 텍스트로 변환하고 적절한 명령을 수행하는 과정입니다. 스마트폰의 음성 비서(구글 어시스턴트, 시리 등)는 이 기술을 바탕으로 사용자가 음성으로 기기를 제어할 수 있도록 도와줍니다.

- **음성 데이터 처리** : 사용자가 음성으로 명령을 내리면, AI는 음성 데이터를 디지털 신호로 변환한 뒤, 텍스트로 변환합니다. 이 과정에서 AI는 사용자의 발음, 억양, 음성 패턴을 분석하여 명령을 정확하게 처리합니다.
- **자연어 처리** NLP : 텍스트로 변환된 명령은 자연어 처리 기술을 통해 사용자가 요구하는 바를 파악합니다. 예를 들어, "내일 날씨 알려줘"라는 음성 명령을 통해 AI는 '날씨 정보'와 '내일'이라는 시간을 분석하여 사용자에게 날씨 정보를 제공합니다.
- **실생활 적용 사례** : 스마트폰에서의 음성 인식은 주로 음성 비서 기능을 통해 알람 설정, 메시지 전송, 검색 작업 등을 수행합니다. 예를 들어, 사용자가 "7시에 알람 맞춰줘"라고 말하면 AI는 알람을 자동으로 설정해 줍니다.

(2) 얼굴 인식

얼굴 인식 기술은 사용자의 얼굴을 스캔하여 스마트폰의 잠금을 해제하거나, 금융 거래 시 본인 인증을 수행하는 데 사용됩니다. 이 기술은 AI가 얼굴의 3D 구조를 학습하고, 실시간으로 얼굴 데이터를 분석하여 사용자의 신원을 확인하는 과정으로 이루어집니다.

- **얼굴 스캔 및 데이터 분석** : 스마트폰의 전면 카메라는 사용자의 얼굴을 스캔하여 AI가 얼굴의 주요 특징(눈, 코, 입, 윤곽)을 분석합니다. 이 데이터는 스마트폰에 등록된 얼굴 정보와 비교되어 일치할 경우 잠금이 해제됩니다.
- **안전한 본인 인증** : 얼굴 인식 기술은 금융 거래와 같은 중요한 작업에서 본인 인증 수단으로 사용됩니다. 사용자가 은행 앱에 로그인할 때, 얼굴 인식을 통해 비밀번호 입력 없이 자동으로 인증이 완료됩니다. 이는 보안성을 높이고, 사용자의 편리함을 증대시킵니다.
- **실생활 적용 사례** : 스마트폰 잠금 해제는 얼굴 인식 기술을 통해 간편하게 이루어집니다. 사용자는 스마트폰을 얼굴 앞에 가져다 대기만 하면 AI가 얼굴을 인식하여 즉시 잠금을 해제합니다. 또한, 은행 앱에서는 얼굴 인식을 통해 빠르고 안전하게 금융 거래를 진행할 수 있습니다.

3. AI의 일상생활 적용 및 결론

AI 기술은 우리의 일상생활에서 다양한 방식으로 활용되어 편리함을 제공합니다. AI 기반 추천 시스템은 우리가 선호할 만한 콘텐츠를 더 쉽게 찾을 수 있도록 도와주며, 스마트폰 AI 기술은 음성 인식과 얼굴 인식을 통해 스마트폰을 더욱 직관적이고 안전하게 사용할 수 있게 합니다.

- AI 기반 추천 시스템은 넷플릭스와 유튜브에서 사용자의 데이터를 분석하여 개인 맞춤형 콘텐츠를 추천함으로써 사용자의 취향에 맞는 영상을 쉽게 찾을 수 있도록 돕습니다.

- 스마트폰 AI 기술은 음성 명령을 통한 작업 수행과 얼굴 인식을 통한 보안 기능을 통해, 사용자의 경험을 향상시키고 안전한 스마트폰 사용 환경을 제공합니다.

AI 덕분에 우리는 더 개인화되고 편리한 경험을 누릴 수 있으며, 앞으로도 이러한 기술은 더욱 발전하여 우리의 생활을 더욱 개선할 것입니다.

8.4 연습문제

4지선다형 문제

01 넷플릭스의 AI 추천 시스템에서 사용자의 시청 기록을 분석하는 주요 목적은?

① 사용자 정보를 광고주와 공유하기 위해
② 사용자가 시청을 중단한 콘텐츠를 삭제하기 위해
③ 사용자가 선호할 만한 콘텐츠를 추천하기 위해
④ 사용자의 검색 데이터를 정리하기 위해

02 유튜브의 AI 추천 시스템이 사용자의 관심사를 파악하기 위해 사용하는 데이터가 아닌 것은?

① 사용자가 남긴 댓글
② 사용자가 구독한 채널
③ 사용자가 시청한 동영상
④ 사용자의 스마트폰 통화 기록

03 음성 인식 기술의 주요 과정 중 음성을 텍스트로 변환하는 단계는?

① 음성 입력
② 음성 신호 처리
③ 음성 인식
④ 명령 실행

04 스마트폰의 얼굴 인식 기술에 대한 설명으로 옳지 않은 것은?

① 얼굴의 3D 구조를 인식할 수 있다.
② 어두운 환경에서도 적외선 센서를 통해 작동할 수 있다.
③ 사용자가 선호하는 콘텐츠를 추천한다.
④ 금융 앱의 본인 인증에 사용될 수 있다.

05 넷플릭스의 AI 추천 시스템에서 '취향 변화 반영' 기능의 주요 역할은?

① 사용자의 기존 선호 콘텐츠만 추천
② 사용자가 자주 검색한 콘텐츠 삭제
③ 사용자의 취향 변화를 반영하여 새로운 콘텐츠 추천
④ 비슷한 취향을 가진 사용자 정보를 공유

06 유튜브의 자동 재생 기능이 작동하는 주요 원리는?

① 사용자가 입력한 검색 키워드만 분석한다.
② 현재 시청 중인 동영상과 관련된 콘텐츠를 자동 재생한다.
③ 사용자의 구독 채널 콘텐츠를 무작위로 재생한다.
④ 동영상 길이에 따라 자동 재생을 결정한다.

07 음성 인식 기술의 장점 중 틀린 것은?

① 손을 사용하지 않고 명령을 내릴 수 있다.
② 복잡한 방언과 억양도 100% 정확히 인식한다.
③ 스마트 기기의 작동을 간편하게 한다.
④ 운전 중 안전성을 높인다.

08 유튜브의 추천 시스템이 실시간 학습을 통해 제공하는 주요 기능은?

① 사용자의 구독 정보 삭제
② 실시간 인기 콘텐츠 반영
③ 모든 콘텐츠의 평점 제공
④ 사용자의 댓글을 삭제

09 넷플릭스의 추천 알고리즘이 배우 및 감독 선호도를 분석하는 주요 목적은?

① 사용자가 자주 검색한 감독의 데이터를 공유하기 위해
② 특정 배우나 감독의 작품을 기반으로 콘텐츠를 추천하기 위해
③ 사용자의 평가 기록을 삭제하기 위해
④ 특정 장르 콘텐츠의 조회수를 높이기 위해

10 스마트폰의 얼굴 인식 기술에서 3D 맵핑이 중요한 이유는?

① 사용자가 선호하는 콘텐츠를 예측하기 위해
② 얼굴의 깊이와 구조를 인식하여 보안을 강화하기 위해
③ 음성 명령을 정확히 인식하기 위해
④ 스마트폰의 배터리 소모를 줄이기 위해

단답형 문제

01 넷플릭스의 AI 추천 시스템에서 '장르 분석'의 목적은?

02 유튜브에서 AI가 추천 콘텐츠를 구성할 때 고려하는 데이터 요소 두 가지는?

03 음성 인식 기술에서 '자연어 처리NLP'의 주요 역할은?

04 얼굴 인식 기술이 주로 사용되는 두 가지 실생활 사례는?

05 유튜브의 자동 재생 기능에서 '메타데이터'의 역할은?

06 음성 인식 기술의 실생활 응용 사례 중 하나는?

07 얼굴 인식 기술의 장점 중 하나는?

08 유튜브의 AI 추천 시스템이 실시간 피드백을 반영하는 이유는?

09 넷플릭스가 '취향 그룹 분석'을 사용하는 이유는?

10 음성 인식 기술의 한계 중 하나는?

서술형 문제

01 넷플릭스와 유튜브의 추천 시스템이 작동하는 원리를 비교 설명하시오.

02 음성 인식 기술의 작동 과정을 단계별로 설명하시오.

03 얼굴 인식 기술이 스마트폰 보안에서 중요한 이유를 설명하시오.

04 유튜브의 AI 추천 시스템이 '트렌드 분석'을 통해 사용자 경험을 개선하는 방법을 설명하시오.

05 스마트폰에서 음성 인식과 얼굴 인식 기술이 사용자 경험을 어떻게 개선하는지 설명하시오.

09 일차

비즈니스에서의 인공지능

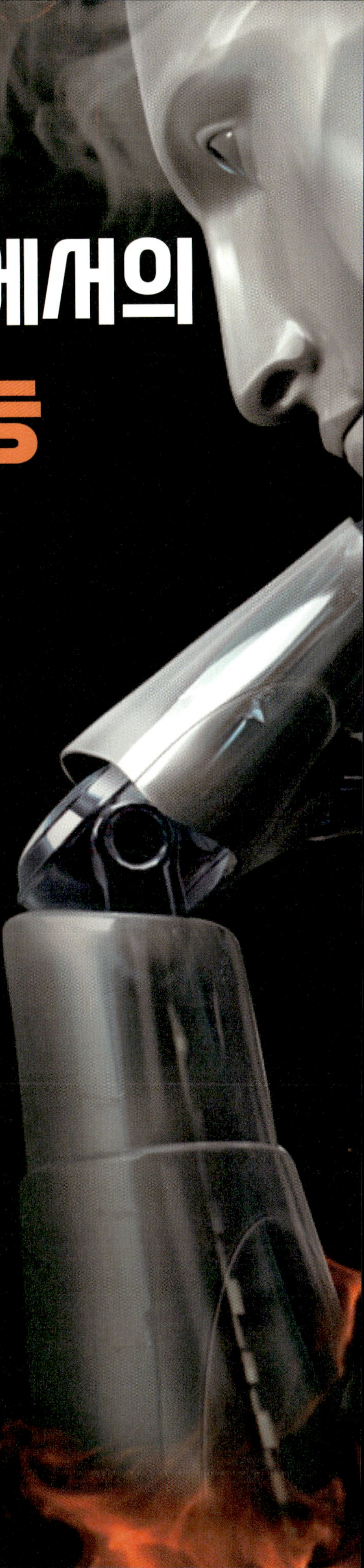

9.1 AI와 데이터 분석
9.2 AI를 활용한 마케팅과 자동화
9.3 실습 : 간단한 챗봇 구축
9.4 오늘의 내용 요약
9.5 연습문제

9일차의 비즈니스에서의 인공지능은 AI가 비즈니스에서 어떤 방식으로 데이터를 분석하고, 마케팅 및 자동화에 활용되는지를 이해하는 것이 핵심입니다. 또한, 실습을 통해 간단한 챗봇을 구축하는 과정을 익히고, AI의 실제 비즈니스 적용 가능성을 살펴보게 됩니다.

9.1 AI와 데이터 분석

AI와 데이터 분석은 현대 비즈니스에서 핵심적인 역할을 담당하고 있습니다. 데이터는 디지털화된 세상에서 지속적으로 증가하고 있으며, 이를 효과적으로 분석하고 활용하는 것이 기업의 경쟁력을 좌우합니다. AI는 이러한 데이터를 처리하는 데 중요한 기술로, 방대한 양의 데이터를 분석하여 유의미한 패턴을 발견하고, 이를 바탕으로 미래의 트렌드를 예측하는 데 사용됩니다. 구체적으로 AI가 데이터 분석에 어떻게 기여하는지 더욱 자세히 설명하겠습니다.

9.1.1 데이터 분석의 필요성

오늘날의 비즈니스 환경에서는 기업이 고객의 행동을 분석하고 시장 변화를 예측하는 능력이 필수적입니다. 이 과정에서 데이터 분석은 중요한 도구가 됩니다. 기업이 다양한 데이터를 수집하고 분석하는 이유는 그 데이터를 통해 더 나은 결정을 내릴 수 있기 때문입니다. 여기서 데이터를 분석하는 이유와 그 필요성에 대해 구체적으로 살펴보겠습니다.

(1) 데이터의 종류

기업이 수집하는 데이터는 매우 다양합니다. 일반적으로 다음과 같은 데이터가 포함됩니다.

❶ 고객 데이터 : 고객의 이름, 나이, 성별, 구매 이력, 웹사이트 방문 기록 등 개인적인 정보를 수집하여 고객의 행동 패턴을 분석할 수 있습니다.

❷ 거래 데이터 : 고객이 구매한 상품, 거래 금액, 결제 수단 등 실제 거래와 관련된 데이터를 통해 고객의 구매 성향을 분석할 수 있습니다.

❸ 마케팅 데이터 : 이메일 캠페인 반응, 광고 클릭 수, 소셜 미디어 상호작용 등을 통해 고객이 어떤 마케팅 활동에 더 많이 반응하는지 파악할 수 있습니다.

(2) 데이터 분석의 이점

이러한 데이터를 분석하면 기업은 다양한 인사이트를 얻을 수 있습니다. 예를 들어, 특정 제품이 판매되는 시간대나 계절에 따른 고객의 선호도를 파악할 수 있습니다. 또한, 데이터 분석은 다음과 같은 여러 이점을 제공합니다.

❶ **고객 맞춤형 서비스 제공** : 고객의 구매 패턴을 파악하여 맞춤형 추천 상품을 제공할 수 있습니다. 예를 들어, 특정 고객이 운동화와 관련된 상품을 자주 검색한다면, 그 고객에게 운동화 관련 신제품을 자동으로 추천할 수 있습니다.

❷ **비용 절감** : 데이터를 분석하여 마케팅 캠페인의 효율성을 극대화할 수 있습니다. 잘 설계된 데이터 분석 시스템을 사용하면 마케팅 비용을 줄이면서도 타겟 고객에게 적절한 메시지를 전달할 수 있습니다.

❸ **시장 예측** : 데이터 분석은 미래의 트렌드를 예측하는 데 유용합니다. 과거 데이터를 분석함으로써 앞으로 어떤 제품이 인기를 끌지, 어떤 소비 패턴이 나타날지 예측할 수 있습니다. 이는 기업이 새로운 제품을 개발하거나 판매 전략을 수정하는 데 매우 중요한 정보입니다.

(3) AI와 데이터 분석의 결합

AI는 데이터를 빠르게 처리하고 분석하는데 큰 도움이 됩니다. 과거에는 수작업으로 데이터를 분석해야 했지만, AI는 데이터의 양이 많아도 빠르고 정확하게 분석할 수 있는 강력한 도구를 제공합니다. AI는 특히 대용량의 데이터를 처리하고 분석하는 데 강점을 가지고 있습니다.

9.1.2 AI의 데이터 분석 방식

AI는 데이터를 분석하는 다양한 방식과 알고리즘을 통해 복잡한 문제를 해결하고 예측을 수행합니다. AI의 데이터 분석 방식은 크게 머신러닝, 딥러닝, 강화학습 등으로 나눌 수 있으며, 각 방식은 사용되는 데이터의 특성과 목표에 따라 적합한 알고리즘이 적용됩니다. AI가 어떻게 데이터를 분석하고 그 과정에서 어떤 알고리즘이 사용되는지 구체적으로 살펴보겠습니다.

(1) 머신러닝

머신러닝Machine Learning은 AI의 하위 분야로, 컴퓨터가 대규모 데이터를 분석하고 그 데이터를 학습하여 규칙을 찾아내고, 그 규칙을 바탕으로 예측을 수행하는 기술입니다. 머신러닝의 중요한 특징은 명시적인 프로그래밍 없이 데이터를 통해 학습한다는 점입니다. 머신러닝은 크게 지도 학습Supervised Learning, 비지도 학습Unsupervised Learning, 강화 학습Reinforcement Learning으로 나뉩니다. 여기서는 지도 학습과 비지도 학습의 차이를 설명하겠습니다.

❶ 지도 학습Supervised Learning

지도 학습은 레이블이 있는 데이터를 기반으로 학습하는 방식입니다. 이는 입력 데이터와 해당 입력에 대한 정답(출력)이 모두 주어지는 상황에서, 알고리즘이 입력과 출력 간의 관계를 학습합니다. 학습된 모델은 새로운 입력에 대해 정답을 예측할 수 있게 됩니다. 지도 학습은 분류Classification와 회귀Regression 문제에서 주로 사용됩니다.

- **분류** Classification : 분류 문제는 데이터가 주어진 여러 카테고리 중 하나로 분류되는 문제입니다. 예를 들어, 이메일이 스팸인지 아닌지를 분류하는 스팸 필터링이나, 이미지를 학습하여 그 이미지가 고양이인지 개인지 판별하는 문제가 분류 문제에 해당합니다. 알고리즘은 주어진 데이터의 특징을 학습하여, 새로운 데이터가 어느 카테고리에 속할지 예측합니다. 대표적인 알고리즘으로는 의사결정나무 Decision Tree, 랜덤 포레스트 Random Forest, 서포트 벡터 머신 Support Vector Machine, SVM 등이 있습니다.

- **회귀** Regression : 회귀 문제는 연속된 숫자를 예측하는 문제입니다. 예를 들어, 주택 가격을 예측하거나 주식 가격 변동을 예측하는 문제에서 사용됩니다. 대표적인 알고리즘으로는 선형 회귀 Linear Regression, 릿지 회귀 Ridge Regression 등이 있습니다.

지도 학습의 장점은 학습 과정에서 피드백을 받을 수 있어 성능을 높이기 쉽다는 점입니다. 그러나 단점은 레이블이 있는 데이터를 수집하기가 어렵고, 많은 양의 데이터가 필요하다는 점입니다.

❷ 비지도 학습Unsupervised Learning

비지도 학습은 레이블이 없는 데이터를 학습하는 방식입니다. 입력 데이터만 주어지며, 알고리즘은 그 데이터를 바탕으로 데이터 내에서 패턴이나 그룹을 스스로 찾아냅니다. 이는 데이터를 해석하고 그룹화하거나, 데이터의 숨겨진 구조를 발견하는 데 사용됩니다.

- **클러스터링** Clustering : 클러스터링은 유사한 데이터끼리 그룹을 형성하는 작업입니다. 예를 들어, 마케팅에서 고객 데이터를 클러스터링하여 고객을 여러 그룹으로 나눌 수 있습니다. 이 그룹들은 비슷한 성향을 가진 고객들로 구성되며, 각 그룹에 맞춘 맞춤형 마케팅 전략을 수립하는 데 사용할 수 있습니다. 대표적인 알고리즘으로는 K-평균 클러스터링 K-means Clustering, DBSCAN 등이 있습니다.

- **차원 축소** Dimensionality Reduction : 차원 축소는 데이터의 특성을 줄이는 작업입니다. 이는 고차원의 데이터를 저차원으로 변환하여 시각화를 쉽게 하거나 계산 속도를 높이는 데 사용됩니다. 대표적인 알고리즘으로는 주성분 분석 Principal Component Analysis, PCA, t-SNE 등이 있습니다.

비지도 학습의 장점은 레이블이 필요 없기 때문에 데이터 수집이 용이하다는 점이며, 다양한 유형의 데이터에 적용될 수 있습니다. 하지만 정답이 없기 때문에 모델의 성능을 평가하기 어렵다는 단점도 있습니다.

(2) 딥러닝Deep Learning

딥러닝은 머신러닝의 하위 분야로, 특히 대규모 데이터와 복잡한 문제를 해결하는 데 뛰어난 성능을 발휘합니다. 딥러닝의 기본 개념은 인공 신경망Artificial Neural Networks, ANN에 기반을 두고 있으며, 인간의 뇌가 뉴런을 통해 정보를 처리하는 방식에서 영감을 받았습니다. 딥러닝은 주로 이미지, 음성, 텍스트와 같은 비정형 데이터를 처리하는 데 강점을 가지고 있으며, 최근 AI 발전의 중요한 원동력 중 하나입니다.

❶ 인공 신경망Artificial Neural Networks, ANN

딥러닝의 기본 구성 요소는 뉴런neuron 또는 노드node입니다. 각 뉴런은 입력을 받아 가중치weight를 곱한 후 활성화 함수activation function를 통해 출력을 생성합니다. 이러한 뉴런들이 계층layer을 형성하며, 여러 계층으로 구성된 신경망을 통해 데이터를 학습합니다. 신경망은 입력층input layer, 은닉층hidden layer, 출력층output layer으로 구성되며, 은닉층의 수와 뉴런의 수에 따라 더 복잡한 문제를 해결할 수 있습니다.

❷ 활성화 함수Activation Function

활성화 함수는 뉴런의 출력을 결정하는 함수로, 비선형성을 추가하여 복잡한 패턴을 학습할 수 있게 합니다. 대표적인 활성화 함수로는 ReLURectified Linear Unit, 시그모이드Sigmoid, 소프트맥스Softmax 등이 있습니다.

❸ 컨볼루션 신경망Convolutional Neural Networks, CNN

CNN은 주로 이미지 데이터를 처리하는 데 사용되며, 패턴 인식에 뛰어난 성능을 보입니다. CNN은 컨볼루션 계층convolutional layer과 풀링 계층pooling layer을 통해 이미지의 특징을 추출하고, 이를 바탕으로 학습합니다. 예를 들어, CNN은 이미지 내에서 엣지edge, 모서리corner, 텍스처texture 등의 특징을 인식하여 객체를 분류할 수 있습니다. CNN은 자율주행차의 객체 인식, 의료 영상 분석 등 다양한 분야에서 사용됩니다.

❹ 순환 신경망Recurrent Neural Networks, RNN

RNN은 시계열 데이터나 순차적 데이터를 처리하는 데 사용됩니다. RNN은 이전 상태의 출력을 기억하여 다음 입력에 반영하는 구조를 가지고 있으며, 주로 텍스트 분석, 음성 인식, 시계열 예측 등에 사용됩니다. RNN의 대표적인 변형으로는 장단기 기억Long Short-Term Memory, LSTM 네트워크가 있으며, 이는 장기 의존성을 잘 처리하여 긴 문맥을 이해하는 데 강점을 보입니다.

❺ 생성적 적대 신경망Generative Adversarial Networks, GAN

GAN은 두 개의 신경망, 즉 생성자generator와 판별자discriminator로 구성된 모델입니다. 생성자는 실제와 유사한 가짜 데이터를 생성하며, 판별자는 그 데이터가 실제인지 가짜인지 구분합니다. 이 두 신경망은 서로 경쟁하면서 학습하며, 이를 통해 매우 정교한 데이터를 생성할 수 있습니다. GAN은 이미지 생성, 비디오 생성, 스타일 변환 등 다양한 분야에서 사용됩니다.

(3) 강화학습Reinforcement Learning

강화학습은 AI가 보상과 처벌을 통해 스스로 학습하는 방식입니다. 강화학습은 에이전트agent가 환경environment과 상호작용하면서 최적의 행동action을 학습하는 과정으로, 주로 의사결정 과정에서 사용됩니다. 강화학습의 목표는 장기적인 보상을 극대화하는 정책policy을 학습하는 것입니다.

❶ 상태state와 행동action

강화학습에서 에이전트는 환경에 따라 특정 상태에 놓이게 되고, 그 상태에서 취할 수 있는 행동이 있습니다. 예를 들어, 자율주행차의 에이전트는 현재 교차로에서 좌회전할지, 직진할지 결정해야 하는 상태에 놓입니다. 각 행동은 보상reward을 수반하며, 에이전트는 이 보상을 바탕으로 다음 행동을 결정합니다.

❷ 보상reward

강화학습에서 에이전트는 행동을 취할 때마다 환경으로부터 보상을 받습니다. 보상은 긍정적일 수도, 부정적일 수도 있으며, 에이전트는 보상을 최대화하기 위해 행동을 조정합니다. 에이전트가 목표를 성공적으로 달성하면 높은 보상을 받고, 실패하면 처벌을 받습니다.

❸ Q-러닝Q-learning

Q-러닝은 대표적인 강화학습 알고리즘으로, 에이전트가 상태와 행동 쌍에 대한 보상을 학습하여 최적의 행동을 선택하는 데 사용됩니다. Q-러닝은 Q-값을 업데이트하면서 학습이 이루어지며, 이 값은 주어진 상태에서 특정 행동을 취할 때 얻을 것으로 예상되는 보상입니다. 에이전트는 Q-값을 최대화하는 행동을 선택함으로써 목표를 달성할 수 있습니다.

강화학습은 자율주행, 로봇 제어, 게임 AI 등에서 주로 사용되며, 특히 복잡한 의사결정 문제를 해결하는 데 효과적입니다. 예를 들어, 강화학습은 주식 시장에서 최적의 매수와 매도 타이밍을 학습하거나, 자율주행차가 교통 신호에 따라 최적의 경로를 선택하는 문제를 해결할 수 있습니다.

이와 같이 AI의 데이터 분석 방식은 매우 다양하며, 각 방식은 그 특성에 따라 다양한 문제를 해결할 수 있습니다. 머신러닝, 딥러닝, 강화학습 등은 각각의 강점과 약점을 가지고 있으며, 분석할 데이터의 유형과 문제의 복잡도에 따라 적절한 알고리즘이 선택됩니다. AI의 이러한 데이터 분석 방식은 현대 비즈니스와 연구에서 점점 더 중요한 도구로 자리잡고 있습니다.

9.1.3 비즈니스 적용 사례

AI는 다양한 산업에서 데이터를 분석하고, 비즈니스 의사결정을 지원하며, 고객 경험을 개선하는 데 폭넓게 활용되고 있습니다. 이제 다양한 산업 분야에서 AI가 데이터 분석을 통해 어떻게 활용되고 있는지 더욱 상세한 사례를 통해 설명하겠습니다.

(1) 전자 상거래

전자 상거래 플랫폼에서는 방대한 양의 고객 데이터를 처리하고, 개인화된 경험을 제공하기 위해 AI를 적극적으로 활용합니다.

❶ **추천 시스템** : 아마존이나 넷플릭스 같은 기업은 AI 알고리즘을 사용하여 사용자가 과거에 구매하거나 시청한 기록을 분석하고, 이를 바탕으로 개인 맞춤형 추천을 제공합니다. 이러한 추천 시스템은 사용자의 취향을 반영하여 더 많은 클릭과 구매를 유도합니다. 추천 시스템은 주로 협업 필터링Collaborative Filtering, 콘텐츠 기반 필터링Content-Based Filtering, 하이브리드 추천 시스템 등의 기법을 사용합니다.

❷ **가격 최적화** : AI는 실시간으로 데이터를 분석하여 가격을 조정하는 '동적 가격 책정Dynamic Pricing'에도 사용됩니다. 예를 들어, 특정 상품에 대한 수요가 증가하면, AI는 자동으로 가격을 인상하여 수익을 극대화할 수 있습니다. 항공사와 호텔 예약 사이트에서도 이 기술을 활용해 좌석이나 방의 가용성과 수요에 따라 가격을 실시간으로 조정합니다.

❸ **재고 관리** : AI는 재고를 최적화하는 데도 도움을 줍니다. AI는 판매 데이터를 분석하여 특정 제품의 재고가 언제 부족해질지를 예측하고, 재고를 적절히 관리할 수 있도록 도와줍니다. 이는 과잉 재고나 재고 부족으로 인한 비용 손실을 줄이는 데 기여합니다.

(2) 금융 업계

금융 산업에서 AI는 데이터 분석을 통해 위험 평가, 사기 탐지, 맞춤형 금융 서비스를 제공하는 데 사용됩니다.

❶ **신용 점수 분석** : 전통적으로 신용 점수는 과거 금융 거래 기록을 기반으로 계산되지만, AI는 보다 복잡한 데이터를 사용하여 더 정확하게 개인의 신용 위험을 평가할 수 있습니다. 이를 통해 금융기관은 대출 승인 여부를 더 신속하고 정확하게 결정할 수 있으며, 대출 이자율을 개별화할 수 있습니다.

❷ **사기 탐지**Fraud Detection : 금융 거래에서 발생하는 수많은 트랜잭션 데이터를 AI가 실시간으로 분석하여 비정상적인 패턴을 감지하고, 사기 거래 가능성을 탐지합니다. 예를 들어, 사용자의 일반적인 행동 패턴과 다른 비정상적인 신용카드 사용이 감지되면 AI가 즉시 경고를 발생시키거나 거래를 차단할 수 있습니다. AI는 지속적으로 새로운 사기 패턴을 학습하여, 더욱 정교한 사기 방지 시스템을 구축할 수 있습니다.

❸ **주식 시장 분석 및 투자** : AI는 주식 시장 데이터를 실시간으로 분석하여 투자 전략을 추천하거나 자동으로 거래를 수행하는 데 사용됩니다. AI 알고리즘은 뉴스, 시장 동향, 주가 변동 데이터를 기반으로 주식의 가격 변동을 예측하고, 이를 바탕으로 최적의 매수 및 매도 시점을 결정합니다. AI는 많은 양의 데이터를 동시에 처리할 수 있기 때문에, 인간 트레이더가 놓칠 수 있는 미세한 시장 신호까지 포착할 수 있습니다.

(3) 헬스케어

의료 산업에서는 AI가 진단, 치료 계획 수립, 환자 관리 등에 중요한 역할을 합니다.

❶ **의료 진단 지원** : AI는 방대한 양의 의료 데이터를 분석하여 질병을 조기에 발견하고, 진단 정확도를 높일 수 있습니다. 예를 들어, 딥러닝 알고리즘은 수많은 의료 이미지를 학습하여 암 세포를 조기에 발견하거나, X-ray 이미지에서 폐 질환을 판별하는 데 활용될 수 있습니다. 이러한 AI 기반 진단 시스템은 의료진의 판단을 보조하여, 진단 오류를 줄이고 빠른 치료를 가능하게 합니다.

❷ **개인화된 치료** : AI는 환자의 유전자 정보, 병력, 생활 습관 등을 분석하여 맞춤형 치료 계획을 제안할 수 있습니다. 이는 특정 약물이 환자에게 미치는 영향을 예측하고, 가장 효과적인 치료법을 추천하는 방식으로 개인화된 의료 서비스를 제공하는 데 기여합니다. AI는 환자의 데이터를 분석하여 치료에 필요한 약물의 종류와 용량을 최적화할 수 있습니다.

❸ **원격 모니터링 및 예측** : AI는 원격 모니터링 시스템에서 환자의 상태를 실시간으로 모니터링하고, 이를 바탕으로 예측 분석을 수행합니다. 예를 들어, 심장 박동 모니터를 착용한 환자의 데이터를 실시간으로 분석하여 심장 마비 가능성을 예측하고, 응급 상황 발생 전에 의료진에게 경고를 보낼 수 있습니다.

(4) 제조업

제조업에서는 AI가 데이터를 분석하여 생산 라인의 효율성을 높이고, 품질 관리 및 유지보수를 자동화하는 데 활용되고 있습니다.

❶ **예방 유지보수** : AI는 생산 라인의 기계 장비 데이터를 실시간으로 분석하여, 기계가 고장 나기 전에 사전에 문제를 발견할 수 있습니다. 이를 통해 기계의 유지보수 일정을 최적화하고, 예기치 못한 고장으로 인한 생산 중단을 방지할 수 있습니다. 예를 들어, GE는 산업 기계에서 수집된 센서 데이터를 분석하여 기계의 성능을 모니터링하고, 고장 가능성이 높은 부품을 교체하는 시스템을 운영하고 있습니다.

❷ **품질 관리** : AI는 제품의 품질 검사를 자동화하여 불량품을 빠르게 감지할 수 있습니다. 딥러닝 기반 이미지 분석 기술은 제조 라인에서 생산된 제품을 실시간으로 스캔하여, 제품의 크기, 색상, 표면 상태 등에서 나타나는 결함을 정확히 감지할 수 있습니다. 이러한 자동화된 품질 검사는 인력에 의존하던 기존 방식보다 더 빠르고 정확하게 불량품을 선별할 수 있습니다.

❸ **생산 최적화** : AI는 생산 라인의 데이터를 분석하여, 각 공정의 효율성을 극대화할 수 있는 방법을 제안합니다. 이를 통해 기업은 자원을 최적화하고, 생산 속도를 높이면서도 품질을 유지할 수 있습니다. AI는 생산 계획을 자동으로 조정하여, 수요 예측에 맞춰 생산량을 조절할 수 있으며, 이를 통해 재고 비용도 절감할 수 있습니다.

(5) 소매업 및 물류

소매업과 물류 산업에서는 AI가 고객 경험을 향상시키고, 공급망을 최적화하는 데 기여하고 있습니다.

❶ **수요 예측** : AI는 판매 데이터를 분석하여 향후 특정 제품의 수요를 예측하고, 이를 바탕으로 재고 관리와 생산 계획을 최적화할 수 있습니다. 예를 들어, AI는 계절에 따른 고객 구매 패턴을 분석하여, 특정 시즌에 어떤 상품이 많이 판매될지를 예측하고 재고를 미리 준비할 수 있게 합니다. 이는 재고 부족 문제를 해결하고, 재고 과잉으로 인한 비용 부담을 줄이는 데 도움이 됩니다.

② **물류 최적화** : AI는 물류 경로를 최적화하고, 배송 시간을 단축하는 데 사용됩니다. AI는 교통 데이터, 날씨 정보, 차량 상태 등을 실시간으로 분석하여, 가장 빠르고 효율적인 배송 경로를 제안할 수 있습니다. 또한, AI 기반의 물류 로봇과 드론을 이용한 무인 배송 시스템도 점점 확대되고 있으며, 이를 통해 물류 비용을 절감하고 배송 속도를 높일 수 있습니다.

③ **가상 쇼핑 어시스턴트** : AI는 고객이 온라인 쇼핑 중 맞춤형 제품 추천을 제공하고, 고객의 질문에 실시간으로 답변하는 가상 어시스턴트 역할을 할 수 있습니다. 예를 들어, AI 기반 챗봇은 고객이 자주 묻는 질문에 자동으로 응답하거나, 고객이 선호할 만한 제품을 추천해줄 수 있습니다. 이는 고객 서비스의 질을 높이고, 구매 전환율을 향상시키는 데 기여합니다.

(6) 에너지 산업

에너지 산업에서 AI는 에너지 소비 데이터를 분석하고, 에너지 효율성을 개선하는 데 도움을 줍니다.

① **스마트 그리드** : AI는 전력망의 데이터를 실시간으로 분석하여, 전력 수요를 예측하고 에너지 공급을 최적화하는 스마트 그리드 기술에 활용됩니다. 이를 통해 에너지 효율을 극대화하고, 불필요한 에너지 낭비를 줄일 수 있습니다. 또한, AI는 재생 가능 에너지의 생산과 저장을 최적화하는 데 기여하여, 친환경 에너지의 효과적인 사용을 돕습니다.

② **에너지 소비 최적화** : AI는 건물의 에너지 사용 패턴을 분석하여, 난방, 냉방, 조명 시스템을 자동으로 조절함으로써 에너지 소비를 절감할 수 있습니다. 예를 들어, AI는 실시간으로 건물 내 외부 온도, 인원 수 등을 분석하여 최적의 에너지 소비량을 유지하도록 난방 및 냉방 시스템을 자동으로 제어할 수 있습니다.

이와 같이 AI와 데이터 분석은 다양한 산업에서 널리 사용되고 있으며, 각 산업에서 비즈니스 프로세스의 효율성을 높이고 비용을 절감하며, 고객 경험을 향상시키는 데 큰 기여를 하고 있습니다. AI를 통한 데이터 분석의 활용 가능성은 앞으로도 더욱 확장될 것으로 기대됩니다.

9.2 AI를 활용한 마케팅과 자동화

AI를 활용한 마케팅과 자동화는 디지털 마케팅 전략의 핵심 요소로 자리 잡고 있습니다. AI는 방대한 양의 고객 데이터를 실시간으로 분석하여, 고객의 행동 패턴을 파악하고, 이를 바탕으로 개인 맞춤형 마케팅을 구현합니다. 또한, AI는 마케팅 프로세스를 자동화하여 기업이 효율적으로 운영될 수 있도록 돕습니다. 이 섹션에서는 AI가 마케팅과 자동화에 어떻게 활용되는지에 대해 자세히 살펴보겠습니다.

9.2.1 개인화된 마케팅

개인화된 마케팅은 AI가 고객 데이터를 분석하여 각 개인에게 맞춤형 콘텐츠, 제품, 서비스를 제공하는 전략입니다. AI는 고객의 과거 행동 데이터를 기반으로 관심사와 취향을 예측하고, 이에 맞는 마케팅 콘텐츠를 자동으로 생성하여 고객에게 전달합니다. 이 과정을 통해 고객은 자신의 필요에 맞는 정보를 적시에 제공받게 되어 더 높은 만족감을 느끼고, 이는 결과적으로 기업의 매출 증가로 이어질 수 있습니다.

(1) 개인화 마케팅의 필요성

현대 소비자는 수많은 디지털 콘텐츠와 광고에 노출되어 있습니다. 그중에서 자신에게 가장 유용한 정보만 선택적으로 소비하려는 경향이 강해졌습니다. 따라서 기업은 일반적인 대중 마케팅에서 벗어나, 개개인의 취향과 관심사에 맞춘 개인화된 마케팅이 필요하게 되었습니다.

예를 들어, 소비자가 전자 상거래 웹사이트에서 신발을 검색하고 장바구니에 담았지만 구매하지 않았다면, AI는 해당 소비자에게 적절한 시간에 할인 쿠폰과 함께 신발을 재추천할 수 있습니다. 이는 고객이 구매 결정을 내리도록 유도하는 데 중요한 역할을 합니다.

(2) 추천 시스템

추천 시스템은 AI를 활용한 대표적인 개인화 마케팅 도구입니다. AI는 사용자의 검색 기록, 구매 이력, 클릭 데이터 등을 분석하여, 고객이 관심을 가질 만한 제품이나 콘텐츠를 예측하고 이를 추천합니다. 이 시스템은 협업 필터링Collaborative Filtering, 콘텐츠 기반 필터링Content-Based Filtering, 하이브리드 추천 시스템 등의 방법론을 사용합니다.

❶ **협업 필터링**Collaborative Filtering : 협업 필터링은 비슷한 취향을 가진 고객들 간의 데이터를 활용하여, 특정 고객이 좋아할 만한 제품을 추천합니다. 예를 들어, A고객이 특정 제품을 구매했다면, 그와 유사한 구매 패턴을 가진 B고객에게도 해당 제품을 추천하는 방식입니다. 넷플릭스의 영화 추천 시스템이 대표적인 사례로, 비슷한 취향을 가진 사용자들의 시청 기록을 분석하여 새로운 영화를 추천합니다.

❷ **콘텐츠 기반 필터링**Content-Based Filtering : 콘텐츠 기반 필터링은 사용자가 과거에 본 제품이나 콘텐츠의 특징을 분석하여, 유사한 특징을 가진 다른 제품을 추천하는 방식입니다. 예를 들어, A고객이 특정 색상과 스타일의 신발을 구매했다면, AI는 해당 신발과 유사한 디자인의 다른 신발을 추천할 수 있습니다.

❸ **하이브리드 추천 시스템**Hybrid Recommendation System : 협업 필터링과 콘텐츠 기반 필터링을 결합한 방식입니다. 두 방법의 장점을 결합하여 더욱 정교한 추천을 제공합니다. 아마존은 이러한 하이브리드 추천 시스템을 사용하여 고객에게 개인 맞춤형 상품을 제시합니다. 예를 들어, 고객이 특정 카테고리의 제품을 자주 구매하면, 관련된 제품을 함께 추천하는 방식으로 고객의 관심을 끌어냅니다.

(3) 실시간 마케팅

AI는 고객의 실시간 행동 데이터를 분석하여 마케팅 캠페인을 즉각적으로 최적화할 수 있습니다. 예를 들어, AI는 고객이 웹사이트에서 어떤 페이지를 보고 있는지, 어떤 버튼을 클릭하는지를 실시간으로 모니터링하고, 그에 맞춰 적절한 광고나 추천 상품을 노출합니다. 이는 고객의 구매 의사결정을 촉진하는 데 큰 도움을 줄 수 있습니다.

예를 들어, 항공사 웹사이트에서는 고객이 특정 항공편을 검색한 후 구매하지 않고 나갔을 때, AI가 이를 인식하고 고객에게 추후에 할인된 가격으로 해당 항공편을 예약할 수 있다는 이메일을 자동으로 보낼 수 있습니다. 이는 고객이 구매를 다시 고려하도록 만드는 효과적인 방법입니다.

9.2.2 마케팅 자동화

마케팅 자동화는 AI를 활용하여 마케팅 활동의 여러 과정을 자동으로 수행하는 기술입니다. 이를 통해 기업은 시간과 자원을 절약하면서도 효율적인 마케팅 캠페인을 운영할 수 있습니다. 마케팅 자동화는 이메일 마케팅, 광고 최적화, 고객 관리, 소셜 미디어 관리 등 다양한 분야에서 활용됩니다.

(1) 이메일 마케팅 자동화

이메일 마케팅은 여전히 가장 효과적인 디지털 마케팅 전략 중 하나로 꼽힙니다. AI는 고객의 행동 데이터를 분석하여 개인 맞춤형 이메일을 자동으로 발송할 수 있습니다. 예를 들어, 고객이 웹사이트에서 특정 제품을 장바구니에 담았으나 구매하지 않았을 경우, AI는 자동으로 해당 고객에게 장바구니에 남은 제품을 상기시키는 이메일을 발송할 수 있습니다.

- **자동화된 이메일 캠페인**: AI는 고객의 생일이나 기념일에 자동으로 이메일을 발송하거나, 고객이 특정 행동(예: 구매, 가입)을 할 때 맞춤형 이메일을 보낼 수 있습니다. 또한, AI는 이메일의 열람률, 클릭률을 실시간으로 분석하여 가장 효과적인 이메일 제목이나 내용을 추천해줄 수 있습니다. 이처럼 AI를 활용한 이메일 마케팅 자동화는 고객과의 관계를 더욱 긴밀하게 유지하면서도 마케팅 비용을 절감할 수 있는 효과적인 방법입니다.

(2) 광고 캠페인 최적화

AI는 광고 노출을 최적화하여 기업이 광고 비용을 더 효과적으로 사용할 수 있도록 도와줍니다. AI는 고객의 행동 데이터를 실시간으로 분석하여, 가장 적합한 시간대와 채널에서 광고를 노출하고, 클릭률과 전환율을 높일 수 있습니다.

- **프로그램매틱 광고** Programmatic Advertising : AI를 통해 광고를 실시간으로 거래하고, 타겟팅하는 프로그램매틱 광고는 마케터가 수작업으로 광고 배치를 관리할 필요 없이 자동으로 광고를 구매하고 최적화하는 방법입니다. 예를 들어, 구글 애즈나 페이스북 광고 시스템은 AI를 통해 광고가 가장 효과적으로 노출될 수 있는 시간과 장소를 분석하고, 자동으로 광고 캠페인을 조정합니다.

(3) 챗봇을 활용한 고객 관리

AI 기반 챗봇은 24시간 실시간으로 고객의 질문에 답변하고, 문제를 해결할 수 있습니다. 챗봇은 자연어 처리NLP 기술을 통해 사용자가 입력한 질문을 이해하고, 이에 맞는 적절한 답변을 제공합니다. 챗봇은 고객 지원 업무를 자동화하여 기업이 고객과의 상호작용을 더 빠르고 효율적으로 처리할 수 있도록 도와줍니다.

- **챗봇의 장점**: AI 챗봇은 항상 대기 중인 고객 지원 요원과 같이 24시간 운영되며, 지리적 위치나 시간대에 상관없이 고객의 문의를 즉시 처리할 수 있습니다. 또한, AI는 지속적으로 학습하면서 답변의 정확성을 높이고, 더 복잡한 질문에도 대응할 수 있습니다. 이를 통해 고객 만족도를 높이고, 고객 서비스 팀의 부담을 줄일 수 있습니다.

(4) 소셜 미디어 관리 자동화

AI는 소셜 미디어에서도 마케팅 자동화를 실현할 수 있습니다. AI는 소셜 미디어 플랫폼에서의 사용자 활동을 분석하여, 기업이 고객과의 상호작용을 개선하고, 적절한 시점에 게시물을 자동으로 게시할 수 있도록 도와줍니다.

- **소셜 미디어 분석** : AI는 소셜 미디어 상에서 브랜드에 대한 언급, 트렌드, 감정 분석Sentiment Analysis을 통해 브랜드 평판을 모니터링할 수 있습니다. AI는 수많은 소셜 미디어 게시물을 분석하여, 기업이 고객의 감정 변화를 실시간으로 파악하고 이에 맞는 대응을 할 수 있게 합니다. 또한, 경쟁사의 소셜 미디어 활동을 분석하여 시장에서의 위치를 전략적으로 파악하는 데도 사용됩니다.

9.2.3 AI를 활용한 마케팅 자동화 사례

AI는 이미 다양한 글로벌 기업에서 마케팅 자동화의 핵심 기술로 활용되고 있으며, 이를 통해 고객 맞춤형 경험을 제공하고, 기업의 수익성을 극대화하고 있습니다. 아래는 다양한 산업에서 AI를 성공적으로 활용한 사례들을 더욱 상세히 살펴보겠습니다.

(1) 넷플릭스

넷플릭스는 AI 기반 추천 시스템을 통해 사용자 경험을 극대화한 대표적인 기업입니다. 넷플릭스의 AI 알고리즘은 사용자가 시청한 콘텐츠 기록을 바탕으로, 사용자가 좋아할 만한 영화나 TV 시리즈를 추천합니다. 이 과정에서 AI는 협업 필터링Collaborative Filtering과 콘텐츠 기반 필터링Content-Based Filtering을 결합한 하이브리드 추천 시스템을 사용합니다.

❶ 협업 필터링은 넷플릭스 사용자의 시청 기록을 기반으로, 유사한 취향을 가진 사용자가 시청한 콘텐츠를 다른 사용자에게 추천합니다. 예를 들어, 비슷한 취향을 가진 A와 B 사용자가 있을 경우, A 사용자가 본 콘텐츠를 B 사용자에게 추천하는 방식입니다.
❷ 콘텐츠 기반 필터링은 사용자가 시청한 콘텐츠의 장르, 감독, 출연 배우 등 콘텐츠의 특성을 분석하여, 유사한 특징을 가진 다른 콘텐츠를 추천합니다.

이와 같은 방식으로, 넷플릭스는 고객 이탈률Churn Rate을 줄이고, 구독자 유지율Retention Rate을 크게 높일 수 있었습니다. 이는 고객이 자주 넷플릭스 플랫폼을 이용하게 하고, 고객 맞춤형 콘텐츠를 지속적으로 제공함으로써 사용자 경험을 개인화하는 데 성공한 사례입니다.

(2) 아마존

아마존은 AI 기반의 개인화된 추천 시스템을 통해 고객의 쇼핑 경험을 최적화하고 있습니다. 아마존의 AI 알고리즘은 고객의 검색 기록, 구매 이력, 장바구니 데이터를 실시간으로 분석하여 맞춤형 상품을 추천합니다.

❶ **실시간 개인화 추천 시스템** : 아마존의 AI는 고객의 행동 데이터를 실시간으로 수집하고, 이를 분석하여 고객이 다음에 구매할 가능성이 높은 제품을 예측합니다. 예를 들어, 고객이 특정 카테고리에서 제품을 자주 검색하면, 해당 카테고리 내에서 추천 제품을 제공하는 방식입니다.

❷ **교차 판매 전략** : 아마존은 AI를 활용하여 교차 판매Cross-Selling 전략을 실행합니다. 교차 판매란 고객이 구매하려는 제품과 연관된 다른 제품을 추천하는 방식입니다. 예를 들어, 고객이 카메라를 구매하려 할 때, AI는 그와 관련된 메모리 카드나 카메라 가방을 함께 추천합니다. 이러한 개인화된 추천 시스템은 고객의 편리함을 증대시키고, 아마존의 매출을 증대시키는 중요한 요소로 작용하고 있습니다.

(3) 스타벅스

스타벅스는 AI를 활용하여 고객 데이터를 분석하고, 개인 맞춤형 마케팅 전략을 실행하는 데 성공한 사례입니다. 스타벅스의 모바일 앱과 로열티 프로그램은 고객의 음료 주문 기록과 선호도를 분석하여 개인화된 추천과 할인 혜택을 제공합니다.

❶ **맞춤형 음료 추천** : 스타벅스의 AI는 고객이 과거에 주문한 음료 데이터를 바탕으로, 고객이 선호할 만한 음료를 추천합니다. 예를 들어, 한 고객이 매주 특정 커피 음료를 주문하면, AI는 그 고객에게 해당 음료와 유사한 신제품을 추천하거나 할인 혜택을 제공합니다.

❷ **실시간 매장 운영 최적화** : 스타벅스는 AI를 사용하여 각 매장의 실시간 데이터를 분석하고, 재고 관리와 주문 처리 속도를 개선합니다. AI는 매장별로 음료의 판매 패턴을 분석하여, 특정 음료의 재고를 미리 준비하거나, 인력 배치를 최적화하는 데 사용됩니다. 이를 통해 스타벅스는 운영 비용을 절감하면서도 고객 만족도를 높이는 데 성공했습니다.

(4) 코카콜라

코카콜라는 소셜 미디어에서 AI를 활용하여 브랜드와 관련된 대화 및 감정 변화를 모니터링하고 있습니다. AI는 소셜 미디어에서 발생하는 수천 개의 게시물을 분석하고, 코카콜라에 대한 긍정적 또는 부정적인 언급을 실시간으로 파악하여 브랜드 평판 관리를 돕습니다.

❶ **감정 분석**Sentiment Analysis : 코카콜라는 AI를 사용하여 소셜 미디어에서 브랜드에 대한 대화를 분석하고, 소비자들이 코카콜라에 대해 느끼는 감정을 파악합니다. AI는 게시물의 텍스트를 분석하여 긍정적인 감정, 부정적인 감정, 중립적인 감정을 분류하고, 이를 바탕으로 마케팅 전략을 조정합니다.

❷ **소셜 미디어 모니터링** : AI는 경쟁사와 관련된 언급도 실시간으로 모니터링하여 코카콜라가 시장에서 어떻게 위치하고 있는지를 파악합니다. 이를 통해 코카콜라는 마케팅 캠페인을 보다 정교하게 조정하고, 경쟁사보다 앞서나갈 수 있는 전략을 마련할 수 있습니다.

(5) 세포라Sephora

세포라는 AI를 활용하여 고객에게 개인 맞춤형 뷰티 제품을 추천하고, 온라인 쇼핑 경험을 개선하는 데 성공했습니다.

❶ **AI 기반 가상 메이크업 서비스** : 세포라는 AI 기반 가상 메이크업 애플리케이션인 Sephora Virtual Artist를 개발하여 고객이 자신의 얼굴에 가상으로 메이크업을 적용해 볼 수 있는 서비스를 제공합니다. 이 애플리케이션은 고객의 얼굴 이미지를 분석하여, 고객이 선택한 색조 화장품이 실제로 어떻게 보일지를 미리 시뮬레이션합니다. 이를 통해 고객은 자신에게 어울리는 제품을 쉽게 선택할 수 있으며, 이로 인해 구매 전환율이 높아졌습니다.

❷ **개인화된 추천 시스템** : 세포라는 AI를 통해 고객의 피부 타입, 색조, 과거 구매 기록을 분석하여 맞춤형 제품을 추천합니다. 예를 들어, 건성 피부를 가진 고객에게는 촉촉한 파운데이션을 추천하거나, 특정 계절에 맞는 스킨케어 제품을 제안하는 방식입니다.

(6) H&M

패션 브랜드 H&M은 AI를 사용하여 고객 맞춤형 제품 추천과 재고 관리를 최적화하고 있습니다.

❶ **고객 맞춤형 제품 추천** : H&M의 AI는 고객의 구매 패턴과 웹사이트 검색 기록을 분석하여, 고객이 선호할 만한 옷이나 액세서리를 추천합니다. 예를 들어, H&M 온라인 스토어에서 여름철 드레스를 검색한 고객에게는 여름 드레스와 어울리는 액세서리나 신발을 함께 추천하는 방식입니다.

❷ **재고 관리 최적화** : AI는 H&M의 각 매장의 재고 상태를 실시간으로 모니터링하고, 특정 제품의 재고가 부족할 때 자동으로 재주문을 실행합니다. 이를 통해 H&M은 제품의 재고를 적절하게 유지하고, 재고 부족이나 과잉으로 인한 비용을 줄일 수 있었습니다.

(7) 오라클 Oracle

오라클은 AI 기반 마케팅 솔루션을 제공하는 대표적인 기술 기업으로, 고객 맞춤형 마케팅을 자동화하는 데 도움을 주고 있습니다.

❶ **AI 기반 마케팅 클라우드** : 오라클의 AI 마케팅 클라우드는 기업이 고객 데이터를 분석하고, 이를 바탕으로 개인화된 마케팅 전략을 수립하도록 지원합니다. AI는 고객의 구매 이력, 웹사이트 방문 기록, 소셜 미디어 활동 데이터를 종합하여 맞춤형 마케팅 캠페인을 자동으로 실행합니다. 또한, AI는 캠페인의 성과를 실시간으로 분석하고, 그 결과를 바탕으로 캠페인을 지속적으로 개선할 수 있도록 돕습니다.

❷ **예측 분석** : 오라클의 AI 솔루션은 예측 분석을 통해 고객의 행동을 예측하고, 미래의 구매 가능성을 미리 평가합니다. 예를 들어, AI는 특정 고객이 웹사이트에서 어떤 행동을 했을 때, 해당 고객이 구매할 확률이 높은 제품을 예측하고, 그에 맞는 마케팅 메시지를 보낼 수 있습니다.

(8) 유나이티드 항공 United Airlines

유나이티드 항공은 AI를 통해 고객 경험을 향상시키고, 실시간으로 항공편 운항을 관리합니다.

❶ **맞춤형 고객 서비스** : 유나이티드 항공은 AI를 사용하여 고객의 여행 패턴과 선호도를 분석하고, 맞춤형 서비스를 제공합니다. 예를 들어, 정기적으로 비즈니스 클래스를 이용하는 고객에게는 좌석 업그레이드 제안이나 특별 혜택을 제공하는 방식입니다.

❷ **항공편 운영 최적화** : AI는 항공편의 운항 상태를 실시간으로 분석하고, 날씨나 공항 혼잡 상황을 고려하여 최적의 비행 경로를 제안합니다. 이를 통해 유나이티드 항공은 연료 비용을 절감하고, 항공편 지연을 최소화할 수 있습니다.

이와 같이 AI를 활용한 마케팅 자동화는 다양한 산업에서 성공적으로 활용되고 있으며, 고객 맞춤형 경험을 제공하고, 기업의 수익성을 극대화하는 데 큰 역할을 하고 있습니다. 앞으로도 AI를 통한 마케팅 자동화의 활용 가능성은 더욱 확장될 것으로 기대되며, 이는 마케팅 전략의 중요한 축으로 자리 잡을 것입니다.

9.3 실습: 간단한 챗봇 구축

간단한 챗봇을 구축하는 실습은 AI의 실제 응용 사례 중 하나입니다. 챗봇은 사용자가 입력한 질문에 대해 AI가 자동으로 응답하는 시스템으로, 고객 지원 및 정보 제공 서비스를 자동화하는 데 많이 활용됩니다. 이 섹션에서는 챗봇의 기본 개념과 개발 과정을 자세히 설명하고, Python을 사용하여 실제로 간단한 챗봇을 구축하는 방법을 안내하겠습니다.

9.3.1 챗봇의 기본 개념

챗봇은 자연어 처리 NLP, Natural Language Processing 기술을 활용하여 사용자의 입력을 이해하고, 적절한 답변을 제공하는 AI 프로그램입니다. 챗봇은 고객 서비스와 정보 제공의 효율성을 극대화하기 위해 설계되었으며, 다양한 산업에서 널리 사용되고 있습니다. 이 섹션에서는 챗봇의 기본 개념과 기능에 대해 더욱 자세히 설명하겠습니다.

(1) 고객 질문에 대한 자동 응답

챗봇은 고객이 자주 묻는 질문FAQ에 대해 즉각적으로 답변할 수 있는 기능을 가지고 있습니다. 이는 고객 서비스 팀의 부담을 줄이고, 고객의 궁금증을 신속하게 해소하는 데 도움을 줍니다.

❶ **사전 정의된 답변** : 챗봇은 특정 질문에 대해 사전에 정의된 답변을 제공할 수 있습니다. 예를 들어, 고객이 "배송 상태는 어떻게 확인하나요?"라고 질문할 경우, 챗봇은 "주문 확인 페이지에서 배송 상태를 확인하실 수 있습니다."와 같은 정해진 답변을 즉시 제공합니다. 이를 통해 고객은 원하는 정보를 빠르게 얻을 수 있습니다.

❷ **학습 기능** : 챗봇은 사용자의 질문을 분석하고, 새로운 질문에 대해 적절한 답변을 학습할 수 있는 기능도 갖추고 있습니다. 머신러닝 알고리즘을 통해 챗봇은 대화의 맥락을 이해하고, 비슷한 질문에 대해 더 나은 답변을 제공할 수 있게 됩니다.

(2) 정보 제공

챗봇은 고객이 원하는 특정 상품 정보나 서비스에 대한 자세한 내용을 안내하는 데 매우 유용합니다. 고객은 언제든지 질문할 수 있으며, 챗봇은 즉시 답변할 수 있습니다.

❶ **상품 정보 안내** : 예를 들어, 고객이 "이 상품의 가격은 얼마인가요?"라고 질문하면, 챗봇은 해당 상품의 가격 정보를 데이터베이스에서 검색하여 실시간으로 답변합니다. 이는 고객이 상품에 대한 궁금증을 빠르게 해결하고, 구매 결정을 내리는 데 도움을 줍니다.

❷ **상세 설명 제공** : 챗봇은 특정 제품의 사용 방법, 특징, 장점 등을 설명할 수 있으며, 고객이 추가적인 정보를 요청할 경우에도 즉각적으로 반응할 수 있습니다. 예를 들어, "이 제품은 어떻게 사용하나요?"라는 질문에 대해, 챗봇은 제품 사용법을 상세히 설명하거나 관련 비디오 링크를 제공할 수 있습니다.

(3) 24시간 고객 지원

챗봇은 언제든지 작동할 수 있는 특성을 가지고 있어, 고객의 질문에 24시간 대응할 수 있습니다. 이는 고객이 비즈니스 운영 시간에 구애받지 않고 필요한 정보를 얻을 수 있도록 해 줍니다.

❶ **편리함 제공** : 고객은 야간이나 주말에도 문의할 수 있으며, 챗봇은 즉각적으로 응답하여 고객의 편리함을 증가시킵니다. 이는 특히 고객의 문의가 폭주할 경우, 실시간으로 문제를 해결할 수 있는 중요한 기능입니다.

❷ **인력 비용 절감** : 챗봇을 통해 기업은 고객 지원에 필요한 인력을 줄일 수 있습니다. 인력으로 처리하기 어려운 간단한 질문이나 반복적인 문의는 챗봇이 자동으로 처리하여, 직원들이 더 복잡한 문제에 집중할 수 있도록 합니다. 이는 기업의 운영 효율성을 높이고 인건비를 절감하는 데 기여합니다.

(4) 고객 분석 및 피드백 수집

챗봇은 고객과의 대화를 통해 수집된 데이터를 분석하여 고객의 행동 패턴과 선호도를 이해할 수 있습니다.

❶ **대화 기록 분석** : 챗봇은 고객과의 대화 기록을 통해 어떤 질문이 가장 많이 발생하는지를 분석할 수 있으며, 이를 바탕으로 자주 묻는 질문FAQ 목록을 업데이트하거나 개선할 수 있습니다.

❷ **피드백 수집** : 고객이 챗봇과의 대화 후 만족도를 평가하도록 요청함으로써, 기업은 서비스 품질을 개선하는 데 필요한 피드백을 받을 수 있습니다. 이는 고객 경험을 더욱 향상시키는 데 중요한 역할을 합니다.

(5) 다양한 플랫폼과 통합 가능성

챗봇은 웹사이트, 모바일 앱, 소셜 미디어 플랫폼 등 다양한 채널에서 운영될 수 있습니다.

❶ **소셜 미디어 통합** : 많은 기업들이 페이스북 메신저, 인스타그램, 텔레그램 등과 같은 소셜 미디어 플랫폼에 챗봇을 통합하여 고객과 소통하고 있습니다. 이를 통해 고객은 자신이 선호하는 플랫폼에서 쉽게 질문할 수 있으며, 기업은 여러 채널에서 일관된 고객 서비스를 제공할 수 있습니다.

❷ **다양한 기술 통합** : 챗봇은 다른 AI 기술, 예를 들어 음성 인식이나 이미지 인식 기술과 통합하여, 보다 풍부한 사용자 경험을 제공할 수 있습니다. 예를 들어, 음성 기반의 챗봇은 사용자가 음성으로 질문할 수 있게 하여, 텍스트 입력 없이도 편리한 상호작용을 가능하게 합니다.

이와 같이 챗봇은 고객과의 상호작용을 자동화하고, 기업의 고객 서비스 효율성을 높이는 중요한 도구로 자리 잡고 있습니다. 챗봇은 다양한 기능을 통해 고객의 문의에 즉각적으로 대응하고, 필요한 정보를 제공함으로써 고객 만족도를 높이고 기업의 운영 비용을 절감하는 데 기여합니다. 앞으로 AI 기술이 발전함에 따라 챗봇의 기능과 활용 가능성은 더욱 확대될 것으로 기대됩니다.

9.3.2 챗봇 개발 과정 (상세 설명)

챗봇 개발 과정은 사용자의 요구를 충족시키고 효과적인 상호작용을 가능하게 하기 위해 세 가지 주요 단계로 나눌 수 있습니다: 설계, 구현, 테스트. 각 단계에서 필요한 작업을 자세히 살펴보겠습니다.

(1) 설계

설계 단계에서는 챗봇의 기능을 정의하고 대화 흐름을 계획합니다. 이 과정은 챗봇의 목적과 사용 사례를 명확히 하여 성공적인 챗봇을 만드는 데 중요한 역할을 합니다.

❶ 기능 정의

- **용도 결정** : 챗봇이 수행할 기능을 결정합니다. 예를 들어, 고객 지원을 위한 FAQ 챗봇, 특정 상품 정보 제공을 위한 챗봇, 주문 및 배송 상태 확인을 위한 챗봇 등을 설계할 수 있습니다.
- **목표 고객 분석** : 챗봇이 주로 상호작용할 고객층을 분석합니다. 예를 들어, B2C 기업은 일반 소비자에게, B2B 기업은 기업 고객에게 맞춤형 서비스를 제공하기 위해 각기 다른 기능을 필요로 할 수 있습니다.

- **우선순위 결정** : 챗봇이 제공해야 할 기능 중 가장 중요한 것과 덜 중요한 것을 우선순위로 정리합니다. 예를 들어, 상품 정보 제공이 가장 중요하다면, 그에 맞춰 설계를 우선시합니다.

❷ 대화 흐름 정의

- **시나리오 작성** : 고객이 챗봇과 상호작용하는 시나리오를 작성합니다. 예를 들어, 사용자가 "배송 상태는 어떻게 확인하나요?"라고 질문할 경우 챗봇이 어떤 답변을 할지를 미리 정의합니다.
- **대화 트리** : 대화 흐름을 트리 구조로 시각화하여 사용자가 어떤 질문을 할 수 있고, 챗봇이 어떤 답변을 제공할지를 정리합니다. 이는 고객이 입력할 수 있는 다양한 질문과 그에 대한 챗봇의 답변을 명확히 하여, 개발 시 혼선을 줄이는 데 도움이 됩니다.
- **예외 처리 계획** : 고객이 예상하지 못한 질문을 할 경우 챗봇이 어떻게 응답할지에 대한 예외 처리 계획을 세웁니다. 예를 들어, "그 질문에 대해서는 잘 모르겠습니다."라는 일반적인 응답을 미리 설정할 수 있습니다.

아래는 챗봇 개발 과정과 코드에 대한 전체적인 설명입니다. 각 섹션을 자세히 설명하며, 구현된 챗봇의 기능과 작동 방식을 이해할 수 있도록 안내하겠습니다.

9.3.3 챗봇 개발 과정

챗봇 개발은 다음과 같은 단계로 나뉘며, 이를 통해 사용자와의 상호작용을 자동화하는 시스템을 구축합니다.

(1) 도구 선택

챗봇을 개발하기 위해 필요한 도구와 라이브러리를 선정합니다. 이는 챗봇의 기능과 목적에 따라 달라질 수 있습니다.

❶ 라이브러리 선정

- ChatterBot : Python으로 쉽게 사용할 수 있는 라이브러리로, 간단한 학습 및 대화 처리 기능을 제공합니다. 이는 머신러닝을 통해 사용자의 입력을 학습하고, 그에 따라 응답하는 능력을 갖추고 있습니다.
- Dialogflow : 구글의 클라우드 기반 솔루션으로, 자연어 처리(NLP)와 머신러닝 기능을 활용하여 챗봇을 구축할 수 있습니다. 이러한 플랫폼은 복잡한 코딩 없이도 챗봇을 개발할 수 있게 도와줍니다.
- Rasa : 오픈 소스 기반의 프레임워크로, 더 복잡한 대화 흐름과 사용자 정의 응답을 지원합니다. 대규모 프로덕션 환경에 적합한 기능을 제공합니다.

❷ 클라우드 기반 솔루션

- Dialogflow와 같은 클라우드 기반 솔루션은 서버 관리 없이 챗봇을 배포하고 운영할 수 있도록 해줍니다. 이를 통해 사용자는 NLP와 머신러닝을 통해 고급 기능을 활용할 수 있습니다.

(2) 필요한 라이브러리 설치

챗봇 개발에 필요한 라이브러리를 설치하는 단계입니다. 다음과 같은 명령어로 라이브러리를 설치합니다.

```
```bash
pip install chatterbot
pip install chatterbot-corpus
```
```

❶ 환경 설정

Python이 설치된 환경을 설정합니다. 필요에 따라 가상 환경을 생성하여 독립적인 패키지 관리를 수행할 수 있습니다. IDE(예: PyCharm, Jupyter Notebook, VSCode)를 선택하여 코드를 작성합니다.

(3) 코드 작성

챗봇의 기능을 구현하는 단계로, 아래와 같은 코드를 작성하여 챗봇의 응답 로직을 설정합니다.

```
```python
from chatterbot import ChatBot
from chatterbot.trainers import ListTrainer
```

```
# 챗봇 생성
chatbot = ChatBot('MyChatBot')
```

```
# 트레이너 설정
trainer = ListTrainer(chatbot)
```

```
# 대화 데이터 훈련
conversation = [
    "안녕하세요",
    "안녕하세요! 무엇을 도와드릴까요?",
    "배송 상태는 어떻게 확인하나요?",
    "주문 확인 페이지에서 배송 상태를 확인하실 수 있습니다.",
```
```

```
        "환불은 어떻게 하나요?",
        "환불 요청은 고객 서비스에 문의해 주시기 바랍니다.",
        "감사합니다",
        "천만에요! 또 필요하시면 말씀해 주세요.",
        "제품은 언제 배송되나요?",
        "일반적으로 주문 후 3-5일 이내에 배송됩니다.",
        "회원가입은 어떻게 하나요?",
        "저희 웹사이트의 회원가입 페이지에서 간단히 가입하실 수 있습니다.",
        "결제 방법은 무엇이 있나요?",
        "신용카드, 체크카드, 페이팔 등이 가능합니다.",
        "안녕",
        "고마워",
        "감사합니다",
        "종료",
        "꺼져"
    ]
```

```
# 대화 데이터 학습
trainer.train(conversation)
```

```
# 챗봇 응답 함수
def chatbot_response(user_input):
    user_input = user_input.lower()

    responses = {
        "안녕": "안녕하세요! 무엇을 도와드릴까요?",
        "hi": "Hi there! How can I assist you today?",
        "날씨": "오늘의 날씨는 맑음입니다.",
        "이름": "저는 간단한 파이썬 챗봇입니다.",
        "고마워": "천만에요! 또 필요하시면 말씀해 주세요.",
        "감사합니다": "천만에요! 또 필요하시면 말씀해 주세요.",
        "종료": "챗봇을 종료합니다. 좋은 하루 되세요!",
        "꺼져": "챗봇을 종료합니다. 좋은 하루 되세요!"
    }
```

```
# 예상 질문이 있는 경우 응답 반환
    for key in responses:
        if key in user_input:
            return responses[key]
```

```
# 예외 처리: 예상 질문 출력
    example_questions = [
        "안녕",
        "hi",
        "날씨",
        "이름",
        "고마워",
        "감사합니다",
        "종료",
        "꺼져"
    ]

    example_message = "죄송해요, 잘 이해하지 못했어요. 예를 들어, 다음 질문을 해보세
요:\n" + "\n".join(example_questions)

    return example_message
```

```
# 챗봇 대화 시작
def chat_with_user():
    print("챗봇과 대화 시작! '종료'라고 입력하면 대화가 종료됩니다.")
    while True:
        user_input = input("사용자: ")
        if user_input.lower() in ["종료", "꺼져"]:
            print("챗봇:", chatbot_response(user_input))
            break
        response = chatbot_response(user_input)
        print("챗봇:", response)
```

```
# 프로그램 실행
if __name__ == "__main__":
    chat_with_user()
"""
```

- 챗봇 응답 함수 : 사용자의 질문을 분석하고 그에 맞는 응답을 반환하는 함수를 정의합니다. 예제에 없는 질문에 대해서는 예제 질문 목록을 보여줍니다.

(4) 챗봇 실행

작성한 코드를 Python 환경에서 실행합니다. 챗봇과의 대화가 시작되며, 사용자가 질문을 입력하면 챗봇이 해당 질문에 대한 적절한 답변을 제공합니다. 사용자가 "종료"라고 입력하면 대화가 종료됩니다.

(5) 챗봇 테스트

❶ 다양한 질문을 입력하여 챗봇이 올바른 답변을 제공하는지 확인합니다. 예를 들어, "날씨"라고 질문하면 챗봇이 날씨 정보를 응답하는지 테스트합니다.

❷ 필요에 따라 더 많은 질문-답변 쌍을 추가하여 챗봇의 성능을 개선하고, 사용자로부터 받은 피드백을 반영하여 응답을 조정합니다.

이 과정을 통해 사용자는 챗봇 개발의 기본적인 흐름을 이해하고, 직접 챗봇을 구현함으로써 AI 기술이 고객 응대 자동화에 어떻게 기여하는지를 체험할 수 있습니다. 챗봇을 통해 고객의 질문에 실시간으로 대응하고, 정보를 제공함으로써 기업의 고객 서비스 품질을 향상시키는 데 기여할 수 있습니다.

9.3.4 실습 목표

이 실습의 주요 목표는 간단한 챗봇을 구축하여 고객 응대 자동화의 기본 개념을 익히고, AI 기술이 비즈니스 프로세스를 개선할 수 있는 방법을 직접 체험하는 것입니다. 챗봇을 통해 고객의 질문에 실시간으로 답변하고, 정보 제공을 자동화함으로써, 고객 서비스의 질을 향상시키는 데 기여할 수 있습니다. 이제 각 목표에 대해 자세히 설명하겠습니다.

(1) 고객 응대 자동화의 기본 개념 이해

❶ **자동화의 필요성** : 현대의 비즈니스 환경에서는 고객의 문의와 요청이 급증하고 있습니다. 고객 서비스 팀이 모든 문의를 처리하는 것은 시간과 인력 측면에서 비효율적일 수 있습니다. 챗봇은 이러한 문제를 해결하기 위해 설계되었습니다.

❷ **챗봇의 역할** : 챗봇은 고객의 질문에 즉각적으로 응답함으로써 고객이 원하는 정보를 신속하게 제공받을 수 있게 합니다. 예를 들어, 자주 묻는 질문FAQ에 대해 챗봇이 자동으로 답변을 제공할 수 있으며, 고객은 대기 시간을 줄이고 효율적으로 정보를 얻을 수 있습니다.

(2) AI 기술이 비즈니스 프로세스 개선에 기여하는 방법

❶ **효율성 증가** : 챗봇은 24시간 운영되므로 고객이 언제든지 질문할 수 있습니다. 이는 고객의 편리함을 증가시키고, 기업의 운영 비용을 절감하는 데 기여합니다.

❷ **일관된 서비스 제공** : 챗봇은 모든 고객에게 일관된 응답을 제공합니다. 이는 고객 서비스의 질을 높이고, 브랜드의 신뢰성을 강화하는 데 도움이 됩니다.

❸ 데이터 수집 및 분석 : 챗봇을 통해 고객의 질문과 요구사항을 수집하고 분석할 수 있습니다. 이러한 데이터는 비즈니스 전략 수립 및 제품 개선에 중요한 인사이트를 제공할 수 있습니다.

(3) 실습을 통한 AI 기술 활용 가능성 탐구

❶ 구축 경험 : 이 실습을 통해 사용자는 실제로 간단한 챗봇을 구축함으로써 AI 기술의 작동 원리와 기능을 깊이 이해할 수 있습니다. 코드를 작성하고, 챗봇의 응답 로직을 설정하며, 다양한 질문에 대한 대처 방안을 고민하는 과정은 중요한 학습 경험이 될 것입니다.

❷ 기술 적용 가능성 : 챗봇의 구축과 운영을 통해 사용자는 AI 기술이 다양한 비즈니스 환경에서 어떻게 적용될 수 있는지를 체험할 수 있습니다. 특히, 고객 서비스 분야에서 AI가 어떻게 효율성과 품질을 향상시킬 수 있는지에 대한 인식을 높일 수 있습니다.

(4) 고객 서비스의 질 향상

❶ 즉각적인 응답 제공 : 챗봇은 고객의 질문에 신속하게 응답함으로써 고객 만족도를 높입니다. 고객이 원하는 정보를 즉시 제공받을 수 있어 서비스 경험이 개선됩니다.

❷ 비용 절감 : 챗봇을 통해 인력 비용을 절감할 수 있습니다. 반복적인 질문에 대해 챗봇이 자동으로 응답함으로써, 직원들은 더 복잡한 문제에 집중할 수 있습니다.

❸ 고객 피드백 수집 : 챗봇은 대화를 통해 고객의 피드백을 수집할 수 있는 유용한 도구입니다. 이를 통해 고객의 의견을 신속하게 반영하고 서비스 개선에 활용할 수 있습니다.

이 실습을 통해 사용자는 챗봇의 기본 구조와 작동 원리를 이해하고, 실제로 간단한 챗봇을 구축해 보는 경험을 통해 AI 기술의 활용 가능성을 더 깊이 있게 탐구할 수 있습니다. 이러한 경험은 향후 AI 관련 프로젝트나 연구에 있어서 중요한 기반이 될 것입니다.

9.4 오늘의 내용 요약

9일차: 비즈니스에서의 인공지능에서는 AI의 데이터 분석, 마케팅 및 자동화 활용에 대해 심층적으로 다루었습니다. 아래는 오늘의 주요 내용을 요약한 것입니다.

1. AI와 데이터 분석

❶ AI의 중요성 : 현대 비즈니스에서 AI는 방대한 양의 데이터를 처리하고, 유의미한 패턴을 발견하여 미래의 트렌드를 예측하는 데 중요한 역할을 합니다.

❷ 데이터 분석의 필요성

- 데이터의 종류 : 고객 데이터, 거래 데이터, 마케팅 데이터 등 다양한 데이터를 수집하여 분석합니다.
- 이점 : 고객 맞춤형 서비스 제공, 비용 절감, 시장 예측 등을 통해 기업의 경쟁력을 향상시킵니다.
- AI 의 역할 : AI 는 대량의 데이터를 빠르고 정확하게 분석하여 기업의 의사결정을 지원합니다.

❸ AI의 데이터 분석 방식

- 머신러닝 : 지도 학습과 비지도 학습을 통해 데이터를 학습하고 예측합니다.
- 딥러닝 : 이미지, 음성, 텍스트와 같은 비정형 데이터를 처리하는 데 뛰어난 성능을 발휘합니다.
- 강화학습 : 보상과 처벌을 통해 스스로 학습하여 최적의 행동을 선택하는 방식입니다.

❹ 비즈니스 적용 사례 : 전자 상거래, 금융 업계, 헬스케어, 제조업 등 다양한 산업에서 AI를 활용하여 데이터 분석이 이루어지고 있습니다.

2. AI를 활용한 마케팅과 자동화

❶ 개인화된 마케팅

- 고객 데이터를 분석하여 맞춤형 콘텐츠, 제품, 서비스를 제공함으로써 고객 만족도를 높이고 매출을 증대시킵니다.
- 추천 시스템 : 사용자의 행동 데이터를 분석하여 개인 맞춤형 추천을 제공합니다.

❷ 마케팅 자동화

- 이메일 마케팅, 광고 최적화, 고객 관리 등에서 AI 를 활용하여 프로세스를 자동화하고 효율성을 극대화합니다.
- 챗봇 활용 : 고객의 질문에 실시간으로 답변하여 고객 서비스를 자동화합니다.

❸ **성공 사례** : 넷플릭스, 아마존, 스타벅스 등 다양한 기업에서 AI를 통해 개인 맞춤형 경험과 마케팅 자동화를 성공적으로 구현하고 있습니다.

3. 실습: 간단한 챗봇 구축

❶ **챗봇의 기본 개념** : 자연어 처리 기술을 활용하여 사용자의 입력을 이해하고 적절한 답변을 제공하는 AI 프로그램입니다.

❷ **개발 과정**

- **설계** : 챗봇의 기능을 정의하고 대화 흐름을 계획합니다.
- **구현** : 필요한 라이브러리를 설치하고 코드를 작성하여 챗봇을 구축합니다.
- **테스트** : 다양한 질문에 대한 챗봇의 응답을 확인하고 필요한 조정을 합니다.

❸ **실습 목표** : 챗봇을 구축하여 고객 응대 자동화의 개념을 익히고, AI 기술이 비즈니스 프로세스를 어떻게 개선할 수 있는지를 직접 체험합니다.

오늘의 내용을 통해 AI의 데이터 분석 및 마케팅 활용 그리고 챗봇 구축 과정을 깊이 이해하고, AI가 비즈니스에서 어떤 방식으로 활용되는지를 살펴보았습니다. 이러한 지식은 앞으로의 AI 관련 프로젝트나 연구에 중요한 기초가 될 것입니다.

9.5 연습문제

4지선다형 문제

01 AI가 데이터 분석에서 중요한 역할을 하는 이유는?

① 데이터의 저장 공간을 확보하기 위해
② 방대한 데이터를 빠르게 처리하고 분석하기 위해
③ 데이터를 생성하기 위해
④ 데이터의 손실을 막기 위해

02 머신러닝에서 지도 학습의 특징은?

① 레이블이 없는 데이터를 학습한다.
② 데이터의 구조를 발견한다.
③ 레이블이 있는 데이터를 기반으로 학습한다.
④ 데이터를 생성한다.

03 추천 시스템에서 협업 필터링의 원리는?

① 사용자의 선호도를 기반으로 제품을 추천한다.
② 비슷한 취향의 사용자 데이터를 활용한다.
③ 제품의 특징을 분석하여 유사한 제품을 추천한다.
④ 임의로 제품을 추천한다.

04 강화학습에서 보상의 역할은?

① 데이터를 분류하는 데 사용된다.
② 에이전트의 행동을 강화하거나 억제한다.
③ 데이터를 시각화한다.
④ 학습 데이터를 생성한다.

05 딥러닝의 기본 구성 요소는?

① 데이터 저장소
② 인공 신경망
③ 알고리즘 구조
④ 강화학습 에이전트

06 AI가 금융 업계에서 활용되는 주요 사례는?

① 데이터 삭제
② 사기 거래 탐지
③ 고객 데이터 저장
④ 데이터 정렬

07 마케팅 자동화에서 AI의 장점은?

① 광고 비용 증가
② 고객 맞춤형 이메일 발송
③ 마케팅 데이터 축소
④ 정적인 마케팅 전략

08 챗봇의 주요 기능은?

① 데이터 저장
② 고객 질문에 자동 응답
③ 데이터 삭제
④ 광고 생성

09 AI 기반 추천 시스템의 주된 이점은?

① 사용자가 선호하는 제품을 분석한다.
② 제품 가격을 설정한다.
③ 추천 시스템 데이터를 저장한다.
④ 사용자 데이터를 삭제한다.

10 강화학습이 자율주행차에서 사용되는 이유는?

① 연료 효율을 높이기 위해
② 최적의 경로와 행동을 학습하기 위해
③ 차량의 속도를 제한하기 위해
④ 데이터를 저장하기 위해

단답형 문제

01 머신러닝의 주요 학습 방식 두 가지는?

02 딥러닝의 주요 응용 분야는?

03 강화학습에서 에이전트가 학습하는 기준은?

04 추천 시스템의 주요 방식 두 가지는?

05 AI가 데이터를 분석할 때 사용하는 주요 알고리즘은?

06 챗봇이 고객 지원에 유용한 이유는?

07 금융 업계에서 AI가 활용되는 또 다른 사례는?

08 딥러닝의 기본 구성 요소는?

09 AI를 활용한 마케팅 자동화의 장점은?

10 AI가 제조업에서 기여하는 분야는?

서술형 문제

01 AI가 데이터를 분석하는 방식과 이점에 대해 설명하시오.

02 마케팅 자동화에서 AI가 활용되는 주요 방법과 사례를 설명하시오.

03 강화학습의 개념과 주요 응용 사례를 기술하시오.

04 AI가 헬스케어에서 데이터를 활용하는 방법과 이점을 설명하시오.

05 챗봇 개발 과정과 이를 통한 비즈니스 효과를 논하시오.

10 일차

AI 윤리와 사회적 영향

10.1 인공지능의 윤리적 문제

10.2 AI가 사회에 미치는 영향 : 일자리 변화와 직업의 미래

10.3 오늘의 내용 요약

10.4 연습문제

10.1 인공지능의 윤리적 문제

인공지능AI의 발전은 많은 이점을 제공하지만, 동시에 여러 윤리적 문제를 동반합니다. 주요 윤리적 문제는 다음과 같습니다:

10.1.1 편향성과 공정성

AI(인공지능) 알고리즘은 주어진 데이터를 기반으로 학습하고 판단하여 결과를 만들어냅니다. 그러나 이 과정에서 사용되는 학습 데이터가 편향되어 있을 경우, AI의 결정도 편향될 수 있습니다. 이를 더욱 쉽게 이해하기 위해 아래와 같이 자세히 설명하겠습니다.

(1) 편향이란 무엇인가?

편향Bias은 특정 집단이나 성격에 대해 불공정하게 대우하거나 차별하는 경향을 의미합니다. 예를 들어, 어떤 AI 시스템이 주로 남성의 경험을 바탕으로 학습한다면, 이 시스템은 여성에 대한 차별적인 판단을 내릴 수 있습니다. 이는 특정 그룹이 과도하게 긍정적이거나 부정적으로 평가되는 결과를 초래합니다.

(2) 왜 편향이 문제가 되는가?

AI가 편향된 데이터를 학습하게 되면, 그 결과 또한 불공정하게 나타납니다. 이는 여러 문제를 일으킬 수 있습니다:

❶ **차별적인 결과** : 예를 들어, 한 기업이 AI를 사용해 이력서를 평가한다고 가정해봅시다. 만약 과거의 데이터가 남성 지원자 위주로 편향되어 있다면, AI는 여성 지원자에게 부당하게 낮은 점수를 줄 수 있습니다. 이로 인해 기업은 다양성을 잃고, 능력 있는 여성 인재를 놓치게 됩니다.

❷ **사회적 불신** : AI의 판단이 불공정하게 나타나면, 사람들은 AI 시스템을 신뢰하지 않게 됩니다. 이는 AI 기술의 활용이 줄어들고, 사회적으로 부정적인 영향을 미칠 수 있습니다.

(3) 실제 사례

❶ **범죄 예측 시스템** : 경찰이 AI를 사용해 범죄가 발생할 가능성이 높은 지역을 예측하는 경우, 만약 이전 데이터에 특정 인종이나 지역에 대한 편향이 포함되어 있다면, AI는

그 인종이나 지역을 부당하게 위험하다고 판단할 수 있습니다. 이로 인해 해당 지역 주민들은 과도한 감시와 차별을 받을 수 있습니다.

❷ **신용 평가 시스템** : 금융 기관이 AI를 사용하여 대출 신청자의 신용을 평가할 때, 특정 인종이나 성별에 대한 편향이 있으면 해당 그룹의 사람들이 부당하게 낮은 신용 점수를 받을 수 있습니다. 이는 그들의 금융 기회를 제한하게 됩니다.

(4) 공정성의 중요성

AI가 모든 개인과 집단을 공정하게 대우하는 것은 매우 중요합니다. 공정한 AI 시스템은 다양한 인종, 성별, 연령 등의 특성을 고르게 반영하여 불평등을 해소하고, 사회적 신뢰를 쌓을 수 있습니다. 이는 AI 기술의 신뢰성과 수용성을 높이는 데 기여합니다.

(5) 편향을 해결하기 위한 방법

❶ **다양한 데이터 수집** : AI의 학습에 사용되는 데이터는 다양한 배경을 가진 사람들로부터 수집되어야 합니다. 이는 AI가 더 많은 사람들의 관점을 이해하고, 균형 잡힌 결정을 내릴 수 있도록 도와줍니다.

❷ **모델 검증 및 수정** : AI 모델이 생성하는 결과를 주기적으로 검토하여 불공정한 판단이 있는지를 확인해야 합니다. 발견된 편향에 대해서는 적절한 조치를 취해야 하며, 이는 지속적인 모니터링과 수정 과정을 필요로 합니다. 예를 들어, 특정 집단이 지속적으로 불리한 평가를 받는다면, 해당 문제를 해결하기 위한 조치를 강구해야 합니다.

(6) 결론

편향성과 공정성은 AI의 올바른 발전을 위해 반드시 고려해야 할 요소입니다. AI가 다양한 사람들을 공정하게 대우하고 신뢰를 얻을 수 있도록, 데이터 수집 및 알고리즘 설계 시 이러한 점을 충분히 반영해야 합니다. 이를 통해 AI는 더욱 투명하고 신뢰받는 시스템으로 자리 잡을 수 있을 것입니다. AI 기술이 사회의 다양한 목소리를 반영하고, 공정한 결정이 이루어질 수 있도록 지속적인 노력이 필요합니다.

10.1.2 프라이버시 침해

AI(인공지능) 기술은 개인의 행동과 선호를 예측하기 위해 대량의 데이터를 수집하고 분석합니다. 이러한 데이터는 사람들의 일상적인 활동, 온라인 행동, 구매 기록 등 다양한 출처에서 얻어집니다. 그러나 이 과정에서 개인의 사생활이 침해될 수 있으며, 이는 여러 가지 법적 및 윤리적 문제를 초래할 수 있습니다. 아래에서 자세히 설명하겠습니다.

(1) 프라이버시란 무엇인가?

프라이버시Privacy는 개인의 사생활이나 개인 정보가 외부로 노출되지 않을 권리를 의미합니다. 각 개인은 자신의 정보가 무단으로 사용되거나 공개되지 않을 권리가 있습니다. 예를 들어, 여러분이 어떤 앱을 사용할 때, 자신의 사진이나 연락처 같은 개인 정보를 원하지 않는 사람에게 노출되지 않기를 바랍니다. 만약 이런 정보가 외부에 공개되면, 개인의 자율성과 존엄성이 훼손될 수 있습니다.

(2) AI의 데이터 수집 방식

❶ AI는 다양한 방식으로 데이터를 수집합니다. 예를 들어:

- **소셜 미디어** : 페이스북이나 인스타그램과 같은 플랫폼은 사용자가 올린 사진, 글, 댓글 등을 통해 많은 데이터를 수집합니다.
- **온라인 쇼핑몰** : 아마존이나 쿠팡과 같은 쇼핑 사이트는 사용자의 구매 이력과 검색 기록을 기록합니다.
- **검색 엔진** : 구글과 같은 검색 엔진은 사용자가 검색한 내용과 클릭한 링크를 추적합니다.

❷ 이렇게 수집된 데이터는 사용자의 선호, 관심사, 소비 습관 등을 분석하는 데 활용됩니다. AI는 이 데이터를 기반으로 개인화된 광고를 제공하거나 추천 시스템을 만들어 사용자가 관심 있을 만한 상품이나 콘텐츠를 제안합니다.

(3) 개인 사생활 침해의 예시

❶ **무단 수집** : 어떤 앱이나 웹사이트가 사용자의 동의 없이 개인 정보를 수집하는 경우가 있습니다. 예를 들어, 특정 앱이 위치 정보나 연락처를 사용자의 허락 없이 수집하면 이는 프라이버시 침해로 간주됩니다. 이러한 행위는 사용자에게 큰 불안감을 줄 수 있습니다.

❶ **프로파일링** : AI는 수집된 데이터를 바탕으로 개인의 프로파일을 만들어 그 사람의 행동을 예측하거나 추천합니다. 예를 들어, 한 쇼핑몰에서 '스포츠화'를 검색한 후, AI는 당신이 스포츠와 관련된 다른 제품을 구매할 가능성이 높다고 판단하여 비슷한 제품을 추천합니다. 하지만 이러한 프로파일링이 개인의 동의 없이 이루어지면, 사용자는 원하지 않는 방향으로 자신의 데이터가 활용될 위험이 있습니다.

(4) 법적 및 윤리적 문제

❶ **법적 문제** : 개인의 데이터가 무단으로 수집되거나 사용되면, 이는 개인정보 보호법과 같은 법률에 위반될 수 있습니다. 각국의 법률은 개인 정보의 수집과 사용에 대해 엄격한 규정을 두고 있으며, 이를 위반할 경우 법적 책임이 따를 수 있습니다. 예를 들어, 유럽의

GDPR(일반 데이터 보호 규정)은 개인의 데이터 보호를 매우 강력하게 규제하고 있습니다.

❷ **윤리적 문제** : 개인의 동의 없이 정보를 수집하고 사용하는 것은 윤리적으로 문제가 됩니다. 사용자는 자신의 정보가 어떻게 사용될지를 알고 동의할 권리가 있습니다. 만약 기업이 이를 무시하고 데이터를 수집하면, 사용자와 기업 간의 신뢰가 깨질 수 있습니다. 이는 장기적으로 기업의 평판에 부정적인 영향을 미칠 수 있습니다.

(5) 프라이버시 보호를 위한 노력

❶ **투명성** : 기업은 데이터 수집 및 사용에 대해 투명하게 정보를 제공해야 합니다. 사용자가 자신의 데이터가 어떻게 사용되는지 이해할 수 있도록 명확한 설명이 필요합니다. 예를 들어, 사용자가 앱을 설치할 때 데이터 수집 방식과 목적에 대해 충분히 설명해야 합니다.

❷ **사용자 동의** : 데이터를 수집하기 전에 사용자에게 명확한 동의를 받아야 합니다. 이를 통해 사용자는 자신의 정보가 어떻게 사용되는지에 대해 결정할 수 있습니다. 예를 들어, 앱 사용 시 권한 요청 화면에서 어떤 데이터가 왜 필요한지를 설명하고 동의를 받아야 합니다.

❸ **데이터 최소화** : 필요한 최소한의 데이터만 수집하는 원칙을 준수해야 합니다. 불필요한 정보는 수집하지 않도록 하여 개인의 사생활을 보호해야 합니다. 예를 들어, 위치 정보가 꼭 필요한 경우에만 수집하고, 필요 없을 때는 수집하지 않도록 해야 합니다.

(6) 결론

프라이버시 침해는 AI 기술이 발전함에 따라 더욱 중요한 문제로 대두되고 있습니다. 개인의 권리를 존중하고 보호하기 위해서는 AI를 개발하고 사용하는 모든 주체가 책임을 가지고 데이터 수집 및 처리를 수행해야 합니다. 이를 통해 AI가 더욱 신뢰받는 기술로 자리잡을 수 있으며, 사용자도 자신의 정보가 안전하게 보호받고 있다는 믿음을 가질 수 있습니다. AI 기술이 개인의 사생활을 존중하고, 사용자와 기업 간의 신뢰를 강화할 수 있도록 지속적인 노력이 필요합니다.

10.1.3 책임 문제

AI(인공지능) 시스템은 자율적으로 의사결정을 내리기 때문에, 그 결과에 대한 책임이 누구에게 있는지가 복잡한 문제입니다. AI가 만든 결정이나 행동으로 인해 발생하는 결과에 대해 명확한 책임 소재를 파악하는 것이 어려울 수 있습니다. 이를 자세히 설명하겠습니다.

(1) 책임이란 무엇인가?

책임Responsibility은 특정 행동이나 결정으로 인해 발생하는 결과에 대해 부담해야 할 의무를 의미합니다. 일반적으로, 인간이 어떤 일을 하면 그 결과에 대해 책임을 지게 됩니다. 그러나 AI가 의사결정을 내리는 경우, 그 결과에 대한 책임이 불분명해질 수 있습니다.

(2) AI의 결정 과정

AI는 주어진 데이터를 기반으로 학습하고, 이 데이터를 바탕으로 의사결정을 내립니다. 하지만 AI는 감정이나 도덕적 판단이 없기 때문에, 인간과는 다르게 사고를 하지 않습니다. 이러한 특성 때문에 AI의 결정이 잘못되었을 때 책임을 묻는 것이 복잡해집니다.

(3) 책임 소재의 복잡성

❶ **자율주행차 사고** : 자율주행차가 사고를 일으킨 경우를 예로 들어봅시다. 이 경우, 다음과 같은 여러 주체가 책임을 질 가능성이 있습니다.

- **제조사** : 자율주행차를 만든 회사는 차량의 안전성과 성능에 대한 책임을 질 수 있습니다. 차량이 설계나 제조 과정에서 결함이 있었다면, 제조사가 법적 책임을 질 수 있습니다.
- **소프트웨어 개발자** : 자율주행차의 소프트웨어를 개발한 엔지니어들은 AI 알고리즘이 잘못된 결정을 내리도록 설계했을 경우 책임을 질 수 있습니다. 알고리즘의 오류나 잘못된 학습이 사고를 초래했다면, 개발자의 책임이 따를 수 있습니다.
- **운전자** : 자율주행차가 완전한 자율성을 갖추지 못한 경우, 운전자가 차량을 통제해야 할 의무가 있습니다. 이때 운전자가 주의 의무를 소홀히 했다면, 운전자도 책임을 질 수 있습니다.

(4) 법적 문제

AI 시스템의 결정으로 인해 발생하는 사고나 문제에 대한 책임은 현재 법적으로 명확하게 규정되어 있지 않습니다. 각국의 법률 체계는 AI의 사용에 대한 책임 문제를 해결하기 위해 새로운 법률을 제정하거나 기존 법률을 수정해야 할 필요성이 있습니다. 이러한 법적 공백은 피해자에게 불리한 결과를 초래할 수 있습니다.

(5) 해결 방안

❶ **책임 구조의 명확화** : AI 시스템의 개발자와 사용자는 사전에 책임 소재를 명확히 해야 합니다. 이를 위해 계약서에 책임 한계를 규정하거나, 사고 발생 시 책임을 어떻게 나눌 것인지에 대한 기준을 설정해야 합니다.

❷ **AI에 대한 규제 마련** : 정부와 법률 기관은 AI의 책임 문제를 해결하기 위해 규제를 마련해야 합니다. AI 시스템이 생성하는 결과에 대한 법적 책임을 명확히 하고, 피해자가 권리를 보호받을 수 있는 법적 장치를 제공해야 합니다.

(6) 결론

AI의 책임 문제는 기술이 발전함에 따라 더욱 중요해지고 있습니다. AI가 의사결정을 내리는 과정에서 발생하는 결과에 대한 책임을 명확히 하고, 이를 법적으로 정립하는 것이 필요합니다. 이를 통해 AI 기술이 보다 안전하고 신뢰할 수 있는 방향으로 발전할 수 있도록 해야 합니다.

10.1.4 자율성과 인간의 역할

AI(인공지능)가 점점 더 많은 결정을 내리게 되면서, 인간의 자율성과 역할이 줄어들 수 있다는 우려가 제기되고 있습니다. AI가 인간의 선택을 대체하는 경우, 사람들이 AI에 지나치게 의존하게 될 가능성이 있으며, 이는 여러 가지 문제를 야기할 수 있습니다. 이를 쉽게 설명하겠습니다.

(1) 자율성이란?

자율성Autonomy은 스스로 결정하고 선택할 수 있는 능력을 말합니다. 사람들은 자신이 원하는 대로 행동하고, 다양한 상황에서 결정을 내리며 자신의 삶을 주도적으로 이끌어갑니다. 그러나 AI가 인간 대신 중요한 결정을 내리기 시작하면, 사람들은 자신의 자율성을 잃고 AI에 의존하게 될 수 있습니다.

(2) AI가 결정하는 예시

1. **의료 분야** : AI가 환자의 증상과 데이터를 분석해 진단을 내리거나 치료 방법을 제안할 수 있습니다. 이러한 AI의 결정이 유용할 수 있지만, 환자가 자신의 건강 문제에 대해 충분히 이해하지 못하고 AI의 판단만 따를 경우, 스스로 결정을 내릴 기회가 줄어들 수 있습니다.
2. **금융 분야** : AI는 사람의 신용을 평가하거나 대출 승인 여부를 결정할 수 있습니다. 만약 금융 기관들이 AI의 결정에만 의존하게 된다면, 개인은 자신의 재정 상황을 스스로 설명하거나 개선할 기회를 잃을 수 있습니다.

(3) AI에 대한 과도한 의존의 위험

1. **판단력 저하** : AI가 인간의 결정을 대신하게 되면, 사람들은 스스로 생각하고 판단하는 능력을 점점 상실할 수 있습니다. 예를 들어, AI가 모든 정보를 제공하고 결정을 내려준다면, 사람들은 더 이상 문제를 깊이 고민하거나 분석할 필요가 없다고 느낄 수 있습니다.

❷ 책임 회피 : AI가 결정을 대신하게 되면, 사람들이 그 결과에 대해 책임을 지는 대신 AI에게 책임을 전가하는 경향이 생길 수 있습니다. 이는 문제 발생 시 책임 소재가 불분명해지고, 잘못된 결정을 바로잡는 것이 어려워질 수 있습니다.

(4) 인간의 역할 감소

❶ AI가 여러 분야에서 사람들의 일을 대체하게 되면, 인간의 역할이 점차 줄어들 수 있습니다. 예를 들어, 자동화된 생산 라인이 사람들의 작업을 대신하거나, AI가 고객 서비스를 담당하면, 인간은 더 이상 해당 분야에서 활동할 기회가 없어질 수 있습니다.

❷ 이러한 상황은 단순한 직업 상실뿐만 아니라, 인간이 스스로 가치를 느끼는 기회를 잃는 결과를 초래할 수 있습니다. 사람들은 자신의 결정을 통해 삶의 의미와 성취감을 얻기 때문에, AI가 인간의 결정을 대체하는 것은 삶의 질에도 영향을 미칠 수 있습니다.

(5) AI와 인간의 균형

AI는 인간의 도구로써 많은 일을 효율적으로 처리할 수 있지만, 그 결정이 항상 인간의 판단을 대체해서는 안 됩니다. AI는 인간이 더 나은 결정을 내릴 수 있도록 돕는 보조 도구로 사용되고, 최종 결정은 인간이 내리는 것이 바람직합니다.

(6) 결론

AI가 인간의 자율성을 침해하지 않도록 하는 것이 중요합니다. AI는 인간의 선택을 도와주는 역할로 사용되어야 하며, 인간의 판단과 결정을 존중하는 방식으로 활용되어야 합니다. AI에 과도하게 의존하지 않도록, 인간 스스로의 판단력을 키우고, 중요한 결정에 있어서 인간이 주도권을 유지하는 것이 필요합니다.

10.2 AI가 사회에 미치는 영향: 일자리 변화와 직업의 미래

AI의 도입은 여러 산업에 혁신을 가져오고 있으며, 이는 일자리와 직업의 구조에 큰 변화를 일으키고 있습니다. 주요 영향은 다음과 같습니다.

10.2.1 일자리 대체

AI(인공지능)는 다양한 분야에서 반복적이고 단순한 작업을 자동화하여 기존의 일자리를 대체할 수 있습니다. 이는 특히 제조업, 운송업 등에서 더욱 두드러지며, 로봇과 자율주행 기술의 발전이 인간의 일자리를 감소시키는 경향을 보이고 있습니다. 아래에서 이를 좀 더 자세하고 쉽게 설명하겠습니다.

(1) AI의 자동화 기능

AI는 복잡한 알고리즘을 사용하여 데이터를 분석하고, 이를 바탕으로 반복적이고 일상적인 작업을 수행합니다. 예를 들어, 데이터 입력, 조립라인에서의 작업, 그리고 제품 검수와 같은 작업들이 이에 해당합니다. 이러한 작업들은 일반적으로 일정하고 변동성이 적어 AI가 처리하기에 적합합니다.

(2) 제조업에서의 일자리 대체

❶ **로봇의 활용** : 제조업에서는 로봇이 제품을 조립하거나 포장하는 데 많이 사용됩니다. 예를 들어, 자동차 제조 공장에서 로봇이 조립라인에서 부품을 조립하는 과정이 있습니다. 로봇은 정확성과 속도에서 인간보다 뛰어난 성능을 발휘하며, 피로감 없이 지속적으로 작업을 수행할 수 있습니다.

❷ **효율성 증가** : 로봇을 사용하면 생산성이 크게 증가하고 비용이 절감됩니다. 이러한 이유로 많은 기업들이 로봇을 도입하고 있으며, 결과적으로 기존의 조립 작업을 담당하던 인간 노동자들의 일자리가 줄어들게 됩니다.

(3) 운송업에서의 일자리 대체

❶ **자율주행차** : 자율주행차는 AI 기술을 활용하여 도로에서 운전하는 차량입니다. 이 기술이 상용화되면 택시 운전사나 트럭 운전사와 같은 직업이 대체될 수 있습니다. 예를 들어, 우버와 같은 승차 공유 서비스에서 자율주행차가 도입되면, 운전사의 역할이 사라질 수 있습니다.

❷ **물류 시스템의 자동화** : 창고에서 물품을 자동으로 분류하고 이동시키는 시스템도 AI에 의해 운영됩니다. 예를 들어, 아마존은 물류센터에서 로봇을 활용하여 상품을 빠르게 분류하고 운반합니다. 이로 인해 물류센터에서의 작업자 수가 줄어들게 됩니다.

(4) AI에 의한 일자리 대체의 영향

❶ **일자리 감소** : AI 기술이 발전함에 따라, 기존에 인간이 수행하던 단순하고 반복적인 작업이 줄어들고 있습니다. 이는 저숙련 노동자에게 특히 큰 영향을 미치며, 일자리를 잃게 되는 경우가 많습니다.

❷ 전문직으로의 이동 : 반면, AI의 도입으로 인해 새로운 직종이 생겨나고, 기존 직업이 변화하는 경우도 있습니다. 예를 들어, 로봇을 관리하고 유지보수하는 기술자나 데이터 분석가와 같은 직업이 늘어나고 있습니다.

(5) 해결책과 대응 방안

❶ 재교육과 훈련 : AI의 발전으로 인해 사라지는 일자리를 대체할 수 있는 새로운 기술을 습득하는 것이 중요합니다. 정부와 기업은 저숙련 노동자들에게 재교육 프로그램을 제공하여 새로운 직종으로 전환할 수 있도록 지원해야 합니다.

❷ 직업의 변화 이해하기 : AI가 대체하는 직업뿐만 아니라, AI와 함께 일할 수 있는 새로운 직업에 대한 이해가 필요합니다. AI는 인간과 협력하여 더 나은 결과를 이끌어낼 수 있는 도구로 활용될 수 있습니다.

(6) 결론

AI는 반복적이고 단순한 작업을 자동화하여 기존의 일자리를 대체할 수 있는 가능성이 높습니다. 특히 제조업과 운송업에서 로봇과 자율주행 기술의 발전이 두드러지며, 이에 따른 일자리 감소는 중요한 사회적 문제로 대두되고 있습니다. 이러한 변화를 이해하고, 적절한 대응 방안을 마련하는 것이 미래의 노동 시장에서 중요한 과제가 될 것입니다. AI 기술이 발전함에 따라, 사람들은 새로운 기술을 배우고, 변화하는 직업 환경에 적응해야 할 필요성이 커지고 있습니다.

10.2.2 새로운 일자리 창출

AI(인공지능)의 발전은 기존의 일자리를 대체할 수 있지만, 동시에 새로운 일자리를 창출하는 기회를 제공합니다. AI 시스템을 개발하고 유지 관리하는 기술 인력에 대한 수요가 증가하고 있으며, 데이터 분석가, AI 윤리 전문가 등 새로운 직종이 생겨나고 있습니다. 아래에서 이를 좀 더 자세하고 쉽게 설명하겠습니다.

(1) AI 기술의 발전과 일자리 변화

AI가 발전함에 따라 새로운 기술과 시스템이 필요해지고, 이로 인해 다양한 직종이 생겨나고 있습니다. 기업은 AI를 효과적으로 활용하기 위해 전문 인력이 필요하게 됩니다. 이러한 변화는 노동 시장에서의 직업 구조를 새롭게 만들어갑니다. 예를 들어, AI 기술이 도입된 제조업체는 로봇을 운영하고 유지 관리할 수 있는 기술자를 필요로 합니다.

(2) AI 시스템 개발 및 유지 관리

❶ AI 개발자 : AI 시스템을 만들고 프로그램하는 개발자는 AI의 핵심 인력입니다. 이들은 기계 학습, 데이터 분석, 프로그래밍 언어 등에 대한 깊은 지식을 가져야 하며, 새로운 알고리즘과 모델을 설계하여 AI 시스템을 발전시킵니다. 예를 들어, 자율주행차를 위한 AI 알고리즘을 개발하는 일을 수행합니다.

❷ AI 엔지니어 : AI 시스템의 구현과 운영을 책임지는 AI 엔지니어는 하드웨어와 소프트웨어를 통합하여 실제로 AI 기술이 효과적으로 작동하도록 돕습니다. 예를 들어, 자율주행차의 경우, AI 엔지니어가 차량에 필요한 소프트웨어와 센서를 설치하고 조정하여 차량이 안전하게 주행할 수 있도록 합니다.

(3) 데이터 분석과 관리

❶ 데이터 분석가 : 기업이 수집한 데이터를 분석하여 인사이트를 도출하는 역할을 합니다. AI 기술이 발전함에 따라 대량의 데이터가 생성되므로, 이를 효율적으로 분석할 수 있는 전문가의 필요성이 커지고 있습니다. 데이터 분석가는 기업의 전략 수립에 중요한 역할을 하며, 의사 결정에 필요한 정보를 제공합니다. 예를 들어, 소비자 행동 데이터를 분석하여 마케팅 전략을 수립하는 데 도움을 줍니다.

❷ 데이터 사이언티스트 : 데이터 사이언티스트는 데이터 분석에 대한 심도 있는 지식을 바탕으로 복잡한 문제를 해결하고, AI 모델을 최적화하는 데 중점을 둡니다. 이들은 다양한 데이터 처리 기술과 통계학적 분석 기법을 활용하여 기업의 가치를 높이는 데 기여합니다. 예를 들어, 머신러닝 모델을 통해 예측 분석을 수행하여 비즈니스 결정을 지원합니다.

(4) AI 윤리와 규제

❶ AI 윤리 전문가 : AI의 발전과 함께 윤리적 문제에 대한 관심이 높아지고 있습니다. AI 윤리 전문가는 AI 시스템이 사회에 미치는 영향을 분석하고, 공정성과 책임 있는 사용을 보장하기 위한 가이드라인을 제시합니다. 예를 들어, AI가 개인 정보를 어떻게 다루는지에 대한 윤리적 기준을 설정하여, 사용자들의 프라이버시를 보호합니다.

❷ 규제 전문가 : AI 기술의 발전에 따라 관련 법률과 규제가 필요해지므로, 이 분야의 전문가는 정책 개발과 법률 자문을 제공하는 역할을 합니다. 이들은 정부와 기업이 AI 기술을 안전하게 활용할 수 있도록 도와줍니다.

(5) 직업의 변화와 적응

AI가 발전하면서 기존의 직업이 변화하고 있는 것도 사실입니다. 예를 들어, 제조업에서 로봇이 많은 작업을 대체할 수 있지만, 동시에 로봇과 협력하여 작업하는 새로운 직무가 생길 수 있습니다. 이는 기존 직종이 단순히 사라지는 것이 아니라, AI와 함께 발전된 형태로 변모하는 것을 의미합니다. 직원들은 AI와 협력하여 더 높은 생산성을 달성하고, 더 나은 결과를 이끌어낼 수 있습니다.

(6) 결론

AI의 발전은 새로운 일자리를 창출하는 중요한 기회를 제공합니다. AI 시스템을 개발하고 유지 관리하는 인력, 데이터 분석가, AI 윤리 전문가 등 다양한 분야에서 새로운 직종이 생겨나고 있습니다. 이러한 변화에 맞춰 교육과 재교육을 통해 인력을 준비시키는 것이 중요합니다. 기업과 정부는 이러한 새로운 직종에 대한 교육 프로그램을 제공하고, 인재를 양성함으로써 AI 기술의 발전이 노동 시장에 긍정적인 영향을 미칠 수 있도록 해야 합니다. AI 기술의 발전은 단순히 일자리를 대체하는 것이 아니라, 새로운 기회를 창출하는 방향으로 나아가고 있습니다.

10.2.3 직업의 변화

AI(인공지능)의 발전은 기존의 직업들이 단순히 사라지는 것이 아니라, AI와 협력하여 변모할 가능성을 가지고 있습니다. 많은 전문직 종사자들은 AI를 활용함으로써 자신의 업무를 보다 효율적으로 수행할 수 있게 되며, 이는 직업의 성격을 변화시키고 있습니다. 아래에서 이를 좀 더 자세하고 쉽게 설명하겠습니다.

(1) AI와의 협력

AI는 데이터 분석, 패턴 인식, 예측 등에서 뛰어난 성능을 발휘합니다. 전문직 종사자들은 이러한 AI의 능력을 활용하여 자신의 업무를 보완하고, 더 나은 결과를 도출할 수 있습니다. 예를 들어, 의사나 변호사와 같은 전문직은 AI를 통해 복잡한 데이터를 신속하게 분석하고, 정확한 결정을 내리는 데 도움을 받을 수 있습니다. AI는 이제 단순한 도구가 아니라, 전문가의 작업을 지원하는 중요한 협력자로 자리잡고 있습니다.

(2) 의료 분야의 변화

❶ AI의 진단 지원 : 의사들은 AI를 사용하여 환자의 증상과 의료 데이터를 분석합니다. 예를 들어, AI 시스템이 환자의 CT 스캔이나 MRI 이미지를 분석하여 종양의 존재 여부

를 판단하는 데 도움을 줄 수 있습니다. 의사는 AI의 분석 결과를 참고하여 보다 정확한 진단을 내릴 수 있으며, 이를 통해 최적의 치료 계획을 세울 수 있습니다.

❷ **개인 맞춤형 치료** : AI는 환자의 유전 정보와 병력 데이터를 분석하여 개인에게 가장 적합한 치료 방법을 제시합니다. 이렇게 AI가 제공하는 정보는 의사가 보다 효과적인 치료를 계획하는 데 기여하며, 환자의 치료 효과를 높이는 데 중요한 역할을 합니다.

(3) 법률 분야의 변화

❶ **법률 분석 및 리서치** : 변호사들은 AI를 활용하여 법률 문서를 분석하고 판례를 조사하는 데 필요한 시간을 줄일 수 있습니다. 예를 들어, AI 시스템이 수천 개의 법률 문서를 신속하게 검색하여 관련 정보를 찾아내면, 변호사는 사건을 준비하는 데 소요되는 시간을 크게 단축할 수 있습니다.

❷ **계약 검토 및 작성** : AI는 계약서의 오류나 불공정한 조항을 찾아내고 이를 수정하기 위한 제안을 할 수 있습니다. 변호사는 이러한 AI의 도움을 받아 계약서의 내용을 더욱 철저히 검토하고, 클라이언트에게 보다 안전한 법적 조언을 제공할 수 있습니다.

(4) 기타 전문직의 변화

❶ **회계사** : AI는 대량의 재무 데이터를 분석하여 자동으로 보고서를 작성하거나 세금 계산을 도와줄 수 있습니다. 회계사는 AI의 도움을 통해 복잡한 데이터를 쉽게 분석하고, 전략적 결정을 내리는 데 더 많은 시간을 할애할 수 있습니다.

❷ **교육자** : 교육 분야에서도 AI는 개인 맞춤형 학습을 지원하는 도구로 사용될 수 있습니다. 교사는 AI를 활용하여 학생의 학습 성과를 분석하고, 각 학생에게 최적화된 학습 자료를 제공하여 보다 효과적인 교육을 할 수 있습니다.

(5) 직업의 변화와 새로운 스킬

AI와 협력하는 과정에서 기존의 직업은 새로운 스킬을 요구하게 됩니다. 예를 들어, 전문직 종사자들은 AI를 효과적으로 활용하기 위해 데이터 분석, 프로그래밍, AI의 기본 개념에 대한 이해를 키워야 합니다. 이는 평생 학습의 중요성을 강조하며, 지속적인 교육과 훈련이 필요함을 나타냅니다. 새로운 기술을 배우는 과정은 직업의 변화에 적응하는 데 필수적입니다.

(6) 결론

AI의 발전은 기존의 직업이 단순히 사라지는 것이 아니라, AI와 협력하여 진화하는 방향으로 나아가고 있습니다. 의사, 변호사, 회계사 등 많은 전문직 종사자들은 AI를 활용하여 더 높은 효율성과 정확성을 이끌어내고 있습니다. 이러한 변화는 전문가들이 AI와 협력하여 더 나은 서비스를 제공할 수 있도록 하며, 노동 시장에서의 경쟁력을 강화하는 데 기여합니다. 따라서, AI와의 협력 방식에 대한 이해와 새로운 기술 습득이 중요해지고 있습니다. AI가 전문직의 발전을 돕는 도구로서의 역할을 하게 되면, 인류는 더 나은 미래를 향해 나아갈 수 있을 것입니다.

10.2.4 기술 격차와 교육의 필요성

AI(인공지능) 기술이 급격히 발전함에 따라, 이를 효과적으로 활용할 수 있는 교육과 훈련의 필요성이 증가하고 있습니다. AI의 혜택을 누리고, 기술 격차를 해소하기 위해서는 사회 전반에 걸쳐 AI에 대한 이해와 활용 능력을 기르기 위한 교육이 필요합니다. 아래에서 이 내용을 자세하고 쉽게 설명하겠습니다.

(1) 기술 격차란 무엇인가?

기술 격차Technology Gap는 특정 개인이나 집단이 최신 기술을 이해하고 활용하는 능력에 차이가 나는 현상을 말합니다. 예를 들어, AI 기술이 발전하면서, AI를 잘 이해하고 활용할 수 있는 사람과 그렇지 못한 사람 사이에 큰 차이가 생기고 있습니다. 이 격차는 개인의 직업 기회와 경제적 이익, 그리고 사회적 지위에 큰 영향을 미칠 수 있습니다. 기술 격차가 클수록, 더 많은 기회를 가진 사람들과 그렇지 못한 사람들 간의 불평등이 심화될 수 있습니다.

(2) AI의 발전과 필요성

AI 기술이 우리 일상생활과 다양한 산업에서 광범위하게 사용되고 있습니다. 예를 들어, 의료 분야에서는 AI가 진단을 도와주고, 금융 분야에서는 AI가 거래를 자동화하는 등 여러 분야에서 활용되고 있습니다. 이러한 변화에 따라 AI에 대한 지식과 기술을 갖춘 인력이 점점 더 중요해지고 있으며, 관련 기술을 익힌 인력에 대한 수요가 크게 증가하고 있습니다.

(3) 교육의 필요성

❶ **기초 교육** : 모든 사람들이 AI의 기본 개념과 원리를 이해할 수 있도록 기초 교육이 필요합니다. 이 교육은 AI가 어떻게 작동하는지, 어떤 문제를 해결할 수 있는지에 대한 기본적인 지식을 포함합니다. 예를 들어, AI의 작동 원리나 응용 분야를 배우면, 사람들은 AI의 가능성과 한계를 쉽게 이해할 수 있게 됩니다.

❷ **전문 교육** : AI를 활용하는 직종에 종사하고자 하는 사람들은 더 심화된 교육이 필요합니다. 예를 들어, AI 개발자나 데이터 분석가가 되기 위해서는 프로그래밍, 데이터 과학, 기계 학습 등 심화 과정을 이수해야 합니다. 이는 전문성을 높이고, 직업 경쟁력을 강화하는 데 중요한 역할을 합니다.

(4) AI 교육의 접근성

❶ **온라인 교육 플랫폼** : 인터넷의 발전으로 AI 관련 교육을 제공하는 다양한 온라인 플랫폼이 생겨나고 있습니다. 이러한 플랫폼은 누구나 쉽게 접근할 수 있도록 하여, 다양한 수준의 학습자가 필요에 맞는 교육을 받을 수 있게 합니다. 예를 들어, Coursera, edX, Udacity와 같은 플랫폼에서 AI 관련 강의를 수강할 수 있습니다. 이는 많은 사람들이 자신의 시간과 장소에 맞춰 학습할 수 있도록 도와줍니다.

❷ **지역 사회와의 연계** : 정부와 교육 기관은 지역 사회와 협력하여 AI 교육 프로그램을 운영할 수 있습니다. 예를 들어, 학교와 기업이 협력하여 학생들에게 AI 관련 워크숍이나 인턴십 기회를 제공하는 것입니다. 이를 통해 학생들은 실무 경험을 쌓고, 실제 산업에서 AI를 어떻게 활용하는지 배울 수 있습니다.

(5) 기업의 역할

기업은 직원들에게 AI 관련 교육과 재교육 기회를 제공해야 합니다. 이는 직원들이 변화하는 기술 환경에 적응하고, 회사의 경쟁력을 높이는 데 매우 중요합니다. 예를 들어, 기업 내부에서 AI 교육 프로그램을 운영하거나, 외부 교육 기관과 협력하여 직원들이 최신 기술을 익힐 수 있도록 지원할 수 있습니다. 이를 통해 직원들은 자신의 기술을 발전시키고, 기업도 지속적으로 혁신할 수 있는 기반을 마련할 수 있습니다.

(6) 결론

AI 기술의 발전에 따라 기술 격차가 심화되고 있습니다. 이를 해소하기 위해서는 전 사회적으로 AI에 대한 이해와 활용 능력을 기르기 위한 교육이 필요합니다. 기초 교육과 전문 교육, 온라인 플랫폼의 활용, 지역 사회와의 연계, 그리고 기업의 지원이 함께 이루어져야 합니다. 이러한 노력을 통해 개인과 사회가 AI의 혜택을 누릴 수 있도록 하고, 모두가 함께 성장하는 사회를 만들어 나가야 합니다. AI 기술이 사회 전반에 긍정적인 영향을 미칠 수 있도록 교육이 중요한 역할을 해야 하며, 모든 사람들이 AI 기술을 이해하고 활용할 수 있는 기회를 제공해야 합니다.

10.3 오늘의 내용 요약

오늘은 인공지능AI의 윤리적 문제와 사회적 영향에 대해 다루었습니다. AI의 발전이 가져오는 여러 문제점과 기회에 대해 논의하였으며, 주요 내용은 다음과 같습니다.

(1) 인공지능의 윤리적 문제

AI 기술의 발전은 많은 이점을 제공하지만, 여러 윤리적 문제를 동반합니다. 이러한 문제는 AI가 판단을 내리는 과정에서 발생할 수 있는 편향성, 프라이버시 침해, 책임 문제 그리고 자율성과 인간의 역할에 관한 우려를 포함합니다.

(2) 편향성과 공정성

AI 알고리즘은 학습 데이터에 의존하여 결과를 생성하며, 편향된 데이터로 학습할 경우 불공정한 결과를 초래할 수 있습니다. 이는 특정 집단에 대한 차별로 이어질 수 있으며, 사회적 신뢰를 저하시키는 문제를 발생시킵니다. 해결 방안으로는 다양한 데이터 수집과 모델 검증이 제시되었습니다.

(3) 프라이버시 침해

AI 기술은 개인의 행동과 선호를 예측하기 위해 대량의 데이터를 수집합니다. 이 과정에서 개인의 프라이버시가 침해될 위험이 있으며, 이는 법적 및 윤리적 문제를 초래할 수 있습니다. 프라이버시 보호를 위해서는 데이터 수집의 투명성과 사용자 동의, 최소한의 데이터 수집 원칙이 필요합니다.

(4) 책임 문제

AI가 자율적으로 의사결정을 내리기 때문에, 그 결과에 대한 책임 소재가 불분명해질 수 있습니다. 특히 자율주행차와 같은 사례에서 책임이 누구에게 있는지에 대한 논의가 필요합니다. 해결책으로는 책임 구조의 명확화와 AI에 대한 규제가 요구됩니다.

(5) 자율성과 인간의 역할

AI가 인간의 선택을 대체할 경우, 인간의 자율성이 침해될 수 있습니다. 이는 인간이 AI에 과도하게 의존하게 만들며, 판단력 저하와 책임 회피의 위험을 증가시킬 수 있습니다. AI는 인간의 결정을 도와주는 도구로서 사용되어야 하며, 최종 결정은 인간이 내리는 것이 바람직합니다.

(6) AI가 사회에 미치는 영향: 일자리 변화와 직업의 미래

AI의 도입은 여러 산업에 혁신을 가져오고 있으며, 일자리와 직업 구조에 큰 변화를 일으키고 있습니다. 특히 AI는 반복적이고 단순한 작업을 자동화하여 기존의 일자리를 대체할 수 있으며, 이는 제조업과 운송업에서 더욱 두드러집니다.

그러나 AI의 발전은 새로운 일자리를 창출하는 기회를 제공하기도 합니다. AI 시스템을 개발하고 유지 관리하는 기술 인력, 데이터 분석가, AI 윤리 전문가 등의 수요가 증가하고 있으며, 이는 새로운 직종의 출현으로 이어집니다.

(7) 직업의 변화와 기술 격차

AI의 발전은 기존의 직업이 AI와 협력하여 변화하는 방향으로 나아가고 있습니다. 전문가들은 AI를 통해 자신의 업무를 효율적으로 수행할 수 있으며, 이는 직업의 성격을 변화시키는 계기가 됩니다. 따라서 이러한 변화에 적응하기 위해 새로운 스킬이 필요하며, 교육과 훈련의 중요성이 강조됩니다.

(8) 교육의 필요성

AI 기술의 발전과 기술 격차 해소를 위해서는 전 사회적으로 AI에 대한 이해와 활용 능력을 기르기 위한 교육이 필요합니다. 기초 교육과 전문 교육, 온라인 교육 플랫폼의 활용, 지역사회와의 연계, 기업의 지원이 함께 이루어져야 합니다.

결론적으로, AI의 발전은 우리의 삶과 사회에 많은 변화를 가져오고 있으며, 이러한 변화에 대한 적절한 이해와 대응이 필요합니다. 윤리적 문제를 해결하고 새로운 직업 기회를 창출하며, 모든 사람들이 AI 기술을 이해하고 활용할 수 있는 사회를 만들어 나가야 합니다. AI는 인간의 삶을 더 나은 방향으로 변화시킬 수 있는 잠재력을 가지고 있지만, 이를 위해서는 지속적인 교육과 사회적 논의가 필요합니다.

10.4 연습문제

4지선다형 문제

01 AI 알고리즘의 편향이 문제가 되는 이유는?

① 데이터의 저장 공간을 늘리기 위해
② 특정 집단에 불공정한 결과를 초래하기 때문에
③ AI의 작동 속도를 줄이기 위해
④ 데이터의 정렬을 방해하기 때문에

02 프라이버시 침해의 주요 예는?

① 데이터의 정렬 실패
② 사용자의 동의 없이 데이터 수집
③ 데이터의 암호화 강화
④ AI의 데이터 학습 속도 저하

03 AI의 책임 문제에서 주체로 포함되지 않는 것은?

① 제조사
② 소프트웨어 개발자
③ 데이터 입력자
④ 사용자

04 자율주행차 사고 발생 시 가장 논의될 책임 소재는?

① 운전자의 부주의
② 차량 소유자의 보험 상태
③ 제조사의 기술적 결함
④ AI의 윤리적 판단 능력

05 AI가 인간의 자율성을 침해할 수 있는 이유는?

① AI가 모든 결정을 대신하기 때문
② 인간이 AI의 결정을 항상 수정하기 때문
③ AI가 기술적으로 불완전하기 때문
④ AI가 인간의 행동을 항상 모니터링하기 때문

06 AI의 데이터 수집이 법적 문제를 초래할 수 있는 이유는?

① 데이터 처리 속도 때문
② 데이터 수집의 투명성 부족 때문
③ AI의 데이터 저장 용량 부족 때문
④ 데이터 정렬 문제 때문

07 AI 윤리에서 "공정성"의 중요성은 무엇인가?

① AI가 모든 결정을 자동으로 수행하도록 하기 위해
② AI가 다양한 집단을 공평하게 대우하기 위해
③ AI의 작동 속도를 높이기 위해
④ AI의 데이터 분석을 방해하기 위해

08 AI 기술이 반복적인 작업을 대체할 수 있는 이유는?

① 인간보다 창의적이기 때문
② 데이터를 무작위로 처리하기 때문
③ 정형화된 작업에 특화되어 있기 때문
④ 인간의 판단을 모방하기 때문

09 AI 기술의 발전으로 인해 새로 생성된 직업은?

① 데이터 입력 전문가
② 데이터 분석가
③ 제조업 조립 노동자
④ 단순 사무직

10 기술 격차 해소를 위해 가장 중요한 요소는?

① AI의 사용 제한
② 데이터 수집 중단
③ 포괄적이고 접근 가능한 AI 교육
④ 법적 규제 강화

단답형 문제

01 AI의 편향 문제를 해결하기 위한 방법 중 하나는?

02 프라이버시 침해를 방지하기 위한 원칙은?

03 자율주행차 사고에서 소프트웨어 개발자의 책임은?

04 AI 윤리에서 "투명성"이 중요한 이유는?

05 AI에 의한 직업 변화의 긍정적인 측면은?

06 AI가 인간의 판단력을 저하시킬 수 있는 이유는?

07 AI 윤리 전문가의 주요 역할은?

08 기술 격차를 줄이기 위한 해결책은?

09 AI와 인간의 협력이 필요한 이유는?

10 AI에 대한 규제가 필요한 이유는?

서술형 문제

01 AI의 편향 문제와 이를 해결하기 위한 방안을 설명하시오.

02 프라이버시 침해가 사회적 신뢰에 미치는 영향을 설명하시오.

03 AI의 자율성 확대가 인간의 역할에 미치는 영향을 논하시오.

04 AI 발전으로 새롭게 창출된 직업과 그 중요성을 논하시오.

05 기술 격차 해소를 위한 AI 교육의 중요성을 설명하시오.

11 일차

AI 프로젝트: 이미지 인식 모델 만들기

11.1 프로젝트 기획

11.2 데이터 준비와 모델 학습

11.3 모델 평가와 결과 분석

11.4 오늘의 내용 요약

11.5 연습문제

오늘은 이미지 인식 모델을 만드는 프로젝트를 진행하며, 프로젝트 기획부터 데이터 준비, 모델 학습, 모델 평가와 결과 분석까지의 과정을 살펴보겠습니다. 각 섹션을 자세히 설명하겠습니다.

11.1 프로젝트 기획

이번 프로젝트는 이미지 인식 모델을 구축하여 특정 이미지를 자동으로 분류하거나 객체를 인식하는 시스템을 만드는 것을 목표로 합니다. 아래는 프로젝트 기획의 각 요소를 더 상세히 설명한 내용입니다.

11.1.1 프로젝트 목표 정의

이번 프로젝트의 주 목표는 이미지 인식 모델을 개발하여 특정 이미지를 자동으로 분류하거나 객체를 인식할 수 있는 시스템을 구축하는 것입니다. 보다 구체적으로 설명하면 다음과 같습니다:

(1) 주요 목표

❶ **이미지 분류 기능** : AI 모델이 입력된 이미지에서 특정 객체(예: 개 또는 고양이)를 인식하고 분류할 수 있도록 합니다. 이 과정은 사용자가 업로드한 이미지에 대해 "개" 또는 "고양이"로 결과를 도출하는 것입니다.

(2) 적용 사례

❶ **실시간 이미지 분석** : 사용자가 스마트폰이나 컴퓨터에서 이미지를 업로드하면, 시스템이 그 이미지를 분석하여 어떤 동물이 있는지를 빠르게 판단합니다. 예를 들어, 애완동물 관련 앱이나 웹사이트에서 활용될 수 있습니다.

❷ **다양한 환경에서의 인식** : 다양한 조명, 배경 및 각도에서 촬영된 개와 고양이 이미지를 인식할 수 있는 모델을 만드는 것을 목표로 합니다.

(3) 성과 기준

❶ **정확도 목표** : 최소 90% 이상의 정확도로 개와 고양이를 구분하는 모델을 목표로 설정합니다. 이는 모델이 실제 사용 환경에서도 신뢰할 수 있는 결과를 제공할 수 있도록 하는 중요한 기준입니다.

❷ **실행 속도** : 사용자가 이미지를 업로드한 후, 모델이 결과를 제공하는 데 걸리는 시간을 최소화합니다. 목표는 2초 이내에 결과를 반환하는 것입니다.

(4) 기대 효과

❶ **사용자 편의성** : 이미지 인식 기능을 통해 사용자들이 쉽고 빠르게 원하는 정보를 얻을 수 있도록 하여, 사용자 경험을 개선합니다.

❷ **비즈니스 기회 창출** : 이미지 인식 기술을 활용한 서비스(예: 애완동물 관리 앱, 온라인 쇼핑몰에서의 상품 추천 등)의 개발을 통해 새로운 비즈니스 기회를 창출할 수 있습니다.

(5) 추가 목표

❶ **기타 객체 인식 확장** : 프로젝트의 범위를 확장하여 나중에 다양한 동물이나 물체를 인식할 수 있는 기능을 추가할 수 있도록 합니다.

❷ **모델의 개선 가능성** : 초기 모델 구축 후, 추가적인 데이터셋을 활용하여 지속적으로 모델을 개선하고, 사용자 피드백을 반영하여 성능을 향상시키는 방향으로 나아갑니다.

이번 프로젝트는 AI의 이미지 인식 기술을 활용하여 실제 문제를 해결하고, 사용자에게 실질적인 가치를 제공하는 것을 목표로 합니다. 이를 통해 기술적인 역량을 쌓고, 실제 응용 가능성을 탐색하는 경험을 얻고자 합니다.

11.1.2 필요한 기술 스택

이번 이미지 인식 모델 프로젝트를 성공적으로 수행하기 위해 필요한 기술 스택은 다음과 같습니다. 각 기술의 역할과 이유를 자세히 설명하겠습니다.

(1) Python

❶ **설명** : Python은 데이터 처리, 머신러닝, 딥러닝에 널리 사용되는 고급 프로그래밍 언어입니다. 이 언어는 명확하고 직관적인 문법을 가지고 있어 초보자부터 전문가까지 모두가 쉽게 사용할 수 있습니다. Python은 다양한 데이터 형식(예: 문자열, 리스트, 딕셔너리)을 지원하며, 데이터 구조를 쉽게 조작할 수 있는 기능을 제공합니다.

❷ 이유

ⓐ 생태계와 라이브러리 : Python은 데이터 과학과 AI 분야에서 인기가 높아, 다양한 라이브러리와 도구들이 잘 구축되어 있습니다.

- NumPy : 고성능 수치 계산을 위한 라이브러리로, 다차원 배열과 다양한 수학 함수들을 제공합니다. 이는 대규모 데이터 처리를 수행할 때 필수적입니다.
- Pandas : 데이터 조작과 분석을 위한 라이브러리로, 데이터프레임(DataFrame) 구조를 통해 데이터를 쉽게 관리하고 변환할 수 있습니다. 이는 CSV 파일과 같은 다양한 형식의 데이터를 처리하는 데 유용합니다.
- Matplotlib 및 Seaborn : 데이터 시각화를 위한 라이브러리로, 데이터를 시각적으로 표현하여 패턴을 쉽게 이해할 수 있도록 도와줍니다.
- Scikit-learn : 머신러닝 모델을 구축하고 평가하기 위한 라이브러리로, 다양한 알고리즘과 데이터 전처리 기법을 제공합니다.
- TensorFlow 및 PyTorch : 딥러닝 모델을 구축하기 위한 오픈 소스 프레임워크로, GPU를 활용한 빠른 계산이 가능합니다.

ⓑ 사용자 친화성 : Python의 문법은 간단하고 직관적이어서 코드를 읽고 이해하기 쉬우며, 빠른 프로토타입 제작이 가능합니다. 이로 인해 연구자와 개발자들이 아이디어를 신속하게 실험하고 구현할 수 있습니다.

ⓒ 대규모 커뮤니티 : Python은 전 세계적으로 널리 사용되기 때문에, 방대한 양의 온라인 자료, 튜토리얼, 포럼이 존재합니다. 문제 해결이 필요할 때, 사용자들은 커뮤니티의 도움을 받을 수 있어 효과적인 학습과 문제 해결이 가능합니다.

ⓓ 다양한 플랫폼 지원 : Python은 다양한 운영체제(Windows, macOS, Linux)에서 실행할 수 있어, 다양한 환경에서 프로젝트를 개발하고 배포할 수 있습니다. 이를 통해 개발자는 자유롭게 작업 환경을 선택할 수 있습니다.

ⓔ AI와 데이터 과학의 표준 : 많은 대학과 연구 기관에서 AI와 데이터 과학 교육의 표준 언어로 Python을 채택하고 있어, 새로운 인재들이 쉽게 접근할 수 있습니다. 이는 Python을 사용하는 개발자와 연구자가 증가하는 데 기여하고 있습니다.

이와 같은 이유로 Python은 이미지 인식 모델과 같은 AI 프로젝트에서 필수적인 언어로 자리 잡고 있으며, 효율적이고 효과적인 개발을 가능하게 합니다.

(2) TensorFlow 또는 PyTorch

❶ 설명 : TensorFlow와 PyTorch는 딥러닝 모델을 구축하고 학습시키기 위한 강력한 오픈 소스 프레임워크입니다. 이 두 프레임워크는 각기 다른 특징과 장점을 가지고 있으며, 다양한 딥러닝 작업에 유용하게 사용됩니다.

ⓐ TensorFlow

- **개발 및 배포** : TensorFlow는 구글이 개발한 프레임워크로, 대규모 모델 학습 및 배포에 최적화되어 있습니다. 이는 분산 학습을 지원하여 여러 GPU와 TPU를 활용할 수 있으며, 클라우드 환경에서도 쉽게 사용할 수 있습니다.
- **Keras 통합** : Keras는 TensorFlow의 상위 API로, 사용자에게 더 직관적이고 간단한 방법으로 모델을 설계하고 학습할 수 있는 기능을 제공합니다. 복잡한 딥러닝 모델도 쉽게 구축할 수 있도록 돕습니다.
- **정적 계산 그래프** : TensorFlow는 초기에는 정적 계산 그래프(Static Computational Graph)를 사용하여, 모델을 한 번 정의한 후 효율적으로 실행할 수 있습니다. 이는 최적화된 실행을 가능하게 하며, 대규모 모델을 배포하는 데 유리합니다.
- **지원되는 툴과 라이브러리** : TensorFlow는 TensorBoard를 통해 모델의 학습 과정을 시각적으로 모니터링할 수 있는 기능을 제공합니다. 이를 통해 모델의 성능을 쉽게 분석하고 개선할 수 있습니다.

ⓑ PyTorch

- **동적 계산 그래프** : PyTorch는 동적 계산 그래프(Dynamic Computational Graph)를 지원하여, 모델의 구조를 실행 시점에 정의할 수 있습니다. 이는 개발자에게 실험과 디버깅을 더욱 용이하게 만들어 주며, 연구자들이 아이디어를 신속하게 테스트할 수 있는 환경을 제공합니다.

- **사용 용이성** : PyTorch는 Pythonic 한 접근 방식을 제공하여 코드의 가독성이 높고, NumPy와 유사한 배열 연산을 지원합니다. 이는 개발자가 친숙한 방식으로 모델을 구현하고 조정할 수 있게 합니다.
- **활발한 연구 커뮤니티** : 많은 최신 연구 논문에서 PyTorch를 사용하고 있으며, 이로 인해 PyTorch 생태계가 빠르게 발전하고 있습니다. 연구자들은 최신 기술을 쉽게 구현하고 실험할 수 있는 장점을 누릴 수 있습니다.

❷ 이유

ⓐ 모델 구축 기능 : 두 프레임워크 모두 이미지 인식과 관련된 다양한 기능을 제공합니다. 예를 들어, CNNConvolutional Neural Network 구조를 쉽게 구현할 수 있는 모듈과 함수들이 준비되어 있습니다.

ⓑ 데이터 전처리 : TensorFlow와 PyTorch는 데이터를 쉽게 전처리하고 배치 처리할 수 있는 유틸리티를 제공합니다. TensorFlow는 `tf.data` API를 사용하고, PyTorch는 `torchvision` 패키지를 통해 다양한 데이터셋과 변환 기능을 지원합니다.

ⓒ 모델 학습 및 평가 : 두 프레임워크는 모델 학습과 평가를 위한 다양한 기능(손실 함수, 최적화 알고리즘, 학습률 스케줄링 등)을 제공하여, 프로젝트 요구에 맞게 조정할 수 있습니다.

ⓓ 유연성 : TensorFlow와 PyTorch 모두 다양한 딥러닝 모델과 실험에 적합하여, 프로젝트의 요구 사항에 따라 적절한 프레임워크를 선택할 수 있습니다. 선택은 주로 팀의 경험, 프로젝트의 요구사항 및 장기적인 유지 관리의 용이성에 따라 결정됩니다.

TensorFlow와 PyTorch는 이미지 인식 모델 프로젝트에서 핵심적인 역할을 하며, 개발자는 이 두 프레임워크의 특성과 장점을 최대한 활용하여 최적의 결과를 도출할 수 있습니다.

(3) OpenCV

❶ **설명** : OpenCVOpen Source Computer Vision Library는 이미지 처리 및 컴퓨터 비전 작업을 수행하기 위한 강력한 오픈 소스 라이브러리입니다. C++로 개발되었지만, Python, Java 등 다양한 언어에서 사용할 수 있는 바인딩을 제공합니다. OpenCV는 2500개 이상의 최적화된 알고리즘을 포함하고 있어 이미지 및 비디오 분석을 위한 다양한 작업을 수행할 수 있습니다.

❷ 기능

ⓐ 이미지 전처리

- **크기 조정** : 이미지를 원하는 크기로 변환하여 모델 학습 시 일관된 입력을 유지할 수 있습니다.
- **회색조 변환** : 색상 이미지를 회색조로 변환하여 처리 속도를 높이고, 모델이 주요 특징을 쉽게 학습할 수 있도록 합니다.
- **이진화** : 이미지의 특정 임계값을 기준으로 픽셀 값을 0 또는 255로 변환하여 이미지를 단순화합니다. 이는 물체 인식에서 중요한 역할을 합니다.

ⓑ 필터링

- **블러링** : 이미지의 노이즈를 줄이기 위해 다양한 블러 필터(예: 가우시안 블러, 평균 블러)를 적용합니다.
- **엣지 검출** : Canny 엣지 검출기와 같은 알고리즘을 사용하여 이미지의 경계를 강조하고, 물체의 형태를 인식하는 데 도움을 줍니다.

ⓒ 변환

- **회전 및 변형** : 이미지를 회전하거나 기울이기 위해 변환 행렬을 적용하여 다양한 각도에서 물체를 분석할 수 있도록 합니다.
- **이미지 정합** : 여러 이미지를 정렬하여 하나의 통합된 이미지를 생성하는 데 사용됩니다. 이는 여러 시점에서 물체를 분석하는 데 유용합니다.

ⓓ 데이터 증강:

- **회전, 이동, 확대/축소** : 다양한 변환 기법을 통해 학습 데이터의 다양성을 증가시킵니다. 이는 모델의 일반화 성능을 향상시키는 데 도움이 됩니다.
- **노이즈 추가** : 랜덤 노이즈를 이미지에 추가하여 모델이 다양한 환경에서 잘 작동하도록 훈련합니다.

ⓔ 물체 인식 및 추적

- OpenCV는 사전 훈련된 모델을 사용하여 특정 객체(예: 얼굴, 사람, 차량 등)를 인식할 수 있습니다.
- **Haar Cascade 분류기** : 얼굴 인식과 같은 특정 객체를 탐지하기 위해 사용되며, 빠르고 효과적인 결과를 제공합니다.

ⓕ 실시간 이미지 분석

- **카메라 캡처**: OpenCV는 웹캠이나 다른 카메라 장치에서 실시간으로 이미지를 캡처하고 처리할 수 있는 기능을 제공합니다. 이는 객체 감지 및 추적, 비디오 분석 등에 유용합니다.
- **비디오 스트리밍**: 실시간으로 비디오를 처리하여 각 프레임에서 필요한 작업을 수행할 수 있습니다.

❸ 이유

- **다양한 기능 지원** : OpenCV는 이미지 및 비디오 처리에 필요한 다양한 기능을 제공하므로, 이미지 인식 프로젝트에서 중요한 도구가 됩니다. 특히, 전처리 단계에서 필수적인 역할을 하며, 데이터 증강과 모델 학습을 위한 준비 작업에 큰 도움이 됩니다.
- **고성능** : OpenCV는 C++로 작성되어 있어 성능이 뛰어나며, 대규모 이미지 처리 작업에서도 효율적으로 작동합니다. 이는 프로젝트의 전체적인 처리 속도를 높이는 데 기여합니다.
- **풍부한 문서와 커뮤니티** : OpenCV는 방대한 문서와 튜토리얼이 제공되며, 활성화된 커뮤니티 덕분에 문제 해결과 정보 공유가 용이합니다. 이를 통해 사용자는 OpenCV의 다양한 기능을 쉽게 익힐 수 있습니다.

OpenCV는 이미지 인식 모델의 개발과 데이터 전처리에서 필수적인 도구로 자리 잡고 있으며, 실질적인 프로젝트 수행에 있어 매우 유용합니다.

(4) Jupyter Notebook

❶ **설명** : Jupyter Notebook은 웹 기반의 인터랙티브 환경으로, 코드 실행, 데이터 분석, 데이터 시각화, 문서화 등을 수행할 수 있는 플랫폼입니다. 다양한 프로그래밍 언어를 지원하지만, 특히 Python을 사용하는 데이터 과학 및 머신러닝 분야에서 널리 사용됩니다. 사용자는 셀cell이라는 단위로 코드를 작성하고 실행하며, 각 셀의 결과를 즉시 확인할 수 있습니다.

❷ 기능

- **코드 실행** : 각 셀에 코드를 작성하고 실행할 수 있으며, 실행 결과를 바로 확인할 수 있습니다. 이를 통해 단계별로 코드를 실행하고 결과를 즉시 검토하여 디버깅과 수정이 용이합니다.
- **데이터 시각화** : Matplotlib, Seaborn, Plotly 등의 시각화 라이브러리와 통합되어 데이터를 시각적으로 표현할 수 있습니다. 예를 들어, 데이터의 분포나 경향성을 그래프로 쉽게 나타낼 수 있습니다.
- **마크업 문서화** : Markdown을 사용하여 설명, 주석, 수식 등을 삽입할 수 있습니다. 이를 통해 코드와 분석 내용을 함께 문서화하여, 다른 사용자나 자신이 나중에 쉽게 이해할 수 있도록 도와줍니다. 예를 들어, 데이터 분석 과정의 배경 설명이나 모델에 대한 설명을 추가할 수 있습니다.
- **모듈과 패키지 임포트** : 필요한 라이브러리나 모듈을 손쉽게 임포트하여 사용할 수 있습니다. 이를 통해 데이터 분석과 모델 구축에 필요한 모든 도구를 한 곳에서 관리할 수 있습니다.
- **인터랙티브 위젯** : 사용자 인터페이스를 구축하기 위해 ipywidgets와 같은 인터랙티브 위젯을 사용할 수 있습니다. 이를 통해 사용자 입력을 받을 수 있고, 실시간으로 데이터 분석 결과를 갱신할 수 있습니다.

③ 이유

- **즉각적인 피드백** : Jupyter Notebook은 코드 실행 후 결과를 즉시 보여주므로, 실험의 각 단계를 쉽게 확인할 수 있습니다. 이는 데이터 분석 및 머신러닝 모델 구축 시 발생할 수 있는 문제를 신속하게 식별하고 해결하는 데 유리합니다.
- **프로젝트 기록 및 공유** : Notebook 파일(.ipynb)은 코드, 결과, 문서화가 모두 포함되어 있어, 프로젝트의 모든 과정을 기록할 수 있습니다. 다른 사람과 공유할 때도 이 파일 하나로 전체 과정을 전달할 수 있어 매우 효율적입니다. 또한, JupyterHub를 사용하여 여러 사용자가 동시에 작업할 수 있는 환경을 구성할 수 있습니다.
- **협업 및 재현성** : Jupyter Notebook은 다른 연구자나 개발자와의 협업을 쉽게 하며, 코드와 결과를 공유할 수 있습니다. 이를 통해 실험의 재현성을 높일 수 있습니다. 예를 들어, 팀원들이 각자의 작업 결과를 Notebook에 통합하여 하나의 프로젝트로 발전시킬 수 있습니다.
- **시각적 접근** : 데이터 분석 과정에서 시각적 표현을 통해 복잡한 데이터를 이해하기 쉽게 만들어 줍니다. 이는 비전문가도 쉽게 데이터를 이해하고 인사이트를 도출할 수 있도록 돕습니다.

Jupyter Notebook은 이미지 인식 모델과 같은 데이터 중심 프로젝트에서 필수적인 도구로, 코드 작성과 실험, 결과 분석을 통합하여 효율적인 작업 환경을 제공합니다.

(5) Flask 또는 Django (선택 사항)

① 설명 : Flask와 Django는 Python으로 웹 애플리케이션을 구축하기 위한 두 가지 주요 프레임워크입니다. 이들은 각기 다른 특징을 가지고 있어 개발자의 필요에 따라 적합한 선택을 할 수 있습니다.

ⓐ Flask

- **경량화된 마이크로 프레임워크** : Flask는 기본 기능이 최소화된 마이크로 프레임워크로, 필요에 따라 기능을 추가할 수 있는 유연성을 제공합니다. 이로 인해 작은 프로젝트나 API 개발에 적합합니다.
- **간단한 구조** : Flask는 간단하고 직관적인 구조를 가지고 있어 빠르게 시작하고, 프로토타입을 제작하는 데 유리합니다. 코드가 깔끔하고 명료하여, 새로운 개발자가 쉽게 이해하고 수정할 수 있습니다.
- **RESTful API 개발** : Flask는 RESTful API를 쉽게 구축할 수 있도록 설계되어 있어, 이미지 인식 모델의 결과를 API 형태로 제공하는 데 유용합니다. JSON 형식으로 데이터 전송이 가능하므로 클라이언트와의 데이터 통신이 원활합니다.
- **확장성** : 필요한 기능(예: 사용자 인증, 데이터베이스 연결 등)을 플러그인 형태로 추가할 수 있으며, 필요할 때만 라이브러리를 임포트하여 사용할 수 있습니다.

ⓑ Django

- **풀스택 웹 프레임워크** : Django는 강력한 기능을 갖춘 풀스택 웹 프레임워크로, 대규모 애플리케이션 구축에 적합합니다. 보안, 데이터베이스 처리, 관리자 인터페이스 등 다양한 기능이 내장되

어 있습니다.

- ORMObject-Relational Mapping : Django는 ORM을 제공하여 데이터베이스와의 상호작용을 쉽게 관리할 수 있습니다. SQL을 직접 작성하지 않고도 Python 객체를 사용하여 데이터베이스를 조작할 수 있어 생산성을 높입니다.
- **보안 기능** : Django는 CSRF 공격 방지, XSS 보호, SQL 인젝션 방지와 같은 다양한 보안 기능을 내장하고 있어 웹 애플리케이션의 보안을 강화합니다.
- **관리자 패널** : Django는 기본적으로 제공하는 관리자 패널을 통해 데이터베이스의 내용을 쉽게 관리할 수 있습니다. 이는 데이터의 입력 및 편집 작업을 효율적으로 수행할 수 있게 해줍니다.

❷ 이유

ⓐ 결과 제공을 위한 웹 애플리케이션 구축 : 이미지 인식 모델이 학습되고 나면, 최종 결과를 사용자에게 제공하는 웹 애플리케이션을 구축하는 데 이들 프레임워크가 사용됩니다.

- 사용자가 이미지를 업로드하고, 모델이 해당 이미지를 분석한 결과를 확인할 수 있는 인터페이스를 제공하여, 모델의 실제 활용을 가능하게 합니다.

ⓑ 사용자 경험 향상 : 사용자 친화적인 웹 애플리케이션을 통해 이미지 인식 모델의 결과를 시각적으로 표현하고, 사용자가 결과를 쉽게 이해하고 활용할 수 있도록 합니다.

ⓒ 확장성 및 유지 관리 : Flask나 Django로 구축된 웹 애플리케이션은 필요에 따라 기능을 추가하거나 변경할 수 있어, 향후 프로젝트 확장에 유리합니다.

- 예를 들어, 모델의 성능 개선이 이루어지거나, 새로운 기능이 추가될 경우 웹 애플리케이션을 손쉽게 업데이트할 수 있습니다.

이 기술 스택을 통해 이미지 인식 모델을 효율적으로 개발하고, 결과를 실시간으로 사용자에게 제공하는 시스템을 구축할 수 있습니다. Flask 또는 Django는 각각의 프로젝트 요구사항에 맞춰 선택될 수 있으며, 성공적인 결과를 도출하기 위한 기반을 마련해 줍니다.

11.1.3 예상 일정

이번 이미지 인식 모델 프로젝트는 총 4주에 걸쳐 체계적으로 진행됩니다. 각 주차의 구체적인 일정과 주요 작업을 상세히 설명하겠습니다.

1주차: 데이터 수집 및 전처리

❶ 데이터 수집

ⓐ 출처 선정

- **공식 데이터셋 활용** : Kaggle, Google Dataset Search 와 같은 플랫폼에서 공개된 데이터셋을 활용하여 데이터 수집을 시작합니다. 예를 들어, Kaggle 의 Cats and Dogs dataset 은 개와 고양이 이미지를 포함한 널리 알려진 데이터셋으로, 이 데이터셋을 다운로드하여 사용할 수 있습니다.
- **웹 크롤링** : 추가 데이터가 필요한 경우, 웹 크롤링을 통해 개와 고양이 이미지를 수집할 수 있습니다. BeautifulSoup, Scrapy 와 같은 Python 라이브러리를 활용하여 웹사이트에서 이미지를 자동으로 다운로드하는 스크립트를 작성합니다.

ⓑ 데이터 양

- **최소 이미지 수** : 모델의 성능을 높이기 위해 각 클래스(개, 고양이)별로 최소 2,500 장씩, 총 5,000 장의 이미지를 확보합니다. 이는 모델이 다양한 특성을 학습할 수 있도록 충분한 데이터를 제공하는 데 중요합니다. 데이터 수가 부족하면 모델이 특정 특성에만 치우칠 수 있어 일반화 성능이 떨어질 수 있습니다.

ⓒ 데이터 분할

- **학습용 데이터** : 전체 데이터의 70%를 학습용 데이터로 할당합니다. 이 데이터는 모델이 학습하는 데 사용됩니다.
- **검증용 데이터** : 15%를 검증용 데이터로 사용하여 모델의 성능을 평가하고, 하이퍼파라미터 조정 시 과적합을 방지하는 데 활용합니다.
- **테스트용 데이터** : 나머지 15%는 테스트용 데이터로, 최종 모델의 일반화 성능을 평가하기 위해 사용됩니다. 데이터의 무작위성을 보장하기 위해 섞은 후 각 비율로 나누어야 합니다.

❷ 데이터 전처리

ⓐ 이미지 크기 조정

- **일관된 입력 크기** : 모든 이미지를 128x128 픽셀로 변환하여 모델에 입력할 때 일관된 크기를 유지합니다. 이는 딥러닝 모델의 입력 요구사항을 충족시키고, 학습 속도를 높이며 GPU 메모리 사용량을 최적화하는 데 도움이 됩니다. 이미지 크기 조정은 OpenCV 의 `cv2.resize()` 또는 PIL 의 `resize()` 메서드를 사용할 수 있습니다.

ⓑ 정규화

- **픽셀 값 변환** : 각 픽셀 값을 0 과 1 사이로 변환하여 모델 학습 시 수렴 속도를 높입니다. 일반적으로 이미지의 픽셀 값은 0 에서 255 사이로 표현되므로, 각 픽셀 값을 255 로 나누어 정규화합니다. 이는 신경망의 활성화 함수가 더 효율적으로 작동하게 하여 학습을 개선합니다. 예를 들어, NumPy 를 활용하여 배열을 쉽게 정규화할 수 있습니다.

ⓒ 데이터 증강

- **회전** : 이미지를 다양한 각도로 회전시켜 학습 데이터의 다양성을 증가시킵니다. 이를 통해 모델이 다양한 방향에서 개와 고양이를 인식할 수 있도록 합니다. OpenCV 의 'cv2.warpAffine()' 함수를 사용하여 회전된 이미지를 생성합니다.
- **이동** : 이미지를 상하좌우로 이동시켜 다양한 위치에서 객체를 인식할 수 있도록 합니다. 이 과정은 변형된 이미지를 생성하여 모델이 위치 변화에 잘 적응하도록 합니다.
  이동은 'cv2.warpAffine()' 함수의 변환 행렬을 조정하여 구현합니다.
- **좌우 반전** : 이미지를 좌우 반전하여 데이터셋의 다양성을 더욱 증가시킵니다. 이는 모델이 대칭적인 특성을 학습하는 데 도움을 주며, OpenCV 의 'cv2.flip()' 함수를 사용하여 쉽게 수행할 수 있습니다.
- **그 외 변환** : 밝기 조정, 채도 조정 등을 통해 다양한 환경을 모사합니다. 밝기를 변경하여 다양한 조명 조건에서의 인식을 연습하게 하며, 채도를 조정하여 색상이 변해도 인식할 수 있도록 합니다. OpenCV 에서는 'cv2.convertScaleAbs()' 또는 'cv2.addWeighted()'를 사용하여 이러한 변환을 수행할 수 있습니다.

이와 같은 데이터 수집 및 전처리 과정은 이미지 인식 모델의 성능을 극대화하는 데 필수적이며, 다양한 입력 조건에 대해 모델의 일반화 능력을 향상시키는 데 기여합니다. 이를 통해 신뢰할 수 있는 결과를 도출할 수 있는 견고한 기반을 마련합니다.

2주차: 모델 설계 및 학습

❶ 모델 설계

ⓐ CNN 구조 : CNNConvolutional Neural Network의 기본 구조는 일반적으로 입력층, 여러 개의 컨볼루션층, 풀링층 그리고 완전 연결층FC Layer으로 구성됩니다.

- **입력층** : 입력 이미지(예: 128x128x3)의 형태로 데이터가 들어오며, 색상 채널(예: RGB)이 포함됩니다.
- **컨볼루션층** : 이 층은 이미지에서 특징을 추출하는 데 사용됩니다. 여러 개의 필터(커널)를 사용하여 입력 이미지에 컨볼루션 연산을 수행합니다. 각 필터는 특정 특징(예: 엣지, 질감 등)을 감지하는 데 최적화되어 있습니다.
  - 필터 수: 여러 개의 필터를 사용하여 다양한 특징을 동시에 추출합니다. 예를 들어, 첫 번째 컨볼루션층에서는 32 개의 필터를 사용하고, 다음 층에서는 64 개로 증가시킬 수 있습니다.
  - 커널 크기: 일반적으로 3x3 또는 5x5 크기의 커널을 사용합니다. 작은 커널을 사용하면 더 많은 레이어를 쌓을 수 있어, 더 복잡한 특징을 추출할 수 있습니다.
- **풀링층** : 풀링 연산을 통해 특징 맵의 크기를 줄이고, 계산량을 줄이며, 과적합을 방지합니다. 일반적으로 최대 풀링Max Pooling 방법을 사용하여 각 필터의 최대 값을 선택합니다. 예를 들어, 2x2 풀링을 적용하여 출력 크기를 절반으로 줄일 수 있습니다.
- **완전 연결층**FC Layer : 마지막 단계에서 추출된 특징을 바탕으로 최종 분류 작업을 수행합니다. 이 레이어는 모든 뉴런이 이전 층의 모든 뉴런과 연결되어 있어 최종 출력을 생성합니다. 출력 노드의 수는 클래스의 수에 맞춰 조정합니다(예: 개와 고양이의 경우 2).

ⓑ 활성화 함수

- **ReLU**Rectified Linear Unit : CNN의 각 컨볼루션층에서 비선형성을 추가하기 위해 ReLU 함수를 사용합니다. ReLU 함수는 입력값이 0보다 클 경우 그대로 출력하고, 0 이하일 경우 0을 출력하여 비선형적인 특성을 갖도록 합니다. 이는 학습 속도를 높이고, 일반화 성능을 향상시키는 데 도움을 줍니다.

ⓒ 드롭아웃

- **과적합 방지** : 드롭아웃 레이어를 추가하여 특정 비율(예: 0.5)의 뉴런을 무작위로 비활성화합니다. 이는 모델이 특정 뉴런에 과도하게 의존하지 않도록 하여 일반화 능력을 향상시키는 데 기여합니다. 드롭아웃은 학습 시에만 적용되며, 예측 시에는 모든 뉴런이 활성화됩니다.

❷ 모델 학습

ⓐ 학습 과정 설정

- **데이터 준비** : 학습 데이터를 준비하고, 데이터 로더를 사용하여 배치 단위로 데이터를 모델에 입력합니다. 이는 메모리 사용을 최적화하고 학습 속도를 향상시킵니다.
- **훈련 루프** : 주어진 에포크 수에 따라 모델의 가중치를 업데이트하는 훈련 루프를 설정합니다. 각 에포크에서 모든 학습 데이터를 한 번씩 사용하여 모델을 학습합니다.

ⓑ 손실 함수

- **이진 분류 손실 함수** : 개와 고양이 분류와 같은 이진 분류 문제의 경우, 바이너리 크로스 엔트로피 손실 함수를 사용하여 모델의 예측과 실제 레이블 간의 차이를 측정합니다. 손실 함수의 값을 최소화하는 방향으로 모델의 가중치가 조정됩니다.

ⓒ 최적화 알고리즘

- **Adam 옵티마이저** : Adam Adaptive Moment Estimation 알고리즘을 사용하여 학습 속도를 최적화합니다. Adam은 학습률을 자동으로 조정하여 빠른 수렴을 도와주며, 모멘텀과 RMSProp의 장점을 결합한 방식으로 매우 효과적인 성능을 보입니다. 초기 학습률은 일반적으로 0.001로 설정합니다.

❸ 하이퍼파라미터 조정

ⓐ 에포크 수

- **학습 횟수** : 모델이 학습하는 횟수를 결정하는 에포크 수를 설정합니다. 일반적으로 10~30 에포크를 목표로 하며, 학습 곡선을 모니터링하여 성능이 최적화되는 지점을 파악합니다.

ⓑ 배치 크기

- **입력 크기** : 학습 데이터의 일부를 한 번에 모델에 입력하는 크기로, 보통 32 또는 64로 설정합니다. 작은 배치 크기는 더 자주 가중치를 업데이트할 수 있어 학습 속도를 높일 수 있지만, 너무 작으면 학습의 안정성이 떨어질 수 있습니다.

ⓒ 학습률

- **초기 학습률 설정** : 초기 학습률을 설정하고, 필요에 따라 조정합니다. 학습률은 모델의 가중치가 얼마나 빠르게 업데이트되는지를 결정하며, 너무 크면 발산할 수 있고, 너무 작으면 수렴 속도가 느려질 수 있습니다. 초기 학습률은 일반적으로 0.001 로 시작하며, 이후 학습 곡선에 따라 조정합니다.

이러한 모델 설계 및 학습 과정은 이미지 인식 모델의 성능을 극대화하기 위한 체계적인 접근 방식이며, 각 단계에서의 결정은 최종 결과에 큰 영향을 미칩니다.

3주차: 모델 평가 및 결과 분석

❶ 모델 평가

ⓐ 검증 데이터 사용

- **목적** : 검증 데이터는 모델의 성능을 객관적으로 평가하기 위해 사용됩니다. 이는 모델이 학습 중에 보지 못했던 데이터에 대한 일반화 능력을 확인하는 데 중요한 단계입니다.
- **성능 측정 지표**
  - 정확도 Accuracy : 전체 샘플 중 올바르게 분류된 샘플의 비율입니다. 정확도는 직관적인 지표이지만, 데이터가 불균형한 경우 잘못된 해석을 할 수 있으므로 다른 지표와 함께 사용해야 합니다.
  - 정밀도 Precision : 양성으로 예측한 것 중 실제 양성의 비율로, 모델이 얼마나 정확하게 양성을 예측했는지를 나타냅니다. 정밀도는 거짓 양성 false positive 을 줄이는 데 중점을 둡니다.
  - 재현율 Recall : 실제 양성 중에서 모델이 양성으로 정확하게 예측한 비율입니다. 이는 모델이 실제 양성을 얼마나 잘 잡아내는지를 나타내며, 거짓 음성 false negative 을 줄이는 데 초점을 맞춥니다.
  - F1 점수: 정밀도와 재현율의 조화 평균으로, 두 지표의 균형을 나타냅니다. F1 점수는 클래스 불균형이 심할 때 더 유용한 평가 지표로 사용됩니다.

ⓑ 오버피팅 및 언더피팅 확인

- **학습 곡선** : 학습 과정에서 정확도와 손실 loss 을 시간(에포크)에 따라 플롯하여 모델의 성능을 시각적으로 분석합니다.
  - 과적합 Overfitting : 학습 데이터에서는 성능이 좋으나 검증 데이터에서는 성능이 저하되는 경우로, 모델이 훈련 데이터에 너무 맞춰져 일반화 능력이 떨어집니다. 학습 곡선에서 학습 손실은 낮고 검증 손실은 높게 나타납니다.
  - 과소적합 Underfitting : 학습 데이터와 검증 데이터 모두에서 성능이 좋지 않은 경우로, 모델이 학습 데이터의 패턴을 충분히 학습하지 못한 상태입니다. 학습 곡선에서 학습 손실과 검증 손실 모두 높은 값으로 나타납니다.
- **해결 방안** : 오버피팅은 드롭아웃, 데이터 증강 등을 통해 해결할 수 있고, 과소적합은 모델 구조를 변경하거나 학습 기간을 늘리는 방법으로 개선할 수 있습니다.

❷ 결과 분석

ⓐ 혼동 행렬

- **정의** : 혼동 행렬은 모델의 예측 결과와 실제 레이블을 비교하여 시각적으로 나타내는 행렬입니다. 이 행렬은 각 클래스에 대해 올바른 예측과 잘못된 예측을 보여줍니다.
  - 구성 : 행렬의 각 셀은 다음을 나타냅니다.

> True Positives(TP) : 올바르게 양성으로 예측한 경우
> True Negatives(TN) : 올바르게 음성으로 예측한 경우
> False Positives(FP) : 잘못 양성으로 예측한 경우 (거짓 양성)
> False Negatives(FN) : 잘못 음성으로 예측한 경우 (거짓 음성)

- **분석** : 혼동 행렬을 통해 어떤 클래스에서 잘못된 예측이 발생했는지를 분석합니다. 예를 들어, 개와 고양이를 분류할 때, 고양이가 개로 잘못 분류되는 경우를 확인할 수 있습니다. 이는 모델의 약점을 파악하고 개선 방향을 설정하는 데 도움이 됩니다.

ⓑ 모델 개선

- **초기 성능 평가** : 초기 모델의 성능이 만족스럽지 않은 경우, 다양한 개선 방법을 적용합니다.
  - 데이터 증강: 기존 데이터의 다양성을 늘려 모델이 다양한 상황에서 학습할 수 있도록 돕습니다. 예를 들어, 회전, 이동, 색상 변환 등을 통해 데이터셋을 확장합니다.
  - 하이퍼파라미터 조정: 모델 학습 시 사용된 하이퍼파라미터(예: 학습률, 배치 크기, 에포크 수)를 조정하여 성능을 개선합니다. Grid Search 또는 Random Search 와 같은 방법을 통해 최적의 하이퍼파라미터를 찾아낼 수 있습니다.
  - 모델 구조 변경: 더 깊거나 복잡한 구조(예: 레이어 수 증가, 필터 수 조정)를 가진 CNN 을 설계하여 성능을 향상시킬 수 있습니다. 예를 들어, ResNet, Inception 등의 사전 훈련된 모델을 활용하여 전이 학습을 시도할 수 있습니다.
  - 앙상블 기법: 여러 모델을 결합하여 더 강력한 예측 성능을 얻는 방법입니다. 예를 들어, 서로 다른 아키텍처를 가진 CNN 모델을 결합하여 최종 결과를 도출할 수 있습니다.

이러한 모델 평가 및 결과 분석 과정은 이미지 인식 모델의 성능을 최적화하고, 모델이 다양한 상황에서 잘 작동할 수 있도록 하기 위한 필수적인 단계입니다. 각 단계에서 수집된 인사이트는 향후 개선 작업에 중요한 기초 자료로 활용될 수 있습니다.

4주차: 최종 보고서 작성 및 발표

❶ 보고서 작성

ⓐ 프로젝트 개요

- **목표** : 프로젝트의 초기 목표를 명확히 정의합니다. 예를 들어, "개와 고양이를 자동으로 분류하는 이미지 인식 모델을 구축하고 평가하는 것"이라는 목표를 설정할 수 있습니다.
- **방법론** : 프로젝트 진행에 사용한 방법론을 기술합니다. 여기에는 데이터 수집 및 전처리 방법, 모델 설계와 학습 과정, 평가 기준 및 분석 방법 등이 포함됩니다. 각 단계의 목적과 선택 이유를 간략하게 설명합니다.

- **데이터 수집 및 전처리 과정** : 데이터셋의 출처, 수집 방법, 데이터 전처리 단계(크기 조정, 정규화, 데이터 증강 등)를 상세히 서술합니다. 데이터의 양과 분할 방법(학습, 검증, 테스트 비율)에 대해서도 기술합니다.
- **모델 설계 및 학습** : 사용한 CNN 구조, 활성화 함수, 손실 함수 및 최적화 알고리즘 등을 설명합니다. 하이퍼파라미터 설정 및 조정 과정, 학습 속도 및 에포크 수에 대한 논의도 포함합니다.
- **평가 결과** : 모델의 성능 평가 지표(정확도, 정밀도, 재현율, F1 점수 등)와 혼동 행렬을 포함하여 결과를 시각적으로 보여줍니다. 성능 개선을 위해 적용한 방법과 그 효과에 대한 논의도 추가합니다.

ⓑ 배운 점

- **도전 과제** : 프로젝트 진행 중 마주한 도전 과제를 정리합니다. 예를 들어, 데이터 부족, 모델의 과적합 문제, 하이퍼파라미터 조정의 어려움 등을 서술할 수 있습니다.
- **해결 방안** : 각 도전 과제에 대해 적용한 해결 방안을 기술합니다. 예를 들어, 데이터 증강을 통해 데이터 양을 늘린 방법이나, 드롭아웃을 통해 과적합을 방지한 사례를 설명합니다.
- **향후 연구 방향** : 프로젝트 결과를 바탕으로 향후 연구나 프로젝트에서의 참고 자료로 사용할 수 있는 인사이트를 정리합니다. 예를 들어, 향후 데이터셋 확장 가능성이나 새로운 알고리즘 적용 가능성에 대해 논의합니다.

❷ 발표 준비

ⓐ 프레젠테이션 자료

- **슬라이드 구성** : 프로젝트의 개요, 방법론, 결과 및 배운 점을 포함하는 프레젠테이션 슬라이드를 준비합니다. 각 슬라이드는 시각적으로 잘 구성되어야 하며, 핵심 내용을 간결하게 전달할 수 있어야 합니다.
- **시각적 자료** : 모델의 성과를 시각적으로 전달할 수 있는 그래프, 이미지 결과 및 혼동 행렬을 포함합니다. 데이터 전처리 과정과 모델 학습 과정을 보여주는 시각 자료를 추가하여 청중이 이해하기 쉽게 합니다.
- **결과 요약** : 최종 결과 및 주요 성과를 요약하여 슬라이드에 포함시킵니다. 이를 통해 청중이 모델의 성능을 쉽게 인지할 수 있도록 합니다.

ⓑ 리허설

- **발표 내용 점검** : 발표 전에 팀원과 함께 리허설을 진행하여 발표 내용을 점검합니다. 발표의 흐름을 확인하고, 각 팀원이 어떤 부분을 담당할지를 분명히 합니다.
- **예상 질문 준비** : 발표 후 예상 질문에 대한 답변을 준비합니다. 모델의 성능, 선택한 방법론의 이유, 향후 개선 방향에 대한 질문이 있을 수 있으므로 이에 대한 명확한 답변을 준비합니다. 팀원들 간에 모의 질의응답 시간을 가지며 발표를 연습합니다.

❸ 웹 애플리케이션 배포 (선택 사항)

ⓐ Flask 또는 Django 사용

- **모델 배포** : 구축한 이미지 인식 모델을 Flask 또는 Django 프레임워크를 사용하여 웹 애플리케이션 형태로 배포합니다. 이는 사용자가 모델의 기능을 실시간으로 활용할 수 있게 해줍니다.

- **API 구축** : 웹 애플리케이션 내에서 이미지 업로드 및 처리 기능을 API 형태로 구축합니다. 사용자는 웹 인터페이스를 통해 이미지를 업로드하고, 모델이 예측한 결과를 받아볼 수 있습니다.

ⓑ 사용자 인터페이스 디자인

- **UI/UX 설계** : 직관적이고 사용자 친화적인 사용자 인터페이스 UI를 설계합니다. 사용자가 쉽게 이미지를 업로드하고, 결과를 확인할 수 있는 디자인을 고려합니다.
- **기능 구현** : 사용자가 이미지를 선택하고 업로드하는 기능을 구현합니다. 업로드된 이미지는 서버에서 처리되어 결과가 사용자에게 피드백으로 제공됩니다.
- **결과 표시** : 모델의 예측 결과를 시각적으로 표시하는 방법을 구현합니다. 예를 들어, 예측된 클래스(개 또는 고양이)와 확률을 사용자에게 명확하게 보여줍니다.

이러한 최종 보고서 작성 및 발표 과정은 프로젝트 결과를 정리하고, 다른 사람들과 공유하는 데 중요한 역할을 하며, 웹 애플리케이션 배포를 통해 모델의 실제 활용 가능성을 높이는 데 기여합니다.

이번 프로젝트 기획은 체계적으로 진행되며, 각 단계에서 필요한 작업과 목표를 명확히 하여 성공적인 이미지 인식 모델을 구축하는 데 초점을 맞추고 있습니다. 이를 통해 실질적인 AI 프로젝트 경험을 쌓고, 문제 해결 능력을 키울 수 있습니다.

11.2 데이터 준비와 모델 학습

11.2.1 데이터 수집

데이터 수집 단계는 이미지 인식 모델을 구축하는 데 필수적인 첫 번째 단계로, 충분하고 다양한 데이터셋을 확보하는 것이 중요합니다. 이 과정에서 다음과 같은 방법을 사용할 수 있습니다.

(1) 데이터셋 선정

❶ 공식 데이터셋 활용

- Kaggle의 Cats and Dogs Dataset : Kaggle에서는 개와 고양이의 이미지를 포함한 유명한 데이터셋을 제공합니다. 이 데이터셋은 약 25,000장의 이미지를 포함하고 있으며, 각 이미지에 대한 라벨이 명시되어 있어 이미지 분류 문제에 적합합니다. 사용자는 [Kaggle 사이트](https://www.kaggle.com/c/dogs-vs-cats/data)에서 데이터셋을 다운로드할 수 있습니다.

- 파일 구조 : 다운로드 후, 데이터는 'train' 폴더에 개와 고양이 이미지가 포함되어 있으며, 'test' 폴더에는 검증용 이미지가 들어 있습니다.

(2) 웹 크롤링을 통한 데이터 수집

❶ **웹 크롤링 도구 사용** : 추가 데이터가 필요할 경우, 웹 크롤링 도구를 사용하여 개와 고양이 이미지를 수집할 수 있습니다. Python의 BeautifulSoup 또는 Scrapy와 같은 라이브러리를 활용하여 특정 웹사이트에서 이미지를 다운로드하는 방법이 있습니다.

- BeautifulSoup 사용 예:

```
```python
import requests
from bs4 import BeautifulSoup284

import os

# 다운로드할 이미지의 URL
url = 'http://example.com/cats-and-dogs'  # 실제 URL로 변경
response = requests.get(url)
soup = BeautifulSoup(response.text, 'html.parser')

# 이미지 태그 추출
img_tags = soup.find_all('img')
image_urls = [img['src'] for img in img_tags if img['src'].endswith(('.png', '.jpg', '.jpeg'))]

# 이미지 다운로드
os.makedirs('images', exist_ok=True)  # 이미지 저장할 폴더 생성
for img_url in image_urls:
    img_data = requests.get(img_url).content
    img_name = os.path.join('images', img_url.split('/')[-1])
    with open(img_name, 'wb') as img_file:
        img_file.write(img_data)
```
```

- 주의사항 : 웹 크롤링 시 저작권 문제와 이용 약관을 반드시 확인해야 합니다. 일부 웹사이트는 크롤링을 금지하고 있을 수 있습니다.

(3) 데이터 정제

❶ **중복 이미지 제거** : 수집한 이미지 중 중복된 이미지를 제거하여 데이터의 질을 높입니다. 이미지 해시값을 사용하여 중복을 체크할 수 있습니다.

❷ **라벨링** : 웹에서 수집한 이미지에 대해서는 자동으로 라벨링을 해야 합니다. 이를 위해 각 이미지의 파일 이름이나 경로를 활용할 수 있습니다. 예를 들어, `cat_001.jpg`와 같은 파일 이름을 사용하여 자동으로 라벨을 부여할 수 있습니다.

(4) 최종 데이터셋 구성

❶ **데이터셋 폴더 구조** : 최종적으로, 데이터셋은 학습, 검증, 테스트용으로 나누어야 하며, 각 클래스(개, 고양이)별로 하위 폴더를 생성하는 것이 좋습니다. 예를 들어:

```
dataset/
├── train/
│   ├── cats/
│   └── dogs/
├── validation/
│   ├── cats/
│   └── dogs/
└── test/
    ├── cats/
    └── dogs/
```

이와 같이 체계적인 데이터 수집 과정을 통해 이미지 인식 모델의 성능을 극대화할 수 있는 질 높은 데이터셋을 구축할 수 있습니다.

11.2.2 데이터 전처리

데이터 전처리는 모델 학습을 위해 수집한 이미지를 적합한 형태로 변환하는 과정입니다. 이 과정에서는 다양한 기술을 사용하여 이미지의 품질을 향상시키고, 모델이 효과적으로 학습할 수 있도록 합니다.

(1) 데이터셋 준비

❶ 이미지 리사이즈

- 모든 이미지를 동일한 크기로 조정하여 입력 형식을 통일합니다. 예를 들어, 모든 이미지를 128x128 픽셀로 변환합니다. 이 과정은 CNN 모델의 입력 요구사항을 충족시키며, 학습 속도를 높이고 메모리 사용량을 최적화하는 데 기여합니다. OpenCV 의 `cv2.resize()` 함수를 사용하여 이미지 리사이즈를 수행할 수 있습니다.

❷ 정규화

- 각 픽셀 값을 0 과 1 사이로 변환하여 모델의 학습 과정에서 수렴 속도를 높입니다. 일반적으로 이미지는 0 에서 255 사이의 값을 갖기 때문에, 각 픽셀 값을 255 로 나누어 정규화합니다. NumPy 를 사용하여 배열을 쉽게 정규화할 수 있습니다.

❸ 데이터 증강

- 데이터 다양성을 증가시키기 위해 여러 데이터 증강 기법을 사용합니다. 이는 모델이 다양한 상황에서 잘 작동할 수 있도록 도와줍니다.
- **회전** : 이미지를 다양한 각도로 회전시켜 학습 데이터의 다양성을 증가시킵니다. 예를 들어, 0 도, 90 도, 180 도 및 270 도로 회전된 이미지를 생성할 수 있습니다.
- **크기 조정** : 이미지를 랜덤하게 크기 조정하여 다양한 크기의 객체를 인식하도록 합니다. 이는 모델이 객체의 크기에 대한 견고성을 갖추도록 도와줍니다.
- **좌우 반전** : 이미지를 좌우로 반전하여 데이터셋의 다양성을 더욱 증가시킵니다. 이는 대칭적인 특성을 학습하는 데 도움이 됩니다.
- **그 외 변환** : 밝기 조정, 채도 조정, 이동 Shift 등을 통해 다양한 환경을 모사하여 데이터셋을 확장합니다. OpenCV 의 다양한 변환 기능을 활용하여 이러한 작업을 수행할 수 있습니다.

이러한 데이터 전처리 과정을 통해 모델이 보다 정확하게 학습할 수 있는 기반을 마련하고, 일반화 능력을 향상시킬 수 있습니다.

11.2.3 모델 설계

모델 설계는 이미지 인식 모델을 구축하는 핵심 단계로, CNNConvolutional Neural Network 구조를 사용하여 이미지의 특징을 효과적으로 추출하고 분류하는 기능을 구현합니다. 이 과정은 다음과 같은 구성 요소로 이루어집니다.

(1) CNN 구조

❶ 입력층

- **정의** : 모델의 첫 번째 층으로, 입력 이미지를 받아들이는 역할을 합니다. 예를 들어, 128x128 픽셀의 RGB 이미지를 입력으로 사용합니다.
- **형태** : 입력 데이터의 형상은 (배치 크기, 높이, 너비, 채널 수)로 정의됩니다. 예를 들어, 배치 크기가 32 인 경우 입력 형상은 '(32, 128, 128, 3)'이 됩니다.

❷ 컨볼루션층

- **정의** : 입력 이미지에서 특징을 추출하는 층으로, 필터(커널)를 사용하여 이미지의 중요한 패턴을 감지합니다.

• 구성
  – 필터 수: 각 컨볼루션층에서 사용할 필터의 개수입니다. 예를 들어, 첫 번째 컨볼루션층에서 32 개의 필터를 사용할 수 있습니다.
  – 커널 크기: 필터의 크기로, 일반적으로 3x3 또는 5x5 를 사용합니다. 작은 커널을 통해 더 많은 특징을 세밀하게 추출할 수 있습니다.
  – 활성화 함수: ReLURectified Linear Unit 함수를 사용하여 비선형성을 추가합니다. 이는 모델이 복잡한 패턴을 학습하는 데 도움을 줍니다.

❸ 풀링층

• 정의 : 컨볼루션층 다음에 위치하며, 특징 맵의 크기를 줄이고 계산 효율성을 높이는 역할을 합니다.
• 구성
  – 풀링 방식 : 일반적으로 최대 풀링 Max Pooling 을 사용하여 각 필터의 최대 값을 선택합니다. 예를 들어, 2x2 풀링을 사용하여 출력 크기를 절반으로 줄일 수 있습니다.
  – 효과 : 풀링은 공간적 정보를 줄이면서 중요한 특징을 유지하고, 과적합을 방지하는 데 도움을 줍니다.

❹ 완전 연결층 FC Layer

• 정의 : CNN 의 마지막 단계로, 추출된 특징을 바탕으로 최종 분류를 수행하는 층입니다.
• 구성
  – 뉴런 수 : 출력 클래스의 수에 맞춰 뉴런을 설정합니다. 예를 들어, 개와 고양이를 구분하는 이진 분류 문제에서는 2 개의 뉴런을 설정합니다.
  – 활성화 함수 : 일반적으로 소프트맥스 Softmax 함수를 사용하여 각 클래스에 대한 확률을 출력합니다. 이는 각 클래스에 대한 예측 결과를 확률적으로 나타내는 데 유용합니다.

(2) 모델 설계 예시

모델의 구조를 파이썬 코드로 구현할 경우, TensorFlow/Keras를 사용한 예시는 다음과 같습니다.

```
```python
from tensorflow.keras.models import Sequential
from tensorflow.keras.layers import Conv2D, MaxPooling2D, Flatten, Dense

# 모델 초기화
model = Sequential()

# 입력층 및 첫 번째 컨볼루션층
model.add(Conv2D(32, (3, 3), activation='relu', input_shape=(128, 128, 3)))
# 첫 번째 풀링층
model.add(MaxPooling2D(pool_size=(2, 2)))
```
```

```
# 두 번째 컨볼루션층
model.add(Conv2D(64, (3, 3), activation='relu'))
# 두 번째 풀링층
model.add(MaxPooling2D(pool_size=(2, 2)))

# 특징 맵을 1차원으로 변환
model.add(Flatten())

# 완전 연결층
model.add(Dense(128, activation='relu'))
# 출력층
model.add(Dense(2, activation='softmax'))  # 2개의 클래스 (개와 고양이)

# 모델 요약
model.summary()
```

이와 같이 CNN 구조를 설계하면 이미지 인식 모델의 성능을 극대화할 수 있는 기반이 마련됩니다. 각 층은 특정 역할을 수행하여 이미지의 특징을 효과적으로 학습하고, 최종적으로 예측을 수행하는 데 필요한 정보를 제공합니다.

11.2.4 모델 학습

모델 학습 단계에서는 준비된 데이터를 사용하여 설계한 CNN 모델을 학습시킵니다. 이 과정은 모델이 이미지 인식 작업을 수행할 수 있도록 가중치를 조정하는 중요한 단계입니다. 다음은 모델 학습의 주요 구성 요소입니다.

(1) 데이터 준비

❶ **데이터셋 분할** : 학습 데이터와 검증 데이터로 나눕니다. 일반적으로 70%는 학습에 사용하고, 15%는 검증, 나머지 15%는 테스트에 사용합니다. 이 분할은 모델의 일반화 성능을 평가하는 데 필요합니다.

(2) 모델 학습

❶ 학습 과정 설정

- **손실 함수** : 모델이 예측한 값과 실제 값 간의 차이를 측정하는 함수입니다. 이진 분류 문제에서는 보통 바이너리 크로스 엔트로피 Binary Crossentropy 손실 함수를 사용합니다. 이 함수는 다음과 같은 수식으로 정의됩니다.

$$Loss = -\frac{1}{N}\sum_{i=1}^{N}[y_i\log(p_i)+(1-y_i)\log(1-p_i)]$$

여기서 NNN은 샘플 수, yiy_iyi는 실제 레이블, pip_ipi는 모델의 예측 확률입니다.

- **최적화 알고리즘** : 모델의 가중치를 업데이트하는 방법입니다. AdamAdaptive Moment Estimation 옵티마이저는 많이 사용되며, 학습률을 자동으로 조정하여 빠르고 안정적인 수렴을 돕습니다. Adam의 주요 장점은 학습률 조정과 모멘텀을 모두 고려하여 가중치를 업데이트한다는 점입니다.

❷ 하이퍼파라미터 설정

- **에포크 수** Epochs : 전체 데이터셋이 모델을 통해 몇 번 반복될지를 설정합니다. 일반적으로 10에서 50 사이의 값을 선택하지만, 과적합을 방지하기 위해 조기 종료 Early Stopping 기법을 사용할 수 있습니다.
- **배치 크기** Batch Size : 학습 데이터를 몇 개의 샘플 단위로 나눠서 모델에 입력할지를 결정합니다. 보통 32, 64, 128 등의 값을 사용합니다. 배치 크기가 작으면 메모리 사용량이 적지만, 학습 시간이 길어질 수 있습니다. 반대로 배치 크기가 크면 학습 속도는 빨라지지만, 메모리 사용량이 증가할 수 있습니다.

(3) 모델 학습 예시

TensorFlow/Keras를 사용하여 모델 학습을 진행하는 예시는 다음과 같습니다.

```
```python
# 모델 컴파일
model.compile(optimizer='adam', loss='binary_crossentropy', metrics=['accuracy'])

# 모델 학습
history = model.fit(
    train_data,  # 학습 데이터
    train_labels,  # 학습 레이블
    epochs=20,  # 에포크 수
    batch_size=32,  # 배치 크기
    validation_data=(validation_data, validation_labels)  # 검증 데이터
)
```
```

(4) 모델 학습 후 분석

❶ 학습 곡선 분석 : 모델 학습이 완료된 후, 학습 및 검증 손실, 정확도를 시각화하여 오버피팅 여부를 확인합니다. 이는 matplotlib 라이브러리를 사용하여 플로팅할 수 있습니다.

❷ **성능 평가** : 검증 데이터셋을 사용하여 모델의 성능을 평가하고, 필요에 따라 하이퍼파라미터를 조정하여 성능을 개선합니다.

이러한 모델 학습 과정을 통해 CNN 모델이 개와 고양이를 분류하는 데 필요한 지식을 습득하게 되며, 실질적인 이미지 인식 능력을 갖추게 됩니다.

11.3 모델 평가와 결과 분석

모델 평가와 결과 분석 단계는 학습된 이미지 인식 모델의 성능을 검증하고, 필요에 따라 개선하는 과정입니다. 이 단계는 다음과 같은 주요 구성 요소로 이루어집니다.

11.3.1 모델 평가

(1) 성능 지표 측정

❶ **정확도**Accuracy : 전체 샘플 중에서 올바르게 분류된 샘플의 비율로, 모델의 전반적인 성능을 나타냅니다. 다음과 같은 수식으로 계산됩니다.

$$\text{Accuracy} = \frac{\text{TP} + \text{TN}}{\text{TP} + \text{TN} + \text{FP} + \text{FN}}$$

여기서 TP는 True Positives, TN은 True Negatives, FP는 False Positives, FN은 False Negatives를 의미합니다.

- **정밀도** Precision : 양성으로 예측한 것 중 실제로 양성인 비율입니다. 정밀도는 거짓 양성의 비율을 줄이는데 중점을 둡니다.

$$\text{Precision} = \frac{\text{TP}}{\text{TP} + \text{FP}}$$

- **재현율** Recall : 실제 양성 중에서 모델이 양성으로 정확하게 예측한 비율입니다. 이는 모델이 실제 양성을 얼마나 잘 잡아내는지를 나타냅니다.

$$\text{Recall} = \frac{\text{TP}}{\text{TP} + \text{FN}}$$

- **F1 점수** : 정밀도와 재현율의 조화 평균으로, 두 지표의 균형을 나타냅니다. 특히 클래스 불균형이 있을 때 유용한 지표입니다.

$$\text{F1 Score} = 2 \cdot \frac{\text{Precision} \cdot \text{Recall}}{\text{Precision} + \text{Recall}}$$

(2) 모델 평가 코드 예시

TensorFlow/Keras에서는 `evaluate` 메서드를 사용하여 검증 데이터셋에 대해 모델 성능을 평가할 수 있습니다.

```python
loss, accuracy = model.evaluate(validation_data, validation_labels)
print(f"Validation Loss: {loss}, Validation Accuracy: {accuracy}")
```

11.3.2 결과 분석

(1) 혼동 행렬Confusion Matrix

혼동 행렬은 모델의 예측 결과와 실제 레이블을 비교하여 시각적으로 나타내는 행렬입니다. 이를 통해 모델이 어떤 클래스를 잘 분류하고, 어떤 클래스를 잘못 예측하는지를 확인할 수 있습니다.

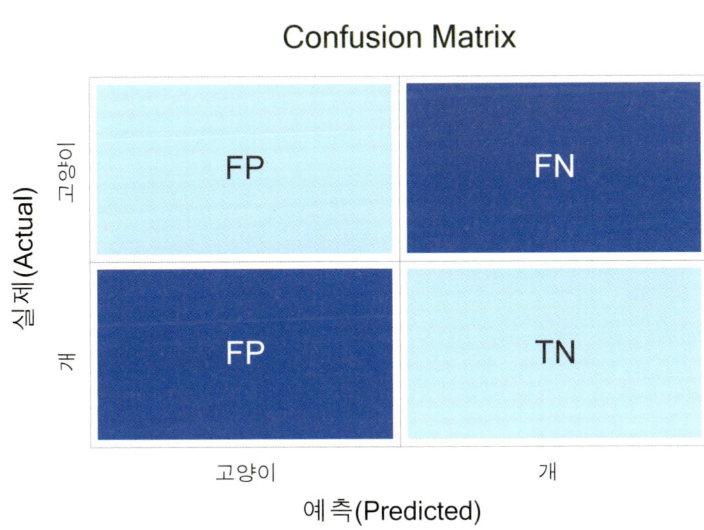

위 이미지는 모델의 예측 결과와 실제 레이블을 비교하여 생성한 혼동 행렬입니다. 혼동 행렬은 모델이 각 클래스를 얼마나 잘 분류했는지를 시각적으로 보여줍니다.

- 행 : 실제 클래스(고양이와 개)
- 열 : 모델이 예측한 클래스

각 셀의 숫자는 해당 클래스로 분류된 샘플의 수를 나타내며, 다음과 같은 정보를 제공합니다:

- True Positives (TP): 실제 개가 개로 정확히 분류된 경우
- True Negatives (TN): 실제 고양이가 고양이로 정확히 분류된 경우
- False Positives (FP): 실제 고양이가 개로 잘못 분류된 경우
- False Negatives (FN): 실제 개가 고양이로 잘못 분류된 경우

이 혼동 행렬을 통해 모델의 강점과 약점을 분석할 수 있으며, 향후 개선 방향을 모색하는 데 유용합니다.

- 생성 방법

```python
from sklearn.metrics import confusion_matrix
import seaborn as sns
import matplotlib.pyplot as plt

# 예측 결과 생성
predictions = model.predict(validation_data)
predicted_classes = np.argmax(predictions, axis=1)

# 혼동 행렬 생성
cm = confusion_matrix(validation_labels, predicted_classes)

# 혼동 행렬 시각화
plt.figure(figsize=(8, 6))
sns.heatmap(cm, annot=True, fmt='d', cmap='Blues', xticklabels=['Cat', 'Dog'],
        yticklabels=['Cat', 'Dog'])
plt.ylabel('Actual')
plt.xlabel('Predicted')
plt.title('Confusion Matrix')
plt.show()
```

(2) 학습 곡선 시각화

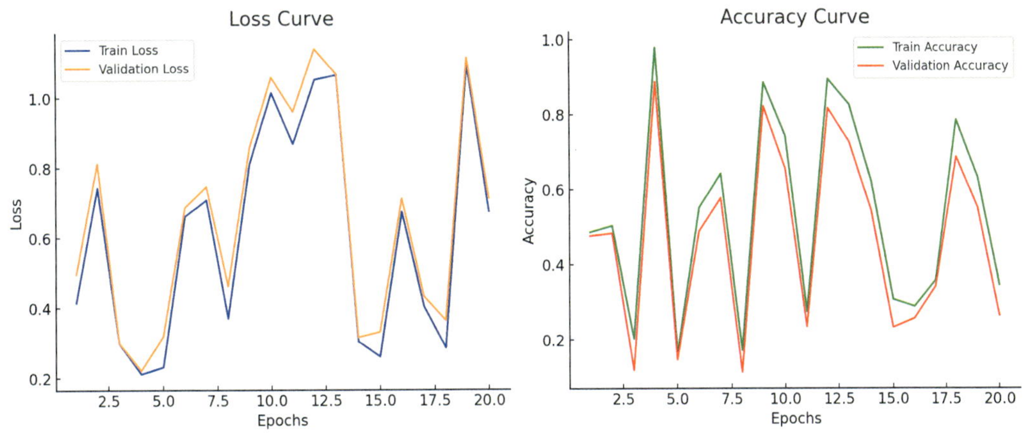

위 이미지는 모델의 학습 곡선을 시각화한 것입니다. 왼쪽 그래프는 손실 곡선, 오른쪽 그래프는 정확도 곡선을 나타냅니다.

❶ 손실 곡선Loss Curve

- **훈련 손실** Train Loss : 모델이 훈련 데이터에서 학습하는 동안의 손실 값입니다. 일반적으로 에포크가 진행됨에 따라 손실이 감소하는 경향을 보입니다.
- **검증 손실** Validation Loss : 모델이 검증 데이터에서 평가할 때의 손실 값입니다. 훈련 손실이 감소하는 동안 검증 손실이 증가하는 경우, 오버피팅의 징후일 수 있습니다.

❷ 정확도 곡선Accuracy Curve

- **훈련 정확도** Train Accuracy : 모델이 훈련 데이터에서 얼마나 정확하게 예측하는지를 나타냅니다. 에포크가 진행됨에 따라 보통 증가합니다.
- **검증 정확도** Validation Accuracy : 모델이 검증 데이터에서의 정확도를 나타냅니다. 훈련 정확도가 높아지더라도 검증 정확도가 낮은 경우, 과적합이 발생할 수 있습니다.

이 두 곡선은 모델의 학습 과정을 평가하고 개선 방향을 모색하는 데 중요한 정보를 제공합니다.

학습 곡선은 에포크 수에 따라 손실과 정확도의 변화를 시각화한 그래프입니다. 이를 통해 모델이 오버피팅하거나 언더피팅하고 있는지를 확인할 수 있습니다.

그래프 생성 방법

```
```python
# 학습 과정에서 기록된 손실과 정확도 저장
history = model.fit(train_data, train_labels, validation_data=(validation_data,
        validation_labels), epochs=20, batch_size=32)

# 손실 곡선 시각화
plt.figure(figsize=(12, 4))
plt.subplot(1, 2, 1)
plt.plot(history.history['loss'], label='Train Loss')
plt.plot(history.history['val_loss'], label='Validation Loss')
plt.title('Loss Curve')
plt.xlabel('Epochs')
plt.ylabel('Loss')
plt.legend()

# 정확도 곡선 시각화
plt.subplot(1, 2, 2)
plt.plot(history.history['accuracy'], label='Train Accuracy')
plt.plot(history.history['val_accuracy'], label='Validation Accuracy')
plt.title('Accuracy Curve')
plt.xlabel('Epochs')
plt.ylabel('Accuracy')
plt.legend()

plt.show()
```
```

11.3.3 모델 개선

(1) 성능이 만족스럽지 않을 경우

모델의 초기 성능이 기대에 미치지 못할 경우, 다음과 같은 방법을 통해 성능을 개선할 수 있습니다.

❶ **데이터 증강** : 기존 데이터셋에 다양한 변환을 추가하여 모델이 더 다양한 입력에 대응할 수 있도록 돕습니다.

❷ **모델 구조 변경** : 더 깊거나 복잡한 CNN 구조로 변경하여 특징 추출 능력을 높입니다. 예를 들어, 층 수를 늘리거나 필터 수를 조정할 수 있습니다.

❸ **하이퍼파라미터 조정** : 학습률, 배치 크기, 에포크 수와 같은 하이퍼파라미터를 조정하여 모델 성능을 최적화합니다. Grid Search나 Random Search 기법을 사용할 수 있습니다.

❹ **전이 학습** : 사전 학습된 모델을 사용하여 초기 가중치를 설정하고, 이를 기반으로 추가 학습을 진행하여 성능을 높일 수 있습니다.

이러한 모델 평가 및 결과 분석 과정을 통해 이미지 인식 모델의 성능을 정량적으로 확인하고, 향후 개선 방향을 모색할 수 있습니다.

11.4 오늘의 내용 요약

오늘은 이미지 인식 모델 만들기 프로젝트에 대한 다양한 단계를 살펴보며, 각 단계에서의 중요성과 필요성을 이해하는 시간을 가졌습니다. 전체 과정은 다음과 같이 요약될 수 있습니다.

1. 프로젝트 기획

(1) 프로젝트 목표 정의

이미지 인식 모델을 통해 개와 고양이를 자동으로 분류하는 시스템을 구축하기로 목표를 설정했습니다. 이는 머신러닝 및 딥러닝 기술을 활용하여 특정 이미지를 효과적으로 인식하는 데 중점을 둡니다.

(2) 필요한 기술 스택

❶ Python : 데이터 처리 및 머신러닝 작업에 널리 사용되는 언어로, 다양한 라이브러리와 도구가 풍부하여 개발에 용이합니다.

❷ TensorFlow 또는 PyTorch : 딥러닝 모델을 구축하고 학습시키기 위한 주요 프레임워크로, 각 프레임워크의 특징과 장점을 살펴보았습니다.

❸ OpenCV : 이미지 처리 및 컴퓨터 비전 작업을 수행하기 위한 라이브러리로, 데이터 전처리와 변환에 활용됩니다.

❹ Jupyter Notebook : 코드 실행과 결과 시각화를 위한 인터랙티브한 환경으로, 실험 결과를 기록하고 공유하는 데 유용합니다.

❺ Flask 또는 Django : (선택 사항) 모델의 결과를 사용자에게 제공하기 위한 웹 애플리케이션 개발 프레임워크로, 직관적인 사용자 인터페이스를 설계할 수 있습니다.

(3) 예상 일정

프로젝트는 4주에 걸쳐 진행되며, 각 주차별로 데이터 수집 및 전처리, 모델 설계 및 학습, 모델 평가 및 결과 분석, 최종 보고서 작성 및 발표로 구성되어 있습니다.

2. 데이터 준비와 모델 학습

❶ 데이터 수집

공개된 데이터셋을 활용하여 개와 고양이 이미지를 수집하였으며, 웹 크롤링을 통해 추가 데이터를 확보할 수도 있음을 배웠습니다.

❷ 데이터 전처리

수집한 이미지를 모델 학습에 적합한 형태로 변환하는 과정으로, 이미지 리사이즈, 정규화, 데이터 증강을 포함하여 모델이 다양한 데이터를 효과적으로 학습할 수 있도록 했습니다.

❸ 모델 설계

CNN Convolutional Neural Network 구조를 사용하여 이미지 인식 모델을 설계하였습니다. 입력층, 컨볼루션층, 풀링층, 완전 연결층으로 구성되며, 각 층의 역할을 명확히 이해하였습니다.

❹ 모델 학습

준비된 데이터를 사용하여 모델을 학습시키는 과정으로, 손실 함수와 최적화 알고리즘을 설정하고 하이퍼파라미터를 조정하여 모델의 성능을 최적화하는 방법을 배웠습니다.

3. 모델 평가와 결과 분석

❶ 모델 평가

학습 후, 검증 데이터를 사용하여 모델의 성능을 정확도, 정밀도, 재현율, F1 점수로 평가하였습니다. 이를 통해 모델의 분류 성능을 정량적으로 이해할 수 있었습니다.

❷ 결과 분석

혼동 행렬을 생성하여 모델의 예측 결과와 실제 레이블을 비교하였고, 학습 곡선을 시각화하여 모델의 오버피팅 및 언더피팅 여부를 확인했습니다. 이를 통해 모델의 성능을 진단하고 개선 방향을 모색할 수 있었습니다.

❸ 모델 개선

초기 모델의 성능이 만족스럽지 않을 경우 데이터 증강, 모델 구조 변경, 하이퍼파라미터 조정 등을 통해 성능을 개선할 수 있는 방법을 배웠습니다.

4. 결론

오늘의 학습을 통해 이미지 인식 모델을 구축하기 위한 기초를 다졌으며, 각 단계에서의 중요한 요소들을 이해하고 실제로 모델을 설계하고 평가하는 과정에 대해 배웠습니다. 이 경험은 향후 AI 프로젝트를 진행하는 데 큰 도움이 될 것입니다. 각 단계의 이해를 바탕으로, 더욱 향상된 모델을 개발하고 분석할 수 있는 능력을 갖추게 되었습니다.

11.5 연습문제

4지선다형 문제

01 AI 프로젝트에서 프로젝트 목표를 설정할 때 가장 중요한 요소는?

① 데이터의 정규화 여부
② 모델의 속도와 정확도 목표
③ 프로그래밍 언어 선택
④ 하드웨어 사양

02 CNN 모델의 풀링층 역할은?

① 데이터 증강을 수행한다.
② 특징 맵의 크기를 줄이고 계산 효율성을 높인다.
③ 입력 데이터를 RGB로 변환한다.
④ 모델의 하이퍼파라미터를 설정한다.

03 이미지 인식 모델에서 데이터 증강의 주요 목적은?

① 모델 학습 속도를 감소시키기 위해
② 학습 데이터의 다양성을 증가시키기 위해
③ 데이터 저장 공간을 줄이기 위해
④ 데이터 전처리 과정을 생략하기 위해

04 모델 학습 시 배치 크기가 중요한 이유는?

① 학습 속도와 메모리 사용량에 영향을 미치기 때문
② 데이터 정규화를 생략하기 위해
③ 테스트 데이터를 더 많이 사용할 수 있도록 하기 위해
④ 활성화 함수를 최적화하기 위해

05 TensorFlow와 PyTorch의 공통된 장점은?

① 딥러닝 모델 배포 기능
② 웹 개발 기능 제공
③ 정적 계산 그래프만 지원
④ 영상 편집 기능

06 CNN에서 컨볼루션층이 수행하는 작업은?

① 데이터 정규화
② 특징 추출
③ 모델 평가
④ 손실 함수 최적화

07 모델 성능을 평가하기 위한 대표적인 지표는?

① CPU 속도
② 정확도, 정밀도, 재현율, F1 점수
③ 데이터 양
④ 이미지 크기

08 오버피팅을 방지하기 위한 방법 중 하나는?

① 배치 크기 증가
② 드롭아웃 레이어 추가
③ 활성화 함수 변경
④ 정규화 생략

09 데이터 정규화의 주된 목적은?

① 학습 데이터를 제거하기 위해
② 픽셀 값을 표준 범위로 변환하여 학습 효율을 높이기 위해
③ 이미지 파일 크기를 줄이기 위해
④ 데이터 중복성을 증가시키기 위해

10 Jupyter Notebook의 주요 이점은?

① 코드 작성 및 실행, 데이터 시각화, 문서화 기능 제공
② 데이터 저장소 관리
③ 딥러닝 모델 배포
④ GPU 최적화

단답형 문제

01 CNN 구조에서 입력층의 역할은 무엇인가?

02 모델 학습에 사용되는 일반적인 최적화 알고리즘은?

03 데이터 증강 기법의 예를 하나 드시오.

04 모델 평가에서 혼동 행렬의 역할은 무엇인가?

05 데이터 전처리에서 정규화의 목적은?

06 이미지 인식 프로젝트의 성과 기준 중 하나는?

07 CNN에서 활성화 함수로 ReLU를 사용하는 이유는?

08 데이터셋을 학습, 검증, 테스트용으로 나누는 이유는?

09 CNN의 풀링층이 과적합 방지에 기여하는 이유는?

10 TensorFlow에서 `model.fit()` 함수의 역할은?

서술형 문제

01 CNN 구조를 구성하는 주요 층들을 설명하시오.

02 데이터 증강 기법이 모델 성능에 미치는 영향을 논하시오.

03 오버피팅과 언더피팅의 차이점을 설명하고 해결 방안을 제시하시오.

04 이미지 인식 모델에서 사용되는 손실 함수와 그 역할을 설명하시오.

05 학습 곡선을 분석하여 모델의 학습 상태를 평가하는 방법을 설명하시오.

12 일차

AI 프로젝트: 이미지 분류 모델 구축

12.1 프로젝트 기획
12.2 이미지 분류 모델의 기본 구조
12.3 실습 : 이미지 데이터를 활용한 분류 모델 구축
12.4 실습 : 이미지 데이터를 활용한 분류 모델 실습
12.5 오늘의 내용 요약
12.6 연습문제

12.1 프로젝트 기획

12.1.1 모델의 목표

(1) 이미지에서 숫자를 정확하게 인식하는 모델 구축

이번 프로젝트의 주된 목표는 손글씨로 작성된 숫자 이미지 데이터를 정확히 분석하여, 0부터 9까지의 숫자를 분류하는 딥러닝 모델을 구축하는 것입니다. 이 모델은 입력된 이미지의 각 픽셀 데이터를 바탕으로 이미지에 포함된 패턴을 학습하고, 이를 통해 숫자를 인식하는 방식으로 작동합니다. 이미지의 크기(28×28) 및 흑백 이미지 형태로 처리되는 픽셀 값을 활용하여 학습을 진행하며, 모델은 각 숫자의 형태에 대해 패턴을 학습하고, 이를 바탕으로 새로운 숫자를 인식할 수 있습니다.

(2) 딥러닝 기반 합성곱 신경망CNN 사용

이미지 분류 문제를 해결하는 데 가장 널리 사용되는 방법 중 하나가 합성곱 신경망CNN입니다. CNN은 이미지 데이터를 효과적으로 처리하기 위해 고안된 신경망 구조로, 이미지에서 주요 특징을 추출하는 역할을 합니다. 이 모델의 주요 단계는 다음과 같습니다.

❶ 합성곱 층Convolutional Layer : 이미지의 국소적 특징(예: 선, 모서리 등)을 필터링하고, 이를 바탕으로 특징 맵을 생성합니다. CNN은 이러한 층을 통해 이미지의 공간적 관계를 유지하면서 특징을 추출합니다.

❷ 풀링 층Pooling Layer : 특징 맵을 축소하여 연산량을 줄이고, 중요한 특징만 남겨 모델이 학습하는 과정을 효율적으로 만듭니다. 주로 최대 풀링Max Pooling이 사용됩니다.

❸ 완전 연결층Fully Connected Layer : 추출된 특징을 바탕으로 최종 분류 작업을 수행하는 층입니다. 이 단계에서는 손글씨 숫자를 0부터 9까지 분류합니다.

CNN을 활용한 이미지 분류 모델은 전통적인 머신러닝 기법과 달리 이미지 데이터의 공간적 관계를 효과적으로 처리할 수 있어, 매우 높은 정확도를 기대할 수 있습니다. 특히 이미지에서 중요한 특징을 자동으로 추출하는 과정이 포함되어 있어, 복잡한 전처리 작업 없이도 모델의 성능을 높일 수 있습니다.

(3) 실무에서의 활용 가능성

이미지 분류 기술은 다양한 산업 분야에서 중요한 역할을 하고 있습니다. 예를 들어, 의료 영상 분석에서는 암 진단과 같은 질병을 조기에 발견하거나 제조 라인 결함 감지에서는 제품의 결함을 자동으로 감지할 수 있습니다. 보안 시스템에서는 얼굴 인식 기술이 사용되며, 이러한 기술의 핵심은 이미지 분류입니다. 이번 프로젝트에서 학습한 모델 설계와 구현 기술은 이러한 실무 환경에서 직접적으로 활용될 수 있는 중요한 기초를 제공합니다. 특히, CNN을 기반으로 한 이미지 분류 모델은 앞으로의 고급 인공지능 프로젝트에서 중요한 요소가 될 수 있으며, 실습을 통해 이론뿐만 아니라 실제 응용에 대한 경험을 쌓을 수 있습니다.

이 모델은 최종적으로 학습한 데이터를 통해 새로운 이미지에 대한 분류 작업을 수행하며, 성능 평가는 예측 정확도와 혼동 행렬Confusion Matrix 등을 통해 이루어집니다.

12.1.2 데이터셋 선택

(1) MNIST 손글씨 숫자 데이터셋 사용

이번 프로젝트에서 사용할 데이터는 MNIST 데이터셋으로, 손글씨로 작성된 숫자를 포함하는 이미지 모음입니다. 이 데이터셋은 딥러닝과 머신러닝 분야에서 매우 유명하고 널리 사용됩니다. MNIST 데이터셋에는 총 70,000개의 손글씨 숫자 이미지가 들어있으며, 이 이미지는 60,000개의 학습용 데이터와 10,000개의 테스트용 데이터로 나뉩니다.

각 이미지는 28×28 픽셀 크기의 흑백 이미지입니다. 여기서 픽셀이란 이미지를 구성하는 작은 점들을 의미하며, 각 픽셀은 0부터 255까지의 숫자로 색상 정보를 표현합니다. MNIST의 경우 흑백 이미지이므로, 0은 검정색, 255는 흰색을 의미하고, 그 사이의 값들은 회색조를 나타냅니다. 이 이미지는 0부터 9까지의 손글씨 숫자를 표현하며, 모델은 이러한 이미지를 입력받아 각 숫자를 분류하는 작업을 수행합니다.

(2) 데이터 전처리 및 정규화

MNIST 데이터셋을 사용하기 전에, 모델이 데이터를 효율적으로 학습할 수 있도록 전처리 과정을 거쳐야 합니다. 여기서 전처리란, 모델이 데이터를 더 잘 이해하고 학습할 수 있도록 데이터를 변환하거나 조정하는 작업을 말합니다. 가장 기본적인 전처리 단계는 정규화Normalization입니다.

정규화는 각 픽셀 값을 0과 1 사이의 값으로 변환하는 과정입니다. MNIST 데이터셋의 각 픽셀 값은 0에서 255 사이의 숫자이므로, 모든 값을 255로 나누면 픽셀 값이 0과 1 사이로 조정됩니다. 예를 들어, 0은 0.0으로, 255는 1.0으로 변환됩니다. 이렇게 하면 모델이 숫자를 학습할 때 계산이 더 간단해지고, 학습 과정이 빨라집니다.

이 과정은 모델이 이미지를 더 빠르고 정확하게 처리하도록 도와주며, 더 나은 결과를 얻기 위해 필수적인 단계입니다. 데이터를 정규화하면 학습 과정에서 수렴 속도가 빨라져서, 모델이 더 적은 시간 안에 최적의 성능에 도달할 수 있습니다. 정규화는 딥러닝에서 자주 사용되는 기법으로, 모델의 성능을 크게 향상시킬 수 있는 간단하면서도 효과적인 방법입니다.

쉽게 말하자면, MNIST 데이터셋은 숫자를 알아보는 훈련을 시키기 위한 '손글씨 연습장' 같은 역할을 합니다. 모델이 이 연습장을 사용해 손글씨 숫자를 배우고, 학습이 끝난 후에는 새로운 숫자를 보고 무엇인지 맞히는 능력을 얻게 됩니다.

12.1.3 프로젝트 결과

(1) 새로운 손글씨 이미지 분류

프로젝트가 끝나면, 학습된 모델은 새로운 손글씨 숫자 이미지를 입력받았을 때 그 숫자가 무엇인지 정확하게 인식할 수 있게 됩니다. 예를 들어, 우리가 아직 모델에게 보여주지 않은 '5'라는 숫자를 손으로 쓴 이미지를 모델에 넣으면, 모델은 그 이미지를 분석하여 '이건 5다'라고 정확히 맞출 수 있습니다.

이 모델의 성능은 테스트 데이터셋을 사용하여 평가됩니다. 테스트 데이터셋이란, 모델이 학습하는 동안 보지 못했던 새로운 데이터를 말합니다. 모델이 이 새로운 데이터를 얼마나 잘 처리하는지를 확인함으로써, 실제 환경에서 얼마나 잘 동작할지를 알 수 있습니다. 성능을 평가하는 대표적인 방법 중 하나는 예측 정확도입니다. 이는 모델이 입력된 숫자를 맞춘 비율을 퍼센트로 나타낸 것입니다. 예를 들어, 모델이 100개의 숫자 중 95개를 맞췄다면, 정확도는 95%입니다.

또한, 모델의 성능을 더 깊이 분석하기 위해 혼동 행렬Confusion Matrix을 사용합니다. 혼동 행렬은 모델이 어떤 숫자를 어떻게 잘 맞추고, 어떤 숫자에서 실수를 많이 하는지 시각적으로 보여줍니다. 예를 들어, '3'을 '8'로 잘못 인식하는 경우가 많다면, 이를 혼동 행렬에서 쉽게 확인할 수 있습니다. 이를 통해 모델의 강점과 약점을 더 명확하게 파악할 수 있습니다.

(2) 모델의 응용 가능성

이 프로젝트에서 구축한 모델은 단순히 손글씨 숫자만 인식하는 데 그치지 않습니다. 이미지 인식 기술은 다양한 분야에서 매우 중요한 역할을 합니다. 예를 들어:

❶ 의료 분야에서는 환자의 엑스레이 이미지를 분석하여 질병을 진단할 수 있습니다. 모델이 환자의 엑스레이에서 이상을 찾아내는 역할을 할 수 있습니다.
❷ 자동차 산업에서는 자율 주행 자동차가 도로 표지판을 인식하는 데 이미지 인식 모델이 사용됩니다.
❸ 보안 시스템에서는 얼굴 인식을 통해 사람을 식별하거나, 감시 카메라 영상에서 이상 행동을 감지하는 데에도 이 기술이 응용될 수 있습니다.

이 프로젝트는 이러한 복잡한 문제를 해결하기 위한 기초를 다져 줍니다. 손글씨 숫자 인식은 이미지 분류 문제 중 비교적 간단한 문제이지만, 여기서 배운 원리와 기술은 더 복잡한 이미지 분류 작업에도 그대로 적용될 수 있습니다. 향후 프로젝트에서 더 많은 데이터와 복잡한 문제를 다룰 때, 이번 프로젝트에서 사용한 CNN 모델과 데이터 전처리 과정이 큰 도움이 될 것입니다.

이처럼 학습된 모델은 손글씨 인식 외에도 다양한 분야에서 응용 가능성이 있으며, 실제로 우리 생활의 여러 곳에서 사용되고 있는 기술입니다.

12.2 이미지 분류 모델의 기본 구조

이미지 분류 모델의 기본 구조는 크게 다음과 같이 구성됩니다.

(1) 입력층 Input Layer

이미지 분류 모델의 첫 번째 단계는 입력층입니다. 이 층에서는 모델이 이미지를 숫자로 된 데이터로 변환하여 받아들이게 됩니다.

간단히 말하면, 컴퓨터는 이미지를 우리가 보는 것처럼 인식하지 못하고, 대신 이미지 속의 각 점(픽셀)을 숫자로 표현합니다. 예를 들어, 28×28 픽셀 크기의 흑백 이미지는 가로 28개, 세로 28개의 작은 점으로 구성된 네모난 그림입니다. 이 각 점(픽셀)에는 밝기에 따라 0에서 255까지의 숫자가 할당됩니다.

- 0 은 검정색을 의미하고,
- 255 는 흰색을 의미하며,
- 그 중간값인 숫자들은 회색조를 나타냅니다.

이 과정에서 이미지의 각 픽셀은 하나의 숫자가 되어 모델에 입력됩니다. 모델은 이렇게 숫자로 변환된 이미지를 사용해 학습을 시작합니다. 특히, 이 프로젝트에서는 (28, 28, 1) 크기의 이미지를 사용합니다. 여기서 28×28은 이미지의 가로와 세로 크기를, 마지막 숫자 1은 이미지가 흑백이라는 것을 의미합니다.

이 입력층에서 모델은 이미지를 숫자로 처리하여, 이후 단계에서 이를 분석하고 분류할 준비를 합니다. 쉽게 말해, 입력층은 모델이 이미지를 인식할 수 있는 데이터로 바꿔주는 단계입니다.

(2) 합성곱 층Convolutional Layer

합성곱 층은 이미지에서 중요한 특징을 찾아내는 역할을 하는 부분입니다. 이 층은 합성곱 신경망CNN의 핵심 요소로, 이미지의 중요한 패턴이나 정보를 학습하게 해줍니다.

먼저, 합성곱Convolution이란 무엇인지부터 알아보겠습니다. 합성곱은 이미지를 분석할 때, 그 이미지의 특정 부분(예: 선, 모서리, 색상 변화 등)을 찾아내는 과정입니다. 이때 필터라고 불리는 작은 창 같은 것을 사용하여 이미지를 조금씩 훑어가며 분석합니다.

예를 들어, 한 필터가 이미지의 좌측 상단부터 오른쪽으로 이동하며 작은 부분을 검사하고, 그 부분에 어떤 특징(예: 선이 있거나 모서리가 있는지)이 있는지 확인합니다. 이 과정은 반복적으로 이루어지며, 이미지를 자세히 훑어가며 다양한 특징을 찾아냅니다.

- **필터** : 필터는 이미지 속에서 특정 패턴(예: 수직선, 수평선, 둥근 모양 등)을 찾아내는 도구입니다. 여러 개의 필터가 사용되어 이미지에서 서로 다른 특징을 감지할 수 있습니다. 각 필터는 그만의 독특한 패턴을 인식하도록 훈련됩니다.
- **특징 맵** : 필터가 이미지를 훑은 결과로, 이미지 내에서 찾은 특징들을 정리한 것이 바로 특징 맵feature map입니다. 이 맵은 이미지의 어떤 부분에 중요한 특징이 있는지 나타내는 데이터입니다.

쉽게 말하자면, 합성곱 층은 이미지에서 중요한 패턴을 찾아내는 탐정 같은 역할을 합니다. 예를 들어, 숫자 3을 인식하는 모델이라면 합성곱 층이 3의 둥근 부분이나 곡선을 찾아내고, 이를 특징으로 기억하게 됩니다. 이 특징들은 이후 단계에서 숫자를 정확히 분류하는 데 도움을 줍니다.

따라서, 합성곱 층은 이미지가 가진 세세한 부분들을 분석하여 모델이 더 정확한 판단을 할 수 있도록 돕는 중요한 역할을 합니다.

(3) 풀링 층Pooling Layer

풀링 층은 모델이 이미지를 처리할 때 복잡한 계산을 줄이고 중요한 정보만 남기는 단계입니다. 합성곱 층에서 이미지를 분석해서 여러 특징을 찾아냈다면, 풀링 층은 이 특징들을 더 간결하게 만들고, 중요한 정보만 남기도록 돕습니다.

풀링 층이 하는 일은 이미지를 축소하는 것입니다. 예를 들어, 큰 사진을 작은 크기로 줄이면 더 간결해지면서도 주요 특징은 여전히 남아 있는 것처럼, 풀링 층도 비슷한 역할을 합니다. 이 과정을 통해 모델이 더 빠르게 계산할 수 있고, 중요한 정보만 추려서 나중에 분석하는 것이 가능해집니다.

풀링 층에서 자주 사용하는 방법은 최대 풀링Max Pooling입니다. 이것은 이미지를 일정 크기로 나눈 다음, 그 안에서 가장 큰 값(가장 강한 특징)을 선택하는 방식입니다. 예를 들어, 4개의 숫자 중에서 가장 큰 숫자를 고르는 것처럼, 이미지에서 가장 중요한 정보만을 남기는 것이죠. 이 과정을 통해 이미지의 크기는 작아지지만, 중요한 패턴은 유지됩니다.

[예시]

2x2 크기의 작은 구역에서 4개의 숫자가 있다면, 그 중에서 가장 큰 숫자 하나만 선택합니다. 이렇게 하면 전체 이미지의 크기는 줄어들지만, 중요한 정보는 여전히 남게 됩니다.

- **효과** : 이미지를 축소하면서 모델이 처리해야 할 데이터의 양을 줄여주므로, 학습 속도가 빨라지고 성능도 안정적으로 유지됩니다.

쉽게 말하면, 풀링 층은 이미지의 불필요한 부분을 줄이고, 중요한 부분만 남기는 정리 작업을 하는 단계입니다. 이렇게 해서 모델이 더 효율적으로 이미지를 분석하고, 복잡도를 줄일 수 있게 됩니다.

(4) 완전 연결층 Fully Connected Layer

완전 연결층은 모델의 마지막 단계에서 중요한 역할을 합니다. 앞서 합성곱 층과 풀링 층을 통해 이미지를 분석하고, 중요한 특징들을 추출했다면, 이제 이 특징들을 바탕으로 실제로 어떤 숫자인지를 결정해야 합니다. 완전 연결층은 이 단계에서 모든 데이터를 모아 최종 판단을 내리는 부분입니다.

쉽게 설명하자면, 합성곱 층과 풀링 층이 이미지의 세세한 부분을 관찰하고 분석했다면, 완전 연결층은 이 분석 결과를 모아서 "이건 숫자 3이다" 또는 "이건 숫자 7이다"와 같은 최종 결론을 내리는 역할을 합니다. 이 층에서는 앞서 분석된 모든 정보가 연결되어 모델이 최종 결정을 내릴 수 있게 됩니다. 이 층이 완전히 연결되어 있다는 것은 모델의 모든 정보가 이 층에서 종합된다는 것을 의미합니다.

(5) 출력층Output Layer

출력층은 모델이 최종적으로 답을 내놓는 부분입니다. 우리가 입력한 이미지가 어떤 숫자인지를 결정하는 단계로, 0부터 9까지의 숫자 중에서 하나를 선택하게 됩니다. 이 과정에서 모델은 각 숫자에 대해 확률을 계산합니다. 즉, 모델은 "이 이미지가 숫자 3일 확률이 80%고, 숫자 8일 확률이 20%"라는 식으로 각각의 가능성을 계산하고, 가장 높은 확률을 가진 숫자를 선택하게 됩니다.

이때 사용되는 수학적 방법이 소프트맥스Softmax 함수입니다. 소프트맥스 함수는 여러 가능성 중에서 각각의 확률을 계산하는 함수로, 예를 들어 이미지가 0부터 9까지의 숫자 중 어느 것일 가능성이 가장 높은지 계산해줍니다. 이 계산 결과 중에서 가장 높은 값을 가진 숫자가 최종 결과로 선택됩니다.

쉽게 말하면, 출력층은 모델이 "이 이미지가 숫자 7일 가능성이 가장 높아!"라고 결론을 내리고, 최종적으로 답을 내놓는 단계입니다.

12.3 실습: 이미지 데이터를 활용한 분류 모델 구축

이번 실습에서는 MNIST 손글씨 숫자 데이터셋을 사용하여 이미지 분류 모델을 구축합니다.

12.3.1 데이터셋 로드 및 전처리

이번 프로젝트에서 사용할 데이터는 MNIST 데이터셋으로, 손으로 쓴 숫자 이미지들을 포함하고 있습니다. 먼저 이 데이터를 불러오고, 신경망 모델이 학습할 수 있도록 전처리 작업을 진행해야 합니다. 전처리는 데이터를 신경망이 이해하고 학습할 수 있는 형태로 변환하는 과정입니다.

(1) 데이터 로드

MNIST 데이터셋은 파이썬 라이브러리인 TensorFlow를 통해 쉽게 불러올 수 있습니다. 이 데이터셋은 학습용 데이터와 테스트용 데이터로 나뉘어 있습니다. 학습용 데이터는 모델이 학습할 때 사용하는 데이터이고, 테스트용 데이터는 모델이 학습을 마친 후 성능을 평가할 때 사용됩니다.

```
```python
from tensorflow.keras.datasets import mnist

# MNIST 데이터셋 로드
(x_train, y_train), (x_test, y_test) = mnist.load_data()
```
```

(2) 데이터 전처리

데이터가 신경망에 적합하도록 몇 가지 전처리 작업을 해야 합니다.

❶ 이미지 리쉐이프

MNIST 데이터셋의 이미지는 28×28 크기의 2차원 배열로 되어 있는데, 이를 모델이 학습할 수 있도록 (28, 28, 1) 형태로 변환합니다. 여기서 '1'은 이미지가 흑백이라는 것을 나타냅니다. 만약 컬러 이미지였다면, 이 숫자는 3이 되었을 것입니다(RGB 세 가지 색상).

❷ 정규화

이미지의 각 픽셀 값은 0에서 255 사이의 숫자로 표현됩니다(0은 검정색, 255는 흰색). 하지만 이렇게 큰 숫자들은 신경망 모델이 학습하기에 적합하지 않기 때문에, 모든 값을 255로 나누어 0에서 1 사이의 값으로 정규화합니다. 이를 통해 모델이 더 쉽게 데이터를 처리하고 학습할 수 있게 됩니다.

```
```python
# 데이터 전처리: 이미지를 (28, 28, 1)로 리쉐이프하고, 정규화
x_train = x_train.reshape(-1, 28, 28, 1).astype('float32') / 255.0
x_test = x_test.reshape(-1, 28, 28, 1).astype('float32') / 255.0
```
```

❸ 레이블 전처리(원–핫 인코딩)

MNIST 데이터셋의 레이블(정답)은 0부터 9까지의 숫자로 되어 있습니다. 예를 들어, 숫자 '3'의 이미지는 레이블로 3이라는 값이 붙어 있습니다. 하지만 신경망은 이러한 숫자 값을 바로 처리하지 않고, 각 숫자를 0과 1로 이루어진 벡터로 변환해서 사용합니다. 이 과정을 원–핫 인코딩이라고 합니다.

예를 들어, 숫자 '3'은 [0, 0, 0, 1, 0, 0, 0, 0, 0, 0]으로 변환됩니다. 이 변환된 벡터는 10개의 자리(0부터 9까지를 나타냄) 중 3번째 자리에만 1이 있고, 나머지는 모두 0인 형태입니다. 이를 통해 신경망은 각 숫자가 무엇인지를 더 명확히 구분할 수 있게 됩니다.

```
```python
from tensorflow.keras.utils import to_categorical

# 레이블을 원-핫 인코딩
y_train = to_categorical(y_train, 10)
y_test = to_categorical(y_test, 10)
```
```

요약하자면, MNIST 데이터셋을 불러와 신경망 모델이 학습할 수 있도록 형태를 변환하고, 이미지를 정규화하여 처리하기 쉬운 숫자 범위로 바꾸고, 레이블을 신경망이 이해할 수 있는 형태로 변환하는 과정을 거칩니다. 이렇게 전처리를 완료하면, 데이터는 신경망 모델이 학습할 준비가 된 상태가 됩니다.

12.3.2 모델 설계

이번 단계에서는 CNN(합성곱 신경망)을 사용하여 이미지 분류 모델을 설계합니다. CNN은 이미지의 중요한 특징을 자동으로 추출하고 분석하여, 최종적으로 이미지를 분류하는 역할을 합니다. 이 과정은 여러 층layer을 통해 이루어지며, 각 층은 서로 다른 기능을 수행합니다. 아래에서 각 층이 어떻게 동작하는지, 모델이 어떻게 이미지를 처리하고 분류하는지 쉽게 설명하겠습니다.

(1) 모델 생성

먼저, Sequential 모델을 사용하여 층layer들을 순서대로 쌓아가는 방식으로 모델을 만듭니다. Sequential 모델은 한 층이 끝나면 다음 층으로 순서대로 연결되기 때문에 설계가 직관적입니다.

(2) 합성곱 층Conv2D

모델의 첫 번째 층은 합성곱 층Conv2D입니다. 이 층은 이미지의 중요한 특징(선, 모양, 곡선 등)을 자동으로 찾아내는 역할을 합니다.

- Conv2D(32, kernel_size=(3, 3), activation='relu', input_shape=(28, 28, 1)): 여기서 32는 필터의 개수를 의미하며, 각 필터는 이미지를 훑어서 특징을 찾는 도구입니다. 필터의 크기는 3x3으로 지정되었으며, 이것은 작은 창을 만들어 이미지를 조금씩 분석한다는 뜻입니다.
- input_shape=(28, 28, 1): 이 부분은 입력되는 이미지의 크기와 형태를 나타냅니다. 이미지는 28x28 크기의 흑백 이미지(채널 1)를 입력으로 받습니다.
- activation='relu': 이 함수는 신경망에서 불필요한 정보를 걸러내고, 중요한 정보만 남기는 역할을 합니다.

(3) 풀링 층MaxPooling2D

그 다음, 풀링 층이 있습니다. 이 층은 이미지를 축소하여 중요한 정보만 남기고, 불필요한 정보는 제거하는 역할을 합니다.

- MaxPooling2D(pool_size=(2, 2)) : 2x2 크기의 작은 창을 사용해 이미지를 4개로 나눈 뒤, 그중에서 가장 중요한 값 하나만 남깁니다. 이 과정을 통해 이미지 크기는 줄어들지만, 중요한 특징은 유지됩니다.

(4) 평탄화 층Flatten

Flatten()은 2차원 이미지 데이터를 1차원 데이터로 펼치는 과정입니다. 예를 들어, 28×28 크기의 이미지를 1차원 배열로 바꾸어 신경망이 처리할 수 있도록 합니다. 쉽게 말해, 이미지를 평평하게 펴서 다음 단계로 넘기는 과정입니다.

(5) 완전 연결층Dense

Dense 층은 신경망에서 모든 노드가 서로 연결된 층으로, 최종 분류 작업을 수행합니다. 여기서 Dense(128, activation='relu')는 128개의 뉴런을 사용하여 이미지를 분석한 결과를 처리합니다.

- activation='relu' : 이 활성화 함수는 중간 단계에서 불필요한 정보를 제거하고 중요한 정보를 남기도록 도와줍니다.

(6) 출력층Dense

마지막으로 출력층에서는 이미지를 0부터 9까지의 숫자 중 하나로 분류합니다.

- Dense(10, activation='softmax') : 여기서 10은 0부터 9까지 총 10개의 숫자 클래스를 의미하며, softmax 함수는 각 숫자에 대한 확률을 계산하여 가장 높은 확률을 가진 숫자를 최종적으로 선택합니다.

(7) 모델 컴파일

모델을 다 설계한 후에는 컴파일 단계로 넘어갑니다. 여기서는 모델이 어떻게 학습할지에 대한 방법을 설정합니다.

- optimizer='adam' : Adam이라는 최적화 알고리즘을 사용하여 모델이 더 효율적으로 학습하도록 설정합니다.
- loss='categorical_crossentropy' : 손실 함수는 모델이 예측한 값과 실제 값의 차이를 측정하는 방법입니다. categorical_crossentropy는 분류 문제에서 자주 사용하는 손실 함수로, 모델이 잘못된 예측을 할 때 그 차이를 줄이도록 학습하게 만듭니다.
- metrics=['accuracy'] : 모델의 성능을 평가할 때 정확도(accuracy)를 기준으로 설정합니다. 즉, 모델이 숫자를 얼마나 정확하게 맞추는지를 평가하는 기준입니다.

```
```python
from tensorflow.keras.models import Sequential
from tensorflow.keras.layers import Conv2D, MaxPooling2D, Flatten, Dense

# CNN 모델 설계
model = Sequential([
    Conv2D(32, kernel_size=(3, 3), activation='relu', input_shape=(28, 28, 1)),
    MaxPooling2D(pool_size=(2, 2)),
    Flatten(),
    Dense(128, activation='relu'),
    Dense(10, activation='softmax')  # 10개의 클래스 분류
])

model.compile(optimizer='adam', loss='categorical_crossentropy', metrics=['accuracy'])
```
```

결론적으로, 이 모델은 이미지를 분석하여 중요한 특징을 추출하고, 최종적으로 어떤 숫자인지 분류하는 과정을 거칩니다. CNN 모델은 이미지 분류 문제에서 매우 강력한 도구로, 이 모델을 통해 손글씨 숫자를 정확하게 분류할 수 있습니다.

12.3.3 모델 학습 및 평가

이 단계에서는 학습 데이터를 사용해 모델을 학습시키고, 학습이 완료된 후 테스트 데이터로 모델의 성능을 평가합니다. 쉽게 말해, 이 과정은 모델이 숫자 이미지를 보고 어떻게 숫자를 인식하는지를 배우는 시간입니다. 모델이 학습을 완료하면, 새로운 이미지를 보고도 숫자를 맞출 수 있는 능력을 평가하게 됩니다.

(1) 모델 학습

모델이 학습을 시작하는 과정은 다음과 같습니다.

```
```python
model.fit(x_train, y_train, epochs=10, batch_size=32, validation_split=0.2)
```
```

- x_train, y_train : 학습에 사용되는 데이터입니다. x_train 은 손글씨 숫자 이미지이고, y_train 은 각 이미지에 해당하는 정답(숫자)이 포함되어 있습니다. 모델은 이미지를 보고 그 이미지가 어떤 숫자인지 맞추는 법을 배우게 됩니다.
- epochs=10 : 모델이 학습을 10 번 반복합니다. 학습은 한 번만 하는 것이 아니라 여러 번 반복하면서 모델이 점점 더 정확하게 숫자를 인식할 수 있게 만듭니다. 여기서 10 은 모델이 데이터를 10 번 학습한다는 뜻입니다. 반복할수록 모델이 더 잘 배우게 됩니다.
- batch_size=32 : 학습할 때 한 번에 처리하는 데이터의 양을 설정합니다. 32 개의 이미지를 한 번에 처리한 후, 그 결과를 보고 다시 학습합니다. 이 과정을 여러 번 반복하면서 모델이 점점 더 정확해집니다.
- validation_split=0.2 : 학습 데이터를 나누어 20%는 모델의 성능을 확인하는 검증용 데이터로 사용합니다. 즉, 학습 중에 모델이 잘 학습하고 있는지 확인하기 위해 데이터를 일부 남겨 두는 것입니다. 이를 통해 모델이 과적합(overfitting)되지 않도록 도와줍니다.

(2) 모델 평가

모델이 학습을 마치면, 학습에 사용되지 않은 새로운 데이터를 사용해 모델이 얼마나 잘 예측하는지 확인해야 합니다. 이 과정을 모델 평가라고 합니다.

```
```python
test_loss, test_acc = model.evaluate(x_test, y_test)
print(f'테스트 정확도: {test_acc * 100:.2f}%')
```
```

- x_test, y_test : 테스트용 데이터입니다. x_test는 학습에 사용되지 않은 새로운 손글씨 이미지이고, y_test는 그 이미지에 해당하는 정답(숫자)입니다. 모델은 학습이 끝난 후 이 새로운 데이터를 보고 어떤 숫자인지 맞춰야 합니다.
- test_loss : 모델이 테스트 데이터에서 얼마나 오차가 있는지 나타냅니다. loss는 모델이 내린 예측과 실제 정답의 차이를 나타내는 값으로, 값이 작을수록 모델이 더 정확하게 예측했다는 뜻입니다.
- test_acc : 모델이 테스트 데이터에서 얼마나 정확한 예측을 했는지를 나타냅니다. 정확도accuracy는 모델이 예측한 숫자가 실제 정답과 일치한 비율을 나타냅니다. 예를 들어, 정확도가 95%라면 모델이 100개의 이미지 중 95개를 맞췄다는 의미입니다.

마지막으로, 테스트 정확도를 출력하여 모델이 얼마나 잘 학습했는지 확인합니다.

```
```python
print(f'테스트 정확도: {test_acc * 100:.2f}%')
```
```

예를 들어, 출력 결과가 `테스트 정확도: 98.50%`라면, 모델이 새로운 이미지를 보고 98.5%의 확률로 올바른 숫자를 맞췄다는 의미입니다. 이 과정은 모델의 성능을 평가하는 가장 중요한 단계 중 하나입니다.

(3) 실행을 위한 소스코드

아래는 실제로 실행할 수 있는 MNIST 손글씨 이미지 분류를 위한 완전한 소스코드입니다. 이 코드는 CNN(합성곱 신경망)을 사용하여 손글씨 이미지를 학습하고, 새로운 손글씨 숫자를 예측하는 과정까지 포함하고 있습니다.

```
```python
# 필요한 라이브러리 불러오기
import tensorflow as tf
from tensorflow.keras.datasets import mnist
from tensorflow.keras.models import Sequential
from tensorflow.keras.layers import Conv2D, MaxPooling2D, Flatten, Dense
from tensorflow.keras.utils import to_categorical

# 1. MNIST 데이터셋 로드 및 전처리
(x_train, y_train), (x_test, y_test) = mnist.load_data()
```
```

```
# 데이터 전처리: 이미지를 (28, 28, 1)로 리쉐이프하고, 정규화
x_train = x_train.reshape(-1, 28, 28, 1).astype('float32') / 255.0
x_test = x_test.reshape(-1, 28, 28, 1).astype('float32') / 255.0

# 레이블을 원-핫 인코딩
y_train = to_categorical(y_train, 10)
y_test = to_categorical(y_test, 10)

# 2. CNN 모델 설계
model = Sequential([
    Conv2D(32, kernel_size=(3, 3), activation='relu', input_shape=(28, 28, 1)),
    MaxPooling2D(pool_size=(2, 2)),
    Flatten(),
    Dense(128, activation='relu'),
    Dense(10, activation='softmax')  # 10개의 숫자 분류
])

# 모델 컴파일
model.compile(optimizer='adam', loss='categorical_crossentropy', metrics=['accuracy'])

# 3. 모델 학습
model.fit(x_train, y_train, epochs=10, batch_size=32, validation_split=0.2)

# 4. 모델 평가
test_loss, test_acc = model.evaluate(x_test, y_test)
print(f'테스트 정확도: {test_acc * 100:.2f}%')
```
```

## 코드 설명:

### ❶ 라이브러리 불러오기

- `tensorflow`는 딥러닝 프레임워크로, 이 프로젝트에서 모델을 만들고 학습하는 데 사용됩니다.
- `mnist` 데이터셋은 손글씨 숫자 이미지로, 이 프로젝트의 학습 데이터입니다.
- `Sequential` 모델은 층을 순차적으로 쌓아서 신경망을 만듭니다.
- `Conv2D`, `MaxPooling2D`, `Flatten`, `Dense` 등은 CNN을 구성하는 주요 층입니다.
- `to_categorical`은 레이블을 원-핫 인코딩 형식으로 변환하는 데 사용됩니다.

### ❷ 데이터셋 로드 및 전처리

- `mnist.load_data()`를 사용해 MNIST 데이터를 불러옵니다.
- 이미지를 신경망이 처리할 수 있는 형태로 변환하고, 정규화(0-1 사이로 값 변환)를 진행합니다.
- 레이블(정답)을 원-핫 인코딩으로 변환하여 신경망이 학습하기에 적합한 형식으로 만듭니다.
```

❸ CNN 모델 설계

- CNN 의 합성곱 층 Conv2D 과 풀링 층 MaxPooling2D 을 사용하여 이미지의 중요한 특징을 추출합니다.
- 완전 연결층 Dense 을 통해 최종 분류를 수행하고, 출력층에서 0-9 사이의 숫자를 예측합니다.

❹ 모델 학습

- `fit()` 함수는 모델을 학습시키는 과정입니다. 여기서 학습 데이터로 모델을 훈련하고, 학습 과정을 10 번(epochs) 반복합니다.

❺ 모델 평가

- 학습이 끝난 후 `evaluate()` 함수를 사용하여 테스트 데이터로 모델의 성능을 평가합니다.
- 테스트 데이터에서 예측한 숫자와 실제 숫자를 비교하여 정확도 accuracy 를 출력합니다.

실행 결과:

- 코드 실행 후, 모델은 MNIST 데이터셋을 학습하고 테스트 데이터에서 숫자를 얼마나 정확하게 예측하는지 정확도 accuracy 를 출력합니다.

모델은 학습된 가중치를 사용하여 테스트 데이터에서 임의로 선택된 샘플들에 대해 예측을 수행합니다. 그리고 Matplotlib를 사용하여 테스트 이미지와 모델의 예측 결과를 시각화합니다. 첫 25개의 테스트 이미지에 대해 실제 레이블과 모델이 예측한 레이블을 함께 보여줍니다. 이를 통해 모델이 얼마나 정확하게 숫자를 분류하는지 시각적으로 확인할 수 있습니다.

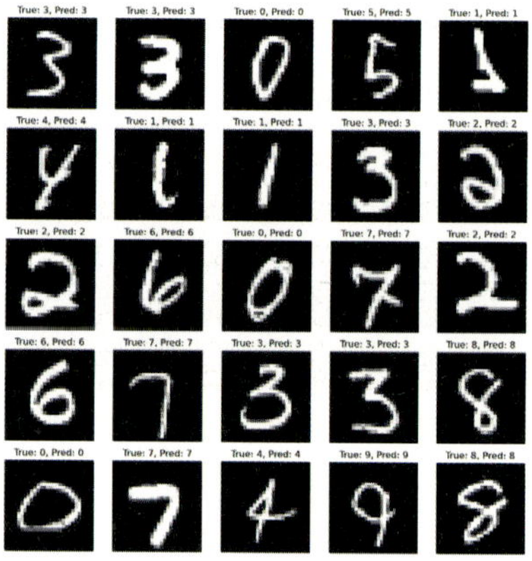

결론

학습 과정에서는 모델이 데이터를 보고 숫자를 인식하는 법을 배웁니다. 학습이 끝난 후에는 새로운 이미지를 사용해 모델이 얼마나 잘 배웠는지를 평가합니다. 높은 테스트 정확도는 모델이 새로운 데이터에서도 좋은 성능을 낸다는 것을 의미하며, 이 과정은 모델의 실력을 확인하는 중요한 단계입니다.

12.4 실습: 이미지 데이터를 활용한 분류 모델 실습

이번 실습에서는 MNIST 손글씨 데이터셋을 활용하여 이미지 분류 작업을 수행하는 합성곱 신경망CNN 모델을 구축하고 학습시키는 과정을 배웁니다. Google Colab 환경에서 직접 실행하며, 데이터를 처리하고, 모델을 학습한 후 평가하고, 결과를 시각적으로 확인할 수 있습니다.

(1) 데이터셋 로드 및 전처리

MNIST 데이터셋은 28×28 크기의 손글씨 숫자 이미지(0~9)로 구성되어 있습니다. 총 60,000개의 학습용 이미지와 10,000개의 테스트용 이미지로 나뉘어 있습니다. 이 데이터를 CNN 모델이 학습할 수 있도록 전처리합니다.

- **정규화** Normalization : 이미지는 0 에서 255 까지의 값을 가지는데, 신경망이 학습하기 쉽도록 이 값을 0 과 1 사이로 조정합니다.
- **차원 추가** : CNN 은 4 차원 데이터 (배치 크기, 가로, 세로, 채널) 형태로 입력을 받습니다. 따라서 MNIST 이미지 데이터를 (28, 28)에서 (28, 28, 1)로 변환하여 채널을 추가합니다. 이는 흑백 이미지를 의미하는 1 개의 채널을 추가하는 작업입니다.

```
```python
import tensorflow as tf
from tensorflow.keras.datasets import mnist

# MNIST 데이터셋 로드
(x_train, y_train), (x_test, y_test) = mnist.load_data()

# 데이터를 [0, 1] 범위로 정규화
x_train = x_train / 255.0
x_test = x_test / 255.0

# CNN에 적합한 형태로 차원 추가 (채널 추가)
x_train = x_train.reshape(-1, 28, 28, 1)
x_test = x_test.reshape(-1, 28, 28, 1)
```
```

(2) CNN 모델 설계

CNN 모델은 이미지에서 중요한 패턴이나 특징을 자동으로 추출할 수 있는 모델로, 이미지 분류 작업에 자주 사용됩니다. 이번 실습에서는 3개의 합성곱 층Conv2D과 2개의 풀링 층 MaxPooling2D을 사용하여 CNN을 설계합니다.

- Conv2D : 각 필터가 작은 창으로 이미지를 스캔하며, 이미지에서 중요한 패턴(선, 곡선 등)을 찾아냅니다. ReLU 활성화 함수를 사용하여 비선형성을 추가합니다.
- MaxPooling2D : 특징 맵의 크기를 줄이면서 중요한 정보만 남깁니다. 이 과정은 모델의 계산 효율성을 높이고, 과적합 overfitting 을 방지하는 데 도움을 줍니다.
- Flatten : 다차원 배열로 표현된 특징 맵을 1 차원 벡터로 변환하여 완전 연결층 Dense Layer 에 입력합니다.
- Dense : 마지막으로 완전 연결층을 사용하여 0 부터 9 까지의 숫자를 분류합니다. 출력층에서는 10 개의 클래스를 분류하기 위해 소프트맥스(softmax) 활성화 함수를 사용합니다.

```
```python
from tensorflow.keras import layers, models

# CNN 모델 생성
model = models.Sequential([
    layers.Conv2D(32, (3, 3), activation='relu', input_shape=(28, 28, 1)),
    layers.MaxPooling2D((2, 2)),
    layers.Conv2D(64, (3, 3), activation='relu'),
    layers.MaxPooling2D((2, 2)),
    layers.Conv2D(64, (3, 3), activation='relu'),
    layers.Flatten(),
    layers.Dense(64, activation='relu'),
    layers.Dense(10, activation='softmax')  # 10개의 클래스 분류
])
```
```

(3) 모델 학습 및 평가

모델을 설계한 후, 데이터를 사용해 학습시킵니다. 이 과정에서 모델은 손글씨 숫자 이미지에서 숫자를 정확하게 인식하는 방법을 배웁니다.

- **손실 함수** Loss function : `sparse_categorical_crossentropy`를 사용하여 모델이 예측한 값과 실제 값 사이의 차이를 계산합니다.
- **최적화 알고리즘** Optimizer : Adam 최적화 알고리즘을 사용하여 모델이 학습 중에 가중치를 조정하는 데 도움을 줍니다.
- **평가 지표** Metric : 학습된 모델이 얼마나 정확하게 예측했는지 평가하기 위해 정확도 accuracy 를 사용합니다.

```python
# 모델 컴파일
model.compile(optimizer='adam', loss='sparse_categorical_crossentropy',
        metrics=['accuracy'])

# 모델 학습
model.fit(x_train, y_train, epochs=5, batch_size=64)
```

- epochs=5 : 데이터를 5 번 반복해서 학습합니다.
- batch_size=64 : 한 번에 64 개의 이미지를 학습합니다.

학습이 끝난 후, 모델의 성능을 테스트 데이터로 평가합니다. 학습되지 않은 데이터를 사용해 모델이 얼마나 정확하게 예측하는지 확인합니다.

```python
# 모델 평가
test_loss, test_acc = model.evaluate(x_test, y_test)
print(f"테스트 정확도: {test_acc * 100:.2f}%")
```

(4) 예측 및 결과 시각화

모델이 학습을 마친 후, 테스트 데이터에 대한 예측을 시도하고 결과를 시각화합니다. 테스트 데이터의 첫 25개 이미지에 대해 모델이 예측한 숫자와 실제 숫자를 비교하여 결과를 시각적으로 보여줍니다.

```python
import numpy as np
import matplotlib.pyplot as plt

# 예측 결과
predictions = model.predict(x_test)

# 테스트 데이터의 첫 25개 이미지와 예측 결과 시각화
def plot_images(images, true_labels, predicted_labels, n=25):
    plt.figure(figsize=(10, 10))
    for i in range(n):
        plt.subplot(5, 5, i + 1)
        plt.imshow(images[i].reshape(28, 28), cmap="gray")
```

```
            plt.title(f"True: {true_labels[i]}, Pred: {np.argmax(predicted_labels[i])}")
            plt.axis('off')
        plt.tight_layout()
        plt.show()

    plot_images(x_test, y_test, predictions)
    ```
```

- 실제 값 True 과 모델의 예측 값 Predicted 을 각 이미지 위에 표시하여 결과를 쉽게 확인할 수 있습니다.
- 시각화를 통해 모델이 각 숫자를 얼마나 정확하게 인식했는지 확인할 수 있습니다.

```
Epoch 1/5
938/938 ━━━━━━━━━━━━━━━━━━━━ 54s 56ms/step - accuracy: 0.8710 - loss: 0.4242
Epoch 2/5
938/938 ━━━━━━━━━━━━━━━━━━━━ 82s 56ms/step - accuracy: 0.9816 - loss: 0.0565
Epoch 3/5
938/938 ━━━━━━━━━━━━━━━━━━━━ 53s 56ms/step - accuracy: 0.9886 - loss: 0.0371
Epoch 4/5
938/938 ━━━━━━━━━━━━━━━━━━━━ 84s 58ms/step - accuracy: 0.9913 - loss: 0.0275
Epoch 5/5
938/938 ━━━━━━━━━━━━━━━━━━━━ 53s 56ms/step - accuracy: 0.9929 - loss: 0.0220
157/157 - 2s - 15ms/step - accuracy: 0.9901 - loss: 0.0300
테스트 정확도: 0.9901000261306763
2/2 ━━━━━━━━━━━━━━━━━━━━ 0s 11ms/step
```

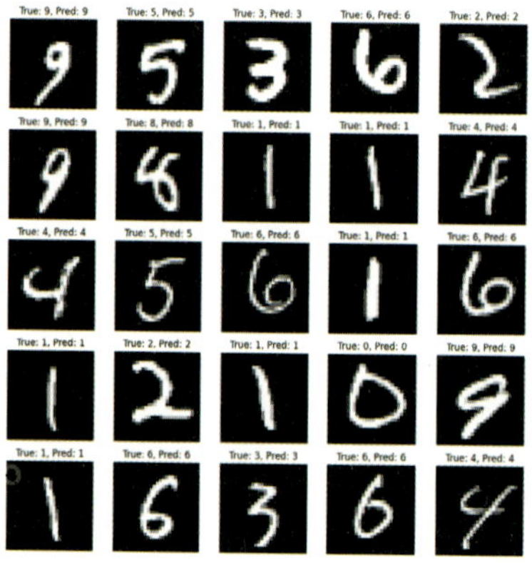
```

(5) 파이썬 소스 코드

```
import tensorflow as tf
from tensorflow.keras import layers, models
from tensorflow.keras.datasets import mnist
import numpy as np
import matplotlib.pyplot as plt

# 1. MNIST 데이터셋 로드 및 전처리
(x_train, y_train), (x_test, y_test) = mnist.load_data()

# 데이터를 [0, 1] 범위로 정규화
x_train = x_train / 255.0
x_test = x_test / 255.0

# CNN에 적합한 형태로 차원 추가
x_train = x_train.reshape(-1, 28, 28, 1)
x_test = x_test.reshape(-1, 28, 28, 1)

# 2. 데이터셋을 랜덤하게 섞기
# TensorFlow Dataset으로 변환 후 셔플
train_dataset = tf.data.Dataset.from_tensor_slices((x_train, y_train))
train_dataset = train_dataset.shuffle(buffer_size=1024).batch(64)

# 테스트 데이터셋도 랜덤하게 섞기
test_dataset = tf.data.Dataset.from_tensor_slices((x_test, y_test))
test_dataset = test_dataset.shuffle(buffer_size=1024).batch(64)

# 3. CNN 모델 생성
model = models.Sequential([
    layers.Conv2D(32, (3, 3), activation='relu', input_shape=(28, 28, 1)),
    layers.MaxPooling2D((2, 2)),
    layers.Conv2D(64, (3, 3), activation='relu'),
    layers.MaxPooling2D((2, 2)),
    layers.Conv2D(64, (3, 3), activation='relu'),
    layers.Flatten(),
    layers.Dense(64, activation='relu'),
    layers.Dense(10, activation='softmax')
])

# 4. 모델 컴파일
model.compile(optimizer='adam',
              loss='sparse_categorical_crossentropy',
              metrics=['accuracy'])
```

```
# 5. 모델 학습
model.fit(train_dataset, epochs=5)

# 6. 모델 평가
test_loss, test_acc = model.evaluate(test_dataset, verbose=2)
print(f"테스트 정확도: {test_acc}")

# 7. 예측 및 결과 시각화
# 랜덤으로 예측을 위해 테스트 데이터셋에서 샘플을 뽑음
x_test_shuffled, y_test_shuffled = next(iter(test_dataset))

predictions = model.predict(x_test_shuffled)

# 테스트 데이터의 첫 25개 이미지와 예측 결과 시각화
def plot_images(images, true_labels, predicted_labels, n):
    plt.figure(figsize=(10, 10))
    for i in range(n):
        plt.subplot(5, 5, i + 1)
        plt.imshow(images[i].numpy().reshape(28, 28), cmap="gray")
        plt.title(f"True: {true_labels[i].numpy()}, Pred: {np.argmax(predicted_labels[i])}")
        plt.axis('off')
    plt.tight_layout()  # 레이아웃 자동 조정
    plt.show()

plot_images(x_test_shuffled, y_test_shuffled, predictions, 25
```

12.5 오늘의 내용 요약

오늘 실습에서는 MNIST 손글씨 데이터셋을 활용하여 이미지 분류 모델을 설계하고, 이를 학습하는 과정을 배웠습니다. 이 과정에서 합성곱 신경망CNN을 이용하여 이미지 데이터를 처리하고, 학습한 모델을 평가하고 시각적으로 확인하는 방법을 다루었습니다. CNN은 이미지 분류와 같은 문제에서 매우 효율적이며, 오늘 실습을 통해 이 모델의 기본 개념을 이해할 수 있었습니다.

핵심 내용 정리 (상세):

(1) 데이터 전처리

MNIST 데이터셋은 0부터 9까지의 손글씨 숫자 이미지로 구성된 데이터셋입니다. 이 데이터셋을 CNN 모델이 학습할 수 있는 형식으로 변환하고 전처리하는 과정이 중요합니다.

❶ **데이터 로드** : MNIST 데이터셋은 60,000개의 학습용 데이터와 10,000개의 테스트 데이터를 제공합니다. 각 이미지는 28×28 픽셀 크기의 흑백 이미지로, 각 픽셀은 0부터 255까지의 값을 가집니다.

❷ **정규화**Normalization : 신경망 모델이 더 빠르고 안정적으로 학습할 수 있도록, 픽셀 값을 [0, 1] 사이의 값으로 변환합니다. 이를 정규화라고 하며, 이미지의 각 픽셀 값을 255로 나누어 값을 조정합니다. 이 과정은 학습 속도를 높이고 모델의 성능을 향상시키는 데 도움이 됩니다.

❸ **차원 변환** : CNN은 이미지 데이터를 4차원 배열로 입력받습니다. MNIST 데이터셋은 28×28 크기의 2차원 이미지이므로, 각 이미지를 CNN에 적합한 형태인 (28, 28, 1)로 변환합니다. 여기서 `1`은 흑백 이미지 채널을 의미합니다. 이를 통해 CNN 모델이 이미지를 제대로 인식하고 처리할 수 있습니다.

(2) CNN 모델 설계

CNN은 이미지 분류 작업에서 가장 널리 사용되는 모델 구조입니다. 이 모델은 합성곱 층Conv2D과 풀링 층MaxPooling2D을 사용하여 이미지를 처리합니다. 오늘 실습에서는 3개의 합성곱 층과 2개의 풀링 층을 포함하는 CNN을 설계하였습니다.

❶ **합성곱 층**Conv2D : 합성곱 층은 이미지에서 특징feature을 추출하는 역할을 합니다. 각 필터kernel가 작은 창으로 이미지를 스캔하며, 선이나 모서리 같은 중요한 패턴을 찾아냅니다. 실습에서는 32개의 3×3 필터를 사용하여 처음 층에서 특징을 추출하였으며, 이후 더 깊은 층에서는 64개의 필터를 사용하여 더 복잡한 특징을 학습했습니다. 각 합성곱 층에서는 활성화 함수로 ReLU를 사용하여 비선형성을 추가하고, 모델이 복잡한 데이터 패턴을 학습할 수 있도록 하였습니다.

❷ **풀링 층**MaxPooling2D : 풀링 층은 합성곱 층에서 추출된 특징 맵의 크기를 줄이는 역할을 합니다. 풀링을 통해 이미지의 중요한 정보는 유지하면서도 크기를 축소하여 연산량을 줄이고, 모델이 더 효율적으로 학습할 수 있게 합니다. 풀링 방식 중 최대 풀링Max Pooling을 사용하여 2×2 영역에서 가장 큰 값을 선택하는 방식으로 데이터를 축소했습니다.

③ Flatten 층 : 합성곱과 풀링 층을 거친 후, 이미지의 특징 맵은 다차원 배열 형태로 되어 있습니다. 이를 Flatten 층을 사용해 1차원 벡터로 변환하여 완전 연결층Dense Layer에 입력합니다.

④ **완전 연결층**Dense : 마지막으로 완전 연결층을 사용하여 이미지의 특징을 바탕으로 0부터 9까지의 숫자를 분류합니다. 출력층에서는 소프트맥스Softmax 활성화 함수를 사용하여 10개의 클래스(숫자)에 대한 확률을 계산하고, 가장 높은 확률을 가진 클래스를 예측값으로 출력합니다.

(3) 모델 학습

설계된 CNN 모델을 학습시키기 위해 학습 데이터를 사용하여 모델이 숫자를 정확하게 인식하는 방법을 학습하게 됩니다. 학습 과정에서 모델은 가중치를 업데이트하며, 점차 예측 성능을 향상시킵니다.

❶ **손실 함수**Loss Function : 손실 함수는 모델이 예측한 값과 실제 값 사이의 차이를 계산하여, 이 차이를 줄이기 위한 방향으로 모델을 업데이트하는 데 사용됩니다. 이번 실습에서는 다중 클래스 분류 문제에 적합한 sparse_categorical_crossentropy 손실 함수를 사용했습니다.

② **최적화 알고리즘**Optimizer : 최적화 알고리즘은 모델이 학습하는 동안 가중치를 어떻게 조정할지를 결정합니다. Adam Optimizer는 학습 속도와 안정성이 뛰어나, 많은 딥러닝 모델에서 널리 사용됩니다. 이번 실습에서는 Adam을 사용하여 모델이 학습을 진행하였습니다.

③ **평가 지표**Metric : 모델의 성능을 평가하기 위해 정확도accuracy를 사용했습니다. 이는 모델이 예측한 값이 실제 값과 얼마나 일치하는지를 나타내는 지표로, 학습 과정에서 정확도가 점차 증가하는 것을 관찰할 수 있습니다.

모델은 5회 반복epochs하여 학습을 진행하였으며, 배치 크기batch_size는 64로 설정하여 한 번에 64개의 이미지를 학습했습니다.

(4) 결과 시각화

모델 학습이 완료된 후, 테스트 데이터를 사용하여 모델이 학습되지 않은 새로운 데이터를 얼마나 잘 예측하는지 평가합니다. 테스트 데이터에서 모델의 성능을 확인한 후, 예측된 결과와 실제 값을 비교하는 과정을 시각화하였습니다.

❶ **테스트 정확도**Test Accuracy : 학습된 모델이 테스트 데이터에서 얼마나 잘 예측하는지를 평가하는 지표입니다. 학습이 끝난 후 모델의 테스트 정확도를 계산하여, 모델이 새로운 데이터에서도 얼마나 잘 작동하는지 확인하였습니다.

❷ **예측 및 시각화** : 모델이 예측한 결과와 실제 값을 비교하기 위해 시각화 도구Matplotlib를 사용했습니다. 첫 25개의 이미지에 대해 모델이 예측한 숫자와 실제 숫자를 비교하며, 이를 이미지로 표시했습니다. 각 이미지 위에 실제 값과 예측값을 함께 표시하여, 모델이 올바르게 예측했는지 쉽게 확인할 수 있었습니다.

시각화는 모델이 잘 예측한 이미지뿐만 아니라, 오예측된 이미지도 확인할 수 있어 모델 성능 분석에 매우 유용한 도구입니다.

요약

이번 실습을 통해 이미지 데이터를 사용한 CNN 모델을 설계하고 학습하는 과정을 배웠습니다. CNN은 이미지 분류에서 강력한 도구이며, 실습을 통해 CNN의 구조와 각 층의 역할, 학습 과정, 결과 평가 및 시각화 방법을 이해할 수 있었습니다.

❶ **데이터 전처리** : MNIST 데이터를 CNN 모델에 적합한 형태로 변환하고 정규화하여 학습을 위한 준비를 마쳤습니다.

❷ **CNN 모델 설계** : 합성곱 층과 풀링 층을 사용하여 이미지의 중요한 특징을 추출하고, 이를 기반으로 숫자를 분류하는 모델을 설계하였습니다.

❸ **모델 학습** : 학습 데이터를 사용하여 모델을 학습시키고, 성능을 평가하였습니다. 학습 과정에서 손실 함수와 최적화 알고리즘이 사용되었습니다.

❹ **결과 시각화** : 모델이 테스트 데이터에서 예측한 결과를 시각적으로 확인하고, 실제 값과 비교하여 성능을 평가하였습니다.

실습을 통해 CNN 모델의 설계 및 학습 과정에 대한 깊이 있는 이해를 얻었으며, 이미지 데이터를 처리하는 기본 원리와 기술을 체험할 수 있었습니다.

12.6 연습문제

4지선다형 문제

01 이미지 분류 모델의 입력 데이터는 어떻게 표현되나?

① 단일 숫자 값
② 28x28 크기의 픽셀 데이터
③ 텍스트 형태의 데이터
④ RGB 이미지의 컬러값

02 CNN의 합성곱 층Convolutional Layer의 주요 역할은?

① 데이터 저장
② 이미지의 중요한 특징 추출
③ 학습 속도 감소
④ 데이터 전처리

03 데이터 전처리에서 정규화Normalization의 목적은?

① 이미지의 크기를 줄이기 위해
② 데이터 값의 범위를 0~1로 조정하여 학습 효율을 높이기 위해
③ 학습 데이터를 줄이기 위해
④ 새로운 데이터를 생성하기 위해

04 MNIST 데이터셋에서 손글씨 숫자 이미지는 몇 개의 클래스를 가지는가?

① 5　　② 7
③ 10　　④ 12

05 풀링 층Pooling Layer이 수행하는 작업은?

① 이미지 크기 증가
② 중요한 특징만 남기고 데이터 축소
③ 이미지의 색상 변환
④ 손실 함수 계산

06 모델 학습에서 배치 크기batch size는 무엇을 의미하는가?

① 학습 데이터의 크기
② 한 번에 처리하는 데이터 샘플의 수
③ 레이어의 개수
④ 손실 함수의 크기

07 CNN 모델의 출력층에서 사용되는 활성화 함수는?

① ReLU
② Sigmoid
③ Softmax
④ Tanh

08 손실 함수Loss Function의 주요 역할은?

① 모델 성능 평가
② 모델 학습 방향 제시
③ 데이터 정규화
④ 모델 구조 변경

09 CNN에서 Flatten 층의 역할은?

① 데이터 정규화
② 다차원 데이터를 1차원으로 변환
③ 특징 맵 생성
④ 데이터 증강

10 CNN 모델의 학습 평가를 위한 대표적인 지표는?

① 학습 시간
② 정확도Accuracy
③ 배치 크기
④ 손실 함수

단답형 문제

01 데이터 전처리에서 픽셀 값을 0~1 사이로 조정하는 과정을 무엇이라 하나?

02 MNIST 데이터셋의 테스트 데이터는 몇 개로 구성되어 있나?

03 CNN의 합성곱 층에서 사용하는 도구는 무엇인가?

04 손실 함수로 'categorical_crossentropy'를 사용하는 이유는?

05 데이터셋의 레이블을 0과 1로 변환하는 과정을 무엇이라 하나?

06 모델 학습 과정에서 `epochs`의 의미는?

07 CNN 모델 설계에서 첫 번째 입력 데이터의 형태는 무엇인가?

08 ReLU 활성화 함수의 주요 기능은?

09 데이터 전처리에서 `reshape` 함수의 역할은?

10 학습 중 모델 과적합을 방지하는 방법 중 하나는?

서술형 문제

01 CNN 모델의 주요 구성 요소와 각 요소의 역할을 설명하시오.

02 MNIST 데이터셋의 전처리 과정과 그 목적을 설명하시오.

03 손실 함수와 최적화 알고리즘의 역할을 비교 설명하시오.

04 모델 평가에서 혼동 행렬Confusion Matrix의 역할과 중요성을 논하시오.

05 CNN 모델의 학습 결과를 시각적으로 확인하는 방법과 그 중요성을 설명하시오.

13 일차

AI의 미래와 전망

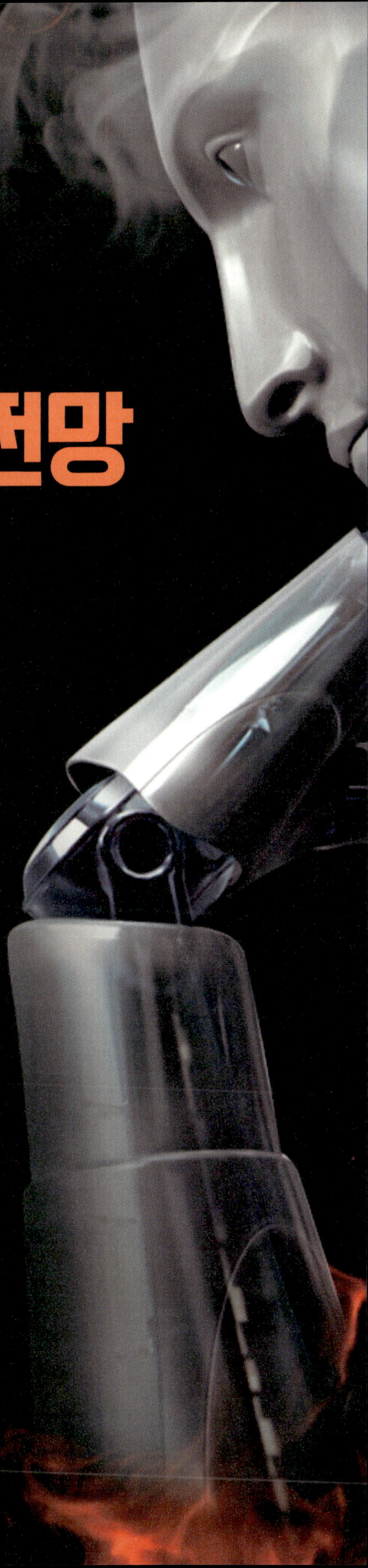

13.1 인공지능 기술의 미래
13.2 미래의 AI 연구 분야
13.3 AI와 인간의 공존
13.4 오늘의 내용 요약
13.5 연습문제

13.1 인공지능 기술의 미래

인공지능AI 기술은 앞으로 더욱 다양한 산업과 생활 영역에서 중요한 역할을 하게 될 것으로 예상됩니다. 현재 AI는 이미지 인식, 음성 인식, 자연어 처리 등의 분야에서 눈에 띄는 성과를 내고 있지만, AI 기술이 진화함에 따라 더 복잡한 문제를 해결하고 새로운 영역을 개척하게 될 것입니다. 이제 AI가 변화시킬 수 있는 다양한 분야를 구체적으로 살펴보겠습니다.

13.1.1 교육 분야

미래의 교육에서는 AI(인공지능)가 개인 맞춤형 학습을 지원하는 핵심 기술로 자리 잡게 될 것입니다. 현재의 교육 시스템은 대개 한 교사가 여러 명의 학생을 대상으로 동일한 방식의 교육을 제공하는 획일적인 구조입니다. 하지만 AI는 각 학생의 학습 스타일, 성향, 속도, 관심사 등을 분석하여 그 학생에게 가장 적합한 방식으로 학습을 제공하는 맞춤형 교육을 실현할 수 있습니다. 이러한 변화는 학생들이 자신에게 맞는 교육을 받을 수 있도록 도와, 학습 효과를 극대화하는 데 기여할 것입니다.

13.1.1.1 개인 맞춤형 학습 플랜 설계

AI는 학생의 성취도 데이터를 실시간으로 분석하고, 이를 바탕으로 학생이 이해하지 못한 부분이나 추가 학습이 필요한 부분을 파악할 수 있습니다. 예를 들어, 수학 수업에서 한 학생이 특정 수학 공식을 잘 이해하지 못할 경우, AI는 그 학생의 학습 데이터를 분석하여 어떤 부분에서 어려움을 겪고 있는지를 찾아내고, 그에 맞는 보충 자료를 제공할 수 있습니다. 반면, 다른 학생이 특정 과목에서 이미 빠르게 진도를 나가고 있다면, AI는 해당 학생에게 더 높은 수준의 학습 자료를 제시할 수 있습니다.

이런 방식으로, AI는 모든 학생이 자신에게 맞는 개인 맞춤형 학습 플랜을 설계할 수 있습니다. 예를 들어, 학습 앱인 Duolingo는 이미 AI를 통해 사용자들의 학습 속도를 파악하고, 학습 수준에 맞는 문제나 과제를 제공하는 방식으로 학습을 최적화하고 있습니다. 앞으로는 AI가 더 고도화되어, 각 학생에게 적합한 학습 경로를 자동으로 설계하고, 이에 맞춰 학생의 학습 진행을 지도할 것입니다.

13.1.1.2 실시간 피드백과 학습 향상

AI는 학생의 학습 과정을 실시간으로 모니터링하고, 피드백을 제공하는 역할을 합니다. 예를 들어, AI 기반의 교육 소프트웨어는 학생이 문제를 풀 때 실시간으로 문제 풀이 과정을 분석하고, 틀린 문제에 대해 즉각적인 피드백을 제공할 수 있습니다. 이때 AI는 단순히 '맞다' 혹은 '틀렸다'는 정보만 제공하는 것이 아니라, 왜 틀렸는지, 어떤 개념을 보완해야 하는지 구체적인 설명을 덧붙입니다. 예를 들어, AI가 영어 문법 문제를 분석하는 경우, 학생이 문법적으로 틀린 부분을 지적하면서 왜 그 문법이 맞지 않는지, 올바른 문법을 어떻게 적용해야 하는지를 단계별로 설명해 줄 수 있습니다.

또한, AI 튜터가 실시간으로 학생에게 도움을 줄 수 있습니다. 예를 들어, 중국에서는 이미 Squirrel AI라는 회사가 AI 튜터를 활용한 학습을 제공하고 있습니다. 이 AI 튜터는 학생의 성적 데이터를 분석하여 부족한 부분을 찾아내고, 그 부분을 보완하기 위한 학습 콘텐츠를 제공합니다. 학생이 문제를 풀고 나면, AI는 그 결과를 분석하여 추가 학습이 필요한 영역에 대해 실시간으로 과제를 추천합니다. 이러한 시스템은 학생들이 더 효과적으로 학습할 수 있도록 돕고, 교사가 일일이 모든 학생을 관리할 필요를 줄여줍니다.

13.1.1.3 학생의 학습 패턴 분석

AI는 학생 개개인의 학습 패턴을 분석하여 어떤 학습 방법이 가장 효과적인지 파악할 수 있습니다. 예를 들어, 어떤 학생은 시각적인 학습 자료(이미지, 다이어그램)를 통해 정보를 더 잘 이해하는 반면, 다른 학생은 텍스트 중심의 학습을 더 선호할 수 있습니다. AI는 이러한 차이를 분석하고, 학생이 선호하는 방식에 맞는 학습 자료를 제공할 수 있습니다. 예를 들어, 한 학생이 과학 과목에서 동영상 강의를 통해 개념을 더 쉽게 이해한다는 것을 파악한 AI는 그 학생에게 동영상 중심의 학습 자료를 더 많이 제공할 수 있습니다.

또한, AI는 학생이 학습할 때 집중력이 저하되는 시점이나, 문제 풀이에서 자주 실수하는 패턴을 분석하여 그에 맞는 학습 전략을 제공할 수 있습니다. 예를 들어, 한 학생이 어려운 문제 앞에서 자주 좌절하는 경향이 있다고 AI가 분석하면, 학생에게 그 문제를 쉽게 이해할 수 있는 기초 개념부터 단계적으로 설명해 주는 방식으로 학습을 지원할 수 있습니다. 이런 방식으로 AI는 학생의 학습 과정을 세밀하게 관리하여 학습 효율을 극대화합니다.

13.1.1.4 가상현실VR과 증강현실AR을 활용한 몰입형 교육

AI는 가상현실VR 및 증강현실AR과 결합되어 더욱 몰입감 있는 학습 환경을 제공할 수 있습니다. 예를 들어, 역사 수업에서 AI와 VR 기술을 결합하면 학생들은 과거의 중요한 역사적 사건을 실제로 체험하는 듯한 경험을 할 수 있습니다. AI는 학생이 가상 환경 속에서 얻는 데이터를 실시간으로 분석하고, 그에 맞는 추가 학습 자료나 설명을 제공할 수 있습니다. 예를 들어, 학생이 고대 로마의 콜로세움을 가상으로 탐험할 때 AI는 콜로세움의 건축 방식이나 역사적 배경에 대해 추가 설명을 제공하여 학생의 이해를 돕습니다.

증강현실AR은 교실 환경을 넘어 실제 생활에서도 학습이 가능하게 만듭니다. 학생이 집에 있는 동안에도 AR을 통해 과학 실험을 경험하거나, 수학 문제를 해결하는 등 다양한 학습 활동을 할 수 있습니다. AI는 이 과정에서 학생의 학습 데이터를 분석해 어떤 부분에서 더 많은 학습이 필요한지, 학생이 어떤 방식의 학습을 선호하는지 파악하여 맞춤형 자료를 제공할 수 있습니다.

13.1.1.5 AI를 통한 평생 학습 지원

AI는 학생뿐만 아니라 성인에게도 평생 학습을 지원할 수 있습니다. 예를 들어, 직장인은 새로운 기술이나 업무 능력을 습득하기 위해 끊임없이 학습해야 합니다. AI는 직장인의 학습 성향과 필요에 맞는 맞춤형 교육 프로그램을 설계하고, 실시간으로 학습 과정을 모니터링하며 지속적인 피드백을 제공할 수 있습니다. 예를 들어, 프로그래밍을 배우는 직장인은 AI 기반 교육 플랫폼에서 스스로 문제를 해결하는 능력을 향상시키고, 부족한 부분을 AI의 도움으로 즉시 보완할 수 있습니다.

결론적으로, AI는 교육 분야에서 학생의 학습 패턴을 분석하고 맞춤형 학습 플랜을 설계하며, 실시간으로 피드백을 제공하는 방식으로 학습 효과를 극대화할 것입니다. 이를 통해 AI는 교육의 질을 향상시키고, 누구나 자신에게 맞는 방식으로 학습할 수 있는 시대를 열 것입니다.

13.1.2 금융 및 경제 분야

AI는 금융 및 경제 분야에서 혁신적인 역할을 하며, 이미 여러 방식으로 활용되고 있습니다. 특히 금융 거래, 투자, 리스크 관리 등 다양한 영역에서 AI는 복잡한 데이터 분석을 통해 더 나은 결정을 내릴 수 있도록 돕고 있습니다. AI의 미래에는 이러한 기술이 더욱 확대되어 금융업계 전반에 걸쳐 혁신을 이끌어 나갈 것으로 예상됩니다. 이제 AI가 금융 및 경제 분야에서 어떻게 구체적으로 활용되고 있는지, 그리고 그 가능성에 대해 예시를 통해 자세히 설명하겠습니다.

13.1.2.1 금융 거래 및 투자

AI 기반 알고리즘 거래는 금융 시장에서 이미 중요한 역할을 하고 있습니다. 알고리즘 거래란 AI가 실시간으로 시장 데이터를 분석하고, 미리 설정된 규칙에 따라 주식, 채권, 외환 등을 자동으로 매매하는 시스템을 말합니다.

예를 들어, 주식 시장에서 AI는 수년간의 주가 변동 데이터를 학습하여 시장의 특정 패턴을 찾습니다. 이 패턴을 바탕으로 AI는 어떤 시점에 주식을 매수하거나 매도할지 결정하며, 이를 빠르게 실행할 수 있습니다. 주식 시장은 매우 변동성이 큰 시장이므로, AI의 빠른 데이터 처리 능력은 시장에서의 우위를 가져올 수 있는 중요한 요소입니다. AI는 초당 수백 건의 거래를 처리할 수 있는 능력을 갖추고 있어, 작은 가격 변동도 포착하여 수익을 극대화하는 거래를 할 수 있습니다. 모건 스탠리 같은 글로벌 금융 기관들은 이미 AI를 활용한 고빈도 거래 시스템을 도입하여 금융 시장에서의 경쟁력을 높이고 있습니다.

또한, AI는 헤지 펀드와 같은 대규모 투자 기관에서도 활용되고 있습니다. AI는 수많은 금융 자산을 실시간으로 분석하며, 리스크를 최소화하면서 최대한의 수익을 낼 수 있는 투자 전략을 제시할 수 있습니다. 예를 들어, AI는 여러 국가의 경제 지표, 정치적 사건, 글로벌 무역 동향 등을 동시에 분석하여 투자 기회를 찾아내고, 특정 국가의 채권을 매수하거나 주식을 매도하는 등의 결정을 내릴 수 있습니다. 이러한 AI 시스템은 사람보다 훨씬 빠르고 정확하게 결정을 내릴 수 있어, 금융 시장에서 중요한 경쟁 우위를 제공할 수 있습니다.

13.1.2.2 맞춤형 금융 상품 추천

AI는 개인 맞춤형 금융 서비스를 제공하는 데에도 혁신적인 역할을 하고 있습니다. AI는 고객의 금융 거래 데이터를 분석하여, 그들의 소비 패턴, 소득, 자산 관리 성향 등을 종합적으로 파악한 뒤, 그에 맞는 맞춤형 금융 상품을 추천할 수 있습니다.

예를 들어, 로보 어드바이저Robo-advisor라는 AI 기반 서비스는 개인의 재정 상태를 분석하여, 그에 맞는 투자 포트폴리오를 자동으로 구성해줍니다. 로보 어드바이저는 사용자의 나이, 소득, 자산, 리스크 성향 등을 바탕으로 자산을 어디에 분배할지 결정합니다. 예를 들어, 한 고객이 리스크를 최소화하고 안정적인 자산 운용을 원하는 경우, AI는 채권 중심의 포트폴리오를 제안할 수 있습니다. 반면, 높은 수익을 기대하는 젊은 투자자에게는 주식과 같은 고수익 자산을 더 많이 포함한 포트폴리오를 제시할 수 있습니다. 이 모든 과정을 AI가 자동으로 처리하기 때문에, 고객은 복잡한 금융 지식 없이도 간단하게 자신에게 맞는 투자 전략을 따를 수 있습니다.

또한, 은행의 개인 대출 서비스에서도 AI는 중요한 역할을 합니다. AI는 고객의 과거 대출 상환 기록, 현재 소득 수준, 소비 패턴 등을 분석하여 대출 상환 가능성을 예측하고, 그에 맞는 대출 상품을 추천할 수 있습니다. 예를 들어, AI는 고객의 월평균 지출, 소득 증감률, 저축 비율을 분석하여, 고객이 감당할 수 있는 대출 금액을 정확히 산출하고, 이를 기반으로 적합한 이자율과 대출 기간을 제안합니다. 이러한 시스템은 대출 심사 과정에서의 효율성을 높이고, 고객에게 맞춤형 대출 조건을 제공함으로써 금융사의 위험을 줄이는 데도 기여합니다.

13.1.2.3 소셜 미디어와 맞춤형 금융 서비스

AI는 또한 소셜 미디어 데이터를 활용하여 맞춤형 금융 상품을 더욱 정교하게 추천할 수 있습니다. 예를 들어, AI는 고객이 소셜 미디어에서 공유하는 정보를 분석하여 그들의 라이프스타일과 소비 성향을 파악합니다.

예를 들어, 고객이 소셜 미디어에서 자주 여행 사진을 올리거나, 해외 여행과 관련된 글을 공유한다면, AI는 고객이 여행 보험이나 해외 결제 카드에 대한 관심이 높을 것이라고 예측할 수 있습니다. 이 정보를 바탕으로 AI는 고객에게 해외 여행자 보험이나 해외 카드 상품을 추천할 수 있습니다. 또한, AI는 고객이 자주 사용하는 온라인 쇼핑몰이나 결제 방식을 분석하여, 더 적합한 신용 카드 혜택을 추천하는 등 개인화된 금융 상품을 제안할 수 있습니다.

또한, 고객의 소셜 미디어 활동을 분석해 생애주기 변화에 맞춘 금융 상품을 추천할 수 있습니다. 예를 들어, 고객이 결혼이나 출산 관련 게시글을 자주 올리면, AI는 해당 고객이 앞으로 주택 자금 대출이나 자녀 교육 자금 마련에 관심이 있을 것이라고 예측할 수 있습니다. 이 정보를 바탕으로 AI는 고객에게 주택 대출 상품이나 자녀 교육 저축 상품을 제안할 수 있습니다.

이처럼 AI는 고객의 소셜 미디어 활동과 금융 데이터를 종합적으로 분석하여, 더욱 개인화된 맞춤형 금융 상품을 제공하는 데 중요한 역할을 하고 있습니다.

13.1.2.4 리스크 관리 및 금융 사기 예방

리스크 관리와 금융 사기 예방은 AI의 또 다른 주요 역할 중 하나입니다. 금융 사기는 점점 더 정교해지고 있으며, 이를 효과적으로 감지하고 방지하는 것이 금융 기관에게 중요한 과제가 되고 있습니다.

AI는 실시간 데이터 분석을 통해 금융 사기를 사전에 감지할 수 있습니다. 예를 들어, AI는 고객의 거래 패턴을 분석하여, 일상적인 거래와 비정상적인 거래를 구분할 수 있습니다. 만약 한 고객이 평소에 사용하지 않던 국가에서 갑자기 큰 금액을 인출하려는 시도가 발생하면, AI는 이를 이상 거래로 인식하고 즉시 경고를 보낼 수 있습니다. 또한, AI는 고객이 평소 사용하지 않던 새로운 기기나 결제 수단을 통해 거래하려는 시도를 분석하여, 추가 인증 절차를 요구하거나 거래를 차단할 수 있습니다.

신용카드 사기 역시 AI를 통해 예방할 수 있습니다. 예를 들어, 고객이 평소 사용하는 거래 내역과 다른 패턴을 보일 경우, AI는 이를 실시간으로 분석하고, 금융 사기일 가능성을 높게 평가하여 즉시 고객에게 알림을 보낼 수 있습니다. 이를 통해 금융 기관은 고객의 자산을 보호할 수 있고, 금융 사기로 인한 손실을 줄일 수 있습니다.

결론적으로, AI는 금융 및 경제 분야에서 데이터 분석 능력을 극대화하여, 개인 맞춤형 서비스 제공, 금융 사기 예방, 투자 및 거래의 효율성 향상 등의 다양한 영역에서 혁신을 일으키고 있습니다. 이러한 AI의 활용은 금융업계를 더욱 안전하고 효율적으로 만들고, 개인에게 더 나은 금융 경험을 제공할 수 있게 될 것입니다.

13.1.2.3 리스크 관리 및 금융 사기 예방

AI는 리스크 관리와 금융 사기 예방 분야에서 매우 효과적으로 활용될 수 있습니다. 금융 사기는 점점 더 정교해지고 있으며, 이를 감지하고 방어하는 것은 금융 기관에게 중요한 과제가 되고 있습니다. AI는 방대한 양의 거래 데이터를 실시간으로 분석하여 이상 거래를 감지하고, 사기성 거래가 발생할 경우 즉시 경고를 보낼 수 있습니다. 이러한 AI 시스템은 사람의 개입 없이도 자동으로 작동하며, 빠른 반응 속도를 자랑합니다.

예를 들어, 신용카드 사기 방지 시스템에서 AI는 고객의 과거 거래 패턴을 학습하여, 이와 다른 새로운 패턴이 나타날 경우 이를 감지합니다. 만약 특정 고객이 평소 사용하지 않던 장소에서 대량의 금액을 인출하려 할 경우, AI는 이를 사기 거래로 의심할 수 있습니다. 한 예로, 고객이 한국에서 주로 거래하던 중, 갑자기 해외에서 큰 금액을 인출하려 할 때, AI는 해당 거래를 분석하여 평소와 다른 위치에서 발생한 대규모 거래로 판단하여, 즉각 해당 거래를 차단하거나 고객에게 알림을 보낼 수 있습니다. 이는 사기성 거래를 방지하는 대표적인 사례입니다.

또한, AI는 고객의 기기 사용 패턴을 실시간으로 추적할 수 있습니다. 예를 들어, 한 고객이 주로 사용하는 스마트폰을 통해 거래하던 중, 갑자기 새로운 기기나 브라우저를 통해 거래를 시도할 경우, AI는 해당 거래가 고객의 정상적인 거래가 아닐 수 있다고 판단합니다. AI는 이 상황에서 추가 인증 절차(예: 2단계 인증, 생체 인증)를 요구하거나, 거래를 일시적으로 차단할 수 있습니다. 이러한 방식으로 금융 사기를 방지하고 고객의 자산을 보호할 수 있습니다.

(1) 실시간 거래 감시 예시

미국의 JP모건 체이스와 같은 글로벌 은행은 AI를 활용하여 수백만 건의 거래를 실시간으로 감시하고 있습니다. AI는 매 순간 발생하는 거래를 분석하여, 비정상적인 패턴을 감지합니다. 예를 들어, 고객이 한 달에 한두 번씩만 주로 소액을 결제하는 패턴을 보이다가, 갑자기 하루에 여러 차례 수백만 원씩 결제한다면, AI는 이를 "비정상 거래"로 인식할 수 있습니다. 이 경우 AI는 즉시 해당 거래를 차단하고, 고객에게 확인을 요청하는 절차를 시작합니다.

또한, AI는 머신러닝 기법을 통해 사기 패턴을 학습하여 새로운 유형의 사기에도 대처할 수 있습니다. 예를 들어, AI가 사기 거래의 역사적 데이터를 분석한 결과, 특정 요일이나 특정 시간대에 반복적으로 발생하는 사기 패턴을 발견할 수 있습니다. 이를 기반으로 AI는 미래에 비슷한 거래가 발생할 때 즉각 대응할 수 있게 됩니다.

(2) 신용 평가에서의 AI 활용

AI는 신용 평가에서도 매우 중요한 역할을 합니다. 전통적인 신용 평가는 주로 고객의 신용카드 사용 기록이나 대출 상환 기록에만 의존하여 신용 점수를 산정합니다. 하지만 AI는 고객의 소득 수준, 생활 습관, 소비 패턴 등을 종합적으로 분석하여 더욱 정확하고 신뢰성 높은 신용 점수를 산출할 수 있습니다.

예를 들어, 미국의 핀테크 회사 렌도Lenddo는 고객의 소셜 미디어 활동과 온라인 쇼핑 패턴까지 분석하여 신용 점수를 산출하는 AI 시스템을 운영하고 있습니다. 렌도는 고객이 소셜 미디어에서 보여주는 생활 방식(예: 여행 빈도, 자주 사용하는 온라인 결제 수단 등)을 바탕으로 대출 상환 가능성을 평가합니다. 또한, AI는 고객이 자주 이용하는 인터넷 쇼핑몰에서의 지출 내역을 분석하여 고객의 지출 성향과 자산 관리 능력을 파악할 수 있습니다. 예를 들어, 고객이 온라인에서 주로 소액 구매를 하는 경향을 보일 경우, 이는 고객이 재정을 효율적으로 관리할 수 있다는 긍정적인 신호로 작용할 수 있습니다. 반면, 과도한 소비나 고급 물품에 대한 과도한 지출이 자주 발생한다면, 이는 리스크가 높은 소비 패턴으로 평가될 수 있습니다.

이러한 방식으로 AI는 고객의 신용 상태를 보다 종합적이고 세밀하게 평가할 수 있으며, 금융 기관은 이러한 데이터를 바탕으로 더욱 개인 맞춤형 대출 상품을 제공할 수 있습니다. 예를 들어, 고객이 일정 수준 이상의 신용 점수를 유지하고 있는 경우, 금융 기관은 보다 낮은 금리와 유리한 조건의 대출 상품을 제안할 수 있습니다. 반면, 리스크가 높은 고객에게는 더 엄격한 대출 조건을 적용하거나 대출 자체를 거부할 수 있습니다.

(3) AI를 통한 금융 사기 예방의 사례

실제 사례로 마스터카드는 AI 기반 사기 탐지 시스템을 도입하여 사기성 거래를 99% 이상의 정확도로 감지하고 있습니다. 이 시스템은 머신러닝을 통해 사기 거래 패턴을 학습하고, 고객의 평소 거래 패턴과 다른 이상 거래가 발생하면 실시간으로 이를 차단합니다. 예를 들어, 고객이 마스터카드로 해외에서 갑작스럽게 고가의 물건을 구매하려 할 경우, AI는 그 거래를 실시간으로 분석하여 해당 거래를 잠시 보류하거나 추가 인증을 요구합니다. 이를 통해 금융 사기를 방지할 수 있습니다.

이와 유사하게, 페이팔은 AI를 통해 고객의 거래 패턴을 실시간으로 추적하며, 비정상적인 활동이 감지될 때마다 즉각적인 대응을 할 수 있습니다. 페이팔의 AI 시스템은 고객의 결제 기록, 빈도, 장소 등을 분석하여, 비정상적인 지출이 발생했을 때 이를 사기 거래로 간주하고 거래를 차단하거나 고객에게 추가 확인 절차를 요청합니다.

(4) AI 기반 리스크 관리 시스템의 미래

AI 기반 리스크 관리 시스템은 앞으로 더욱 발전하여 금융 사기뿐만 아니라 다양한 금융 리스크에 대응할 수 있는 능력을 갖추게 될 것입니다. 예를 들어, AI는 고객의 금융 자산에 대한 리스크 프로파일을 생성하고, 주식 시장 변동성이나 경제 불황과 같은 외부 요인에 대한 대응 방안을 자동으로 제시할 수 있습니다. 이 시스템은 고객의 투자 포트폴리오를 자동으로 재조정하여, 예상되는 리스크에 대비한 맞춤형 금융 전략을 세워줄 수 있습니다.

이처럼 AI는 금융과 경제 분야에서 점점 더 중요한 역할을 하게 될 것이며, 고객의 자산 보호와 리스크 관리에서 필수적인 기술로 자리 잡을 것입니다.

13.1.2.4 핀테크와 AI의 결합

AI는 핀테크Fintech: Financial Technology 혁신을 주도하는 핵심 기술입니다. 핀테크는 기존의 금융 서비스에서 복잡하고 시간 소모적인 과정을 간소화하고, 사용자 경험을 향상시키기 위해 기술을 도입하는 분야입니다. AI는 이러한 핀테크의 핵심 엔진으로 작용하면서 더욱 고도화된 맞춤형 서비스, 효율적인 고객 응대, 자동화된 자산 관리 등을 가능하게 하고 있습니다.

(1) AI 기반 챗봇의 활용

AI 기반 챗봇은 이미 많은 은행과 금융기관에서 사용되고 있는 대표적인 핀테크 솔루션입니다. AI 챗봇은 자연어 처리 기술을 활용하여 고객의 질문에 빠르게 대응하며, 단순한 정보 제공을 넘어서 다양한 금융 서비스를 처리할 수 있습니다.

예를 들어, 미국의 뱅크 오브 아메리카는 AI 챗봇인 에리카Erica를 도입하여 고객 서비스의 효율성을 크게 높였습니다. 에리카는 고객의 계좌 정보를 확인하고, 거래 내역을 분석하여 예산 초과, 불필요한 지출 등을 경고할 수 있습니다. 또한, 고객이 월말에 남은 예산을 물어보면, 에리카는 실시간으로 계좌 잔액을 확인해 예산을 관리하는 데 도움을 줄 수 있습니다. 더 나아가, 에리카는 고객이 전송 요청을 할 경우 바로 송금을 처리하거나, 투자 관련 질문에 답변해주는 등의 다양한 금융 서비스도 지원하고 있습니다.

AI 기반 챗봇은 단순히 비용 절감 차원에서의 자동화가 아니라, 고객에게 더욱 개인화된 금융 서비스를 제공하는데 큰 기여를 하고 있습니다. 챗봇은 고객의 거래 기록을 바탕으로 맞춤형 금융 상품을 추천하거나, 특정 시점에 적합한 금융 정보를 제공할 수 있습니다. 예를 들어, 고객이 주로 사용하는 카드를 바탕으로 AI 챗봇은 추가 혜택이 제공되는 신용카드 상품을 추천하거나, 그 고객의 저축 습관을 분석하여 더 나은 저축 방법을 제안할 수 있습니다. 이러한 방식으로 AI 챗봇은 고객의 금융생활을 더욱 쉽게 만들어 줍니다.

(2) AI와 모바일 뱅킹의 결합

AI는 모바일 뱅킹에서 특히 강력한 도구로 작용하고 있습니다. 모바일 뱅킹 앱은 오늘날 매우 많은 사용자가 일상적으로 이용하는 서비스이며, AI의 도입으로 사용자 경험이 훨씬 더 개인화되고 효율적으로 변화하고 있습니다.

예를 들어, 스페인의 대형 은행 BBVA는 AI를 활용한 모바일 뱅킹 앱을 통해 고객에게 다양한 개인화된 금융 서비스를 제공하고 있습니다. AI는 사용자의 지출 패턴을 분석하여, 매달 얼마나 많은 돈을 쓰는지, 어디에 돈을 쓰는지, 절약할 수 있는 부분이 어디인지를 제안합니다. 예를 들어, 고객이 한 달 동안 외식비 지출이 급격히 증가했을 경우, AI는 이를 감지하고 "이번 달 외식비가 지난달에 비해 30% 증가했습니다. 다음 달에는 조금 줄이는 것을 고려해보세요."라는 알림을 보내어 예산 관리를 돕습니다.

또한, AI는 고객의 미래 지출을 예측하여 계획적인 소비를 지원합니다. 고객의 월별 고정 지출, 가변 지출 등을 분석하여 다음 달에 예상되는 고정비용을 계산하고, 남은 금액으로 저축 목표를 설정하거나 큰 지출을 대비할 수 있도록 도와줍니다. 예를 들어, 고객이 매월 고정적으로 지급하는 월세나 공과금이 있다면, AI는 이 정보를 바탕으로 다음 달에 예상되는 고정 지출을 자동으로 계산하고, 이를 제외한 가용 예산을 고객에게 미리 알려줍니다. 이를 통해 고객은 사전 계획을 세울 수 있고, 재정 관리에 어려움을 겪지 않도록 도와줍니다.

(3) AI를 통한 금융상품 추천 및 자산관리

AI는 금융상품 추천과 자산 관리에서도 혁신적인 역할을 하고 있습니다. AI는 고객의 금융 데이터를 분석하여, 그들의 소득 수준, 소비 패턴, 자산 증감 등을 종합적으로 파악한 후 맞춤형 금융 상품을 추천할 수 있습니다.

예를 들어, 웰스파고Wells Fargo는 AI를 통해 고객의 은행 계좌, 대출 기록, 투자 내역 등을 실시간으로 분석하여, 그에 맞는 투자 상품이나 대출 상품을 추천하고 있습니다. 만약 고객이 주로 저축에 치중한 금융 생활을 해왔다면, AI는 그 고객에게 안정적인 채권형 펀드나 저축성 보험과 같은 상품을 추천할 수 있습니다. 반면, 고객이 어느 정도의 리스크를 감수할 의향이 있고 높은 수익을 기대하는 성향이라면, AI는 주식형 펀드나 고위험 고수익 상품을 제안할 수 있습니다. 이러한 추천은 고객이 자신의 금융 상황에 맞는 최적의 선택을 할 수 있도록 돕습니다.

또한, AI는 투자 관리에도 매우 유용합니다. AI는 고객의 투자 내역을 분석하여 리스크 관리를 돕고, 시장의 변동성을 감지하여 자동으로 투자 포트폴리오를 조정할 수 있습니다. 예를 들어, 로보 어드바이저는 AI 기반 투자 관리 서비스로, 고객의 투자 자산을 실시간으로 모니터링하며 시장 상황에 따라 자산 배분을 최적화합니다. 만약 주식 시장이 불안정해지면, AI는 고객의 자산 중 일부를 안전한 채권이나 예금으로 이동시키는 등 리스크 회피 전략을 자동으로 수행할 수 있습니다. 이러한 서비스는 고객이 직접 투자 결정을 내릴 필요 없이도, AI를 통해 자산을 안정적으로 관리할 수 있도록 합니다.

(4) AI와 결제 시스템의 혁신

AI는 결제 시스템에서도 혁신을 일으키고 있습니다. 특히 AI는 자동화된 결제 시스템과 보안 강화에서 중요한 역할을 하고 있습니다.

예를 들어, 애플의 애플페이Apple Pay와 같은 서비스는 AI를 통해 생체 인식을 활용한 결제 시스템을 운영하고 있습니다. 고객이 스마트폰이나 스마트워치를 통해 지문이나 얼굴 인식을 통해 결제할 수 있으며, AI는 이러한 결제 데이터를 안전하게 암호화하고 분석하여 비정상적인 거래를 실시간으로 감지합니다. 만약 고객이 평소와 다른 패턴의 거래를 시도할 경우, AI는 추가 인증을 요구하거나 거래를 차단하는 방식으로 결제 보안을 강화합니다.

또한, AI는 자동 결제 시스템에서도 중요한 역할을 합니다. 예를 들어, 고객이 매월 일정한 금액을 정기적으로 결제해야 하는 상황에서, AI는 이를 자동으로 처리하고 고객에게 결제 내역을 알려줍니다. 넷플릭스Netflix와 같은 구독 서비스에서는 AI가 고객의 결제 패턴을 분석하여, 결제 실패 가능성을 미리 경고하거나 결제 수단 변경을 제안하는 등의 기능을 제공합니다. 이를 통해 고객은 결제 관리의 번거로움을 줄일 수 있고, 기업은 결제 실패율을 줄이는 이점을 얻습니다.

(5) AI와 핀테크의 미래

AI와 핀테크의 결합은 앞으로도 다양한 형태로 진화할 것으로 예상됩니다. 특히, 인공지능 기반 자산 관리, 스마트 결제 시스템, 개인화된 금융 서비스 등에서의 발전은 금융 서비스의 전반적인 효율성을 크게 향상시킬 것입니다. 또한, AI는 실시간으로 데이터를 분석하여 더 나은 금융 결정을 돕고, 고객에게 더욱 맞춤화된 금융 경험을 제공할 것입니다.

결론적으로, AI는 핀테크의 핵심적인 기술로 자리 잡고 있으며, 고객의 요구에 맞춘 개인화된 서비스 제공, 거래의 자동화, 금융 관리의 효율성 향상 등 다양한 측면에서 금융 혁신을 이끌어가고 있습니다.

13.1.2.5 경제 데이터 분석과 정책 수립

AI는 거시경제 분석에서도 매우 중요한 역할을 수행할 수 있습니다. 전통적인 경제 분석에서는 수많은 변수들을 고려하고 복잡한 데이터들을 분석하는 데 많은 시간과 자원이 필요했습니다. 그러나 AI는 이러한 데이터를 빠르고 정확하게 처리할 수 있으며, 이를 바탕으로 경제 정책 수립에 실질적인 도움을 줄 수 있습니다. AI는 무역 데이터, 환율 변동, 주식 시장 동향 등 글로벌 경제와 관련된 방대한 데이터를 실시간으로 분석하여 정책 결정자들에게 중요한 정보를 제공할 수 있습니다.

(1) AI를 통한 무역 데이터 분석

무역 데이터는 국가 간 경제 교류의 중요한 지표입니다. AI는 각 국가 간의 수출입 데이터를 실시간으로 분석하여 국가의 경제 상황을 평가하고, 무역 정책을 수립하는 데 도움을 줄 수 있습니다. 예를 들어, AI는 중국과 미국 간의 무역 데이터에서 특정 품목의 수출입 변화,

관세의 변화가 가져올 경제적 영향을 분석할 수 있습니다. 이 과정에서 AI는 수십 년에 걸친 무역 데이터를 학습하고, 그 안에서 숨겨진 패턴을 발견해 향후 무역 정책이 가져올 잠재적인 효과를 예측합니다.

예를 들어, 미국의 관세 정책이 변화할 경우, AI는 그로 인한 수입품 가격 인상이 소비자 물가에 미칠 영향, 해당 산업에서의 고용 변화, 수출 경쟁력 약화 등을 종합적으로 분석할 수 있습니다. 이를 통해 정책 결정자들은 관세 인상으로 인해 발생할 수 있는 경제적 리스크를 미리 파악하고, 그에 따른 대응 전략을 수립할 수 있습니다.

또한, AI는 글로벌 무역 네트워크에서 발생하는 실시간 데이터를 분석하여, 특정 국가의 경제 위기가 다른 국가에 미칠 영향을 신속히 예측할 수 있습니다. 예를 들어, 2021년 스웨즈 운하의 봉쇄는 전 세계 무역에 큰 혼란을 초래했는데, AI는 이러한 사건의 여파를 실시간으로 분석하여 물류와 무역에 미치는 영향을 즉각적으로 예측하고 대응 방안을 마련할 수 있었습니다.

(2) AI를 통한 환율 예측

환율은 국가 간 무역과 경제 전반에 매우 중요한 변수로 작용합니다. AI는 환율 변동을 예측하는 데도 뛰어난 능력을 발휘할 수 있습니다. AI는 전 세계의 경제 지표, 정치적 상황, 중앙은행의 통화정책 등을 분석하여 미래의 환율 변화를 예측할 수 있습니다.

예를 들어, AI는 미국 연방준비제도Federal Reserve가 금리 인상을 고려하고 있을 때, 그로 인한 달러 강세나 약세의 변화를 예측할 수 있습니다. AI는 과거의 금리 인상 기록과 그로 인한 환율 변화를 학습한 뒤, 금리 인상이 발생할 경우 달러 가치가 어떻게 변할지를 예측합니다. 이를 바탕으로 기업들은 미래 환율 변동에 대비한 헤지 전략을 세울 수 있으며, 국가 정책 결정자들도 적절한 대응 방안을 마련할 수 있습니다.

예를 들어, 한국의 중앙은행이 AI의 분석을 바탕으로 미래 환율 변동을 예측하면, 외환보유고를 조정하거나 환율 변동에 대비한 외환정책을 수립하는 데 도움이 됩니다. 이러한 예측은 특히 무역 의존도가 높은 국가에 매우 중요합니다. 환율 변동에 따른 수출입 가격 변화는 국가 경제에 큰 영향을 미치기 때문에, AI를 통한 사전 대응이 필수적입니다.

(3) AI 기반 주식 시장 예측과 리스크 관리

주식 시장은 경제의 거울이자 글로벌 경제 흐름을 반영하는 중요한 지표입니다. AI는 주식 시장의 수천 가지 변수를 동시에 분석하여 주식 가격 변동을 예측하고, 잠재적인 리스크를 관리하는 데 유용하게 사용될 수 있습니다.

예를 들어, AI는 기업의 재무제표, 주가 추이, 글로벌 경제 데이터 등을 분석하여 특정 기업의 주가가 어떻게 변동할지 예측할 수 있습니다. AI는 단순히 숫자 데이터뿐만 아니라, 뉴스 기사나 소셜 미디어에서의 여론까지 분석하여 기업 주가에 미치는 영향을 평가할 수 있습니다. 예를 들어, AI가 특정 기업에 대한 긍정적인 여론과 함께 높은 수익 보고서가 나왔다는 점을 감지하면, 주가 상승을 예측할 수 있습니다. 반면, 부정적인 뉴스나 정치적 불확실성으로 인해 주가 하락을 예측할 수도 있습니다.

예시로, 알리바바와 같은 중국 대기업의 주식은 중국 정부의 정책 변화나 무역 전쟁 등의 영향을 크게 받습니다. AI는 이러한 정책적 요소와 경제적 요소를 함께 분석하여, 투자자들이 미리 리스크를 관리하고 투자 결정을 내리는 데 도움을 줄 수 있습니다. AI는 과거의 데이터를 바탕으로 유사한 상황에서 주가가 어떻게 변동했는지 학습하고, 이를 바탕으로 미래의 시장 반응을 예측합니다.

(4) 금리 인상과 경제 정책 수립

AI는 또한 중앙은행이 금리 정책을 수립하는 데 중요한 역할을 할 수 있습니다. 금리 인상이나 인하는 경제 전반에 걸쳐 큰 파장을 일으키며, 물가 상승, 소비 지출, 투자 결정 등 다양한 경제 활동에 영향을 미칩니다. AI는 금리 정책이 경제에 미치는 영향을 분석하여, 중앙은행이 더 나은 결정을 내릴 수 있도록 도와줍니다.

예를 들어, AI는 물가 상승률, 실업률, 주택 가격 등 수많은 데이터를 분석하여, 금리 인상이 물가 안정과 경제 성장을 어떻게 조정할 수 있을지 예측할 수 있습니다. 특히 AI는 다양한 시나리오를 가정하여 금리 인상 후 발생할 수 있는 여러 가지 경제적 효과를 예측합니다. 예를 들어, 금리 인상이 부동산 시장에 미칠 영향을 예측해 부동산 가격이 급락할 가능성이 있다면, AI는 중앙은행에 추가적인 대응 조치를 제안할 수 있습니다. 이러한 분석은 중앙은행이 경제적 리스크를 줄이면서 적절한 통화 정책을 수립하는 데 중요한 역할을 합니다.

실제 사례로, 유럽중앙은행ECB은 AI를 활용하여 유럽 지역의 경제 데이터를 실시간으로 분석하고 있으며, 그 결과에 따라 적절한 금리 인상이나 통화정책을 조정합니다. AI는 금리 변동이 각국의 경제에 미칠 영향을 분석해 유럽 전체의 경제 성장을 돕는 데 기여하고 있습니다.

(5) AI를 통한 경제 정책 시뮬레이션

또한, AI는 경제 정책 시뮬레이션에도 유용하게 사용될 수 있습니다. 정책 결정자들은 다양한 경제 변수를 고려해 정책을 설계하는데, AI는 이러한 변수들을 모두 통합하여 정책의 잠재적 결과를 시뮬레이션할 수 있습니다.

예를 들어, 기후변화 대응 정책을 수립하는 과정에서, AI는 기후 변화가 경제에 미치는 영향을 예측하고, 탄소 배출 제한 정책이 GDP 성장, 실업률, 에너지 가격 등에 미칠 영향을 분석할 수 있습니다. 이를 통해 정책 결정자들은 더 나은 결정을 내릴 수 있으며, 정책이 예상하지 못한 부정적인 효과를 미리 파악하고 이를 완화하는 대책을 마련할 수 있습니다.

결론적으로, AI는 경제 데이터 분석과 정책 수립에서 매우 중요한 역할을 하고 있으며, 이를 통해 경제 예측의 정확도를 높이고, 리스크 관리와 효율적인 경제 정책 수립에 기여할 것입니다. AI는 실시간 데이터 분석을 통해 다양한 경제 변수를 동시에 고려할 수 있어, 더 나은 경제 정책을 만들어나가는 데 필수적인 도구로 자리 잡고 있습니다.

13.1.3 법률 분야

법률 분야에서도 AI의 역할이 점점 더 커지고 있습니다. 방대한 양의 법률 문서를 신속하게 분석하고 법적 문제에 대한 해결책을 제시하는 데 AI가 사용되고 있으며, 이를 통해 법률 업무의 효율성이 크게 향상되고 있습니다. AI는 변호사, 법률 전문가뿐만 아니라 법정에서까지 중요한 도구로 자리 잡을 가능성이 있습니다. 이제 AI가 법률 분야에서 어떻게 구체적으로 활용되고 있으며, 앞으로 어떤 가능성을 열어갈지에 대해 구체적인 예시를 들어 살펴보겠습니다.

13.1.3.1 법률 리서치

법률 리서치에서 AI는 방대한 양의 과거 판례, 법률 조항, 학술 논문 등을 신속하게 검색하고 분석하는 데 활용됩니다. 전통적으로 변호사나 법률 전문가들이 직접 방대한 문서를 검토하고 관련 정보를 찾아야 했던 작업이, AI의 등장으로 크게 단축되었습니다. AI는 데이터를 구조적으로 분석하고, 관련된 정보를 쉽게 찾아낼 수 있도록 돕습니다.

예를 들어, Ravel Law라는 AI 기반 법률 검색 엔진은 판례의 문맥을 분석하여 변호사들이 관련 법률을 더 빠르게 찾아낼 수 있도록 도와줍니다. 변호사는 특정 사건에 관련된 판례를 검색할 때 수많은 문서를 일일이 읽어봐야 했으나, AI는 판례에서 사용된 주요 단어와 문구를 분석하여 그와 유사한 판례를 신속하게 찾을 수 있습니다. 이를 통해 변호사는 법적 근거를 보다 정확하게 찾고, 그에 맞는 전략을 세울 수 있습니다.

또한, LexisNexis와 같은 법률 정보 제공 플랫폼에서도 AI가 도입되어, 판례 검색 시간이 대폭 단축되었습니다. AI는 판례의 핵심 요소를 빠르게 분석하여, 사용자에게 가장 관련성 높은 사례들을 추천해줍니다. 이로 인해 변호사는 방대한 자료를 일일이 검토할 필요 없이, 중요한 정보에 접근할 수 있게 되었습니다.

13.1.3.2 법적 문서 작성

AI는 법적 문서 작성에서도 큰 변화를 일으키고 있습니다. 계약서, 소송 관련 서류, 기업 문서 등 복잡한 법적 문서를 자동으로 작성하는 AI 시스템이 등장하면서, 법률 업무의 효율성이 크게 향상되고 있습니다.

예를 들어, Kira Systems는 계약서를 자동으로 작성하는 AI 도구입니다. 이 시스템은 기존 계약서와 법적 조항을 분석하여, 새로운 계약서를 작성하는 데 필요한 조항을 자동으로 삽입하거나 수정할 수 있습니다. 변호사는 직접 문서를 작성하거나 일일이 조항을 검토할 필요 없이, AI가 제안하는 문구를 검토하고 최종 결정을 내리면 됩니다. 이는 법률 전문가들이 반복적인 문서 작업에 할애하는 시간을 크게 줄여주며, 계약서 작성의 정확성을 높여줍니다.

또한, LawGeex와 같은 AI 서비스는 법률 검토 자동화에 중점을 두고 있습니다. 이 시스템은 계약서를 분석하여, 특정 조항이 기업의 정책에 맞는지 여부를 자동으로 검토하고, 필요 시 수정 사항을 제안합니다. 예를 들어, 계약서에 포함된 법률 용어가 기업의 정책과 다를 경우, AI가 이를 자동으로 감지하여 적절한 수정 방안을 제시할 수 있습니다. 이러한 방식은 대규모 계약 검토 작업에서 발생할 수 있는 오류를 줄이고, 시간과 비용을 절감하는 데 도움을 줍니다.

13.1.3.3 AI를 통한 법적 판단 지원

AI는 법적 판단을 지원하는 도구로도 발전하고 있습니다. 현재는 AI가 법률 분석과 문서 작성에 주로 사용되지만, 미래에는 AI가 실제 법정에서 변호사나 판사를 돕는 도구로 사용될 가능성이 큽니다.

미국의 Compass 시스템은 AI가 범죄자의 재범 가능성을 예측하는 데 사용된 사례입니다. 이 시스템은 범죄자의 과거 기록과 사회적 배경을 분석하여 재범 가능성을 점수로 산출합니다. 이러한 예측은 판사가 범죄자의 보석 여부를 결정할 때 고려 요소 중 하나로 사용됩니다. 그러나 이와 같은 시스템은 윤리적 논란을 불러일으키기도 합니다. AI가 데이터를 기반으로 판단을 내릴 때, 특정 집단에 대한 편견이 반영될 수 있기 때문입니다. 이 때문에 AI 기반 법적 판단 도구는 더욱 공정하고 투명하게 운영되도록 개선이 필요합니다.

또한, 프랑스에서는 AI가 법원 판결에 대한 데이터를 학습하여, 유사한 사건에 대한 판결 결과를 예측하는 시스템이 도입되었습니다. 이 시스템은 과거의 판결 데이터를 분석해, 특정 사건에서 판사가 어떻게 판결을 내릴 가능성이 높은지를 예측할 수 있습니다. 예를 들어, 비슷한 성격의 상해 사건에서 AI는 과거 판례를 기반으로 예상되는 형량을 제시할 수 있으며, 변호사나 판사가 참고자료로 활용할 수 있습니다.

13.1.3.4 AI 기반의 미래 법률 도구

미래에는 AI가 법률 지원 도구로서 더욱 발전된 형태로 사용될 가능성이 큽니다. 이미 AI 변호사가 등장한 사례도 있으며, 이러한 도구는 법률 서비스에 대한 접근성을 높이고, 법적 절차를 더욱 효율적으로 만들 수 있습니다.

예를 들어, DoNotPay는 세계 최초의 AI 변호사로, 사용자들이 주차 위반 티켓을 자동으로 이의 제기할 수 있도록 돕는 AI 시스템입니다. 사용자는 DoNotPay에 관련 정보를 입력하면, AI가 해당 사건에 맞는 법적 근거를 바탕으로 이의 제기 서류를 자동으로 작성해줍니다. 이를 통해 사용자는 법적 전문가를 고용하지 않고도 간단한 법적 문제를 해결할 수 있습니다. 이 시스템은 주차 위반, 소액 재판, 소비자 보호 문제 등 다양한 분야에서 활용되고 있으며, 법률 서비스의 접근성을 크게 향상시키고 있습니다.

미래에는 AI 판사와 같은 시스템이 등장할 가능성도 있습니다. 이러한 AI 시스템은 판례 데이터를 바탕으로 공정한 판단을 내리는 데 도움을 줄 수 있습니다. 예를 들어, AI가 과거 수천 건의 사건을 분석한 후, 유사한 사건의 판결 결과를 제시하고, 판사가 이를 참고하여 최종 결정을 내릴 수 있습니다. AI 판사는 법률 업무의 효율성을 높이는 데 기여할 수 있으며, 특히 단순한 사건에서는 판사의 업무 부담을 줄일 수 있는 잠재력을 가지고 있습니다.

13.1.3.5 윤리적 문제와 도전 과제

AI가 법률 분야에서 널리 사용됨에 따라, 윤리적 문제와 투명성에 대한 논의도 필요합니다. AI가 법적 판단에 관여할 경우, 그 과정에서 발생할 수 있는 편향성이나 불공정성이 주요 쟁점으로 떠오르고 있습니다. AI가 데이터를 학습하는 과정에서 인종, 성별, 사회적 배경 등에 따라 편향된 결과를 도출할 가능성이 있으며, 이는 공정한 법적 판단을 해칠 수 있습니다.

예를 들어, AI가 과거의 판례 데이터를 학습하여 판단을 내릴 때, 특정 집단에 대한 불리한 판단을 반복적으로 내린 판결을 그대로 학습하게 될 수 있습니다. 이 때문에 AI 시스템의 투명성을 높이고, 편향된 결과를 방지하기 위한 알고리즘의 공정성을 확보하는 것이 중요합니다.

또한, AI가 법적 판단을 내리거나 법률 문서를 작성할 때 발생하는 책임 문제도 중요한 고려사항입니다. AI가 잘못된 판단을 내리거나, 법적 근거를 잘못 제시할 경우, 그 책임이 누구에게 있는지에 대한 명확한 규정이 필요합니다.

결론적으로, AI는 법률 분야에서 큰 혁신을 일으키고 있으며, 법률 전문가들이 더 효율적으로 업무를 처리할 수 있도록 돕는 중요한 도구로 자리 잡고 있습니다. 그러나 이러한 기술이 제대로 활용되기 위해서는 윤리적 문제를 해결하고, 공정성과 투명성을 보장하는 것이 필수적입니다.

13.1.4 의료 및 헬스케어

AI는 의료 분야에서 매우 중요한 역할을 하고 있으며, 그 활용 범위는 점점 더 확대되고 있습니다. AI는 방대한 양의 의료 데이터를 분석하여 질병을 예측하고, 정확한 진단을 내리는 데 큰 도움을 줍니다. 더 나아가, 의료 영상 분석, 신약 개발, 맞춤형 치료에서도 혁신적인 변화를 이끌어내고 있으며, 이는 의료진과 환자 모두에게 이익을 가져다주고 있습니다. 이제 AI가 구체적으로 의료와 헬스케어에서 어떻게 활용되고 있는지 예시와 함께 자세히 살펴보겠습니다.

13.1.4.1 의료 기록 분석

AI는 의료 기록을 분석하여 질병의 조기 진단에 기여하고 있습니다. 의료 기록은 환자의 병력, 약물 복용 내역, 검사 결과 등 다양한 정보를 포함하고 있으며, AI는 이 데이터를 신속하게 분석하여 특정 질병의 조기 징후를 발견하거나, 발병 가능성을 예측할 수 있습니다.

예를 들어, IBM Watson Health는 AI를 통해 환자의 방대한 의료 기록을 분석하여 암과 같은 질병을 조기에 진단하는 데 도움을 주고 있습니다. Watson은 의료 기록뿐만 아니라, 최신 의학 논문, 임상 시험 데이터까지 학습하여 의료진이 접근할 수 없는 방대한 정보를 신속하게 분석합니다. 예를 들어, 환자가 과거에 여러 번의 위장 문제로 병원을 방문했다면, Watson은 이 기록을 기반으로 암 발생 가능성을 높게 예측하고, 환자가 더 정밀한 검사를 받을 수 있도록 권장할 수 있습니다.

또한, AI는 만성 질환 관리에도 큰 역할을 할 수 있습니다. DiabetesPredict와 같은 AI 시스템은 환자의 혈당 기록, 생활 습관, 유전자 데이터를 분석하여 당뇨병 발병 위험을 예측합니다. AI는 환자의 과거 데이터를 학습하여, 어떤 시점에서 혈당이 급격히 상승할 가능성이 있는지, 어떤 생활 습관이 질병에 영향을 미치는지를 예측할 수 있습니다. 이를 통해 의료진은 환자에게 더 적절한 관리 방법을 제시하고, 당뇨병의 조기 예방이 가능해집니다.

(2) 의료 영상 분석

AI는 의료 영상 분석에서 뛰어난 성능을 발휘하고 있으며, CT 스캔, MRI, X-ray와 같은 의료 영상을 분석하는 데 매우 유용하게 사용되고 있습니다. 의료 영상 분석은 매우 정교한 작업으로, 의료진이 놓치기 쉬운 미세한 변화를 AI가 감지하여 보다 정확한 진단을 내리는 데 도움을 줍니다.

예를 들어, Google DeepMind의 AI 시스템은 눈 질환 진단에 사용되고 있습니다. AI는 환자의 눈 스캔 이미지를 분석하여 황반변성이나 당뇨병성 망막병증과 같은 질병을 초기 단계에서 진단할 수 있습니다. 이 시스템은 수백만 건의 의료 이미지를 학습한 후, 미세한 시각적 변화를 감지하는 데 있어 인간보다 더 높은 정확도를 보입니다. 실제로, 영국의 Moorfields Eye Hospital에서는 이 AI 시스템을 도입한 후, 진단 속도와 정확도가 크게 향상되었습니다.

또한, 화웨이의 AI 기반 폐암 진단 시스템은 CT 스캔 이미지를 분석하여 초기 단계의 폐암을 발견하는 데 사용됩니다. 이 시스템은 수천 건의 폐암 환자 데이터를 학습한 후, 미세한 결절을 발견하고, 그 크기나 형태를 바탕으로 악성 가능성을 예측합니다. 이를 통해 의료진은 보다 빠르고 정확하게 폐암을 진단할 수 있으며, 조기 발견이 가능해져 환자의 생존율을 높일 수 있습니다.

13.1.4.3 신약 개발과 맞춤형 치료

AI는 신약 개발 과정에서 매우 중요한 역할을 하고 있습니다. 전통적인 신약 개발 과정은 수십 년이 걸리고 막대한 비용이 소요되지만, AI는 이를 크게 단축시킬 수 있습니다. AI는 생물학적 데이터, 유전자 데이터, 약물 반응 데이터 등을 분석하여, 신약 개발에 필요한 데이터를 신속하게 처리하고, 최적의 약물 조합을 제시할 수 있습니다.

예를 들어, Atomwise는 AI를 활용하여 신약 개발을 가속화하는 스타트업입니다. 이 회사의 AI 시스템은 수십억 개의 화합물을 분석하여, 특정 질병에 효과적인 화합물을 신속하게 찾아낼 수 있습니다. Atomwise는 이미 에볼라 바이러스 치료제를 개발하는 과정에서 AI를 사용해 1,000개 이상의 화합물을 분석했고, 그중에서 가장 유망한 후보를 도출해냈습니다. 이를 통해 신약 개발의 초기 단계를 크게 단축할 수 있었습니다.

또한, 맞춤형 치료에서도 AI는 중요한 역할을 하고 있습니다. 가장 효과적인 치료 방법은 환자의 유전적 특성, 병력, 생활 습관에 따라 달라질 수 있기 때문에, AI는 이러한 데이터를 종합적으로 분석하여 환자에게 개인화된 치료 계획을 제시합니다. 예를 들어, Tempus라는 AI 기반 시스템은 암 환자의 유전자 프로파일을 분석하여, 환자에게 가장 적합한 치료법을 추천합니다. 이 시스템은 암 환자의 유전자 데이터를 기존의 임상 시험 데이터와 비교하여, 어떤 약물이 특정 유전자 변이를 가진 환자에게 가장 효과적인지 예측할 수 있습니다. 이를 통해 환자는 자신에게 맞는 약물 치료를 받아 더 나은 치료 결과를 얻을 수 있습니다.

13.1.4.4 AI와 원격 진료

AI는 원격 진료 분야에서도 큰 변화를 일으키고 있습니다. 특히 코로나19 팬데믹 동안 원격 진료의 수요가 급증하면서, AI는 의료 접근성을 높이는 중요한 기술로 자리 잡았습니다. AI는 환자의 증상을 분석하여 초기 진단을 제공하고, 적절한 의료 조치를 추천하는 데 활용되고 있습니다.

예를 들어, Baidu는 AI 기반 원격 진료 플랫폼을 개발하여, 환자의 증상을 실시간으로 분석하고 필요한 치료 방법을 추천하는 시스템을 구축했습니다. 환자가 증상을 입력하면, AI가 이를 분석하고 진단을 내린 후 적절한 의사와의 상담을 연결합니다. 또한, 이 시스템은 의료진이 실시간으로 환자의 데이터를 분석할 수 있도록 도와, 보다 효율적인 진료가 이루어지도록 합니다.

결론적으로, AI는 의료 및 헬스케어 분야에서 질병 예측, 진단, 신약 개발, 맞춤형 치료, 원격 진료 등 다양한 방면에서 혁신적인 변화를 가져오고 있습니다. 이러한 AI의 발전은 환자의 생명을 구하고, 의료 서비스의 질을 향상시키는 데 큰 기여를 할 것입니다.

13.1.5 환경 및 에너지

AI는 환경 보호와 에너지 관리에서 중요한 역할을 하고 있으며, 그 활용 범위는 점점 더 넓어지고 있습니다. AI는 환경 데이터를 실시간으로 분석하고, 에너지 효율성을 높이며, 기후 변화에 대한 대응책을 제공하는 데 큰 기여를 할 수 있습니다. 이러한 AI 기술의 발전은 기후 변화 문제를 해결하고, 지속 가능한 에너지 사용을 촉진하는 데 중요한 역할을 하고 있습니다. 이제 AI가 구체적으로 환경 및 에너지 분야에서 어떻게 활용되는지, 예시를 통해 자세히 살펴보겠습니다.

13.1.5.1 기후 변화 예측

AI는 기후 변화 예측에서 매우 중요한 역할을 할 수 있습니다. 기후 변화는 매우 복잡한 현상으로, 다양한 변수들이 얽혀 있기 때문에 이를 정확하게 예측하는 것은 매우 어려운 일입니다. 그러나 AI는 기후 데이터를 분석하여, 미래의 기후 변화를 예측하고, 자연 재해에 대한 대응책을 마련하는 데 도움을 줄 수 있습니다.

예를 들어, Microsoft는 AI for Earth 프로젝트를 통해 전 세계의 기후 데이터를 분석하고, 기후 변화로 인한 문제들을 해결하는 데 AI 기술을 활용하고 있습니다. 이 프로젝트는 기후 모델을 AI가 학습하여, 기온 변화, 해수면 상승, 폭염, 가뭄 등의 기후 변화를 예측합니다. 이를 통해 정부와 정책 결정자들은 기후 변화에 맞서 선제적으로 대응할 수 있는 계획을 세울 수 있습니다. 예를 들어, AI가 해수면 상승을 예측하면, 해당 지역의 주민들을 미리 대피시키거나 해안 방어벽을 강화하는 등의 대응책을 마련할 수 있습니다.

또한, AI는 기후 시뮬레이션을 통해 다양한 시나리오를 예측할 수 있습니다. 예를 들어, AI는 탄소 배출량 감소 정책이 시행되었을 때, 지구의 기온이 얼마나 감소할 수 있는지를 예측할 수 있습니다. 이러한 시뮬레이션은 정부가 기후 변화 정책을 수립할 때 중요한 참고 자료가 됩니다.

13.1.5.2 에너지 소비 분석 및 효율성 향상

AI는 에너지 소비 패턴을 분석하여 에너지 효율성을 극대화하는 데도 중요한 역할을 할 수 있습니다. 에너지 관리 시스템은 다양한 데이터를 수집하고 분석하여, 에너지가 낭비되는 부분을 찾아내고 효율적으로 에너지를 사용할 수 있는 방법을 제시합니다.

예를 들어, 스마트 그리드 시스템에서는 AI가 에너지 공급과 소비를 실시간으로 모니터링하여 에너지 효율을 극대화합니다. Tesla의 Autobidder 시스템은 AI를 사용해 전력 공급과 수요를 실시간으로 분석하고, 남는 전력을 배터리에 저장하거나 필요할 때 전력을 공급하는 방식으로 에너지를 최적화합니다. 이는 재생 에너지(태양광, 풍력) 사용을 최대화하고, 에너지 낭비를 줄이기 위해 중요한 역할을 합니다.

또한, AI는 건물의 에너지 사용 패턴을 분석하여, 냉난방 시스템을 최적화하는 데 사용됩니다. 예를 들어, Google의 DeepMind AI는 구글 데이터 센터의 냉각 시스템을 최적화하여, 전력 소비를 약 40% 절감한 사례가 있습니다. AI는 실시간으로 센서 데이터를 분석하여, 언제 냉각을 더 강화해야 하고 언제 에너지를 절약할 수 있는지 결정합니다. 이로 인해 데이터 센터의 에너지 소비가 크게 줄어들었으며, 이를 다른 대형 빌딩 관리 시스템에도 적용할 수 있습니다.

13.1.5.3 환경 모니터링 및 오염 관리

AI는 환경 모니터링에서 실시간 데이터를 분석하여 환경 오염 문제를 해결하는 데도 큰 기여를 할 수 있습니다. 예를 들어, AI는 공기 오염과 수질 오염 같은 문제를 감지하고, 실시간으로 데이터를 분석하여 환경 오염을 줄이기 위한 솔루션을 제안할 수 있습니다.

IBM의 Green Horizons 프로젝트는 AI를 사용하여 대기 오염을 실시간으로 추적하는 시스템을 개발했습니다. 이 시스템은 다양한 센서 데이터를 분석하여 도시 내의 공기 오염 수준을 실시간으로 예측하고, 공공 기관이 오염을 줄이기 위한 방안을 마련할 수 있도록 지원합니다. 예를 들어, AI는 특정 시간대나 날씨 조건에서 오염이 심해질 수 있는 지역을 예측하고, 해당 지역의 교통량을 줄이거나 공장을 일시적으로 가동 중단하는 등의 조치를 취할 수 있도록 권고합니다.

또한, 수질 오염 관리에서도 AI는 큰 역할을 하고 있습니다. 예를 들어, AI는 수질 오염을 실시간으로 감지하고, 오염 물질이 확산되는 경로를 예측하는 데 사용됩니다. 미국의 Clearbot 프로젝트는 AI 기반의 로봇을 사용하여, 강이나 해양에서 플라스틱 쓰레기나 유해 물질을 실시간으로 모니터링하고 수거하는 시스템을 개발했습니다. AI는 오염된 지역을 감지하여 해당 지역에서 쓰레기를 수거하는 로봇을 배치하고, 수질 오염의 심각성을 분석하여 대응할 수 있습니다.

13.1.5.4 재생 에너지 활용과 관리

AI는 재생 에너지 관리에서도 중요한 역할을 하고 있습니다. 태양광, 풍력과 같은 재생 에너지는 기후 조건에 따라 에너지 생산량이 변동하기 때문에, 이를 효율적으로 관리하는 것이 필수적입니다. AI는 기상 데이터를 분석하여 재생 에너지의 생산량을 예측하고, 에너지 공급을 안정화하는 데 기여할 수 있습니다.

예를 들어, 스웨덴의 바텐폴Vattenfall 전력 회사는 AI를 사용하여 풍력 발전의 효율성을 높였습니다. AI는 기상 조건, 바람의 속도와 방향을 실시간으로 분석하여, 풍력 터빈의 각도를 최적화하는 방법을 제시합니다. 이를 통해 풍력 발전소는 최대한 많은 에너지를 생산할 수 있으며, 에너지 손실을 최소화할 수 있습니다.

또한, AI는 에너지 저장 시스템을 관리하는 데도 사용됩니다. 태양광 발전소에서 생성된 전력은 기후 조건에 따라 변동하기 때문에, AI는 생성된 전력을 배터리에 저장하고, 필요할 때 전력을 공급하는 방식으로 효율적인 에너지 관리를 가능하게 합니다. AI는 실시간으로 전력 수요와 공급을 분석하여, 언제 전력을 저장하고 언제 사용할지 자동으로 결정합니다.

13.1.5.5 지속 가능한 농업 관리

AI는 지속 가능한 농업에서도 중요한 역할을 합니다. AI는 토양 상태, 수분 공급, 기상 변화 등을 실시간으로 모니터링하고, 이를 바탕으로 최적의 농작물 관리 방법을 제시합니다. 이를 통해 물과 비료를 절약할 수 있으며, 환경에 미치는 영향을 최소화하면서 생산성을 극대화할 수 있습니다.

예를 들어, John Deere는 AI를 사용하여 농작물의 상태를 실시간으로 모니터링하는 농업 장비를 개발했습니다. 이 시스템은 드론과 위성 이미지를 사용하여 농작물의 성장을 분석하고, 필요한 양의 물과 비료를 제공하는 최적의 타이밍을 제시합니다. 이를 통해 농업 생산성은 향상되고, 과도한 자원 사용으로 인한 환경 피해를 줄일 수 있습니다.

결론적으로, AI는 환경 보호와 에너지 관리에서 혁신적인 역할을 하고 있으며, 기후 변화 예측, 에너지 효율 극대화, 환경 오염 감지, 재생 에너지 관리 등 다양한 방면에서 중요한 기여를 하고 있습니다. 이러한 AI 기술의 발전은 지구의 지속 가능한 미래를 보장하는 데 필수적인 도구가 될 것입니다.

13.1.6 농업

AI는 농업 분야에서 큰 혁신을 가져올 것으로 기대되며, 농업 생산성 향상, 자원 관리의 효율성 제고, 질병 감지 등 다양한 방면에서 농업의 미래를 변화시킬 잠재력을 가지고 있습니다. AI는 데이터를 분석하고 실시간으로 대응책을 제시함으로써 농업의 모든 과정에서 효율성을 극대화할 수 있습니다. 이제 AI가 농업 분야에서 구체적으로 어떤 역할을 하는지 예시를 들어 설명하겠습니다.

13.1.6.1 농작물 모니터링

AI는 농작물 모니터링에서 매우 중요한 역할을 합니다. 농작물의 상태를 실시간으로 분석하여, 농부가 작물의 성장 과정을 효율적으로 관리할 수 있도록 도와줍니다. 특히, AI는 토양 상태, 기후 데이터, 작물의 질병 여부 등을 종합적으로 분석하여, 농부가 더 나은 결정을 내릴 수 있도록 돕습니다.

예를 들어, PrecisionHawk라는 회사는 드론과 AI 기술을 결합하여 농작물 모니터링 시스템을 개발했습니다. 이 시스템은 드론이 농작물의 상태를 촬영하고, AI가 이 데이터를 분석하여 작물의 건강 상태를 평가합니다. 예를 들어, 특정 구역의 작물이 스트레스를 받는다면, AI는 해당 지역의 토양 수분이나 영양 상태를 분석해 그 원인을 파악하고, 추가 비료나 물 공급이 필요한지 제안합니다. 이러한 분석은 농부가 빠르게 대응할 수 있도록 하여 농작물의 상태를 유지하는 데 중요한 역할을 합니다.

또한, John Deere는 농작물 모니터링을 위해 AI와 위성 데이터를 결합한 기술을 사용하고 있습니다. 위성을 통해 농작물의 이미지를 촬영하고, AI가 이를 분석하여 작물의 성장 속도, 영양 상태, 토양 수분 등을 종합적으로 평가합니다. 이 기술은 농장이 넓어 일일이 확인하기 어려운 지역까지도 모니터링할 수 있어, 농작물 관리의 효율성을 크게 향상시킵니다.

13.1.6.2 농업 자동화

AI는 농업 자동화에 중요한 역할을 하고 있으며, 농작물에 필요한 비료 공급, 관개 시스템을 실시간으로 관리하여 농업 생산성을 극대화할 수 있습니다. AI는 농장에서 실시간으로 수집한 데이터를 분석하여, 농작물의 상태에 맞는 자원을 제공함으로써 자원 낭비를 최소화하고 최적의 성장을 유도합니다.

예를 들어, FarmBot은 AI를 사용하여 농장의 자동화 시스템을 운영하는 대표적인 사례입니다. FarmBot은 농작물에 필요한 물과 비료를 자동으로 공급하고, 작물 상태에 맞춰 조정할 수 있습니다. AI는 실시간으로 농작물의 상태를 감지하고, 토양에 적합한 양의 비료를 제공함으로써 정밀 농업을 실현합니다. 또한, FarmBot은 농작물의 성장 주기를 분석하여 수확 시점을 자동으로 계산하고, 필요할 때 농작물을 수확할 수 있도록 프로그램을 설정할 수 있습니다.

또한, Blue River Technology는 AI 기반의 잡초 제거 로봇을 개발했습니다. 이 로봇은 See & Spray 기술을 사용하여 잡초를 실시간으로 감지하고, 필요한 양만큼의 제초제를 뿌리는 방식으로 작물에 미치는 영향을 최소화합니다. AI는 잡초와 농작물을 구분할 수 있으며, 필요한 만큼만 제초제를 사용하는 효율적인 방식으로 자원을 절약하고, 환경에 미치는 영향을 줄일 수 있습니다. 이 시스템은 제초제 사용량을 크게 줄이고, 환경 보호에 기여하며 동시에 농업 생산성을 높이는 데 효과적입니다.

13.1.6.3 농작물 질병 조기 감지

AI는 농작물의 질병을 조기에 감지하고, 적절한 대응책을 제시하여 농작물의 생산성을 높이는 데 큰 역할을 할 수 있습니다. AI는 농작물에서 발생할 수 있는 미세한 변화를 감지하고, 질병이나 해충의 초기 징후를 파악하여 신속한 대처를 가능하게 합니다.

예를 들어, PlantVillage는 AI를 사용하여 농작물 질병을 조기에 감지하는 시스템을 개발했습니다. 이 시스템은 스마트폰 애플리케이션을 통해 농부들이 농작물의 사진을 찍으면, AI가 해당 이미지를 분석하여 질병 여부를 즉시 판단해줍니다. 예를 들어, 잎에 나타나는 점이나 색 변화를 AI가 인식하여, 그 작물이 곰팡이 병에 걸렸는지, 바이러스성 질환인지 판단하고, 이에 맞는 대처 방안을 제시할 수 있습니다. 이를 통해 농부는 질병이 확산되기 전에 조기에 치료할 수 있으며, 농작물 피해를 줄일 수 있습니다.

또한, Taranis라는 AI 시스템은 드론을 사용해 넓은 농장 지역을 비행하며 농작물 상태를 모니터링합니다. 드론이 촬영한 고해상도 이미지를 AI가 분석하여 농작물에 발생할 수 있는 병충해를 조기에 발견합니다. 이러한 기술은 대규모 농장에서 특히 유용하며, 농작물 상태를 빠르게 평가하여 예방 조치를 취할 수 있게 합니다.

13.1.6.4 미래의 자동화된 농업

미래에는 AI가 농업의 모든 프로세스를 자동화하여 농업 생산성을 극대화할 것으로 기대됩니다. 자동화된 농업 시스템은 씨를 뿌리고, 비료를 공급하고, 수확하는 모든 과정을 AI가 제어할 수 있습니다. 이러한 기술은 노동력을 크게 절감하고, 보다 일관된 품질의 작물을 생산할 수 있게 할 것입니다.

Iron Ox는 AI와 로봇을 결합한 완전 자동화 농업 시스템을 개발한 기업입니다. 이 시스템은 농작물의 재배 과정에서 AI가 실시간으로 데이터를 분석하여 최적의 성장 조건을 유지하며, 로봇은 물리적으로 작물의 성장 상태를 관리합니다. AI는 기후 조건, 물과 영양분의 공급 상태를 모니터링하며, 로봇은 적절한 시기에 씨를 심고 수확합니다. 이를 통해 농업 생산성은 극대화되며, 사람의 개입 없이도 지속적인 생산이 가능합니다.

또한, 자동화된 수직 농장도 미래 농업의 중요한 요소로 떠오르고 있습니다. 수직 농장은 도시 내의 공간을 활용하여 실내에서 농작물을 재배하는 방식으로, AI가 자동으로 온도, 습도, 조명을 제어합니다. 예를 들어, Plenty라는 회사는 AI를 사용해 도시 내 수직 농장에서 작물 재배를 자동화하고 있습니다. AI는 온실에서의 환경 조건을 실시간으로 모니터링하며, 각 작물에 최적의 조건을 제공하여 최대한 빠르게 성장할 수 있도록 지원합니다.

13.1.6.5 지속 가능한 농업을 위한 AI의 기여

AI는 농업의 지속 가능성을 향상시키는 데 중요한 역할을 할 수 있습니다. AI를 통해 물, 비료, 농약 등의 자원 사용을 줄이고, 환경에 미치는 영향을 최소화하면서도 농업 생산성을 높일 수 있습니다.

예를 들어, 스마트 관개 시스템은 AI가 토양 상태와 날씨 데이터를 분석하여 물을 효율적으로 사용하는 기술입니다. 농작물의 수분 요구량을 실시간으로 모니터링하고, 필요한 만큼만 물을 공급함으로써 물 절약을 실현할 수 있습니다. Netafim과 같은 기업은 이러한 AI 기반 스마트 관개 시스템을 도입하여, 물 낭비를 줄이고 농작물의 수확량을 증가시킬 수 있었습니다.

결론적으로, AI는 농업 분야에서 농작물 모니터링, 농업 자동화, 질병 조기 감지, 미래 농업 자동화 등의 방면에서 중요한 역할을 하고 있으며, 농업의 생산성 향상과 지속 가능성을 동시에 실현할 수 있는 핵심 기술로 자리 잡고 있습니다. 이러한 기술의 발전은 미래의 식량 문제를 해결하고, 보다 효율적이고 친환경적인 농업을 가능하게 할 것입니다.

13.1.7 엔터테인먼트

AI는 엔터테인먼트 산업에서 중요한 변화를 일으키고 있으며, 창작 과정에서의 보조 역할부터 맞춤형 콘텐츠 추천까지 다양한 방식으로 활용되고 있습니다. 이러한 기술은 제작자와 소비자 모두에게 새로운 경험과 효율성을 제공하고, 엔터테인먼트의 미래를 혁신적으로 변화시킬 것입니다. 이제 AI가 엔터테인먼트 분야에서 어떻게 활용되는지, 구체적인 예시를 들어 설명하겠습니다.

13.1.7.1 창의적 작업 보조

AI는 창의적인 작업을 보조하는 도구로 사용되고 있으며, 음악, 영화, 미술 등 다양한 예술 분야에서 창작자를 돕고 있습니다. AI는 인간이 제작하는 콘텐츠의 일부를 자동화하거나, 새로운 창작 아이디어를 제공할 수 있어, 창작의 효율성을 크게 높일 수 있습니다.

예를 들어, Amper Music은 AI를 사용하여 음악 작곡을 자동화하는 플랫폼입니다. Amper는 사용자가 원하는 스타일, 템포, 악기 등을 선택하면, 그에 맞는 음악을 생성해 줍니다. AI가 학습한 수많은 음악 데이터베이스를 바탕으로, 사용자는 짧은 시간 안에 고품질의 음악을 만들 수 있습니다. 이러한 기술은 특히 광고 음악이나 배경 음악 제작에 유용하게 활용되고 있습니다.

또한, OpenAI의 Jukedeck은 AI가 자율적으로 작곡할 수 있는 시스템을 개발했습니다. 이 시스템은 다양한 음악 장르를 학습하고, 새로운 멜로디와 리듬을 생성할 수 있습니다. 예를 들어, 사용자가 특정 기분이나 상황에 맞는 음악을 선택하면, AI는 이에 맞는 곡을 창작해 냅니다. 이 기술은 창작자가 더 많은 시간과 자원을 절약할 수 있도록 돕고, 독창적인 음악을 빠르게 만들어내는 데 기여합니다.

영화 산업에서도 AI는 시나리오 작성과 영상 편집에서 보조 역할을 하고 있습니다. 예를 들어, Sunspring이라는 단편 영화는 AI가 직접 시나리오를 작성한 첫 영화로 유명합니다. GPT-3 모델을 사용하여 작성된 이 시나리오는 독창적이면서도 기존의 인간 작가들이 만들어낸 것과 다른 새로운 형태의 서사를 보여주었습니다. 이러한 AI 기반 창작은 앞으로 더 복잡한 스토리 라인과 독창적인 캐릭터를 만들어내는 데 기여할 수 있으며, 창작자들에게 새로운 영감을 제공할 수 있습니다.

13.1.7.2 맞춤형 콘텐츠 추천

AI는 사용자의 취향을 분석하여 맞춤형 콘텐츠를 추천하는 데 중요한 역할을 하고 있습니다. 엔터테인먼트 산업에서 AI의 가장 큰 혁신 중 하나는 개인화된 추천 시스템으로, 사용자가 좋아할 만한 영화, 음악, TV 프로그램 등을 자동으로 추천하는 방식입니다. 이러한 시스템은 방대한 데이터를 분석하여 사용자가 이전에 좋아한 콘텐츠와 유사한 패턴을 찾아냅니다.

Netflix는 AI를 활용하여 사용자가 좋아할 만한 영화나 TV 프로그램을 추천하는 데 매우 성공적인 사례입니다. Netflix의 AI 시스템은 사용자가 본 콘텐츠, 시청 시간, 시청 후의 반응 등을 분석하여, 개인 맞춤형 추천을 제공합니다. 예를 들어, 사용자가 액션 영화를 자주 시청한다면, AI는 사용자가 좋아할 만한 다른 액션 영화나, 액션 장르와 유사한 요소를 가진 영화를 추천합니다. 이 시스템은 사용자가 관심을 가질 만한 콘텐츠를 지속적으로 제공하여, 시청 시간을 늘리는 데 큰 역할을 하고 있습니다.

음악 스트리밍 서비스인 Spotify도 AI를 활용하여 음악 추천 시스템을 구현하고 있습니다. Spotify의 AI는 사용자의 음악 취향을 분석하고, 개인화된 플레이리스트를 자동으로 생성합니다. 예를 들어, 사용자가 특정 장르나 아티스트를 자주 듣는다면, AI는 그와 유사한 음악을 추천하거나, 새로운 아티스트를 발견할 수 있도록 도와줍니다. 이러한 개인화된 추천은 사용자 경험을 더욱 향상시키고, 더 많은 음악을 소비할 수 있도록 유도합니다.

또한, YouTube와 같은 플랫폼도 AI를 사용하여 추천 알고리즘을 개선하고 있습니다. YouTube는 사용자가 이전에 시청한 동영상과 시청 패턴, 검색 기록 등을 분석하여, 사용자가 좋아할 만한 동영상을 추천합니다. 예를 들어, 사용자가 특정 주제의 동영상을 여러 번 시청했다면, AI는 그와 유사한 주제나 관련 있는 콘텐츠를 자동으로 추천하여 사용자의 관심을 유지할 수 있습니다.

이러한 개인화된 추천 시스템은 엔터테인먼트 소비 방식을 완전히 변화시켰습니다. 과거에는 사용자가 자신이 좋아할 만한 콘텐츠를 직접 찾아야 했지만, 이제는 AI가 그 역할을 대신하고 있습니다. 이는 사용자에게 더욱 몰입감 있는 경험을 제공하며, 개인의 취향에 맞춘 더 풍부한 콘텐츠 소비를 가능하게 합니다.

13.1.7.3 인터랙티브 엔터테인먼트

AI는 인터랙티브 엔터테인먼트에서도 혁신을 가져오고 있습니다. 예를 들어, 비디오 게임에서는 AI가 캐릭터의 행동을 제어하고, 게임 플레이를 실시간으로 조정하여 더 몰입감 있는 경험을 제공합니다. 또한, AI는 게임 스토리라인을 사용자 선택에 따라 동적으로 변화시키는 데도 사용됩니다.

> **Quantic Dream의 Detroit**
>
> Become Human은 AI를 활용한 인터랙티브 스토리텔링의 대표적인 예입니다. 이 게임은 사용자가 내리는 선택에 따라 스토리가 달라지며, AI가 실시간으로 스토리 라인을 분석하고 새로운 시나리오를 생성합니다. 이처럼 AI는 게임에서 플레이어의 선택에 즉각 반응하고, 그에 맞는 스토리를 생성함으로써 더 몰입감 있는 경험을 제공합니다.

또한, AI 기반의 NPC Non-Player Character는 게임 내에서 더욱 자연스러운 상호작용을 가능하게 합니다. 과거의 게임 캐릭터들은 고정된 행동 패턴을 따랐지만, AI를 통해 NPC는 플레이어의 행동에 실시간으로 반응하며 더 지능적인 대화와 행동을 할 수 있습니다. 이는 게임 세계를 더 현실적으로 만들고, 플레이어가 게임 속에서 더 자유롭고 몰입감 있는 경험을 할 수 있게 합니다.

13.1.7.4 AI와 가상현실VR / 증강현실AR

AI는 가상현실VR 및 증강현실AR 콘텐츠 제작에서도 중요한 역할을 하고 있습니다. AI는 가상 환경을 자동으로 생성하거나, 사용자와 상호작용할 수 있는 현실적인 캐릭터를 만들 수 있습니다. 이러한 기술은 VR/AR 경험을 더욱 몰입감 있게 만들고, 현실과 가상 세계 간의 경계를 허물 수 있습니다.

예를 들어, AI 기반의 VR 콘텐츠 제작 도구는 가상 세계를 자동으로 생성하고, 사용자와 상호작용할 수 있는 환경을 만들어줍니다. AI Dungeon은 AI를 사용하여 사용자가 선택한 스토리에 따라 가상 세계를 실시간으로 생성하는 시스템입니다. 사용자는 AI와 대화하면서 자신만의 이야기를 만들어나갈 수 있으며, AI는 이를 바탕으로 새로운 시나리오와 사건을 제시합니다. 이러한 시스템은 기존의 고정된 스토리라인에서 벗어나, 사용자에게 완전히 자유로운 경험을 제공할 수 있습니다.

13.1.7.5 AI와 실시간 콘텐츠 생성

AI는 실시간으로 콘텐츠를 생성하는 데도 사용될 수 있습니다. 예를 들어, Twitch와 같은 스트리밍 플랫폼에서는 AI가 실시간으로 게임 스트리밍을 분석하고, 중요한 순간을 자동으로 하이라이트로 편집하는 시스템을 도입하고 있습니다. 이는 시청자가 긴 영상을 모두 보지 않고도 중요한 장면을 빠르게 감상할 수 있도록 도와줍니다.

또한, AI는 실시간 그래픽 처리에도 중요한 역할을 하고 있습니다. 예를 들어, NVIDIA는 AI를 사용하여 실시간으로 그래픽을 생성하고, 게임 속 환경을 더욱 현실적으로 만들어주는 기술을 개발했습니다. AI는 매우 높은 해상도의 이미지를 빠르게 처리할 수 있으며, 게임 환경에서 실시간으로 변화하는 요소들을 더욱 사실적으로 표현할 수 있습니다.

결론적으로, AI는 엔터테인먼트 산업에서 창의적인 작업 보조, 맞춤형 콘텐츠 추천, 인터랙티브 엔터테인먼트, VR/AR 콘텐츠 제작, 실시간 콘텐츠 생성 등 다양한 방면에서 큰 변화를 가져오고 있으며, 이러한 기술은 사용자에게 더욱 몰입감 있고 개인화된 경험을 제공하는 데 기여할 것입니다. AI의 발전은 엔터테인먼트 산업을 혁신적으로 변화시키고, 새로운 창작 방식과 소비 경험을 만들어낼 것입니다.

13.1.8 스마트 시티

AI는 스마트 시티 개발에서 핵심적인 역할을 하고 있으며, 교통 관리, 에너지 효율성, 보안 관리, 시민 서비스 향상 등 다양한 분야에서 그 역할이 더욱 확대되고 있습니다. 스마트 시티란, 도시 내의 다양한 시스템과 서비스를 디지털화하여 데이터를 실시간으로 수집, 분석, 관리함으로써 시민들의 삶의 질을 향상시키는 것을 목표로 하는 도시 개념입니다. AI는 이를 실현하는 데 필수적인 기술로, 도시 전반의 효율성을 높이고, 자원을 더 효과적으로 관리할 수 있도록 돕습니다.

13.1.8.1 교통 관리

AI는 교통 관리 시스템에서 중요한 역할을 하고 있으며, 실시간으로 교통 데이터를 분석하여 최적의 경로를 제공하고, 교통 혼잡을 줄이는 데 기여합니다. 특히, 대도시에서는 교통 혼잡이 큰 문제로 꼽히는데, AI를 사용한 교통 관리 시스템은 이러한 문제를 해결하는 데 매우 효과적입니다.

예를 들어, 스페인의 바르셀로나는 AI를 사용한 스마트 교통 시스템을 운영하고 있습니다. 이 시스템은 도심의 교통량을 실시간으로 모니터링하며, 교차로의 신호등을 자동으로 조정하여 교통 흐름을 원활하게 만듭니다. AI는 특정 도로에서 발생하는 혼잡을 감지하고, 해당 구간의 신호등 시간을 조정하거나, 대체 경로를 제시함으로써 차량들이 빠르게 이동할 수 있도록 돕습니다. 또한, AI는 교통량 데이터를 분석하여 차량 사고 발생 가능성이 높은 지역을 예측하고, 필요한 경우 해당 구간에 대한 교통 통제를 강화하는 등의 예방 조치를 취할 수 있습니다.

싱가포르에서도 AI 기반의 Intelligent Transport System이 도입되어, 도시 전역의 교통 흐름을 분석하고 최적의 교통 상황을 유지하고 있습니다. 이 시스템은 교통 혼잡이 심한 시간대에 대중교통 이용을 유도하기 위해 대중교통 요금을 실시간으로 조정하는 등 효율적인 교통 관리를 지원합니다.

또한, 자율주행차와 AI 교통 관리 시스템의 결합은 교통 혼잡을 줄이는 데 더욱 큰 역할을 할 수 있습니다. AI는 자율주행차들이 서로 소통하며 교차로에서 충돌을 피하고, 정체 구간을 피해 최적의 경로로 이동하도록 지원할 수 있습니다. Waymo와 같은 자율주행차 회사는 AI를 사용해 차량이 도로 상황을 실시간으로 분석하고, 교통 신호에 따라 안전하게 운행할 수 있도록 하고 있습니다. 이러한 기술은 도시 전역에서 차량 이동을 더 원활하게 만들어, 교통 혼잡을 줄이고 사고를 예방하는 데 큰 기여를 할 수 있습니다.

13.1.8.2 에너지 및 보안 관리

AI는 에너지 관리와 도시 보안 시스템에서도 중요한 역할을 하고 있습니다. 스마트 시티는 도시 내 에너지 소비를 효율적으로 관리하고, 보안 시스템을 통해 시민들의 안전을 보장하는 것을 목표로 합니다.

에너지 관리 분야에서 AI는 도시 전역의 에너지 사용 데이터를 실시간으로 분석하여 에너지 소비 패턴을 최적화합니다. 예를 들어, 스마트 그리드 시스템에서는 AI가 전력 수요를 예측하고, 필요에 따라 전력 공급을 자동으로 조정할 수 있습니다. 이는 전력 소비량이 많은 시간대에는 에너지를 더 많이 공급하고, 소비량이 적은 시간대에는 전력을 절약함으로써 에너지 효율성을 극대화할 수 있게 합니다. IBM의 Green Horizons 프로젝트는 AI를 사용하여 도시의 에너지 소비를 예측하고, 에너지 사용을 줄일 수 있는 방안을 제안하는 시스템을 개발했습니다. 이 시스템은 대기질과 에너지 사용 데이터를 분석하여, 어떤 시간대에 전력 수요가 급증할지 예측하고, 그에 맞는 대응책을 마련합니다.

보안 관리 분야에서도 AI는 도시의 보안 카메라와 센서에서 수집된 데이터를 실시간으로 분석하여 범죄 예방과 응급 상황 대응에 큰 도움을 줄 수 있습니다. 예를 들어, 런던은 AI를 사용한 CCTV 모니터링 시스템을 운영하여, 범죄가 발생할 가능성이 있는 지역을 미리 파악하고, 경찰이 즉각적으로 대응할 수 있도록 지원합니다. 이 시스템은 사람들의 움직임을 분석하고, 범죄 활동이 자주 발생하는 지역에서 의심스러운 행동을 감지하면 즉시 경고를 보냅니다.

또한, AI 기반의 얼굴 인식 시스템은 도시 내 보안 강화를 위해 사용됩니다. 중국의 선전시는 AI를 통해 범죄 용의자를 실시간으로 식별하고, 감시 카메라를 통해 그들의 동선을 추적하는 시스템을 운영하고 있습니다. 이 시스템은 범죄 용의자가 특정 구역에 접근하면 즉시 경고를 보내며, 경찰이 해당 지역을 모니터링하고 신속하게 출동할 수 있도록 합니다. 이러한 AI 기반 보안 시스템은 도시의 안전을 강화하고, 범죄 발생률을 줄이는 데 기여할 수 있습니다.

13.1.8.3 데이터 분석을 통한 시민 서비스 향상

AI는 도시 데이터를 분석하여 시민 서비스를 개선하는 데 중요한 역할을 합니다. 스마트 시티는 빅데이터와 AI를 결합하여 교통, 에너지, 보안 외에도 다양한 분야에서 시민들이 더 나은 삶의 질을 누릴 수 있도록 지원합니다. 이러한 데이터 분석은 도시 내의 다양한 문제를 해결하고, 시민들에게 맞춤형 서비스를 제공하는 데 중요한 역할을 합니다.

예를 들어, 뉴욕시는 311 시민 서비스 센터에서 수집된 데이터를 AI가 분석하여, 시민들이 자주 불만을 제기하는 지역이나 문제를 파악하고 이를 개선하는 데 사용하고 있습니다. AI는 시민들이 제기한 불만 데이터를 분석하여, 특정 시간대나 지역에서 자주 발생하는 문제를 찾아내고, 이를 해결하기 위한 조치를 취합니다. 예를 들어, 특정 지역에서 자주 전력 문제가 발생한다면, AI는 이를 예측하고 관련 부서에 문제 해결을 지시할 수 있습니다.

또한, 헬싱키는 AI 기반 시민 참여 플랫폼을 통해, 시민들이 도시 정책에 대한 의견을 제시하고, 제안한 정책이 실행될 수 있도록 지원하고 있습니다. 이 시스템은 시민들의 의견을 AI가 분석하여, 가장 중요한 문제를 파악하고 이에 대한 대응책을 마련할 수 있게 도와줍니다. 이를 통해 시민들은 도시 관리에 적극적으로 참여할 수 있으며, 자신이 속한 지역사회의 문제를 해결하는 데 직접적으로 기여할 수 있습니다.

AI는 또한 헬스케어, 교육, 환경 관리 등 다양한 분야에서 데이터를 분석하여 시민들이 더 나은 서비스를 받을 수 있도록 지원합니다. 예를 들어, AI 기반 헬스케어 시스템은 도시 내에서 발생하는 건강 문제 데이터를 분석하여, 특정 지역의 질병 발생 가능성을 예측하고, 예방 조치를 취할 수 있습니다. 또한, AI는 스마트 학습 시스템을 통해 도시 내의 교육 수준을 분석하고, 맞춤형 교육 서비스를 제공할 수 있게 합니다.

13.1.8.4 자원 관리와 환경 보호

AI는 스마트 시티에서 자원 관리와 환경 보호에도 중요한 기여를 할 수 있습니다. AI는 수자원 관리, 쓰레기 처리, 대기질 관리 등에서 데이터를 실시간으로 분석하여 자원의 낭비를 줄이고, 환경 오염을 최소화할 수 있습니다.

예를 들어, 스마트 수자원 관리 시스템에서는 AI가 도시의 물 사용 데이터를 분석하여, 물 공급을 최적화하고 물 절약을 실현합니다. AI는 도시의 수압, 기상 조건, 물 사용 패턴을 종합적으로 분석하여, 물 공급을 조절하고 누수를 방지하는 등의 역할을 합니다. 이는 물 자원을 효율적으로 관리할 수 있을 뿐만 아니라, 수자원 낭비를 줄이는 데도 기여합니다.

또한, 환경 모니터링에서도 AI는 도시의 대기질 데이터를 실시간으로 분석하여, 오염 수준을 예측하고, 필요한 경우 신속한 조치를 취할 수 있도록 도와줍니다. 베이징은 AI를 사용해 도시 내 대기 오염 데이터를 분석하고, 오염이 심한 시간대나 지역을 파악하여 교통량을 줄이거나 공장 가동을 제한하는 방식으로 대기질을 개선하고 있습니다.

결론적으로, AI는 스마트 시티에서 교통, 에너지, 보안, 시민 서비스 등 다양한 분야에서 중요한 역할을 하고 있으며, 이를 통해 도시 전반의 효율성을 높이고, 시민들의 삶의 질을 향상시키 데 기여하고 있습니다. AI 기술은 도시의 자원을 효율적으로 관리하고, 환경 오염을 줄이며, 도시의 안전을 강화하는 데 큰 역할을 할 것입니다.

이와 같이, AI는 다양한 산업과 생활 영역에서 핵심적인 역할을 맡으며 우리의 일상을 더욱 편리하고 안전하게 만들어 줄 것입니다. AI는 기존 산업의 효율성을 높이고, 새로운 비즈니스와 서비스를 창출할 잠재력을 지니고 있습니다. 그러나 AI 기술의 발전은 윤리적 문제나 프라이버시 보호와 같은 새로운 과제를 동반하기 때문에, 이를 해결하기 위한 지속적인 연구와 논의가 필수적입니다.

13.2 미래의 AI 연구 분야

AI 연구는 계속해서 새로운 영역으로 확장되고 있습니다. 특히 다음과 같은 분야들이 주요 연구 영역으로 주목받고 있습니다:

13.2.1 자율 학습Self-supervised Learning

자율 학습은 AI가 사람이 직접 데이터를 라벨링하지 않아도 스스로 데이터를 학습하고, 이를 통해 새로운 패턴을 발견하는 기술입니다. 이 방식은 지도 학습Supervised Learning과 달리, 대량의 라벨링된 데이터가 필요하지 않아 데이터 준비 과정에서의 시간과 비용을 줄일 수 있는 장점이 있습니다. AI는 데이터를 분석하면서 특정 규칙이나 패턴을 스스로 학습하게 되며, 이를 통해 더 복잡한 문제를 해결할 수 있게 됩니다.

예를 들어, Facebook의 AI 연구팀은 자율 학습 기술을 활용해 이미지 인식 모델을 개발하고 있습니다. 기존에는 사진에 일일이 라벨을 붙여 학습시키는 방식이었지만, 자율 학습은 수많은 이미지에서 객체와 배경을 구분하고, 이를 통해 학습할 수 있습니다. 이를 통해, AI는 새롭게 제공된 사진에서도 객체를 인식하고 분류하는 능력을 갖출 수 있습니다. 또 다른 예로, Google의 BERT 모델은 자연어 처리에서 자율 학습 기법을 사용해, 사람이 문장을 이해하는 방식과 유사하게 언어의 패턴을 학습합니다. 이러한 자율 학습 덕분에 BERT는 더 적은 데이터로도 매우 높은 정확도를 자랑하는 언어 모델을 구축할 수 있게 되었습니다.

자율 학습은 의료나 자율주행 같은 복잡한 데이터 분석이 필요한 분야에서 특히 유용하게 사용될 수 있습니다. 예를 들어, 의료 영상에서 자율 학습을 사용하면, 의사들이 모든 이미지를 라벨링하지 않아도 AI가 스스로 병변을 찾아낼 수 있는 능력을 키울 수 있습니다. 자율주행차에서도 AI는 주변 환경에서 신호등, 보행자, 장애물 등의 패턴을 스스로 학습하여 운전 중에 나타나는 다양한 상황을 예측하고 대처할 수 있습니다.

13.2.2 설명 가능한 AI Explainable AI

설명 가능한 AI는 AI가 내린 결정이나 예측의 근거를 사람들에게 쉽게 설명할 수 있는 기술입니다. 많은 AI 시스템이 '블랙박스'처럼 동작하는데, 이는 AI가 왜 특정 결정을 내렸는지 이해하기 어려운 경우를 말합니다. 설명 가능한 AI는 이러한 문제를 해결해, AI의 결정을 투명하게 만들어 사용자들이 AI의 작동 방식을 이해할 수 있도록 돕습니다.

예를 들어, 의료 분야에서는 AI가 환자의 건강 상태를 예측하거나 질병 진단을 도울 때, 그 이유를 명확하게 설명할 수 있어야 합니다. 만약 AI가 환자에게 암 진단을 내렸다고 하더라도, 그 과정이 투명하지 않다면 의료진은 AI의 판단을 신뢰하지 않을 수 있습니다. 그러나 설명 가능한 AI는 환자의 의료 기록, 영상 데이터, 혈액 검사 결과 등을 분석해 어떤 요소가 암 진단에 영향을 미쳤는지 명확하게 설명할 수 있습니다. 이렇게 설명 가능한 AI는 의사들이 AI의 판단을 신뢰하고, 더 나은 의사 결정을 내릴 수 있도록 도와줍니다.

법률 분야에서도 설명 가능한 AI는 중요한 역할을 할 수 있습니다. 예를 들어, AI가 법적 판단을 도와주는 시스템에서 AI가 내린 결정의 이유를 이해하지 못하면, 판사나 변호사는 그 결정을 신뢰하기 어려울 것입니다. 설명 가능한 AI는 판례나 법적 근거를 명확히 제시하고, 왜 특정 판결을 내렸는지 설명할 수 있어, 법률 전문가들이 이를 신뢰하고 사용할 수 있도록 도울 수 있습니다.

설명 가능한 AI는 금융에서도 매우 유용합니다. 예를 들어, AI가 대출 신청자의 신용 점수를 평가하고, 대출 승인 여부를 결정할 때, 그 결정의 이유를 명확히 설명할 수 있습니다. AI가 단순히 '승인' 또는 '거절'을 판단하는 것에서 그치지 않고, 신용 점수의 구성 요소, 소득 수준, 지출 패턴 등의 데이터를 기반으로 결정된 이유를 설명한다면, 사용자들은 AI의 결정을 더 쉽게 수용할 수 있을 것입니다.

13.2.3 윤리적 AI Ethical AI

윤리적 AI는 AI가 사회적, 윤리적 기준을 준수하며, 인류에게 이로운 방향으로 작용할 수 있도록 연구하는 분야입니다. AI가 점점 더 많은 결정을 내리거나 자동화된 시스템에서 중요한 역할을 맡게 되면서, 인간의 도덕적 기준을 따르고, 공정성과 책임감을 갖춘 AI 시스템을 개발하는 것이 중요해졌습니다. 윤리적 AI는 AI가 차별을 피하고, 투명하고 책임 있는 방식으로 작동할 수 있도록 하는 기술입니다.

예를 들어, AI가 채용 과정에서 사용될 때, 윤리적 AI가 적용되지 않으면 편향된 데이터로 인해 특정 성별이나 인종에 불리한 결정을 내릴 가능성이 있습니다. Amazon은 실제로 AI 기반의 채용 시스템을 도입한 적이 있었지만, 이 AI가 남성 중심의 데이터에 학습되면서 여성 지원자를 불리하게 평가하는 문제가 발생했습니다. 윤리적 AI 연구는 이러한 문제를 해결하기 위해 데이터의 편향성을 최소화하고, AI가 공정하게 결정을 내릴 수 있도록 보장하는 방안을 마련합니다.

또한, 자율주행차에서는 AI가 생명과 관련된 중요한 결정을 내려야 하는 상황이 발생할 수 있습니다. 예를 들어, AI가 충돌을 피할 수 없는 상황에서 어떤 생명을 우선해야 할지 결정해야 하는 윤리적 딜레마가 있습니다. 윤리적 AI는 이러한 상황에서 AI가 어떤 기준으로 결정을 내려야 하는지에 대한 규칙을 설정하고, 인간의 도덕적 가치에 부합하는 결정을 내릴 수 있도록 합니다. 이는 자율주행차 뿐만 아니라, 로봇과 같은 다양한 AI 기반 기술에 있어서도 중요한 과제입니다.

또한, 프라이버시 보호도 윤리적 AI에서 중요한 문제입니다. AI가 수집한 방대한 데이터를 어떻게 보호하고, 개인 정보를 침해하지 않으면서도 AI 시스템을 발전시키는지가 중요한 논의 주제가 됩니다. 예를 들어, 유럽연합의 GDPR은 AI가 처리하는 개인 데이터를 보호하고, 사용자들이 자신의 정보에 대한 통제권을 가질 수 있도록 보장하는 규제를 마련했습니다. 이러한 윤리적 기준은 AI가 발전하는 과정에서 개인의 권리를 보호하고, AI 기술이 남용되지 않도록 방지하는 중요한 역할을 합니다.

결론적으로, 자율 학습, 설명 가능한 AI, 윤리적 AI는 AI 기술의 발전에서 매우 중요한 부분이며, 이러한 기술들이 더 발전함에 따라 AI는 더욱 신뢰할 수 있고, 윤리적인 방향으로 나아갈 수 있을 것입니다. AI는 점점 더 인간의 삶에 깊이 관여하게 될 것이므로, 이를 올바르게 발전시키기 위한 연구와 논의가 지속적으로 필요합니다.

13.3 AI와 인간의 공존

미래에는 AI와 인간이 공존하며 함께 일하는 사회가 될 것입니다. AI는 인간이 할 수 없는 일이나 더 효율적으로 처리할 수 있는 작업을 대신하며, 인간의 삶을 질적으로 향상시킬 것입니다. AI와 인간이 협력하여 이루어낼 사회는 지금과는 다른 형태로 변화할 것이며, 이는 우리의 생활과 일하는 방식에 큰 영향을 미칠 것입니다. AI는 반복적이고 시간이 많이 드는 작업을 자동화하고, 인간은 더 창의적이고 전략적인 일에 집중할 수 있게 됩니다. 이러한 공존은 다양한 산업에서 빠르게 구현될 것이며, 그 구체적인 예시들을 통해 설명하겠습니다.

13.3.1 AI의 자동화와 인간의 창의성 향상

AI는 자동화를 통해 인간이 단순하고 반복적인 작업에서 벗어나 창의적이고 전략적인 작업에 집중할 수 있도록 돕습니다. 특히 제조업, 서비스업, 행정 분야 등에서 AI는 단순 업무를 대신 처리하고, 인간이 더 높은 가치의 활동에 몰두할 수 있도록 합니다.

예를 들어, 자동화된 로봇 시스템은 제조업에서 부품 조립과 같은 반복적인 작업을 수행하고 있습니다. 자동차 제조 공장에서 AI 로봇은 24시간 내내 정확하고 일관된 품질로 작업을 진행할 수 있습니다. 이에 따라 인간 근로자는 단순 작업에서 해방되어 제품 디자인, 품질 관리, 공정 혁신과 같은 더 복잡하고 창의적인 업무에 집중할 수 있게 됩니다. 이러한 변화는 산업의 생산성을 높이는 동시에 근로자의 직무 만족도를 높일 수 있습니다.

행정 서비스에서도 AI는 서류 처리, 데이터 입력 등의 반복적인 작업을 자동화하여 인간이 더 중요한 의사결정에 집중할 수 있도록 합니다. 예를 들어, 챗봇이나 AI 비서가 기본적인 문의 응대나 정보 제공을 처리하고, 복잡한 문제는 인간이 해결하는 방식으로 업무 효율을 크게 향상시키고 있습니다. AI 비서는 이메일 관리, 일정 조율, 업무 리마인드 등의 작업을 자동으로 처리하여, 사용자가 더 중요한 업무에 집중할 수 있도록 돕습니다. 이는 Google Assistant나 Apple의 Siri 같은 AI 도구에서 이미 구현되고 있으며, 향후 AI는 더욱 복잡한 비즈니스 의사결정까지 도울 수 있을 것입니다.

13.3.2 AI와 인간의 협력: 의료 분야

의료 분야에서는 AI와 인간이 협력하여 환자의 진단과 치료에서 더 나은 결과를 얻을 수 있습니다. AI는 방대한 양의 의료 데이터를 분석하여 인간 의사가 미처 발견하지 못한 질병의 징후를 찾아내거나, 치료에 있어 보다 정확한 결정을 내릴 수 있도록 도와줍니다.

예를 들어, IBM Watson Health는 AI를 이용해 암 환자의 데이터를 분석하고, 수천 건의 의료 문서와 연구 논문을 참조하여 최적의 치료법을 추천합니다. 이는 의사들이 신속하고 정확한 결정을 내리는 데 큰 도움을 줍니다. Watson은 의사들에게 환자의 유전자 데이터를 바탕으로 맞춤형 치료 옵션을 제안하며, 암의 종류와 환자의 상태에 맞는 치료 계획을 설계하는 데 기여하고 있습니다. 이로 인해 치료의 성공률을 높이고, 환자 맞춤형 의료가 가능해졌습니다.

또한, AI 기반의 의료 영상 분석 시스템은 CT 스캔이나 MRI 이미지를 분석하여 암이나 심혈관 질환과 같은 복잡한 질병의 초기 징후를 찾아내는 데 도움을 줍니다. Enlitic과 같은 AI 시스템은 의료진보다 더 빠르고 정확하게 폐암의 초기 징후를 포착하여, 빠른 치료를 가능하게 합니다. 이러한 기술은 인간 의사가 미처 놓칠 수 있는 세부적인 변화를 탐지하고, 이를 바탕으로 의료진이 더 나은 진단을 내릴 수 있도록 합니다.

13.3.3 AI와 인간의 협력: 일상생활에서의 역할

AI는 일상생활에서도 개인 비서 역할을 하며, 우리의 삶을 더 편리하게 만들어 줄 것입니다. AI는 일상적인 작업을 지원하여 시간과 에너지를 절약해 주며, 개인 맞춤형 서비스를 제공함으로써 사용자의 생활을 최적화할 수 있습니다.

예를 들어, 스마트 홈 시스템에서 AI는 사용자에게 맞춤형 서비스를 제공할 수 있습니다. Amazon Alexa나 Google Home과 같은 AI 비서는 사용자들의 생활 습관을 학습하여 조명, 온도 조절, 가전 기기 등을 자동으로 제어할 수 있습니다. 아침에 사용자가 깨어나면 AI는 자동으로 커피를 준비하고, 방의 온도를 조정하며, 그날의 일정을 미리 알려줍니다. 이러한 맞춤형 서비스는 사용자가 일상적인 반복 작업에서 벗어나 더 중요한 활동에 집중할 수 있게 합니다.

또한, 자율주행차는 우리의 이동 방식을 혁신적으로 변화시킬 것입니다. AI가 운전하는 자율주행차는 사용자에게 편안하고 안전한 이동 수단을 제공할 수 있으며, 특히 장거리 운전이나 출퇴근 시간을 더 유용하게 활용할 수 있게 합니다. Tesla는 이미 완전 자율주행 기술을 통해, 사용자가 운전에 신경 쓰지 않고도 목적지까지 안전하게 도달할 수 있는 시스템을 개발하고 있습니다. 이는 개인의 시간을 더 유연하게 사용할 수 있도록 도와주며, 교통 사고를 줄이는 데도 큰 기여를 할 것입니다.

13.3.4 AI와 인간의 공존에 따른 도전 과제

그러나 AI와 인간의 공존에는 도전 과제도 따릅니다. AI의 도입으로 인해 일부 일자리가 사라질 수 있으며, 이로 인해 경제적 불평등이 심화될 가능성이 있습니다. 특히 단순 작업을 중심으로 한 직종에서 AI가 대체 역할을 하게 되면, 해당 직종의 근로자들이 일자리를 잃을 위험이 커집니다. 예를 들어, 제조업이나 물류업에서 AI 기반 자동화 시스템이 도입되면서, 단순 생산 업무나 배송 작업에서 많은 인력이 불필요해질 수 있습니다. 이는 재교육 프로그램과 새로운 일자리 창출을 통해 해결해야 할 중요한 사회적 과제로 남아 있습니다.

또한, AI가 우리 삶에 깊숙이 개입함에 따라, 윤리적 문제나 프라이버시 침해의 위험도 존재합니다. AI가 수집한 방대한 양의 개인 데이터는 잘못된 용도로 사용될 경우 개인의 권리를 침해할 수 있습니다. 예를 들어, AI가 의료 데이터를 분석할 때, 개인의 민감한 건강 정보가 보호되지 않으면 개인정보 유출의 위험이 커질 수 있습니다. 이를 해결하기 위해서는 강력한 데이터 보호 규제와 투명한 AI 시스템 운영이 필요합니다. 유럽연합의

GDPR과 같은 데이터 보호법은 이러한 문제를 해결하기 위한 규제의 좋은 예로, AI가 인간의 권리를 침해하지 않도록 설계될 필요가 있습니다.

13.3.5 AI와 인간의 역할과 권리 보호

AI와 공존하는 사회에서 인간의 역할과 권리를 보호하는 것이 중요합니다. AI는 인간의 삶을 향상시키는 도구로 활용될 수 있지만, 이 과정에서 인간의 권리나 윤리적 기준이 무시되어서는 안 됩니다. AI를 효과적으로 활용하기 위해서는 윤리적 AI와 책임 있는 AI 개발이 필수적입니다. AI가 인간에게 해를 끼치지 않도록, 기술 개발 과정에서 사회적 합의와 규제가 함께 이루어져야 합니다.

결론적으로, AI와 인간이 공존하는 사회는 인간의 삶을 더 효율적이고 편리하게 만들어줄 것입니다. 그러나 AI의 발전과 더불어, 인간의 일자리 변화, 윤리적 문제, 프라이버시 보호 등 새로운 도전 과제가 발생할 수 있으므로, 이를 해결하기 위한 지속적인 연구와 논의가 필요합니다. AI는 인간의 동반자로서 우리의 일상을 더욱 풍요롭게 만들 잠재력이 있으며, 이러한 가능성을 현실로 만들기 위해서는 AI와 인간의 협력이 필수적입니다.

13.4 오늘의 내용 요약

오늘은 인공지능(AI)의 미래와 전망에 대해 다루었습니다. AI는 다양한 산업 분야에서 혁신적인 변화를 일으키고 있으며, 특히 교육, 금융, 법률, 의료, 농업, 엔터테인먼트, 환경 및 에너지, 그리고 스마트 시티 등에서 중요한 역할을 수행하고 있습니다.

1. AI의 미래 기술

AI는 교육에서 개인 맞춤형 학습과 실시간 피드백을 제공하며, 금융 분야에서는 알고리즘 거래, 맞춤형 금융 상품 추천, 그리고 금융 사기 예방 등에서 큰 기여를 하고 있습니다. 법률 분야에서는 AI를 통한 법률 리서치, 문서 작성, 그리고 법적 판단 지원이 이루어지고 있으며, 의료에서는 질병 예측, 맞춤형 치료, 의료 영상 분석 등이 AI로 인해 혁신되고 있습니다.

2. AI의 주요 연구 분야

자율 학습Self-supervised Learning, 설명 가능한 AIExplainable AI, 윤리적 AIEthical AI와 같은 연구 분야들은 AI가 더욱 발전하며 신뢰성과 투명성을 갖추기 위한 중요한 요소로 주목받고 있습니다. 이들 기술은 복잡한 문제를 해결하고, AI가 내린 결정을 사용자에게 투명하게 설명하며, 윤리적인 기준을 준수하도록 돕습니다.

3. AI와 인간의 공존

AI는 자동화를 통해 인간이 반복적이고 단순한 작업에서 벗어나 창의적이고 전략적인 업무에 집중할 수 있도록 돕습니다. AI와 인간이 협력하여 의료, 제조업, 서비스업, 일상생활에서 보다 나은 결과를 얻을 수 있으며, 특히 의료와 자율주행차 등의 분야에서 AI는 효율성을 극대화하고 있습니다. 그러나 AI의 도입에 따른 일자리 감소, 경제적 불평등, 윤리적 문제 해결 등도 중요한 과제로 남아 있습니다.

AI는 앞으로도 지속적으로 발전하여 우리의 일상을 변화시킬 것이며, 다양한 산업과 생활 전반에서 핵심적인 역할을 맡을 것입니다. 그러나 AI의 윤리적 문제와 인간의 권리 보호를 위한 지속적인 연구와 논의가 필요합니다.

13.5 연습문제

4지선다형 문제

01 AI가 미래 교육에서 주로 어떤 역할을 할 것으로 예상되는가?

① 학생들의 출석을 자동으로 기록
② 개인 맞춤형 학습 플랜 제공
③ 시험 문제 출제 자동화
④ 학습 공간 설계

02 금융 거래에서 AI 기반 알고리즘의 주요 장점은 무엇인가?

① 저렴한 거래 비용
② 빠른 데이터 처리와 분석
③ 모든 거래의 익명성 보장
④ 규제 준수 자동화

03 AI가 법률 문서 작성에 활용되는 방식은?

① 수동으로 문서를 작성하고 검토
② 기존 법률 조항 분석 및 자동화된 작성
③ 종이 문서를 디지털화
④ 법률 용어 데이터베이스 구축

04 의료 영상 분석에서 AI의 주요 기여는 무엇인가?

① 치료 계획 수립
② 환자 상담 진행
③ 미세한 변화 감지 및 진단 정확도 향상
④ 약물 처방 최적화

05 AI가 농업에서 질병 감지에 사용하는 주요 기술은?

① 수작업 모니터링
② 드론 및 이미지 분석
③ 농작물 직접 검사
④ 농업용 화학 물질 사용

06 환경 관리에서 AI의 기후 변화 예측 기여는?

① 탄소 배출량 증가
② 정책 수립을 위한 데이터 제공
③ 해양 오염 제거
④ 대기 중 산소 농도 증가

07 AI가 금융 분야에서 사기 예방에 사용하는 방법은?

① 고객 거래 패턴 분석
② 모든 거래를 차단
③ 고객 정보를 암호화
④ 사전 인증 없이 거래 승인

08 AI를 활용한 신약 개발의 주요 이점은?

① 비용 절감 및 시간 단축
② 환자의 치료 속도 감소
③ 유전자 조작의 필요성 증가
④ 기존 약물 효과 감소

09 AI 기반 재생 에너지 관리의 주요 기능은?

① 에너지 손실 증가
② 기후 변화 억제
③ 생산량 예측 및 효율적인 에너지 배분
④ 화석 연료 사용 증가

10 AI가 법적 판단 지원에 사용될 때 발생할 수 있는 문제는?

① 법률 문서 데이터 부족
② 판단 결과의 투명성과 공정성
③ 판례 검색 속도 감소
④ 변호사의 역할 강화

단답형 문제

01 AI 기반 알고리즘 거래의 주요 특징은 무엇인가?

02 개인 맞춤형 학습 플랜을 제공하기 위해 AI가 분석하는 주요 데이터는?

03 의료 영상 분석에서 AI가 주로 활용되는 질병은?

04 농작물 질병 조기 감지에 AI가 활용하는 장비는?

05 AI가 환경 보호에서 기여하는 주요 분야는?

06 AI 기반 신약 개발에서 사용되는 데이터는?

07 금융 사기 예방에서 AI가 분석하는 주요 정보는?

08 AI와 VR이 결합될 경우 교육에서 제공할 수 있는 경험은?

09 AI 기반 핀테크 솔루션의 대표적인 예는?

10 AI가 법률 분야에서 혁신한 대표적인 서비스는?

서술형 문제

01 AI가 금융 사기 예방에서 수행하는 역할과 중요성을 논하시오.

02 AI 기반 맞춤형 학습의 원리와 교육 효과를 설명하시오.

03 AI가 신약 개발에 기여하는 과정을 설명하시오.

04 AI가 환경 데이터 분석을 통해 정책 결정자에게 제공하는 정보의 예를 제시하시오.

05 법률 분야에서 AI가 윤리적 문제를 해결하기 위한 방안을 제안하시오.

인공지능전문가 자격증 소개

- **자격명 :** 인공지능전문가 자격시험 [Artificial Intelligence Expert Certificate(AIEC)]
- **종류 :** 등록민간자격증
- **등록번호 :** 2018-002104 (과학기술정보통신부)
- **발급 및 운영기관 :** (사)국제문화기술진흥원 (www.ipact.kr)
- **시험일정 :** 온 · 오프라인 수시시행

인공지능전문가 자격관리 · 운영규정의 일부

〈운영 규정[부칙]〉

제3장 자격의 종목 및 검정
제5조(자격의 검정기준, 응시자격 및 유효기간)
① 본 진흥원은 컴퓨터 활용능력이 있는 인공지능전문가로써 인공지능 관련 업무를 원활하게 수행할 수 있는 직무능력을 갖추고 있는지 유무를 기준으로 하여 검정기준을 정한다.
② 인공지능전문가자격증의 검정기준은 다음과 같다.

자격명	등급	검정기준
인공지능전문가		전문가 수준의 뛰어난 인공지능활용능력을 가지고 있으며 인공지능교육자, 개발자 및 인공지능사무 책임자로써 갖추어야 할 능력을 갖춘 고급 수준

제6조(검정방법 및 검정과목)
인공지능전문가 자격증의 검정과목과 과목별 주요 내용은 다음과 같다.

등급	시험과목	시험형태 및 문항 수	시험시간
없음	인공지능개론	객관식(4지선다형) 20문항	60분
	인공지능언어		
	인공지능모델		

제7조(응시자격)
인공지능전문가자격검정에 응시자격은 다음과 같다.

등급	응시자격
없음	응시 제한 없음

저 자 약 력

허 준

- 現. 동서울대학교 IT융합학과 겸임교수
- 現. 신안산대학교 컴퓨터정보학과 겸임교수
- 現. (주)지식의 숲 CTO
- 現. (주)캡스텍(SK 자회사) 정보화 및 ICT 융복합 분야 자문위원
- 現. 한국정보통신자격협회(ICQA) 자문위원
- 現. (사)대한전자공학회(IEEK) 컴퓨터소사이어티 학술이사
- 現. (사)인터넷방송통신학회(IIBC) 상임이사
- 現. 한국과학기술대학교 캡스톤디자인 평가위원
- 現. 경기도 인재개발원 빅데이터 특강 강사
- 現. 네트워크관리사 특강 강사
- 前. 경민대학교 정보통신과 교수

저자는 20년 이상 네트워크와 빅데이터 등 ICT 강의 및 실무를 수행하고 있으며,
현재 동서울대학교 정보통신과 겸임교수 및 (주)지식의숲 CTO로 재직 중에 있습니다.

박형우

- 現. 동서울대학교 IT융합학과 교수
- 現. 동서울대학교 산학공동기술개발센터 센터장
- 現. 동서울대학교 융합DX연구소 소장
- 現. 한국인터넷방송통신학회 이사
- 現. 국제문화기술진흥원 이사
- 前. 한국인터넷정보학회 이사
- 前. 삼성디스플레이 QD모듈개발 책임연구원
- 前. 숭실대학교 전자정보공학부 연구교수
- 前. 한국철도기술연구원 선임연구원

- 논문 SCI논문 7편 포함, 54편 게재 (Scopus H-index: 6, 인용 88회) 및 특허 2건 보유
- 국제학술대회 Best Paper 수상 5회
- 한국음향학회 표창장 (2017)
- 정보통신부 창업아이템경연대회 동상 (2002, 2001)

2013년 정보통신공학 박사 취득 및 음성/음향 신호처리를 통한 머신러닝 분야에서 15년 이상의 연구 경력을 보유한 전문가로, 인공지능 머신러닝 분야에서 뛰어난 연구 성과를 거두었습니다. 산학협력과 연구 성과 확산을 통해 학계와 산업계에 기여하며, 관련분야 강의와 프로젝트를 통해 학생 및 연구 인력 양성에도 힘쓰고 있습니다.

인공지능개론

2025년 1월 20일 1판 1쇄 발행

저자 허준, 박형우
발행인 송광헌
편집 한승희

펴낸곳 도서출판 복두(더)
출판등록 | 1993년 11월 22일 제10-902호
주소 | 서울 영등포구 경인로82길 3-4 807호(문래동, 센터플러스)
전화번호 | 02-2164-2580 팩스 | 02-2164-2584
이메일 | info@bogdoo.co.kr
홈페이지 | www.bogdoo.co.kr

ISBN 979-11-6675-565-1 93000

값 29,000원